本书出版受河南省高校哲学社会科学应用研究重大项目"河南教育推进黄河文化遗产保护和传承研究"(2023-YYZD-19)资助。

黄河非遗传承与地方课程开发

郑雪松 著

·郑州·

图书在版编目(CIP)数据

黄河非遗传承与地方课程开发 / 郑雪松著. --郑州：河南大学出版社,2024.3

ISBN 978-7-5649-5358-4

Ⅰ.①黄… Ⅱ.①郑… Ⅲ.①黄河－非物质文化遗产－课程建设－研究 Ⅳ.①G127

中国国家版本馆 CIP 数据核字(2024)第 036865 号

责任编辑	史锡平
责任校对	赵海霞
封面设计	马　龙

出　　版	河南大学出版社
	地址:郑州市郑东新区商务外环中华大厦 2401 号　邮编:450046
	电话:0371-22864493(基础教育与学前教育分公司)
	网址:hupress.henu.edu.cn
排　　版	郑州市今日文教印制有限公司
印　　刷	郑州市今日文教印制有限公司
版　　次	2024 年 3 月第 1 版　　　印　次　2024 年 3 月第 1 次印刷
开　　本	710 mm×1010 mm　1/16　　印　张　23.5
字　　数	361 千字　　　　　　　　　定　价　72.00 元

(本书如有印装质量问题,请与河南大学出版社营销部联系调换。)

前　言

黄河是中华民族的母亲河,守护着中华民族的根并传承着中华民族的魂。黄河在几千年发展历程中孕育出了许多宝贵的文化遗产,特别是富有强大精神内核的黄河非物质文化遗产为中华民族现代文明建设提供了丰富资源。作为中华优秀传统文化重要组成部分的黄河非物质文化遗产,既有中华文明具有的连续性、创新性、统一性、包容性、和平性特征,又具有较强的地方性和民族性特征。在"扎根中国大地办教育"和中华优秀传统文化教育备受重视的背景下,黄河非物质文化遗产教育的重要性更加凸显。党的二十大报告强调马克思主义与中华优秀传统文化相结合,促进中华优秀传统文化的转化和创新性发展。2022年出台的义务教育课程方案和课程标准目标导向是将社会主义先进文化、革命文化、中华优秀传统文化等重大主题教育融入课程,增强课程的思想性,为黄河非物质文化遗产进课堂带来了难得的机遇。课程是优秀传统文化教育的核心载体,许多学校纷纷基于地方优秀传统文化构建非物质文化遗产校本课程。但目前非遗课程开发和建设的相关研究仍以高校为主体,以音乐、美术、舞蹈类非物质文化遗产艺术学科和体育学科为主要研究领域,以少数民族非物质文化遗产为主要研究内容,中华文明传承视域下基础教育阶段非遗课程全方位开发也该受到应有重视。

本书是一本关于中华文明传承与课程开发方面的学术专著,是2023年度河南省高等学校哲学社会科学应用研究重大项目"河南教育推进黄河文化遗产保护和传承研究"(2023-YYZD-19)的结题成果。基于黄河非遗内容丰富广泛,本书采用总分式的结构框架,在对黄河非遗课程开发现状进行整体调查研究的基础上,对基于洛阳唐三彩、德州黑陶、河南豫剧、河洛大鼓、怀梆、中原面塑等黄河非遗的课程开发个案进行调查研究。通过调查了解黄河非遗地方课程开发现状,并结合黄河非遗融入中小学和幼儿园案例开展研究,意在丰富黄河流域地方课程内容和传承黄河文化。本书共分为九章。第一章导论的背景部分,围绕国家鼓励非遗教育贯穿国民教育始终的时代背景和非物质文化遗产在基础教育中的传承有待加强的现实需求进行论述;研究意义部分在阐述理论意义和现实意义的基础上进行意义解读;在对非物质文化遗产与教育、学校课程开发、非物质文化遗产学校课程开发、黄河文化及其非遗课程开发等相关研究成果进行文献综述的基础上明确核心概念和研究的理论基础,并进行研究设计。第二章从中华文化认同的增强和文化育人功能的发挥等阐述黄河非遗融入地方课程的必要性;从黄河非遗具有的丰富文化内涵和较高的教育价值来阐述其融入的必要性。第三、四、五章结合洛阳唐三彩、德州黑陶、河南豫剧、河洛大鼓、怀梆、中原面塑等黄河非遗融入地方课程的现状调查、问题分析和策略优化探讨。第六、七、八、九章借助优化的策略,结合洛阳唐三彩、德州黑陶、河南豫剧、河洛大鼓、怀梆、中原面塑等对黄河非遗融入中小学、幼儿园课程进行实景设计、实践探索和实践反思。

习近平总书记在2023年6月2日的文化传承发展座谈会上强调:在新的起点上继续推动文化繁荣、建设文化强国、建设中华民族现代文明,是我们在新时代新的文化使命。习近平总书记在中央民族工作会议暨国务院第六次全国民族团结进步表彰大会强调:加强中华民族大团结,长远和根本的是增强文化认同,建设各民族共有精神家园,积极培养中华民族共同体意识。本书旨在通过对黄河非遗融入地方课程的研究,促进黄河文化的现代化传承和创新性发展,使学校课程开出更美好的中国式教育现代化之花,协同共创中华民族现代文明,铸牢中华民族共同体意识。

郑雪松
2023年8月于信阳谭山

目　录

第一章　导　论 …………………………………………………………（ 1 ）

　第一节　研究背景和意义 ……………………………………………（ 1 ）

　　一、研究背景 ………………………………………………………（ 1 ）

　　　（一）国家鼓励非遗教育贯穿国民教育始终 …………………（ 1 ）

　　　（二）非物质文化遗产在基础教育中的传承有待加强 ………（ 2 ）

　　二、研究意义 ………………………………………………………（ 3 ）

　　　（一）理论意义 …………………………………………………（ 4 ）

　　　（二）实践意义 …………………………………………………（ 4 ）

　　　（三）意义解读 …………………………………………………（ 5 ）

　第二节　文献综述 ……………………………………………………（ 7 ）

　　一、关于非物质文化遗产与教育的研究 …………………………（ 7 ）

　　　（一）国外研究动态 ……………………………………………（ 7 ）

　　　（二）国内研究动态 ……………………………………………（12）

　　二、学校课程开发研究综述 ………………………………………（16）

　　　（一）国外文献综述 ……………………………………………（16）

　　　（二）国内文献综述 ……………………………………………（17）

　　　（三）对已有文献的评析 ………………………………………（21）

　　三、非物质文化遗产学校课程开发研究综述 ……………………（22）

　　　（一）关于非物质文化遗产校本课程开发价值的研究 ………（22）

　　　（二）关于非物质文化遗产校本课程开发现状的研究 ………（23）

（三）关于非物质文化遗产校本课程开发策略的研究 …… （24）
　四、关于非物质文化遗产与幼儿园教育的研究 ……………… （25）
　　（一）国外研究动态 ……………………………………… （25）
　　（二）国内研究动态 ……………………………………… （26）
　五、黄河文化及其非遗课程开发相关研究 …………………… （30）
　　（一）黄河文化及其非遗方面的研究现状 ………………… （31）
　　（二）教育传承黄河文化的研究现状 ……………………… （31）
　六、对已有文献的评析 ………………………………………… （34）

第三节　核心概念界定与理论基础 …………………………… （37）
　一、核心概念界定 ……………………………………………… （37）
　　（一）非物质文化遗产 ……………………………………… （37）
　　（二）地方非物质文化遗产 ………………………………… （39）
　　（三）课程开发 ……………………………………………… （41）
　　（四）黄河非遗地方课程开发 ……………………………… （42）
　二、理论基础 …………………………………………………… （43）
　　（一）文化位育理论 ………………………………………… （43）
　　（二）泰勒的课程理论 ……………………………………… （44）
　　（三）施瓦布的实践性课程开发理论 ……………………… （45）
　　（四）文化自觉理论 ………………………………………… （46）

第四节　研究设计 ……………………………………………… （47）
　一、研究思路与方法 …………………………………………… （47）
　　（一）研究思路 ……………………………………………… （47）
　　（二）研究方法 ……………………………………………… （47）
　二、研究重难点与创新点 ……………………………………… （49）
　　（一）研究的重难点 ………………………………………… （49）
　　（二）研究的创新点 ………………………………………… （49）

第二章　黄河非遗融入地方课程的必要性和适切性 ………… （51）

第一节 黄河非遗融入地方课程的必要性 ……………………（52）

一、黄河非遗融入地方课程是增强中华文化认同的重要举措

………………………………………………………………（53）

二、黄河非遗融入地方课程是贯彻落实党的二十大精神的

重要体现 ……………………………………………………（54）

三、黄河非遗融入地方课程增强学校教育的文化育人功能 …（55）

第二节 黄河非遗融入地方课程的适切性 ……………………（56）

一、黄河非遗具有丰富的文化内涵 ………………………………（57）

（一）乡土性和民族性 ………………………………………（57）

（二）生活性和艺术性 ………………………………………（58）

（三）多元性和综合性 ………………………………………（60）

二、黄河非遗具有较高的教育价值 ………………………………（62）

（一）社会价值的体现——为儿童社会化奠定基础 ………（63）

（二）个体价值的体现——促进儿童个体全面发展 ………（64）

（三）益美强体 ………………………………………………（66）

三、黄河非遗融入地方课程是基础教育发展的应然取向 ……（67）

第三节 黄河非遗融入地方课程适切性的案例体现 ……………（68）

一、德州黑陶的文化内涵及其与儿童发展的内在关系 ………（68）

（一）"自然"——黑陶文化价值与儿童内在精神的感通 …（69）

（二）审美和感知——符合幼儿认知和发展 ………………（72）

二、洛阳唐三彩融入初中综合实践活动课程的契合点 ………（73）

（一）洛阳唐三彩和综合实践活动课程具有综合性、

实践性等共同特点 ………………………………………（73）

（二）洛阳唐三彩和综合实践活动课程的共同现代教育理念

………………………………………………………………（74）

三、河洛大鼓融入园本艺术课程的可行性 ……………………（75）

（一）幼教工作者对开发河洛大鼓艺术教育资源的认知现状

　　　　……………………………………………………………………（76）
　　（二）家长对河洛大鼓文化融入幼儿园艺术课程的认可度
　　　　……………………………………………………………………（76）
　　（三）幼儿对河洛大鼓进入艺术课程教育的期待性 ………（77）
　　（四）河洛大鼓融入幼儿园艺术教育的教育价值 …………（77）

第三章　黄河非遗融入地方课程现状调查 ……………………（79）
　第一节　黄河非遗融入地方课程调查方案设计 ……………（79）
　　一、调查目的 ……………………………………………………（79）
　　二、调查问卷的设计 ……………………………………………（80）
　　　（一）问卷的编制 ……………………………………………（80）
　　　（二）问卷的发放 ……………………………………………（80）
　　　（三）问卷的信效度检验 ……………………………………（81）
　　　（四）问卷题项的区分度检验 ………………………………（81）
　　三、访谈提纲的设计 ……………………………………………（84）
　第二节　黄河非遗融入中小学地方课程现状问卷调查 ……（84）
　　一、Z市调查对象的选择及其基本信息统计 …………………（84）
　　　（一）Z市调查对象的选择 …………………………………（84）
　　　（二）Z市调查对象基本信息统计 …………………………（85）
　　二、Z市黄河非遗融入地方课程主体现状调查的结果与分析
　　　　……………………………………………………………………（86）
　　　（一）黄河非遗融入地方课程的主体统计 …………………（86）
　　　（二）教师参与非遗融入地方课程的情况 …………………（87）
　　三、Z市黄河非遗融入地方课程方式现状调查的结果与分析
　　　　……………………………………………………………………（88）
　　四、Z市黄河非遗融入地方课程内容现状调查的结果与分析
　　　　……………………………………………………………………（89）
　　五、Z市黄河非遗课程实施现状调查的结果与分析 …………（90）

（一）课时安排 …………………………………………（ 90 ）
　　（二）课程实施方式 ………………………………………（ 90 ）
　　（三）课程实施安排现状 …………………………………（ 91 ）
　　（四）教师参与非遗课程实施的情况 ……………………（ 91 ）
六、Z市黄河非遗课程评价现状调查的结果与分析 …………（ 96 ）
七、Z市学校对黄河非遗融入地方课程支持力度现状调查的
　　结果与分析 ………………………………………………（ 96 ）
八、Z市黄河非遗融入地方课程取得效果分析 ………………（ 98 ）
　　（一）黄河非遗融入地方课程取得的效果 ………………（ 98 ）
　　（二）人口学变量下教师差异对黄河非遗融入地方课程的
　　　　　效果分析 ………………………………………………（ 99 ）
九、黄河非遗融入地方课程困境分析 …………………………（103）

第三节　黄河非遗融入地方课程现状访谈 …………………………（104）
一、黄河非遗融入地方课程方式现状的访谈结果与分析 ……（105）
二、黄河非遗融入地方课程内容现状的访谈结果与分析 ……（106）
三、课程实施现状的访谈结果与分析 …………………………（107）
四、课程评价现状的访谈结果与分析 …………………………（108）
五、学校对黄河非遗融入地方课程支持力度现状访谈的
　　结果与分析 ………………………………………………（108）
六、黄河非遗融入地方课程取得效果现状的访谈结果与分析
　　……………………………………………………………（109）
七、黄河非遗融入地方课程现实困境的访谈结果与分析
　　……………………………………………………………（110）

第四节　黄河非遗融入中小学课程的案例现状调查 ………………（111）
一、黄河非遗中原面塑融入小学美术课程现状调查 …………（111）
　　（一）调查对象的明确 ……………………………………（112）
　　（二）学生调查结果分析 …………………………………（112）

（三）教师访谈结果的分析 …………………………………（120）
二、洛阳唐三彩融入初中综合实践活动课的现状调查 ………（121）
第五节 黄河非遗融入幼儿园课程的案例现状调查 ……………（123）
一、德州黑陶融入幼儿园现状调查 ………………………………（123）
（一）选择黑陶的原因 ……………………………………（124）
（二）教师对幼儿园开展德州黑陶教育活动看法调查设计
 ……………………………………………………………（125）
（三）德州黑陶融入幼儿园教育活动现状调查统计分析 …（127）
二、河南豫剧融入幼儿园现状调查 ………………………………（133）
（一）教师对豫剧融入幼儿园教育活动的认知状况 ………（133）
（二）教师开展豫剧教育活动的现实状况 …………………（139）

第四章 黄河非遗融入地方课程问题分析 …………………………（146）

第一节 黄河非遗融入地方课程问题分析 …………………………（146）
一、主体认同度不高 ………………………………………………（146）
（一）学校观念与行动不一 …………………………………（147）
（二）教师的课程开发意识淡薄 ……………………………（148）
（三）学生的主体地位缺失 …………………………………（149）
二、课程建设不完善 ………………………………………………（150）
（一）学科领域窄化 …………………………………………（150）
（二）教材体系不系统 ………………………………………（151）
三、课程实施形式化 ………………………………………………（153）
（一）师资文化素养薄弱 ……………………………………（153）
（二）非遗课程未形成场域 …………………………………（154）
四、课程评价体系有待于系统化 …………………………………（155）
（一）多元评价主体有待落实 ………………………………（156）
（二）评价方式单一 …………………………………………（156）
（三）缺乏对课程本身的评价 ………………………………（157）

五、地方文化融入幼儿园艺术课程有待于加强 …………… (158)
　第二节　黄河非遗融入中小学课程案例问题分析 …………… (159)
　　一、面塑融入小学美术课程问题与成因分析 ………………… (159)
　　　（一）问题分析 ……………………………………………… (159)
　　　（二）成因分析 ……………………………………………… (160)
　　二、怀梆融入中学主题活动课程面临困境分析 ……………… (162)
　　　（一）教师资源的不足 ……………………………………… (162)
　　　（二）怀梆知识的缺乏 ……………………………………… (162)
　　　（三）教学手段单一 ………………………………………… (163)
　　　（四）环境的干扰 …………………………………………… (163)
　第三节　黄河非遗融入幼儿园课程问题分析 ………………… (164)
　　一、豫剧融入幼儿园大班教育活动首轮问题分析 …………… (164)
　　　（一）活动剧本选择失当 …………………………………… (165)
　　　（二）活动重难点把握不当 ………………………………… (165)
　　　（三）活动实施时间分配欠妥 ……………………………… (166)
　　　（四）活动实施缺乏"生长性" …………………………… (166)
　　二、"河洛大鼓"融入幼儿园本艺术课程问题分析 ………… (166)

第五章　黄河非遗融入地方课程的优化策略 ………………… (168)
　第一节　黄河非遗融入地方课程的优化策略 ………………… (168)
　　一、激发黄河非遗主体认同的积极性 ………………………… (168)
　　　（一）提升管理人员的观念行动 …………………………… (169)
　　　（二）增强教师的课程开发意识 …………………………… (169)
　　　（三）彰显学生的文化主体地位 …………………………… (170)
　　二、完善黄河非遗融入中小学地方课程建设 ………………… (171)
　　　（一）拓宽学科领域 ………………………………………… (171)
　　　（二）加强教材体系建设 …………………………………… (173)
　　　（三）提升教师的人文素养 ………………………………… (173)

三、规范黄河非遗融入中小学地方课程评价体系 …………… (175)
 （一）评价主体多元化 …………………………………… (175)
 （二）评价方式多样化 …………………………………… (176)
 （三）评价也应关注课程本身 …………………………… (177)

第二节 黄河非遗融入中小学案例课程优化策略 …………… (177)
 一、面塑融入小学美术课程的改进措施 …………………… (177)
  （一）激发学生主动选择和探究面塑内涵的积极性 ……… (178)
  （二）课程设置的分阶段性和应注意的问题 ……………… (179)
  （三）学校应创设必要条件 ………………………………… (181)
 二、非遗怀梆小学主题活动课程开发与实施的改进 ……… (182)
  （一）重视建设乡土教材 …………………………………… (182)
  （二）开设本土音乐主题课 ………………………………… (182)
  （三）利用"进出相结合"的艺术交流形式丰富学生的
    学习经历 ………………………………………………… (183)
  （四）扩大学校教育资源 …………………………………… (183)
 三、洛阳唐三彩融入初中综合实践活动课程的改进措施 …… (184)
  （一）注重课程实施中小组合作作用的发挥 ……………… (184)
  （二）做好教学评一体化设计 ……………………………… (185)
  （三）注意地方非遗综合实践活动课程的一致性和连续性
    ………………………………………………………………… (185)

第三节 黄河非遗融入幼儿园课程案例优化策略 …………… (186)
 一、河洛大鼓应用于幼儿园艺术教育改进 ………………… (186)
  （一）提高教师的河洛大鼓艺术素养 ……………………… (186)
  （二）构建科学的河洛大鼓艺术活动体系 ………………… (186)
  （三）建立河洛大鼓融入幼儿园园本艺术教育的多方
    支持系统 ………………………………………………… (187)
 二、德州黑陶融入幼儿园教育活动的改进建议 …………… (188)

　　　　（一）引导幼儿积极参与地方非物质文化遗产的学习 …… (188)
　　　　（二）增强教师实施地方非物质文化遗产教育的主体性 … (189)
　　　　（三）实施对象的拓展和黑陶内涵的进一步挖掘 ……… (190)
　　三、非遗豫剧幼儿园教育活动的改进建议 ……………… (191)
　　　　（一）关注非遗豫剧的独特价值 ………………………… (191)
　　　　（二）营造园所豫剧文化氛围，定期开展教师培训 ……… (192)
　　　　（三）凝聚家园社区三方合力，构建完善的活动组织体系
　　　　　　………………………………………………………… (193)
　　　　（四）具体活动改进案例 ………………………………… (193)

第六章　黄河非遗进地方课程优化实施设计 ……………… (195)
第一节　黄河非遗融入地方课程实施的政策依据 ………… (195)
第二节　黄河非遗进中小学课程的案例实施设计 ………… (197)
　　一、黄河非遗怀梆小学主题活动课程开发设计 …………… (197)
　　　　（一）课程目标的确立 …………………………………… (197)
　　　　（二）课程内容的选择 …………………………………… (198)
　　　　（三）课程评价内容的明确 ……………………………… (199)
　　二、洛阳唐三彩融入初中综合实践活动课程的设计 ……… (200)
　　　　（一）课程目标的明确：突出层次性 …………………… (200)
　　　　（二）课程内容的选择：围绕"三依据" ………………… (201)
　　　　（三）课程管理的体系：强调校本发展观 ……………… (203)
　　三、中原面塑融入小学美术课程实施设计 ………………… (203)
　　　　（一）合理选择教学资源 ………………………………… (204)
　　　　（二）明确面塑融入小学美术课程的目标 ……………… (204)
　　　　（三）分年级段编制课程内容及教学目标 ……………… (205)
第三节　黄河非遗进幼儿园课程的案例实施设计 ………… (206)
　　一、德州黑陶融入幼儿园教育活动设计 …………………… (207)
　　　　（一）德州黑陶进课程教学目标的制订 ………………… (207)

（二）德州黑陶进幼儿园课程教育活动内容的选择 ………（211）
　二、河洛大鼓园本艺术课程设计框架 ………………………（216）
　　（一）课程目标和设计原则 …………………………………（217）
　　（二）课程内容和教学方法 …………………………………（218）
　　（三）课程效果的评估方法 …………………………………（219）
　三、非遗豫剧融入幼儿园大班教育活动设计 ………………（220）
　　（一）豫剧教育活动目标的设定 ……………………………（220）
　　（二）豫剧教育活动曲目的选择 ……………………………（221）
　　（三）豫剧教育活动开展形式的确定 ………………………（222）
　　（四）豫剧教育活动评价的确立 ……………………………（223）

第七章　黄河非遗进中小学课程的实施探索 ………………（227）

第一节　黄河非遗怀梆小学主题活动课程开发与实施 ………（227）
　一、黄河非遗怀梆小学主题活动课程开发实施意义分析 ……（227）
　　（一）通过对怀梆的感知提高学生审美能力 ………………（228）
　　（二）促进怀梆课程开发 ……………………………………（229）
　　（三）推动怀梆复兴 …………………………………………（230）
　二、黄河非遗怀梆小学主题活动课程实施 …………………（231）
　　（一）活动课程实施的基本思路 ……………………………（231）
　　（二）活动课程设计模式和原则 ……………………………（231）
　　（三）黄河非遗怀梆小学主题活动课程具体实施 …………（232）

第二节　洛阳唐三彩融入初中综合实践活动课程的实践探索 …（235）
　一、洛阳唐三彩融入初中综合实践课程的教育价值 ………（235）
　　（一）涵养学生的文化素养 …………………………………（235）
　　（二）提升学生审美情趣和道德品质 ………………………（236）
　　（三）给教师带来新的挑战 …………………………………（237）
　二、洛阳唐三彩融入初中综合实践活动课程的实践 ………（237）
　　（一）课程实施的建构：实践"三水平三阶段五课型"………（237）

（二）评价体系的确立：落实"三阶段"评价 …………………… (243)

　　（三）课程改革方案的落实：强调"两个为本""四个为了"

　　　……………………………………………………………………… (246)

第三节　黄河非遗面塑融入小学美术课程研究 ………………………… (247)

　一、面塑具有融入小学美术教育的价值 ………………………………… (248)

　　（一）增强学生的民族自豪感和文化认同感 …………………… (248)

　　（二）激发学生的兴趣和审美意识 ……………………………… (249)

　　（三）激发学生的创造力和成就感 ……………………………… (249)

　　（四）有利于学校形成富有特色的课程 ………………………… (250)

　二、面塑融入小学美术课程的教学实践路径 …………………………… (250)

　　（一）引领学生感受和欣赏中原面塑作品 ……………………… (250)

　　（二）引领学生表现和创作面塑作品 …………………………… (252)

　　（三）拓展教学内容和创新教学方法 …………………………… (253)

　三、面塑融入小学美术课程的多元性教学评价 ………………………… (254)

　　（一）坚持多元评价原则 ………………………………………… (254)

　　（二）制订多元评价标准 ………………………………………… (255)

　　（三）确立多元评价方式 ………………………………………… (255)

第八章　黄河非遗进幼儿园课程的实践探索 ………………………………… (257)

第一节　德州黑陶融入幼儿园教育活动的实践 ………………………… (257)

　一、"美丽的'黑陶'花纹"在幼儿园艺术、科学领域的实践 …… (258)

　　（一）活动初步构思 ……………………………………………… (258)

　　（二）活动效果反馈 ……………………………………………… (260)

　　（三）活动改进提升 ……………………………………………… (261)

　　（四）活动分析总结 ……………………………………………… (264)

　二、"'花鸟鱼虫'的秘密"在幼儿园健康、社会领域的实践 …… (264)

　　（一）活动初步构思 ……………………………………………… (264)

　　（二）活动效果反馈 ……………………………………………… (266)

（三）活动改进提升 …………………………………… (267)
　　（四）活动分析总结 …………………………………… (268)
三、"一只小陶牛"在幼儿园艺术、社会领域的实践 ………… (268)
　　（一）活动初步构思 …………………………………… (268)
　　（二）活动效果反馈 …………………………………… (270)
　　（三）活动改进提升 …………………………………… (271)
　　（四）活动分析总结 …………………………………… (272)
四、教学活动的组织实施 ……………………………………… (273)
　　（一）教育活动中的组织——以主题活动为中心 …… (274)
　　（二）教育活动过程中的实施 ………………………… (275)
五、教育教学活动评价 ………………………………………… (278)

第二节　河南豫剧融入幼儿园教育活动的实践 ……………… (281)
一、幼儿表现豫剧 ……………………………………………… (281)
　　（一）活动设计 ………………………………………… (281)
　　（二）活动实施 ………………………………………… (282)
　　（三）活动反思 ………………………………………… (285)
二、幼儿创作豫剧 ……………………………………………… (287)
　　（一）活动设计 ………………………………………… (287)
　　（二）活动实施 ………………………………………… (288)
　　（三）活动反思 ………………………………………… (291)

第三节　河洛大鼓融入幼儿园艺术课程的实践探索 ………… (292)
一、河洛大鼓融入园本艺术课程的必要性 …………………… (293)
　　（一）地方文化融入幼儿园艺术课程的教育教学活动比较少
　　　　　　………………………………………………… (293)
　　（二）河洛大鼓的艺术特点 …………………………… (294)
　　（三）河洛大鼓在当代艺术中的地位 ………………… (295)
　　（四）河洛大鼓在幼儿园艺术教育中的应用价值 …… (296)

二、河洛大鼓融入幼儿园艺术课程实践 …………………… (297)
　　　　（一）感受河洛大鼓的艺术魅力 ………………………… (297)
　　　　（二）体验河洛大鼓的艺术特色 ………………………… (297)
　　　　（三）学习河洛大鼓的艺术表演形式 …………………… (298)
　　　　（四）创新河洛大鼓艺术课程学习方式 ………………… (299)

第九章　黄河非遗进课程的实践反思 ………………………… (302)
　第一节　黄河非遗融入一般地方课程的实践反思 ………… (302)
　第二节　黄河非遗融入地方课程的案例实践反思 ………… (304)
　　一、促进学生成长 …………………………………………… (304)
　　　　（一）初探——对德州黑陶的忽视 …………………… (305)
　　　　（二）熟识——对德州黑陶的探索 …………………… (305)
　　　　（三）传承——对德州黑陶的发扬 …………………… (306)
　　二、助推教师发展和素养提升 ……………………………… (307)
　　三、丰富园本化研究 ………………………………………… (308)

附　录 …………………………………………………………… (309)
　附录1：黄河非遗融入地方课程现状调查 ………………… (309)
　附录2：黄河非遗融入中小学案例课程现状调查 ………… (313)
　附录3：黄河非遗融入幼儿园案例课程现状调查 ………… (320)
　附录4：国家相关政策文件 ………………………………… (329)

主要参考文献 …………………………………………………… (348)
结　语 …………………………………………………………… (358)

第一章
导　论

第一节　研究背景和意义

一、研究背景

(一) 国家鼓励非遗教育贯穿国民教育始终

黄河文化中的女娲补天、盘古开天、大禹治水、夸父逐日、嫦娥奔月等蕴含着中华民族共同的文化印记，华夏始祖、姓氏根亲、历史伟人等澎湃着中华民族共同血脉，这些都是培育和铸牢中华民族共同体意识的重要课程资源，特别是黄河流域的一些非物质文化遗产。非物质文化遗产是一个民族最深层、最基本、最持久的文化精神，也是一种以人为主体的文化传承。1972年，《保护世界文化和自然遗产公约》阐明了世界遗产的准确定义，这也是联合国教科文组织通过的第一部关于保护世界文化遗产和自然遗产的条约，其目的就是对特殊文化和自然遗产进行识别和保护[1]。2017年，国务院办公厅印发《关于实施中华优秀传统文化传承发展工程的意见》，明

---

[1] 乌丙安.非物质文化遗产保护理论与方法[M].北京:文化艺术出版社,2015:7.

确提出把中华优秀传统文化全方位、全学段、全过程地融入国民教育的各个领域、各个环节。非物质文化遗产作为中华优秀传统文化的重要组成部分,与幼儿园教育的有效融合,成为一项既重要又紧迫的任务。2021年8月印发的《关于进一步加强非物质文化遗产保护工作的意见》指出,要将非遗教育贯穿国民教育始终,努力构建非遗相关课程体系,鼓励非物质文化遗产进校园。基础教育是国民教育的重要组成部分,作为人之初的教育,我们有必要让孩子在此阶段接受非遗文化熏陶,在潜移默化中理解非遗传统文化,让这些原本"有距离感"的文物在儿童世界中"活"起来。面对纷繁复杂的社会环境,如何正确地引导青少年儿童,使其形成正确的国家观、民族观、文化观和历史观,关系到国家和民族的前途,也是目前学校德育教育的关键要点。教育部2022年工作要点中提出应在增进"共同性"的基础上,推动铸牢中华民族共同体意识教育与中小学德育和高校思想政治工作相结合,肯定了学校在铸牢中华民族共同体意识的作用①。其中如何通过课程体现铸牢中华民族共同体意识是学校教育和文化传承的关键。党的二十大报告强调马克思主义与中华优秀传统文化相结合,加强地方非遗的转化和创新性发展。这就为黄河非遗融入地方课程和校本课程奠定基础。

（二）非物质文化遗产在基础教育中的传承有待加强

青少年儿童处在人生成长阶段的"拔节孕穗"期,其自我意识在思索问题或行为表现方面都会下意识地按照自我的标准,进而形成稳定的价值观。也就是说小学阶段是"三观"形成的关键阶段,是铸牢中华民族共同体意识的重要时期。此时,青少年儿童的心理状态还处于未完全成熟阶段,是思考问题、追求个性、鉴别能力有限的阶段,在被新鲜事物所吸引的同时极易受到外界不良思潮的影响。

学校教育是立德树人的核心场域,非遗本应贯穿于教育始终、从小培

---

① 教育部.教育部2022年工作要点[EB/OL]（2022-02-08）[2023-02-24]. http://www.moe.gov.cn/jyb_sjzl/gzdt_gzdt/202202/t20220208_597666.html.

养孩子们对中华优秀传统文化的兴趣和学习优秀传统文化的意识。但在查阅相关文献的过程中发现,在教育领域,特别是学前教育领域,相对缺乏对非物质文化遗产的教育。在与幼儿园教师以及家长的交流过程中,也有不少人有这样的困惑:非物质文化遗产,有的我们自己都搞不懂,更何况孩子了。在中小学和幼儿园调研中普遍感受到教师对于非物质文化遗产的了解相对较少,部分组织过非遗文化教育的学校也是立足于大众传统文化资源,比如给孩子们开展扎染、剪纸、泥塑等艺术活动,对地方非遗文化资源进行挖掘的不多。甚至大部分教师对于当地的特色非遗项目不甚了解,更难说资源的挖掘。对于中小学生和幼儿来说,学习和传承地方非遗文化不仅可以更好地理解地方历史文化,也能更好地理解文化差异。这与陈鹤琴先生提倡的教育三大目标"做人,做中国人,做现代中国人"的理念相契合。蕴含文化传统的非物质文化遗产,在中国现代化浪潮的影响下,其生存状况令人担忧,也难寻非遗文化的踪影。那么非物质文化遗产在现代学校教学中,是否还有价值?还有哪些人们没有意识到非遗教育的意义?假如任由非遗文化资源在学校教育中的缺位现象延续下去,又将会造成什么样的缺憾?曾看到有幼儿园举办过非遗教育相关活动,如前面提到的扎染、剪纸、泥塑等,只不过多在手工活动课中开展,将其当作培养孩子手工技艺的一种工具,因此我们不禁要问非遗文化教育资源的价值仅限于此吗?还有哪些人们所忽略的价值没有得以彰显?以上思考,也是促使著者选择该研究的动力之一。

二、研究意义

将黄河非遗融入课程,发挥其培育和铸牢中华民族共同体意识的教育功能,有利于指引一线教师更好地理解铸牢中华民族共同体意识内涵,提升教育工作的准确性与实效性,树立课程思政理念,并有针对性地对学生进行"五个认同"教育,同时注重立德树人的根本任务,培育其铸牢中华民族共同体意识。新时代背景下,"推动黄河文化的发展与传播,是铸牢中华民族共同体意识、推进文化自信自强、建设社会主义文化强国的重要途径之一,意义十分重大"①。

(一)理论意义

将中华优秀传统文化融入课程已成为当前课程研究的热点,但关于非物质文化遗产融入课程的研究或集中于少数民族的非物质文化遗产,或集中于高职院校与职业教育,有关河南省非物质文化遗产融入中小学校本课程开发的研究还有待深入。在理论研究层面,本研究在界定非物质文化遗产校本课程开发这一核心概念时对其进行意义解读,丰富了相关概念的内涵,根据研究内容扩展了文化位育理论、泰勒的课程理论和施瓦布的实践性课程开发理论在调查研究中的应用。依据文化位育理论、泰勒的课程理论和施瓦布的实践性课程开发理论,位育的教育离不开所处的文化环境,非物质文化遗产校本课程开发既是传承地方文化的需要,又是与文化环境相契合的需要,因此非物质文化遗产校本课程应当在"位"的基础上构建相应的课程开发体系,通过实践培养学生对当地文化和民族文化的认同感和归属感。基于此,本研究旨在为黄河非物质文化遗产校本课程开发研究提供理论指导,希望为河南省更好开展非物质文化遗产教育提供理论参考。

(二)实践意义

"天人合一"自然伦理观蕴含在黄河文化之中,这种自然伦理观可为新时代大背景下我国的生态文明建设提供历史智慧与经验。黄河文化属于农耕文化,是处于黄河流域中的中华民族的先民在与自然的和谐相处中创造的物质文明与精神文明。非物质文化遗产融入课程在推动校本课程建设回归本土、实现非物质文化遗产"活态传承"、促进学生文化自信具有一

---

① 张耀影.黄河文化价值实现与传播路径研究——基于铸牢中华民族共同体意识的视角[J].行政管理改革,2023(04):60-66.

定启发意义。

首先,推动校本课程建设回归本土。学校作为教育的主要场所,理应承担起本土文化传承的重要使命。然而在日常的教育实践中,学校往往很少有机会传承本土文化,更多的是强调"书本知识"。校本课程作为以学校为本位、由学校自己确定的课程,校本课程开发则为学校传承本土文化提供了契合点。

其次,实现非物质文化遗产"活态传承"。非物质文化遗产是中华民族宝贵的民族财富,是中华优秀传统文化的精髓。将非物质文化遗产作为课程知识进课堂,进教材,进头脑,这不仅仅是基于非物质文化遗产传承与保护的需要,更是基于非物质文化遗产具有重要的教育价值,将其融入学校教育是实现非物质文化遗产"活态传承"的必由之路。

最后,促进学生文化自信。文化基础是中国学生发展核心素养体系的基础部分,是实现学生自主发展和社会参与的基础,最终是实现人的全面发展与培养全面发展的人的基础①。而中华优秀传统文化又是文化基础中的基础,学生必须先了解自己的"根",才能具有乡土情怀,保持文化清醒,增强文化认同,最终坚定文化自信。

(三)意义解读

"课程与文化有着天然的血肉联系,一方面,是文化造就了课程,文化作为母体决定了课程的文化品性,并为课程设定了基本的逻辑规范及范畴来源,抛开文化,课程就成了无源之水、无本之木;另一方面,课程又精炼、形成着文化,课程作为文化发展的重要手段或媒体,为文化增值与创新提供核心机制。"②课程是文化育人的路径,而校本是文化脉络的载体,因此将非物质文化遗产融入中小学校本课程是必然路径。非物质文化遗产校本课程开发既是丰富中小学课程内容的应然诉求,更是培育本土化课程文

---

① 刘启迪.打好中国学生发展核心素养的文化基础[J].当代教育科学,2017(5):3-6.
② 郝德永.课程与文化——一个后现代的检视[M].北京:教育科学出版社,2002:1.

化的实践逻辑。

教育活动是一个动态的主体间性活动,需要学生通过教育实践活动,与学习对象进行交流和碰撞获得真实感受,从而建构知识,提升素养。传统的学校教育主要是一种"文本式的教育"活动,传授教材知识,教育内容失去鲜活性,在一定程度上导致了直觉体验的缺失。非物质文化遗产增强课程内容的鲜活性,正如"文化不能用数字方法或者逻辑形式推导出来,只能在公共互动和身临其境的体悟中加以把握"①。非物质文化遗产区别于物质文化遗产的特性在于它的活态性,是一种活态文化遗产。非物质文化遗产校本课程是利用活态文化进行育人的一种形式,能将学习者引入具体"活"的场景中,通过直觉体验和具体认知,以丰富课堂活动形式开展各种学习活动,让学生在习得知识与技能的同时传承民族文化精华,潜移默化地提升文化认同。

本土化知识的理解应借助于本土文化,正如格尔茨所说,他要从本土人观点出发,不仅考察,还要全身心投入②。我国实行三级课程管理,校本课程由各学校自主开发,这决定了校本课程的本土化和个性化特点。本土知识是本土人民在自己长期生活和发展过程中所自主生产、享用和传授的知识体系,与本土人民的生存和发展环境密不可分③。非物质文化遗产来源于特定的地方和文化情境,具有鲜明的地方性。课程文化分为物质文化、制度文化和精神文化三个层次④,其中"精神文化"作为最高层次的课程文化,是学校课程文化的内核,其指向学校课程育人的文化特质层面。非物质文化遗产校本课程作为地方文化与学校文化的结合点,其课程文化

---

① 克利福德·格尔茨.地方知识——阐释人类学论文集[M].杨德睿,译.北京:商务印书馆,2016:10.
② 克利福德·格尔茨.地方知识——阐释人类学论文集[M].杨德睿,译.北京:商务印书馆,2016:14.
③ 石中英.知识转型与教育改革[M].北京:教育科学出版社,2001:327.
④ 刘志军,杨会萍.冲突与融合:课程文化在教育变革中破茧成蝶[J].中国教育学刊,2008(04):37-40.

的内核就是对课程育人的文化特质进行探究,彰显教师和学生群体在文化境域下的教学活动过程的文化特征,是扎根本土文化滋养个体文化涵养的内生化路径。

第二节 文献综述

一、关于非物质文化遗产与教育的研究

(一) 国外研究动态

本研究运用 CiteSpace 软件,分别以"intangible cultural heritage""intangible cultural heritage"&"education"为主题词,在 Web of Science 数据库核心合集进行检索,共计 2304 篇关于"非物质文化遗产"的文献(2002—2021 年)和 270 篇关于"'非物质文化遗产'教育"的文献(2006—2021 年),数据下载时间为 2021 年 12 月 1 日。

1. 前沿国家

对国家合作网络进行分析的目的是得到当今有关"非物质文化遗产"及其教育研究中具有一定影响力的国家,为更好地进行国际比较研究提供启发,就"intangible cultural heritage"而言,利用 CiteSpace 软件,Mode Type 选择 Country,生成国家合作网络图谱如图 1-1 所示,$Q=0.3828$,$mS=0.893$,聚类结构显著,聚类令人信服。

根据图表 1-1 国家结果统计也可以看到除中国外,美国、英国、土耳其、西班牙及法国是研究"非物质文化遗产"的主要国家,而且除西班牙和土耳其外,其他几国都有一定程度的研究交流与合作。

表 1-1 国家研究结果统计

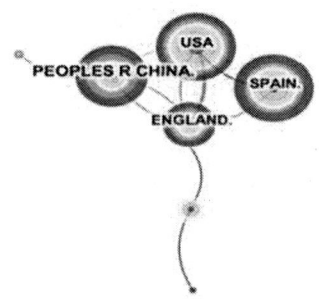

图 1-1　intangible cultural heritage 国家合作网络图谱

Visible	Count	Centrality	Year	Countries
√	127	0.28	2014	PRC
√	88	0.00	2011	SPAIN
√	87	0.06	2010	USA
√	67	0.50	2013	ENGLAND
√	39	0.00	2018	TURKEY
√	31	0.28	2013	ERANCE
√	13	0.00	2010	TURKEY
√	12	0.00	2009	CANADA
√	9	0.00	2020	BRAZIL
√	4	0.00	2011	AUSTRALIA

此外，中国在国际上具有一定的影响力（Centrality＝0.28）。从图 1-2 的引用历史可以看出，中国关于"非物质文化遗产"的研究文献自 2016 年开始，逐渐得到其他国家学者的关注和引用，虽有所起伏，但总体呈现逐年上升的态势，这也表明其影响力不断扩大。

就"intangible cultural heritage"&"education"而言，利用 CiteSpace 软件，Mode Type 选择 Country，生成"intangible cultural heritage"&"education"国家合作图谱，如图 1-3 所示。在"'非物质文化遗产'教育"研究中，西班牙、土耳其、俄罗斯、巴西、中国的发文量居于前列。

因此可以根据知识图谱分析结果中影响力、发文量靠前的国家，搜寻到各国被引频数最高论文，综合分析当前各国"非物质文化遗产"教育的已有研究成果。

第一章 导 论

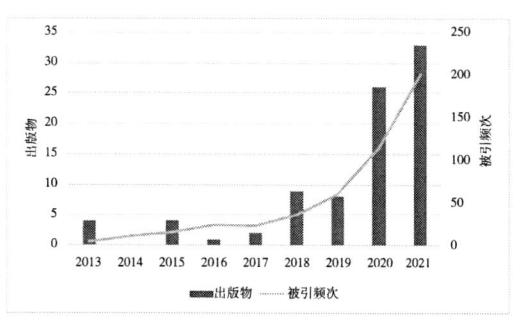

图 1-2 中国被引历史分布图

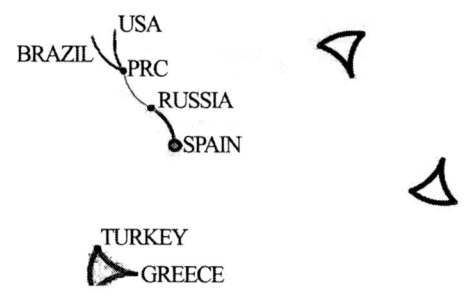

图 1-3 intangible cultural heritage & education 国家合作网络图谱

2. 前沿领域

通过构建学科关联网络对领域共现进行分析，可以揭示在"非物质文化遗产"及其教育的研究中学科之间的内在联系。利用 CiteSpace 软件，Mode Type 选择 Category，生成领域共现图谱，如图 1-4 所示，$Q=0.711$，$mS=0.9605$。按中心度排名，研究"非物质文化遗产"教育的主要领域为"SCIENCE & TECHNOLOGY-OTHER TOPICS（科学与技术－其他主题）"（0.13）、"COMPUTER SCIENCE（计算机科学）"（0.08）、"ENGINEERING（工程）"（0.08）、"SOCIAL SCIENCES-OTHER TOPICS（社会科学－其他主题）"（0.07）、"ARTS & HUMANITIES-OTHER TOPICS（艺术与人文－其他主题）"（0.04）等，这表明当前"非物质文化遗产"教育的相关研究主要是社会科学和艺术人文领域。

图 1-5 表明，教育学领域对"非物质文化遗产"教育研究自 2014 年开始蓬勃发展，但相对于社会科学领域的研究还是有一定的欠缺，且每年有一

定幅度的变化。这也启发我们在"非物质文化遗产"教育的研究中,不仅要有学科自身的眼光,还可以借鉴社会科学、人文学科的研究成果,站在多元化的学科背景下进行思考。

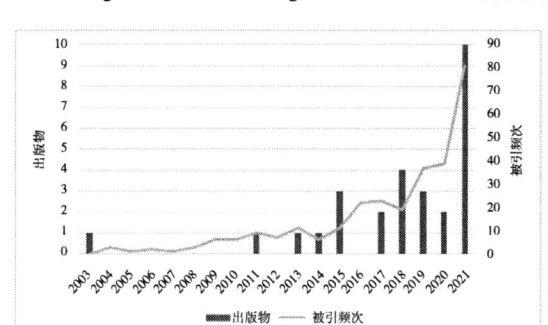

图 1-4　intangible cultural heritage & education 领域共现图谱

图 1-5　"非物质文化遗产"教育研究被引历史分布图

3．研究热点

对研究热点的分析可以帮助我们呈现"非物质文化遗产"及其教育研究的发展趋势,为接下来的研究方向提供一定的启示。利用 CiteSpace 软件词共现分析功能,Mode Type 选择 Term(主题词来源包括标题、摘要、关键词,以反映出更全面的信息),生成 intangible cultural heritage & education 主题词共现图谱,如图 1-6 所示,$Q=0.7327, mS=0.9245$。按照中心度排名,"非物质文化遗产"教育的主题词包括"cultural heritage(文化遗产)"(0.72)、"intangible cultural heritage(非物质文化遗产)"(0.70)、

"cultural organization(文化组织)"(0.21)、"intangible heritage(非物质遗产)"(0.13)、"museum(博物馆)"(0.11)、"cultural transformation(文化转型)"(0.09)等。

图1-6 intangible cultural heritage & education 主题词共现图谱

对关键词图谱的分析表明,在研究热点上,"非物质文化遗产"教育强调持续性、传统技艺、美食文化、音乐、可持续发展等几方面(如图1-7所示),关键词聚类分析也反映出在"非物质文化遗产"教育上研究比较重要的文献。

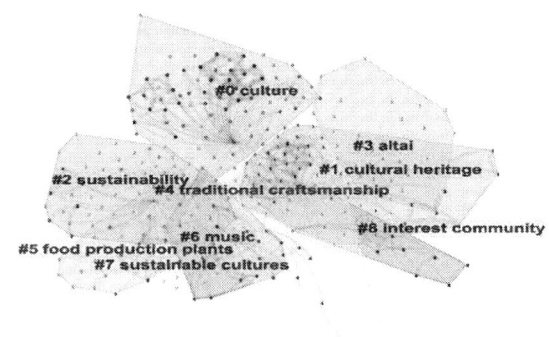

图1-7 intangible cultural heritage & education 关键词聚类图

土耳其研究者 E. Yalçinkaya 在 2015 年的研究旨在了解尼德大学小学教育与社会学系四年级学生对 2003 年联合国教科文组织通过的《保护非物质文化遗产公约》的看法,采用问卷作为数据收集工具,调查结果发现,职前教师对非物质文化遗产的兴趣水平不高,他们对文化的看法是普遍赞成的①。S. Gürçayir Teke 在 2013 年的研究指出，文化教育是将非物质文化遗产传递给下一代并确保其生存活力的重要手段之一。研究基于定期报告评估了教育在传播非物质文化遗产中的作用和重要性，以及缔约国如何解读非物质文化遗产的正规和非正规教育，非物质文化遗产的生存能力取决于新环境和振兴的潜力②。2021 年，D. Ceran 和 D. Yildiz 的研究主要是调查六年级和八年级土耳其语课本中包含的非物质文化遗产元素。根据调查结果，将列入联合国教科文组织名录与文化和旅游部国家名录的非物质文化遗产元素包括吟游诗人传统和赛马仪式，土耳其纸装饰艺术，史诗文化，民间故事和音乐列入两门课程。调查结果表明有必要在土耳其语课本中增加更多与非物质文化价值相关的表达③。

（二）国内研究动态

就国内研究热点而言，本研究以"非物质文化遗产""教育"为主题在中国知网数据库进行首次检索，检索到文献 3927 条，考虑到文献来源的可信度及数据分析处理的有效性，本研究拟选取数据库中 CSSCI 期刊进行数据分析，二次检索后获取文献 320 条（2003—2021），数据下载时间为 2021 年 11 月 20 日。

研究热点分析：某一关键词在其研究领域的反复出现则反映该研究领域的研究热点。利用 Citespace 软件词共现分析功能，Mode Type 选择 Keyword，为保证视图的美观性和可视性，在不影响分析的前提下将阈值设置为 3，节点类型选择"Keyword"，可视化运行后，生成关键词共现网络

---

① Yalçinkaya E. Pre-service Teachers' Views on Intangible Cultural Heritage and Its Protection[J]. Anthropologist, 2015, 22(1):64-72.
② Gürçayir Teke S. Customary Modes, Modern Ways: Formal, Non-Formal Education and Intangible Cultural Heritage[J]. MIillî Folklor, 2013(100):31-39.
③ Ceran D, Yildiz D. Elements of Intangible Cultural Heritage in Turkish Language Course Books of Grade 6 and Grade 8[J]. Selcuk Universitesi Turkiyat Arastirmalari Dergisi-Selcuk University Journal of Studies in Turcology, 2021(51):321-337.

图谱,如图1-8所示。

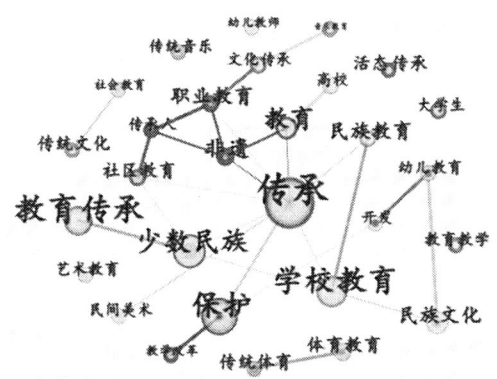

图1-8 非物质文化遗产教育关键词聚类图

图1-8中分别列出了频次和中心性排名前5位的关键词。$Q=0.8573>0.3$,聚类结构显著;$mS=0.8763>0.7$,聚类令人信服。该网络按引用次数排名最高的项目是传承,引用次数为22;其次是少数民族,引用次数为10。围绕"非物质文化遗产"教育,研究热点主要集中在非物质文化遗产的保护、非物质文化遗产的教育传承、传统艺术类非物质文化遗产几方面。因此,关于非物质文化遗产教育的研究综述主要围绕这几个研究热点展开,以期提供重要的参考价值。

1. 非物质文化遗产保护研究领域

研究主要集中在少数民族非物质文化遗产的保护以及地方高校与非物质文化遗产保护的互动发展上。其中,在少数民族非物质文化遗产的保护上,2010年,云南民族大学普丽春教授指出非物质文化遗产是少数民族生存和发展的基础,也是少数民族生存和认同的重要标识,针对非物质文化遗产的保护,教育传承是一个重要形式,学校应肩负起保护、传承和创新的使命担当。同时,她也指出虽然非遗教育活动在全国范围内的开展已初露势头,但在学前教育阶段开展非物质文化遗产教育的仍为数不多,活动的主体更多是在中小学和大学,而这也为我们的研究提供了思路①。从中,我们也不难发现地方高校基于自身地理位置优势对于地方少数民族非物质文化遗产的保护。2015年,呼伦贝尔学院王学勤教授就指出地方高校在少数民族非物质文化遗产的教育传承方面有着地缘、文化、人才等诸多优势,应充分发挥这些优势,在课堂教学、科学研究和大学生校园活动等诸多层面建构起少数民族非物质文化遗产的教育传承体系。呼伦贝尔学院积极开展关于"三少民族"非物质文化遗产教育传承体系的构建与实践的相关研究,提出少数民族非物质文化遗产教育传承在唤醒地方高校大学生民族认同感、提高大学生实践能力以及造就精英传承人等方面的意义②。在对文献的梳理过程中,我们也发现目前高校逐渐承担起非物质文化遗产教育、传承、保护的责任。2003年以来,牟延林教授带领其教学团队,积极在非物质文化遗产教育传承领域开展教育实践探索,成效显著;与此同时,项目组为了呼唤更多高校承担起在非物质文化遗产保护传承中的社会责任,深化高校的人才培养改革,2011年,项目组将之前的探索成果整理成《非物质文化遗产教育传承:当代高校文化素质教育的新路径》一文。文中指出:普通高校要想进行非物质文化遗产的教育传承,根本途径是把非遗文化教育内容纳入文化素质教育体系中来。把理论研究作为基础,把课程建设作为核心,形成非物质文化遗产传承的重庆模式,为当代高校进行中华优秀传统文化教育提供了独特视角③。2019年,天津大学马知遥教授指出目前非遗的保护存在过于重视非遗数量和非遗传承人等级划分的问题,逐渐背离了保护的初衷,导致非遗保护中文化认同的缺失,因此有必要开

---

① 普丽春.学校教育中的少数民族非物质文化遗产传承与发展研究——基于对云南省的调查[J].民族教育研究,2010,21(02):35-42.
② 王学勤.少数民族非物质文化遗产教育传承体系在地方高校的构建与实践——以呼伦贝尔学院"三少民族"非物质文化遗产保护传承为例[J].民族教育研究,2015,26(06):87-91.
③ 牟延林,谭宏,王天祥,等.非物质文化遗产教育传承:当代高校文化素质教育的新路径——以重庆文理学院为例[J].民族艺术研究,2011,24(01):90-94.

展与非遗相关的教育活动,以学历教育为主导,非学历教育为补充,通过教育发挥人的主体性,打造非遗教育共同体,为非遗教育搭建平台①。2020年12月5日,"非物质文化遗产教育与学科建设"国际学术论坛在北京师范大学举行,文化和旅游部非物质文化遗产司巡视员王晨阳认为,目前高校已参与到非遗保护工作中来,这是相互影响、相互促进的良好风尚,国家在加大对非遗保护师资培养力度的同时也要加强高校非遗学科体系和专业建设。

2. 非物质文化遗产的教育传承研究领域

研究成果主要是从非物质文化遗产融入学校教育体系后对学生综合素质培养与发展的意义与价值,以及不同教育阶段对非物质文化遗产教育传承的要求等进行全面评价。一些学者将非物质文化遗产的教育传承同"核心素养"等焦点问题结合起来,试图找到其与非物质文化遗产教育传承之间的交集。非物质文化遗产作为民族和地方世代传承的精神文化体系,对中小学生人文素养的提升起到一定的促进作用,而且能激发学生的多元内动力。各地各学校要深入结合地方传统文化特色,考虑到地方文化的传承发展需要以及学生的兴趣,培养和组建专门的师资队伍,在国家课程体系的框架基础上编撰非遗系列校本教材,开设非遗必修课程、选修课程以及相关主题活动来传承和保护非物质文化遗产②。同时,哈尔滨师范大学副教授于海礁在其《谈我国学生发展核心素养中的"人文底蕴"——基于非物质文化遗产的视角》中,阐明非物质文化遗产是我国文化资源的重要组成部分,是中华民族的优秀传统文化。因此,对非物质文化遗产的保护需要同学校教育深度结合,这不仅是我国非物质文化遗产保护及我国学校发展的客观需求,也是增强学生民族自豪感和自信心,培养爱国主义情操的

---

① 马知遥,常国毅.非物质文化遗产教育性保护的方法论与道路探究[J].民族艺术研究,2019,32(06):135-144.
② 郑雪松.中小学非物质文化遗产校本课程开发[J].课程·教材·教法,2017,37(01):95-100.

深切呼唤①。

由此可见,关于非物质文化遗产教育传承的探索研究不管对非物质文化遗产的保护传承自身来讲,还是对不同阶段学生的发展而言都有重要的研究意义和价值。由于非物质文化遗产地域性、传承性的特点,不同地区学校要按照本地区的文化优势进行深入挖掘,不同教育阶段和不同学科也需要按照自身发展需要去探索非遗教育的传承路径。

二、学校课程开发研究综述

(一)国外文献综述

国外校本课程开发相关研究多聚焦于对课程开发的目标模式、过程模式、环境模式和实践模式这四个主要模式的探讨。泰勒在《课程与教学的基本原理》中提出的目标模式作为课程开发中最常见的模式,被认为是"概括了本世纪上半叶课程这一研究领域中最好的思想"②。目标模式将课程开发分为确定目标、选择学习经验、组织学习经验和评价四个基本阶段,是一个"直线式"的操作过程,属于行为主义开发模型。施瓦布提出的实践模式被认为是课程"范式"的转换③,该模式认为学科内容、教师、学生和环境这四个基本要素构成了课程有机的"生态系统",把教师和学生看作是课程的主体和创造,强调课程的终极目的是"实践兴趣"、课程开发的过程与结果、目标与手段的连续统一、通过集体审议来解决课程问题。斯滕豪斯在《课程研究与开发导论》中提出的过程模式对目标模式进行了全面批判,他认为目标模式从知识进步的角度看也许有很大效用,但在应用于实际时

---

① 于海礁.谈我国学生发展核心素养中的"人文底蕴"——基于非物质文化遗产的视角[J].中国教育学刊,2017(05):82-85.
② 麦克尼尔.课程导论[M].施良方,译.沈阳:辽宁教育出版社,1990:366.
③ 施良方.课程理论——课程的基础、原理与问题[M].北京:教育科学出版社,1996:192.

必须格外小心,因为它们逻辑上越令人满意,可能越不适用①。他论证了课程研制过程中的基本原则及方法:一般目标与程序原则、课程设计及课程内容选择的依据和开放的课程系统与形成性评价。斯基尔贝克立足于对具体学校情境进行微观层面分析,提出环境模式由环境分析、目标制定、计划制定、实施、评价反馈与改进五个部分组成②,这五个部分作为一个有机整体,操作过程可以从任意一个或几个部分开始。

国外校本课程开发模式同样引起了国内学者的关注。王斌华在《校本课程论》一书中介绍了加拿大、美国、英国、澳大利亚校本课程开发的个案研究③。吴刚平认为施瓦布和斯滕豪斯的"实践课程模式"思想作为校本课程开发的思想基础,对其本土化改造和创新有利于我国基础教育课程改革④。胡洪伟、刘朋提出美国对课程的定义大致可概括为一种计划、有关学习者的经验、研究的领域、学科内容和年级水平四个方面,对与此相对应的校本课程开发的四种模型进行评析⑤。李介通过分析国外校本课程开发四种主流模式,期望为我国西北农村中小学校本课程开发实践提供理论指导⑥。

(二)国内文献综述

2001年,教育部印发《基础教育课程改革纲要(试行)》的通知,明确提出"实行国家、地方、学校三级课程管理",此后我国开始正式推行三级课程管理体制。诸多学校开始实施校本课程。关于校本课程开发的研究引起众多学者的关注,出现了大量学术论文和著作,如崔允漷《校本课程开发:

---

① 张华.课程与教学论[M].上海:上海教育出版社,2000,27:116.
② 郝德永.课程研制方法论[M].北京:教育科学出版社,2000:187.
③ 王斌华.校本课程证[M].上海:上海教育出版社,2000.
④ 吴刚平.校本课程开发的思想基础——施瓦布与斯腾豪斯"实践课程模式"思想探析[J].外国教育研究,2000(6):7-11.
⑤ 胡洪伟,刘朋.美国校本课程开发模式评析[J].课程·教材·教法,2001(06):73-75.
⑥ 李介.国外校本课程开发模式带给我们的启示[J].教育理论与实践,2010,30(26):18-20.

理论与实践》、王斌华《校本课程论》、吴刚平《校本课程开发》、靳玉乐《校本课程开发的理念与实施》等。通过认真分析相关研究成果，发现校本课程开发研究主要围绕以下几个方面展开：

1. 校本课程开发的内涵解读

目前学术界对于校本课程内涵的解读大致分为两种：一种是学校按照自己的教育哲学思想对于部分或全部课程进行不同程度和层次的"校本"的"课程开发"，一种是把校本课程开发活动限定在允许的有限课程范围之内的"校本课程"的开发①。徐玉珍认为校本课程开发的范围不仅包括完全自我开发、自我管理的校定课程，还包括对国定课程、地定课程校本化的改造和实施②。对此，李臣之也持有相同的观点③。刘庆昌认为只要课程的开发是由学校决策，是学校领导者和教师在对校情进行科学研判的基础上协商的决定，不偏离学生发展核心素养主题就属于校本课程④。随着基础教育课程改革的深入推进，人们重新审视校本课程时则提出"课程校本化"的概念，认为这个概念更适合我国的国情⑤，国家课程校本化实施成为校本课程开发的必然⑥。

2. 校本课程开发的价值取向

董屹敏认为校本课程开发应基于学校发展、教师专业发展、学生发展的实际需要⑦。付全新、王坤庆认为校本课程开发应以学生实践能力、创新精神、健康和谐人格的培养、国际视野的拓展及学校地域特色的凸显等

---

① 吴刚平.校本课程开发活动的类型分析[J].教育发展研究,1999(11):37-41.
② 徐玉珍.校本课程开发释义[J].中小学管理,2001(04):2-4.
③ 李臣之.校本课程开发：一种广义的认识[J].课程·教材·教法,2005,25(08):18-21.
④ 刘庆昌."校本课程"新释[J].教育科学研究,2018(12):1.
⑤ 黄春梅,司晓宏.从校本课程到课程校本化——我国学校课程开发自主权探寻[J].中国教育学刊,2013(03):28-30.
⑥ 杨小微.从实施到开发：国家课程校本化的新走向[J].课程·教材·教法,2019,39(05):44-49.
⑦ 董屹敏.校本课程开发的价值取向及路径思考[J].教学与管理,2009(04):28-29.

为价值取向①。马仲宏认为校本课程开发的价值在于培养教师课程意识、拓展教师专业知识、提高教师专业技能、促使教师专业反思②。随着校本课程开发实践的推进,引发了学术界更深层次的讨论。郭乐静认为校本课程开发的过程是学校内涵发展、教师专业成长、学生个性化发展的有效途径,也是缩小校际办学差距、促进教育均衡的有效途径③。郑志生以厦门市思明区为个案,运用行动研究方法,探索区域推进学校特色发展的实践历程,建构了学校特色发展"五要素"结构模型,发现校本课程开发是学校特色发展的重点内容和重要抓手④。宋星、雷晓燕认为校本课程具有重要的文化价值,校本课程开发能传承地方文化、促进学校文化建设、促进其他文化传承和多种文化交流⑤。

3. 校本课程开发的影响因素

周军认为地方政府和地方教育部门影响校本课程决策,社区的需要影响校本课程计划,校长、教师、家长和学生作为学校共同体是课程能否成功的关键,与大学合作是校本课程开发行之有效的方法⑥。王辉等结合中小学校本课程开发的现状,分别探讨了内容、环境、学生、教师、校长及社区这六个主要因素对校本课程实施的影响⑦。海路、李芳兰通过田野调查,提出政策法规的执行、课程管理、教材的编写和使用、师资水平、社会参与是

---

① 付全新,王坤庆.课程改革深化背景下校本课程开发的价值取向及实现路径——以湖北省葛洲坝中学为例[J].课程·教材·教法,2013,33(09):17-22.
② 马仲宏.校本课程开发:教师专业化发展的必由之路[J].中学政治参考,2014(12):90-91.
③ 郭乐静.基于特色学校建设的校本课程开发[J].教育理论与实践,2018,38(35):41-42.
④ 郑志生.区域推进学校特色发展的行动研究[D].长春:东北师范大学,2018:15-17.
⑤ 宋星,雷晓燕.校本课程的文化价值与文化品牌建设研究[J].教育与管理,2019(24):83-85.
⑥ 周军.试论影响校本课程开发的因素[J].教育发展研究,1999(12):24-27.
⑦ 艾尔肯·莫力大汗,孔凡哲,王辉.影响校本课程实施的主要因素[J].中小学教师培训,2007(10):28-31.

影响广西东兴市京族学校校本课程开发的影响因素①。王可认为校本课程可以促进教师、学生、教材与环境自身的和谐,探讨了影响校本课程开发的主观因素和客观因素②。杨国龙认为校本课程开发的观念,如以校为本还是以生为本、开发主体是教师还是学生、如何进行教学管理等问题是影响校本课程实施的关键③。

4. 校本课程开发的困境和路径

王淑芬认为核心素养下的校本课程建设面临着价值缺失、顶层难为、实践失能、成长受阻的现实困境,应围绕核心素养的校本化价值、校长的课程领导力、教师的专业化发展和学生个性化发展进行系统构建④。郑志生、邬志辉认为校本课程开发存在缺乏整体认识,注重表面形式,忽视国家和地方课程校本化建设等问题,基于校本课程开发的复杂性特征,提出系统认识、协同构建、过程优化的开发策略⑤。张亚、于宗助基于家校合作的视角,认为校本课程开发中家校合作面临重重问题,可通过构建学校家庭双方平等在场体系,创建家校合作双向交流机制与资源共享平台等策略,提高校本课程开发的有效性⑥。刘丽群、周先利认为校本课程深层开发面临开发定位受限,知识来源边缘化等诸多困境,应以文化解围、课程同构、路径解锁为突破口实现校本课程的深层开发⑦。李洪修、刘博囡认为校本

---

① 海路,李芳兰.京族学校校本课程开发的影响因素分析[J].湖南师范大学教育科学学报,2010,9(02):20-23.
② 王可.从校本课程开发的视角探析课程和谐的影响因素[J].教学与管理,2015(18):39-41.
③ 杨国龙.影响校本课程开发的观念问题探析[J].教学与管理,2015(06):55-57.
④ 王淑芬.校本课程建设的困境和路径[J].课程·教材·教法,2018,38(06):105-110.
⑤ 郑志生,邬志辉.校本课程开发的复杂性审视及策略[J].课程·教材·教法,2018,38(08):50-55.
⑥ 张亚,于宗助.校本课程开发的困境与对策:家校合作的视角[J].教育理论与实践,2018,38(26):46-48.
⑦ 刘丽群,周先利.校本课程深层开发:何以可能[J].湖南师范大学教育科学学报,2020,19(06):92-98.

课程开发中传统文化融入还存在传统文化知识化、形式化和片面化的倾向,两者之间的有机融合需要考虑传统文化的境域性融入、本体性回归和多元化选择①。

(三)对已有文献的评析

通过对相关文献综述进行解读,结合可视化软件 CiteSpace V 对 2010—2022 年的北大核心和 CSSCI 期刊 488 篇论文进行统计分析,通过绘制校本课程开发的关键词知识图谱,分析校本课程开发的研究热点和前沿,从而形成文献述评。

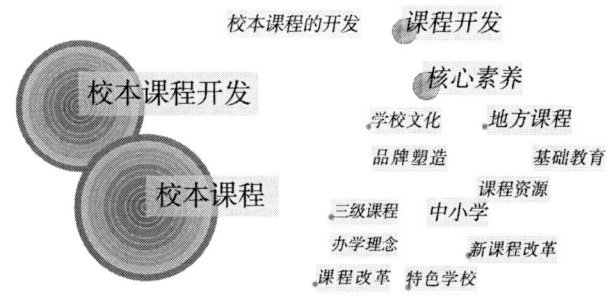

图 1-9　2010—2022 年"校本课程开发"研究的关键词共现图谱

如图 1-9 所示,从开发的路径看,关于校本课程开发的研究已经从对校本课程开发内涵、价值等理论探讨转变为对校本课程开发现状、困境及路径等实践研究;从开发的定位看,校本课程开发不再局限于三级课程管理体制下"校本课程"的开发,更多地演变为对国家课程和地方课程的校本化开发;从开发的主体看,校本课程开发的主体需要多元主体的共同参与,其中教师是否具备开发意愿和开发能力成为校本课程开发的关键,校本课程开发内容中的文化趋向性明显,如中华优秀传统文化、地方文化、民族文化等文化传承与校本课程开发进行有机整合的实践研究已成为当下校本课

---

① 李洪修,刘博囡.校本课程开发中传统文化融入的问题透视与实现路径[J].课程·教材·教法,2021,41(01):10-15.

程开发的重要内容。

三、非物质文化遗产学校课程开发研究综述

作为中华优秀传统文化重要组成部分的非物质文化遗产具有较强的地方性、民族性、多元性等特征,在"扎根中国大地办教育"的背景下,非物质文化遗产教育相关研究也备受重视。课程是中华优秀传统文化教育的核心问题,非物质文化遗产进课程的现状如何？基于相关文献,当前非物质文化遗产进课程主要以校本课程的形式开展,因此,著者以"非物质文化遗产"和"课程"为主题进行搜索,结合具体的相关文献和硕博论文,并在查阅相关资料的基础上进行分析,关于非物质文化遗产校本课程开发的研究大体可以分为以下几个方面：

(一) 关于非物质文化遗产校本课程开发价值的研究

温搏、梁俊雄认为粤西高校开发民族传统体育校本课程可以发挥粤西高校协作优势,提升社会服务价值,有利于形成鲜明的办学特色和发展学生个性,有助于粤西的非物质文化遗产保护①。马岳勇、马姗姗以新疆南疆乡村中学原生态校本课程为例,认为少数民族地区校本课程的开发使少数民族地区优秀传统文化得以继承,体现了以人为本、关注个体生活价值、生命意义的课程本质②。郑雪松认为非物质文化遗产校本课程开发是培养学生文化素养的重要途径,并对开发的组织形式、评价和师资队伍建设作了探讨③。王勇阐述了岭南地区非物质文化遗产——新会鱼灯进入初

---

① 温搏,梁俊雄.粤西高校民族传统体育校本课程开发的可行性及时代意义[J].内蒙古师范大学学报(教育科学版),2010,23(07):97-100.
② 马岳勇,马姗姗.论少数民族地区校本课程开发的价值——以新疆南疆乡村中学原生态校本课程为例[J].沈阳师范大学学报(社会科学版),2013,37(01):27-29.
③ 郑雪松.中小学非物质文化遗产校本课程开发[J].课程·教材·教法,2017,37(01):95-100.

中美术校本课程中的现实价值,设计了基于建构主义理论的非遗新会鱼灯初中校本课程方案,并进行了教学实践①。阮海云认为非物质文化遗产校本课程的建设具有很大的美育价值,可以培养学生的文化自信心和民族自豪感,并就如何实现美育价值提出了三条实现途径②。

(二)关于非物质文化遗产校本课程开发现状的研究

靖桥、盖海红、王靖敏通过分析非物质文化遗产的传承、保护与高校课程融合的现状,发现在高校进行非遗的传承与保护形势不容乐观,对非物质文化遗产项目与高校教学相融合的前景进行展望③。飞丽花以Y小学的川剧校本课程开发为例,呈现当前非物质文化遗产校本课程开发的现状,并阐述当前小学非物质文化遗产校本课程开发面临的困境,进而梳理了非物质文化遗产校本课程开发的深化路径④。范雨涛、刘汉文认为目前羌族地区传统音乐的学校教育存在着教学目标缺失,民族特色课程资源不足,教学内容、方法和手段缺乏创新,教学评价形式单一,师资力量薄弱以及羌族地区特殊公共文化服务体系保障力度不够等问题,为促进羌族传统音乐传承提出对策与建议⑤。董云川、林苗羽以云南壮族的"坡芽歌书"为典型案例,发现在教育目的、教育内容、教育过程和教育环境中均存在问题,以教育哲学和社会学理论为支撑就教育传承责任提出对策⑥。李婷婷

---

① 王勇.非遗新会鱼灯在初中美术校本课程中的开发与应用[D].广州:广东技术师范大学,2019:15-17.
② 阮海云."非遗"校本课程的美育价值及其实现[J].教学与管理,2020(33):95-97.
③ 靖桥,盖海红,王靖敏.河北非物质文化遗产与高校课程相融合的可行性研究[J].河北师范大学学报(教育科学版),2010,12(03):126-128.
④ 飞丽花.小学"非遗"校本课程开发研究——以重庆市Y小学为例[D].重庆:西南大学,2018:53-56.
⑤ 范雨涛,刘汉文.论学校教育与非物质文化遗产的传承与传播——以羌族传统音乐学校教育为例[J].西南民族大学学报(人文社科版),2018,39(08):220-225.
⑥ 董云川,林苗羽.非物质文化遗产的教育传承责任探究——以"坡芽歌书"为例[J].教育科学,2020,36(01):9-14.

选取成都市 S 小学为调研对象进行实地调研,了解 S 小学非物质文化遗产校本课程开发的现状,在总结该小学实践经验的基础上从而提出小学非物质文化遗产校本课程开发的基本模式①。

(三)关于非物质文化遗产校本课程开发策略的研究

刘美红等认为目前我国非物质文化遗产类校本课程开发在初中阶段未得到有效开展,应该从坚持因地制宜、灵活整合教学资源、开展研究性学习、开展非物质文化遗产研学之旅和建立完善的评价管理机制这五个方面对非物质文化遗产类初中校本课程进行开发②。吴倩等以合川巴蜀小学非物质文化遗产课程实践为例,认为小学非物质文化遗产课程实施主要策略是建设"三个课堂",推动"家—校—区"联动,强化过程性评价,助推课程扎实有效地实施③。张皓以强化学校的社会服务职能为着眼点提出了建立专家委员会编写审定体育校本课程、制定校本课程标准、建立多元课程评价体系和学生反馈机制等学校体育校本课程开发策略④。明鑫以成都市新都区香城小学校本课程实践为个案,通过调查认为四川清音进入小学音乐校本课程策略应从增加教学曲目、积极建设校园文化、扩大和加强师资培训等方面着手⑤。张超通过对内蒙古 A 学院进行实地考察,就内蒙古 A 学院关于艺术类"非遗"课程开发的实践成就、问题、影响因素等几方面展开研究,在课程需求层面、目标层面、内容层面、实施层面及评价层面提

---

① 李婷婷.非物质文化遗产校本课程开发研究——以成都市小学为例[D].成都:四川师范大学,2020:31-36.
② 刘美红,李鹏.论非物质文化遗产类初中特色校本课程开发[J].当代教育理论与实践,2019,11(02):21-25.
③ 吴倩,李明静.非遗文化在学校课程中的整体构建——以重庆市合川区巴蜀小学的实践为例[J].基础教育课程,2020(13):29-34.
④ 张皓.基于社会服务职能下的学校体育校本课程开发——以大巴山区为例[J].教学与管理,2013(24):83-85.
⑤ 明鑫.四川清音进入成都市小学校本课程的策略研究——以成都市新都区香城小学为例[D].重庆:西南大学,2020:29-32.

出民族高校艺术类"非遗"课程开发优化策略①。

四、关于非物质文化遗产与幼儿园教育的研究

(一) 国外研究动态

在关于非物质文化遗产与幼儿园教育的研究中,以"intangible cultural heritage"&"preschool education" or "preprimary education"为主题词,在 Web of Science 数据库核心合集进行检索,仅搜集到 1 篇关于"非物质文化遗产与幼儿园教育"的文献(2002—2021 年)。为了扩大检索结果,以"intangible cultural heritage" & "children education"为主题词再次检索,共检索到相关文献 23 篇,对文献进行总结梳理如下:

2021 年,Lovtsova 指出,作为国家非物质文化遗产的一部分,保护学术艺术和民间文化传统变得愈加紧迫。解决这个问题的办法之一是利用额外的普通教育计划转移知识和技术。这一计划揭示了儿童创造力的重要性以及通过实际发展儿童艺术创作的方法来保护非物质文化遗产的形式和方法的有效性②。2018 年,Ansorena 指出,纳瓦拉公立大学幼儿园进行的教学经验表明非物质文化遗产可以促进幼儿的批判性思维、数字和信息能力以及多模态素养的发展,文章表述了孩子在设计教学材料的过程中发现的一些策略和困难③。2020 年,雅典研究者 Tzima 旨在通过新媒体技

---

① 张超. 民族高校艺术类"非遗"课程开发的策略研究——以内蒙古 A 学院为例[D]. 重庆: 西南大学,2020:67-75.
② Lovtsova IV, Burovkina L A. Preservation of the intangible cultural heritage through the implementation of additional general education programs in the field of fine arts[J]. Revista Tempos e Espaços em Educaçao,2021,14(33).
③ Ansorena A A, Lopez-Flamarique M. The ICH as a didactic material for the develop of the new literacies: an experience in the teacher degrees[J]. Lenguaje Y Textos,2018(47): 1-11.

术对学龄前儿童进行非物质文化遗产的保护和宣传,以解决现代生活方式引起的担忧。通过创造一个线性数字故事,对儿童进行教育干预,以提高对当地非物质文化遗产可持续发展的认识。结果表明通过使用低成本设备和在学前教育中应用简单技术,对于幼儿了解地方非物质文化遗产具有一定优势①。

(二)国内研究动态

为了更好地研究幼儿园开展非物质文化遗产活动的情况,以"非物质文化遗产""幼儿园教育"为主题在中国知网数据库进行检索,仅检索到74条文献,由于文献数据较少,为了更全面地进行分析研究,剔除会议文献后将剩余71条全部纳入研究数据,数据下载时间为2022年12月30日。

研究热点分析:利用Citespace软件的词共现分析功能,Mode Type选择Keyword,选择节点类型为"Keyword",可视化运行后,生成关键词共现网络图谱,如图1-10所示。图1-10中分别列出了频次和中心性排名前5位

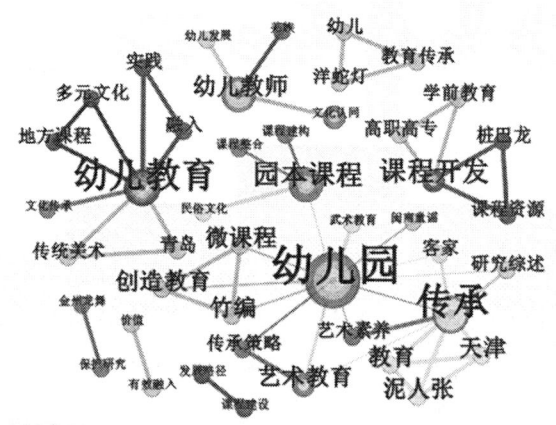

图1-10 幼儿园非物质文化遗产教育活动关键词聚类图

---

① Tzima S. Harnessing the Potential of Storytelling and Mobile Technology in Intangible Cultural Heritage: A Case Study in Early Childhood Education in Sustainability[J]. Sustainability,2020,12(22):38-41.

的关键词。$Q=0.7693$,聚类结构显著;$mS=0.8501$,聚类令人信服。研究热点主要集中在非物质文化遗产的传承、非物质文化遗产和幼儿园艺术教育的融合等几方面,幼儿园的非物质文化遗产活动研究综述主要围绕这几个研究热点领域展开。

1. 非物质文化遗产传承的幼儿教育价值

成都市成华区教育局局长李香贵指出,幼儿期是人生熏陶化的开始,幼儿教育是对民族归宿、文化认同、精神向度的基础教育。成都市成华区教育局经过十多年的理论研究和实践探索,总结出幼儿民族文化教育的基本经验,主要从探索适合幼儿民族文化教育的项目、建设展演与互动于一体的幼儿民族文化教育博物馆、组织幼儿专家编写民族文化教材、打造非物质文化遗产师资培训基地、将幼儿的非遗教育纳入成都的非遗保护体系几方面来加强幼儿的非遗文化教育,实现非物质文化遗产中成人文化向儿童文化的转变,让幼儿逐步实现对非遗文化的认同[①]。2012年,内蒙古师范大学副教授左雪指出,非物质文化遗产有利于幼儿在未来对本民族文化的反思与创新,非遗的文化传承不仅具有传播、传授、传代的含义,同时还有更高的继承、发展与创新的含义。所以文化的传承必须从幼儿抓起,这将为他们日后的反思与创新以及价值观打下深深的烙印[②]。内江师范学院谭友坤老师在2014年提出,羌族非物质文化遗产的保护与传承正面临着缺乏相关地方性法律法规的监管、缺乏相对广泛的宣传力度以及传统技艺消亡的风险。学校在羌族非物质文化遗产保护与传承方面发挥着重要的教育作用,幼儿园作为教育的起点应承担起保护和传承羌族非物质文化遗产的重任,以增强教师的非物质文化遗产教育的意识、选择适宜幼儿发展的非遗教育内容以及创设丰富的非遗教育环境几方面来加强羌族地区

---

① 李香贵,杨惠英,朱昌渝.非物质文化遗产传承应从娃娃抓起——成都市成华区幼儿民族文化教育的探索与实践[J].中华文化论坛,2010(03):152-155.
② 左雪,王婧.在幼儿园开展非物质文化遗产教育的价值分析——以内蒙古师范大学实验幼儿园为例[J].内蒙古师范大学学报(教育科学版),2012,25(10):29-32.

幼儿园非物质文化遗产教育①。

2. 非物质文化遗产与幼儿园艺术教育领域融合

2019年,山东管理学院李娟指出,在幼儿园艺术教育领域传承非物质文化遗产有利于提升幼儿的审美能力、提高幼儿的艺术素养以及激发幼儿的学习兴趣。要在音乐教育中传承民族音乐,在美术教育中传承传统美术,让中国的非物质文化遗产以更大的比例融入幼儿园艺术教育中,不断增强幼儿的民族自豪感与文化自信②。2021年,信阳师范学院郭一丁同学以河南省非物质文化遗产淮滨泥叫吹为例,对幼儿园泥塑类活动课程进行开发。在主题网络设计中,淮滨泥叫吹主题活动课程涉及五大领域,在实际的实施过程中,活动侧重于淮滨泥叫吹传统形象的教育以及造型的教育。她还提出目前这一主题活动开发与实施面临的困境,主要集中在教师的认知水平不高、课程开发参与意识薄弱以及缺乏政府相关的支持政策等几方面③。

3. 关于传统技艺类非物质文化遗产与幼儿园教育的研究

在非物质文化遗产国家级名录中,德州黑陶属于传统技艺类非物质文化遗产,除此之外,这类非遗还包括手工纺织技艺、建筑营造技艺、造纸技艺以及一些传统食物制作技艺等。为了进一步探讨此类非物质文化遗产与幼儿园教育的关系,作者以"传统技艺非遗"与"幼儿"为主题词,在中国知网数据库查询,搜索到相关文献3篇;以"传统技艺"与"幼儿"为主题词,搜索到相关文献15篇。著者对相关文献进行梳理总结,从"园本课程开发"和"意义及策略探讨"两方面进行探讨分析:

---

① 谭友坤.羌族地区幼儿园非物质文化遗产教育缺失及对策探究[J].内蒙古师范大学学报(教育科学版),2014,27(02):44-46.

② 李娟.幼儿园艺术教育与非物质文化遗产传承[J].福建广播电视大学学报,2019(01):37-40.

③ 郭一丁.幼儿园泥塑类主题活动课程的开发与实施——以河南省非物质文化遗产淮滨泥叫吹为例[D].信阳:信阳师范学院,2021:13.

（1）传统技艺类非物质文化遗产园本课程开发

2018年,梁艳指出,对于这些传统技艺,不仅要让孩子知道它们曾经存在过,而且要让孩子在未来因为它们的存在感到自豪,让这些传统技艺不被发展迅速的现代技艺所淹没。并提出通过建设园本课程开发团队、运用信息化技术、建立园区综合教育基地等方式进行园本课程的开发①。张婷认为,传统技艺类非物质文化遗产是经过民间传承的工艺,需要经过深入研究学习才能掌握,这类非遗可以与幼儿园科学教育领域相融合,通过非遗传承人进校园等方式帮孩子多途径感知和了解传统技艺,推动非遗传承与创新②。2021年,陈安琪指出,纸艺作为传统技艺,可以让幼儿在接触传统文化的过程中树立文化自信和民族自豪,通过设定趣味主题、结合背景故事、开展纸艺评选活动、构建游戏情节等方式进行幼儿园纸艺课程的开发,丰富纸艺课程形式,使其更有内涵③。

（2）传统技艺非物质文化遗产融入幼儿园意义及策略

2010年,西南大学赵淑芳指出,民间工艺融入幼儿园是从小培养孩子民族认同感、文化自信心,保持传统文化活力的重要手段,对幼儿审美情趣、动手能力、民族品格的培养有重要意义。文中对扎染、剪纸、陶瓷这类传统技艺类非遗融入幼儿园进行了方案的拟定和实施,通过行动研究反思幼儿在与其接触过程中的表现及特点,并在此基础上提出自己的思考④。2020年,湖南师范大学毛菲指出,将湖湘传统文化融入幼儿园混龄区域游戏具有重要的理论和现实意义。研究采用个案研究法,将传统技艺融入益智区,从游戏区角布置、游戏流程玩法及规则、教师指导策略几方面进行实践和探索,促进了幼儿各领域发展、促进了教师专业发展,并在实践过程中

---

① 梁艳,杨闪闪,姜莉.文化自信视野下的园本课程资源开发[J].现代教育科学,2018(08):112-116+122.
② 张婷.非物质文化遗产融入幼儿园教学的思考与实践[J].山西教育(幼教),2022(02):17-19.
③ 陈安琪.幼儿园纸艺特色课程开发路径探索[J].幸福家庭,2021(11):95-96.
④ 赵淑芳.民间工艺融入幼儿园课程的意义及策略研究[D].重庆:西南大学,2010:1.

提出存在的问题以及改进建议①。

学前教育领域对非物质文化遗产的研究更多是从课程资源开发的角度将其纳入幼儿园艺术教育,像传统的泥塑、剪纸、民歌等,研究也更多注重实践方面的探讨,相对缺乏对非物质文化遗产本身的文化性认识。在实践研究中也更多强调手工、歌唱等艺术技能的培养,对非物质文化遗产本身所蕴含的文化价值缺乏挖掘。著者认为将非物质文化遗产融入幼儿园教育活动不应该摒弃其本身所蕴含的文化和教育价值。研究者和教师应尝试从文化学、教育学和社会学等多学科角度,探讨挖掘非物质文化遗产的文化特性、对儿童发展的影响以及其文化传承价值。在活动设计过程中不能仅仅关注简单的技能掌握或领域目标的达成,更应该从认知、能力、态度、情感及技能等多个方面综合衡量非物质文化遗产对幼儿发展的价值,使非物质文化遗产在幼儿园教育活动中的融入能真正达到促进幼儿全面发展的目的。

五、黄河文化及其非遗课程开发相关研究

国外关于黄河非遗课程开发的相关研究很少,这里主要梳理国内的相关研究成果。自新中国成立以来,学者们对黄河文化研究的成果应接不暇。早在1953年,赵全龅发表了《略述黄河流域新石器时代三种文化和三种陶器》一文,标志着对黄河文化的研究正式拉开帷幕。直至今天,学者们对黄河文化的研究仍未停止,学者们主要根据不同时期的需要对黄河文化进行不同层面的研究。现如今,我国处于百年未有之大变局之中,学者们根据社会、历史和人们的需要对黄河文化进行了不同方面的研究,主要聚焦在以下几点。

---

① 毛菲.湖湘传统文化融入幼儿园混龄区域游戏的个案研究[D].长沙:湖南师范大学,2020:1.

（一）黄河文化及其非遗方面的研究现状

由于研究黄河文化的重要性和必要性，政府大力支持黄河文化的研究。与长江文化、淮河文化的研究情况相比，黄河文化的研究可谓是"业界翘楚"，不仅表现为研究者众多，而且研究力量集中，建立了黄河文化特点的区域性知识系统。研究的内容非常广泛，具体包括法治文化、科技文化、生态保护、农业生产、旅游资源等。相关书籍主要立足历史学和文化学的视角，如《黄河与中华文明》（葛剑雄，2020）[1]呈现黄河从源头到入海口的地理全貌，探讨黄河形成之科学原理与治理方案，黄河儿女如何诞生、发展并走向全国的；《黄河文化概说》（牛建强，2021）[2]介绍了作为世界大河文明典型代表的黄河文明或黄河文化的发育与成长；教材《黄河流域非遗文创研究》（韩志孝等，2022）[3]对青海的湟中堆绣、四川蜀绣、甘肃黄河大水车等黄河非遗进行较为详细的介绍，深入挖掘现有非遗文创的产品种类和开发模式，等等。黄河文化的研究存在的问题主要包括对黄河文化保护传承紧迫感认识不足、文化遗产保护形势严峻、黄河文化遗产资源整理不足、黄河文化的产业化推动不足。

（二）教育传承黄河文化的研究现状

学者们对教育传承黄河文化的研究，与黄河文化的传承研究相比成果较少。文静在《新时代背景下黄河文化教育传承研究》中指出：中华人民共和国成立后，党和国家在黄河文化教育传承方面做了大量的积极工作[4]。黄河文化是中华文化的重要组成部分，是中华民族的根和魂。深入挖掘黄河文化中所蕴含的时代价值，讲好"黄河故事"，传承历史文化根脉，坚定中

---

[1] 葛剑雄.黄河与中华文明[M].北京：中华书局，2020.
[2] 牛建强.黄河文化概说[M].郑州：黄河水利出版社，2021.
[3] 韩志孝，梁兴.黄河流域非遗文创研究[M].郑州：郑州大学出版社，2022.
[4] 文静.新时代背景下黄河文化教育传承研究[J].河南社会科学，2022,30(04):118-124.

华文化自信,对实现中华民族伟大复兴、实现中华民族伟大的中国梦起着十分重要的作用。

学者们对黄河文化时代价值的研究较多,其中提到了很多关于黄河文化传承的问题。王乃岳认为,黄河文化的传承离不开对黄河遗产的开发与保护,通过对黄河遗产进行开发,让黄河文化遗产受到人民群众的关注与喜爱,让文化遗产蕴含的黄河文化与当今人们的心灵相通①。姜国峰表示,黄河文化的传承与弘扬需要借助大数据技术②。杨慧芳认为,黄河文化的传承过程中要开拓并采取与时俱进的方式,把黄河文化与教育相结合,讲好"黄河故事"③。田艳、汪愉栋指出,对黄河文化进行传承要加强其传播力度,促进公众参与,发挥行业协会的引领作用,同时还要加强现代科技的运用④。张文博、刘禹尧从文化资本的视角切入,阐述了黄河文化的传承需要加强多种形式的教育、加大投资、促进黄河文化与科技的融合⑤。习近平总书记在黄河流域生态保护和高质量发展座谈会上的讲话,推动了教育传承黄河文化的进一步研究。陈武表示,教育在黄河文化的传承进程中,要借助思政课程的推动,开展关于黄河文化的研学旅行⑥。田艳、汪愉栋在教育传承黄河文化方面认识比较具体且全面,他们认为教育传承黄河文化可以从国民教育体系入手,实施路径具体分为两个方面,一是普通高等院校加强黄河文化课题研究和开设,二是开设非物质文化遗产保护专业的院校与黄河文化相关专业的院校。他们把教学实施方案分为三个方面,

---

① 王乃岳.深入挖掘黄河文化的时代价值[J].中国水利,2020(05):50-53.
② 姜国峰.保护传承弘扬黄河文化的价值、困境与路径[J].哈尔滨工业大学学报(社会科学版),2022,24(04):119-123.
③ 杨慧芳.郑州弘扬黄河文化的创新研究[J].今古文创,2021(17):66-67.
④ 田艳,汪愉栋.从文化自觉看黄河文化传承传播的路径[J].贵州民族研究,2022,43(05):40-46.
⑤ 张文博,刘禹尧.文化资本视角下黄河文化传承与发展路径探析[J].河南科技大学学报(社会科学版),2022,40(03):98-104.
⑥ 陈武.基于《黄河文化概说》分析黄河文化的时代价值及其教育传承路径[J].人民黄河,2022,44(10):165-166.

把人才培养作为教育的中心,把课程标准作为课程设置的基础,设立非物质文化遗产保护专业①。文静认为,教育传承黄河文化要选择合适的教育路径,具体分为五点:在学校内开展大思政课程、对学生进行系统教育、在中小学开展研学旅行、在"享受休闲"中形成旅游认同、充分发挥全媒体特别是新媒体的作用②。

目前关于文化传承与教育的相关书籍不少,如《民族文化传承与教育》(王军等,2007)③关注的焦点是人的个性特征是如何通过文化传承被铸就的;《中国教育的文化基础》(顾明远,2018)④从教育与文化,中国文化及其基本性,中国传统文化的类型、性质和基本精神,中国的教育传统及其基本特点,中国传统文化对中国教育的影响等方面,剖析影响中国教育的中外各种文化因素,提醒当代教育工作者正确对待教育现代化与中国传统文化的关系,探索中国教育的现代化之路,等等。文化传承与课程开发的相关研究不多,但早已受关注,如《民族文化传承与民族基础教育课程改革》(金志远,2008)⑤从文化、社会、心理的深层揭示课程改革的机理和原理;《赫哲族文化传承与民族学校基础教育课程改革》(张宏玉,2016)⑥探究基于文化传承的赫哲族文化学校课程改革的理论构想和实践设想;《文学课程教学与文化传承》(宗志武,2020)⑦对中华优秀传统文化在高职院校教学中教育和传承进行了研究。

近几年,非遗与课程开发相关研究受到更加广泛的关注,但相关书籍

---

① 田艳,汪愉栋.从文化自觉看黄河文化传承传播的路径[J].贵州民族研究,2022,43(05):40-46.
② 文静.新时代背景下黄河文化教育传承研究[J].河南社会科学,2022,30(04):118-124.
③ 王军,董燕.民族文化传承与教育[M].北京:中央民族大学出版社,2007.
④ 顾明远.中国教育的文化基础[M].太原:山西教育出版社,2018.
⑤ 金志远.民族文化传承与民族基础教育课程改革[M].北京:民族出版社,2008.
⑥ 张宏玉.赫哲族文化传承与民族学校基础教育课程改革[M].哈尔滨:黑龙江人民出版社,2016.
⑦ 宗志武.文学课程教学与文化传承[M].沈阳:辽海出版社,2020.

主要集中在幼儿教育方面。《幼儿园非遗课程设计与实施》(孙秀英,2021)[①]一书为幼儿园课程教学方案,该书结合非遗并遵循孩子的发展规律,具有良好的实用价值;《非遗文化与儿童美术融合教育课程——以深圳鱼灯舞为例》(宋冰,2020)[②]包括文化篇、故事篇、传统篇、绘画篇、剪纸篇、匠心篇和纸艺篇,是将非遗文化与儿童美术融合的教育成果。此外,《当美术课程遇到"非遗":非物质文化遗产进入美术课程资源系统的研究》(张莹莹,2018)[③]从美术课程资源系统的角度,分析非物质文化遗产作为潜在美术课程资源进入美术课程资源系统的困惑和途径。总体来说,"非遗"与课程开发的研究有待于加强。

六、对已有文献的评析

通过对已有非物质文化遗产校本课程开发相关文献的梳理,结合可视化软件 CiteSpace Ⅴ 对 2005—2022 年的 798 篇文献进行关键词共现分析,得到关键词共现知识图谱(如图 1-11 所示),每个节点代表了一个关键词,节点大小表示该关键词出现频次,节点越大代表该关键词出现的频次就越高,反之代表该关键词出现的频次较低[④]。

结合图 1-11 可以发现,非物质文化遗产进课程肩负着文化传承的使命,关于非物质文化遗产进课程的已有研究集中在以下方面:从学科类别看,关键词"音乐教育"和"体育非物质文化遗产"的出现,说明已有的非物

[①] 孙秀英.幼儿园非遗课程设计与实施传承非遗文化塑造中国灵魂[M].北京:知识产权出版社,2021.
[②] 宋冰.非遗文化与儿童美术融合教育课程——以深圳鱼灯舞为例[M].重庆:西南师范大学出版社,2020.
[③] 张莹莹.当美术课程遇到"非遗":非物质文化遗产进入美术课程资源系统的研究[M].重庆:西南师范大学出版社,2018.
[④] 赵蓉英,魏明坤.2010—2015年国内外情报学研究热点可视化比较[J].图书馆杂志,2016,35(08):15-22.

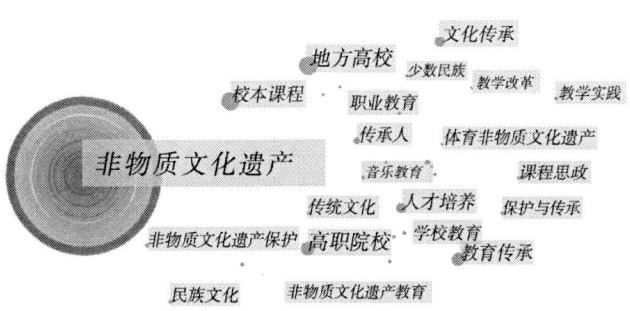

图 1-11　2005—2022 年"非物质文化遗产进课程"关键词的共现图谱

质文化遗产校本课程开发大多集中于音乐和体育类学科中,这可能与我们国家颁布的政策有关。2010 年颁布的《关于开展高雅艺术进校园活动的指导意见》和 2015 年颁布的《关于全面加强和改进学校美育工作的意见》都强调了艺术培养对学生的美育功能;从学校类型看,关键词"高职院校""地方院校"和"职业教育"的出现说明目前的非物质文化遗产校本课程开发实践大多在高校及职业院校中,关于中小学的非物质文化遗产校本课程开发实践面临着较大困境。中小学阶段学生学业压力较大,学校更偏重学科知识的教学,因此非物质文化遗产校本课程容易形式化。同时中小学阶段是学生身心发展的关键期,在该阶段对其进行非物质文化遗产教育是培养文化认同意识的必要举措;从地域位置看,现有的非物质文化遗产校本课程开发大多侧重于"少数民族"地区的非物质文化遗产,少数民族非物质文化遗产是中华文化多样性结构中一个独具特色的组成部分,而其他地区的非物质文化遗产同样是在千百年的历史进程中形成和积累并传承下来的宝贵财富,且尚未被充分挖掘。河南拥有国家级非物质文化遗产代表性项目 125 项,其中传统体育项目——太极拳于 2020 年入选联合国教科文组织非物质文化遗产名录(名册)。因此,将河南的非物质文化遗产与校本课程开发相结合进行研究具有一定的现实意义。

表 1-2　2005-2022 年"非物质文化遗产进课程"关键词凸现统计表

关键词	年份	强度	开始	结束	2005—2022
职业教育	2005	3	2016	2022	—
音乐类非物质文化遗产	2005	3.9	2018	2022	—

总体来说，黄河文化学校教育传承有待加强。传承黄河文化可以从文化遗产保护与开发、借助现代科学技术、加强宣传、加大投资、发展产业、与教育相结合等方向出发。而教育传承黄河文化又可以从在学校开设思政课程为学生系好第一粒扣子、开展研学旅行等让学生身临其境学习和探究黄河文化、加强黄河文化课题研究、开设专业院校、对学生进行系统教育等方面进行。从相关研究现状可以看出，黄河文化学校教育传承有待加强。关于黄河文化的研究成果很多，但是把黄河文化与教育结合起来的研究还是比较少。

教育传承黄河文化的研究进程中出现问题是不可避免的。虽然很多学者在关于黄河文化的研究中多多少少都为黄河文化的传承提出了自己的观点，也有不少学者在关于教育传承黄河文化的研究中提出了相关策略，但总的来看，教育传承黄河文化研究中还面临着不少问题。文静指出，教育传承黄河文化进程中出现了如下问题：没有很好地厘清黄河文化和中华文化的关系、教育传承工作有待进一步完善、没有建立传承和弘扬机制、传承载体存在问题等。教育传承黄河文化研究所面临的首要问题就是相关研究者太少。上文讲过，与黄河文化传承有关的研究并不少，但是教育传承作为传承的一个方面，有关教育传承的研究太少。理论是实践的基石，如若研究比较充分，众学者可以进行讨论与分析，进而提出更为具体、更为实际的理论，从而为教育传承黄河文化的实践奠定基础，也为后来的研究者提供理论支撑。

教育传承黄河文化的研究过于理想化。研究者的研究大多流于表面，流于理论。研究者需要依据所发现的问题进一步看到问题发生的原因，从而进一步提出切合实际的解决方法。以在中小学中开展大思政课和进行研学旅行为例,在中小学阶段,学生面临较大的学习压力,为其开展大思政课和进行研学旅行较为刻意,并且占用了学生的学习时间,增加了学生的压力。就目前来看,中国拥有 691 510 个行政村,其中还有不少留守儿童,开展大思政课和进行研学旅行不符合这些地方的实际情况,该策略只能在有限地域实施,难以广泛推广。还有,开设有关院校这种方法更加不切合实际,人力物力耗费大不说,就算开设了这种院校,也只有少部分人通过教育使黄河文化得到了传承,黄河文化并没有融入每个人的内心,不利于黄河文化的长久传承。

教育传承黄河文化的实施效果难以评估。有关学者提出的教育传承黄河文化的方式并没有提到实施效果的评估方法,就算提出了相关方法,在新时代发展的社会大背景下,学生学习压力日益增大,是否会增加学生压力,从而造成严重后果。所以,研究者还是要根据现实来考虑教育传承方法及其实施。

第三节　核心概念界定与理论基础

一、核心概念界定

(一) 非物质文化遗产

"非物质文化遗产"这个概念诞生于保护的需要。1950 年,日本颁布的《文化财保护法》第一次提出"无形文化财"这个概念,把文化遗产分为有形文化遗产和无形文化遗产,拓宽了文化遗产保护的范围。此后韩国受到日本的影响,也将"无形文化财"列为文化财的范围之一,侧重于传统表演艺术、民间技艺方面。1972 年通过的《保护世界文化和自然遗产公约》(简称

《世界遗产公约》）指出要保护自然遗产和文化遗产，但文化遗产其实也是物质类的。面对另一种重要的、无形的文化遗产更为严峻的被破坏与快速消亡现象，联合国教科文组织开始对文化遗产作"物质遗产"和"非物质遗产"的区分，之后用"有形遗产"和"无形遗产"来替代①。同时，"非物质文化遗产"这一概念也经历了不断演变的过程，从1972年《保护世界文化和自然遗产公约》的"无形遗产"、1989年《关于保护传统文化与民间创作的建议》的"民间创作（民间传统文化）"、1997年《宣布人类口头和非物质遗产代表作申报书编写指南》的"人类口头和非物质遗产"，到1998年联合国教科文组织正式提出了"非物质文化遗产"的概念并在2003年《保护非物质文化遗产公约》中直接使用了这一概念。我国自2004年加入该公约后高度重视非物质文化遗产保护工作，制定了"国家＋省＋市＋县"四级保护体系，先后公布了五批国家级非物质文化遗产代表性项目名录，共计1557个项目，3610个子项，为中华优秀传统文化的继承和弘扬提供完善机制。

联合国教科文组织在《保护非物质文化遗产公约》中对"非物质文化遗产"的定义是："指被各社区、群体，有时为个人，视为其文化遗产组成部分的各种实践、观念表述、表现形式、知识、技能及相关的工具、实物、手工艺品和文化场所。"②2005年，国务院办公厅颁布《关于加强我国非物质文化遗产保护工作的意见》提出："非物质文化遗产是各族人民世代相承、与群众生活密切相关的各种传统文化表现形式和文化空间。"③2011年，《中华人民共和国非物质文化遗产法》将其界定为："各族人民世代相传并视为其文化遗产组成部分的各种传统文化表现形式，以及与传统文化表现形式相

---

① 王文章.非物质文化遗产概论[M].北京：教育科学出版社，2013：4.
② 韩成艳."非物质文化遗产"概念的理论建设尝试[J].广西民族大学学报（哲学社会科学版），2020，42(02)：53-58.
③ 国务院办公厅.关于加强我国非物质文化遗产保护工作的意见[EB/OL].(2005-03-26)[2021-10-11].http://www.gov.cn/zhengce/content/2008-03/28/content_5937.htm.

关的实物和场所。"①2021年,中共中央办公厅、国务院办公厅印发《关于进一步加强非物质文化遗产保护工作的意见》,指出"非物质文化遗产是中华优秀传统文化的重要组成部分,是中华文明绵延传承的生动见证,是连结民族情感、维系国家统一的重要基础。"②

尽管其内涵界定不同,但毋庸置疑的是:非物质文化遗产的确认基础是自我确认,存在方式是非物质性,延续手段是动态传承,本质是体现人类的创造力。通过分析我国对非物质文化遗产的概念界定可以看出:传承主体是"各族人民",体现了非物质文化遗产的民族性;确认的两个标准"各族人民世代相承"和"与群众生活密切相关"既强调了非物质文化遗产的动态传承,又体现了非物质文化遗产的非物质性和确认基础;界定主体从"传统文化"到"中华优秀传统文化"更有利于我们加强对民族文化独特性的保护,延续历史文脉,坚定文化自信。

(二)地方非物质文化遗产

对地方非物质文化遗产进行定义的前提是明确非物质文化遗产的定义。联合国教科文组织批准通过的《保护非物质文化遗产公约》把"非物质文化遗产"界定为被各社区、群体,或个人视为其文化遗产组成部分的各种社会实践、观念表述、表现形式、知识、技能以及相关的工具、实物、手工艺品和文化场所③。其中,包括口头传统和表现形式、社会实践、表演艺术、节庆活动,以及传统手工艺等。是特定区域中的群体在适应环境变化及其与自然和历史文化交往中所积累的历史记忆与生活智慧,可以给这些群体

---

① 中华人民共和国中央人民政府.中华人民共和国非物质文化遗产法[EB/OL].(2011-02-26)[2021-10-11].http://www.gov.cn/jrzg/2011-02/26/content_1811128.htm.
② 中共中央办公厅,国务院办公厅.关于进一步加强非物质文化遗产保护工作的意见[EB/OL].(2021-8-12)[2021-10-11].http://www.gov.cn/zhengce/2021-08/12/content_5630974.htm.
③ 保护非物质文化遗产公约[R].中华人民共和国全国人民代表大会常务委员会公报,2006(02):138-145.

带来认同感和持续感,进而提高社会对人类创造力和文化多样性的尊重。中国以《保护非物质文化遗产公约》中的界定为基础,在《关于进一步加强我国非物质文化遗产保护工作的意见》中,把非物质文化遗产定义为人们世世代代相传的、和人们生活密切相关的各种文化习俗表现形式,包括各类表演艺术、传统知识及其相关的文化空间等。《中华人民共和国非物质文化遗产法》则将其定义为各族人民世代相传的并视为文化遗产组成部分的各种传统文化表现形式及其相关的实物和场所,包括传统口头文学及其作为载体的语言;传统历法、技艺和医药;传统曲艺、美术、音乐、舞蹈、戏剧和杂技;传统礼仪、节庆等民俗;传统体育和游艺等。这两个官方文件为非物质文化遗产的界定及相关工作的开展提供了明确依据,之后关于非物质文化遗产的相关研究都是根据这一规范和定义不断调整的,其中调整比较多地集中在对非物质文化遗产类别的划分上。2021年5月,国务院办公厅最新公布的"第五批国家级非物质文化遗产代表性项目名录"就将国家级非物质文化遗产划分为:传统戏剧、传统音乐、传统舞蹈、传统曲艺、传统美术、传统技艺、民间文学、传统医药、传统体育游艺与杂技、民俗十大门类,后续所有的研究都是以此类别划分展开的。

地方性非物质文化遗产是一种同时兼顾地方性与全球性的文化载体,不论是国家级还是省级、地市级非物质文化遗产,其价值都蕴藏在"地方""国家"和"国际"相对且和谐共存的关系之中。因此,每一项地方非物质文化遗产都是独特且不可替代的,它浸润在个体的习惯、群体的风俗中,地方非物质文化遗产是价值相对的"地方性知识"。

地方非物质文化遗产是中国地方文化的典型代表,它根植于当地百姓的日常生产生活中,通过文本形式或物质具象的手段予以呈现,有着强烈的地方风格和特点。它是一个地区在漫长的历史积淀下留存至今的人们智慧的结晶,积累了丰厚的人文精神,是地方人民民风民俗、思想观念、生活方式等的集中表现①。地方非物质文化遗产是地方优秀传统文化的瑰宝，蕴藏着宝贵的教育价值，无论是其精湛的工艺，还是为人们喜闻乐见的传统舞蹈、传统戏曲或是形象生动的民间文学，都蕴藏着丰富的智慧和潜移默化的教育功能。

（三）课程开发

课程开发包括国家、地方、校本开发，校本课程开发作为一个"舶来品"，国内外学者对其概念的看法大同小异。经济合作与发展组织（OECD）将其界定为：立足学校、由学校发起的、满足学校需求的课程开发过程，并由此带来地方与中央教育行政当局之间权利和责任的再分配。由此，学校在法律与行政上获得了课程开发的自主权与专业权②。埃格尔斯顿认为校本课程开发就是指教育工作人员充分利用师资力量、物质基础等学校资源，通过前期的设计、讨论与合作，再加上后期的实践、评价，从而制定出来促进学生发展的课程。主要强调了校本课程开发的过程既包括前期方案，也包括后期的实施与改进③。斯基尔贝克认为，校本课程开发就是学校的一些教育人员规划、设计、实施与评价学生学习方案的过程④。有些学者根据美国课程论专家肖特的课程开发策略的三维模型把"校本课程开发"界定为：在实际的教育场所中发生的并渴望能够使教师们积极地参与并加入广泛的相互作用和课程决策之中的一种课程开发策略⑤。

---

① 中共中央办公厅,国务院办公厅.关于实施中华优秀传统文化传承发展工程的意见[N].人民日报,2017-01-26(6).
② OECD. School-based Curriculum Development[R]. Paris: Organisation for Economic Co-operation and Development,1979:4.
③ John E. School-Based Curriculum Development in Britain—A Collection of Case Studies [M]. London: Routledge & Kegan Paul Ltd,1980:116-133.
④ Skilbeck M. School-based Curriculum Development [M]//J Walton, J Welton, eds. Rational Curriculum Planning: Four Case Studies,1976.
⑤ Keiny S,Weisst T A Case Study of a School-based Curriculum Development As a Model for INSET[J]. Journal Education for Teaching,1986,12(2):156.

自我国开始倡导校本课程开发以来,我国学者纷纷对其进行界定。崔允漷指出:校本课程开发是学校根据本校的教育理念,通过与外部力量的合作采用选择、改编、新编教学材料或设计学习活动的方式,并在校内实施以建立内外部评价机制的各种专业活动[①]。钟启泉指出:校本课程开发是基于学校自发的行动,促使中央和地方教育当局之间的权力和责任重新分配,因此学校获得法律和行政的自主权和专业地位,从事课程开发的过程[②]。徐玉珍认为校本课程开发是为满足学生学习需求进行的一切形式的课程开发活动[③]。吴刚平认为校本课程开发是指学校以学生兴趣为导向进行的适合学校具体特点和条件的课程开发策略[④]。王斌华认为校本课程开发的类型可以从校本课程的形式和教师参与的形式两个维度来分析[⑤]。基于此,校本课程开发是指学校拥有一定的自由或自主性,发挥学校特色,发掘学生的潜能,自主决定在学校中实施的部分课程、课程内容和课程教学模式。校本课程开发是旨在遵照教育目的和培养目标指导教师教和学生学的活动,由学校基于一定课程素材有计划、有组织地编制的教育内容。

(四)黄河非遗地方课程开发

黄河文化是在黄河流域居住、生活的人们在长期实践所创造的物质财富和精神财富的总和。黄河文化作为文化复合体,它既包括政治制度、经济体制、文化艺术、生态文明,还包括语言文字、礼仪信仰、生活习俗等。一些语言文字、礼仪信仰、生活习俗等经过黄河流域劳动人民的世代传承,成为黄河文化遗产组成部分,以及与中华传统文化表现形式相关的实物和场所。黄河非遗地方课程开发就是指在地方政府的统一规划下,学校教育工

---

① 崔允漷.校本课程开发:理论与实践[M].北京:教育科学出版社,2000:47-49.
② 钟启泉.现代课程论(修订版)[M].上海:上海教育出版社,2006:367.
③ 徐玉珍.校本课程开发的理论与案例[M].北京:人民教育出版社,2003:6.
④ 吴刚平.校本课程开发[M].成都:四川教育出版社,2002:40.
⑤ 王斌华.校本课程论[M].上海:上海教育出版社,2000:8.

作人员和教师基于黄河非物质文化遗产素材资源,充分利用师资力量、物质基础等学校资源,通过前期的设计、讨论与合作,再加上后期的实践、评价,从而制定出来促进学生发展和黄河文化传承的课程。一般应经过几轮行动实践验证其可行性和有效性。

二、理论基础

(一) 文化位育理论

社会学家潘光旦先生引《中庸》里"致中和,天地位焉,万物育焉"之义,提出了"位育"理论,解释为"位"是安其所,"育"是遂其生,强调个人与环境的相互作用。文化位育理论是"位育"理论的借鉴和衍生,即位育离不开文化环境,教育与"位育"具有密切联系。在当前国家大力提倡"中华优秀传统文化进课本、进课堂、进校园"的背景下,学校教育被赋予传承文化的重要使命,非物质文化遗产作为个体在所处的文化环境接受教育的地方文化,因此文化位育理论对非物质文化遗产校本课程开发具有深刻的指导意义。

首先,非物质文化遗产校本课程开发彰显了文化位育的价值诉求。文化位育的应然状态之一是顾及民族与固有自然、人文环境的延续性和连带性,保持相互之间的联系[1],非物质文化遗产是中华优秀传统文化的重要组成部分,只有扎根于所处"位"的沃土之上才能实现更好的"育"。其次,非物质文化遗产校本课程的开发应与当地的文化环境相适应,体现非物质文化遗产的地方性,可以说,非物质文化遗产校本课程与文化环境的契合是文化位育理论的内在要求。基于此,将非物质文化遗产融入校本课程开发,选择适宜的课程内容,采取多样化的实施及评价方式,培养学生对当地

---

[1] 吴晓蓉,张诗亚.贵州省民族文化进校园的教育人类学考察[J].民族教育研究,2011,22(03):10-14.

文化和民族文化的认同感和归属感,使学生能够"安所遂生",就要回归"文化位育"。

(二)泰勒的课程理论

泰勒在《课程与教学的基本原理》一书中提出的课程编制原理被称为"现代课程研究的范式",对我国课程理论的研究与实践产生了深远影响。有研究者认为,泰勒的课程理论被我国课程专家普遍视为校本课程开发应该遵循的指导思想①。

泰勒的课程理论以目标为课程开发的基础和核心,围绕课程目标的确定及其实现、评价而进行课程开发②,指出课程开发必须回答"学校应该试图达到什么教育目标""提供什么教育经验最有可能达到这些目标""怎样有效组织这些教育经验""我们如何确定这些目标正在得以实现"四个基本问题③,即课程开发需要遵循确定目标——选择经验——组织经验——评价结果这四个阶段。

在泰勒看来,课程目标的来源应基于"学习者""当代社会生活""学科专家"三者的需要。在课程内容的取向上受到了杜威"从经验中学"思想的影响,强调"课程内容是学习者的经验",即注重学生的主动性和实践性。在组织经验上以连续性、顺序性和整合性为原则,提出教师要通过构建多种情境来为学生提供经验。在课程评价中通过评估学生的行为预期课程开发取得的效果,依据评价结果对课程进行改进。非物质文化遗产校本课程开发既是培养学生对地域文化的认同感的需要,又是传承弘扬优秀传统文化的必要举措,也是当代优秀传统文化进课程的研究热点,开发内容立足于地方非物质文化遗产项目,提升教师的师资素养使其具备相应的开发

---

① 李令永.论校本课程开发的逻辑分殊[J].教育发展研究,2020,40(18):27-33.
② 张华.课程与教学论[M].上海:上海教育出版社,2001:95.
③ 拉尔夫·泰勒.课程与教学的基本原理[M].施良方,译.北京:人民教育出版社,1994:17.

和实践能力保证课程实施,在各种场域中引起学生在知识与能力、过程与方法、情感态度与价值观等方面的变化,以多元主体参与、多样化的评价方式对结果进行反馈,提高校本课程的质量。总的来看,泰勒的课程理论为非物质文化遗产校本课程开发研究提供了分析框架,通过对课程开发四个基本问题的讨论,使我们对目前非物质文化遗产校本课程开发的现状进行反思,从而更好地改进非物质文化遗产校本课程开发实践。

(三) 施瓦布的实践性课程开发理论

施瓦布在1969年发表的《实践:课程的语言》一书中提出了实践性课程开发理论,为当代校本课程开发奠定了思想基础。实践性课程开发理论包括价值取向、实施主体、课程决策、研究方法四个方面。

1. 价值取向,课程目标要体现实践兴趣,强调通过实践与环境进行相互作用从而培养学生了解环境的兴趣。

2. 实施主体,教师和学生同时作为课程的主体共同参与课程开发,通过两者的相互作用实现学生兴趣需要的满足和教师能力素养的提高。

3. 课程决策,课程开发的基本方法是"自下而上"的"课程审议",通过以学校为基础成立的课程集体审议来解决课程问题,把寻求教师、学生、学科内容和环境四个基本要素之间的动态平衡作为审议的重点。

4. 研究方法,通过对实践行为的研究展开实践反思研究,提高课程的实施效果[1]。

非物质文化遗产课程本质上是实践性课程,是综合实践活动课程的重要组成部分,施瓦布的实践性课程理论为非物质文化遗产校本课程开发提供了直接理论支持。学生通过对非物质文化遗产课程的学习,将理论知识和实践知识有效融合,了解地域文化并在此基础上培养学生的文化认同感。在非物质文化遗产校本课程实施中,非物质文化遗产理论知识的传授

---

[1] 王志扬,杨海艳.施瓦布实践性课程开发理论及对我国基础教育课程改革的启示[J].当代教育科学,2009(24):48-49+58.

只是一个引线,更要注重学生在实践导向下获得的感受体验,在实践兴趣引导下激发学生与教师之间的良性互动,体现教师和学生的主体地位。非物质文化遗产校本课程开发的多主体参与决定了课程决策方式应以各方参与、共同商讨的形式达成共识,依据学生发展水平和年龄特征的差异、区域非物质文化遗产的特点、学校特色目标开发符合学校现状的非物质文化遗产校本课程。实践性课程开发理论认为实践类课程作用的主要形式是实践反思,因此,在对非物质文化遗产校本课程开发现状评价时,关注参与评价的评价主体、评价方式以及课程本身的评价,依据评价结果进行实践反思,从而改进实践行为,提升课程质量。

（四）文化自觉理论

费孝通先生提出的文化自觉是指生活在一定文化中的人对其文化有"自知之明",明白他的来历、形成过程、所具有的特色和它发展的趋向[①]。非物质文化遗产作为中华优秀传统文化的重要载体,是中华民族灿烂文化中的一份宝贵遗产。对非遗历史、由来和发展的了解能让我们在这个多元文化的世界里,做到"美人之美,美美与共",唯有更加清楚地认识理解我们本地区的文化,知道我们的文化好在何处,才能增强和加深文化理解,强化和完善人类命运共同体理念。儿童由自然人成长为社会人的过程中需要了解本地区的文化。非遗文化作为中华优秀传统文化宝库中一个重要的组成部分,蕴藏着丰富的教育内涵,对非遗文化和教育内容进行挖掘,探寻符合儿童身心发展特点和需求的文化资源,这将成为儿童成长过程中极好的教育内容。

[①] 费孝通.论人类学与文化自觉[M].北京:华夏出版社,2004:138.

第四节 研究设计

一、研究思路与方法

（一）研究思路

本研究立足于背景研究、理论研究和调查研究相结合的思路,研究思路如图1-12所示。首先基于研究背景,阐明本研究的理论意义与实践意义,通过梳理国内外已有研究的相关文献,结合可视化软件CiteSpace V对文献进行关键词共现和凸现分析,形成文献综述,在已有研究的基础上提出本研究的研究设计。其次,对本研究中的核心概念进行界定与价值探讨,以文化位育理论、泰勒的课程理论和施瓦布的实践性课程开发理论作为理论支撑,为后续的调查研究奠定基础。再次,选取河南省J市S区5所中小学为调查对象,运用问卷调查法和访谈调查法对非物质文化遗产校本课程开发现状进行调查,依据调查结果总结目前河南省非物质文化遗产校本课程开发中存在的问题及原因,最后提出相应的优化策略。

（二）研究方法

1. 文献研究法

以"非物质文化遗产教育""非物质文化遗产课程""非物质文化遗产校本课程"为主题进行检索,通过对相关期刊论文、硕博论文、著作等文献的梳理,了解目前非物质文化遗产地方课程开发的现状以及研究进展,从而确定研究思路。

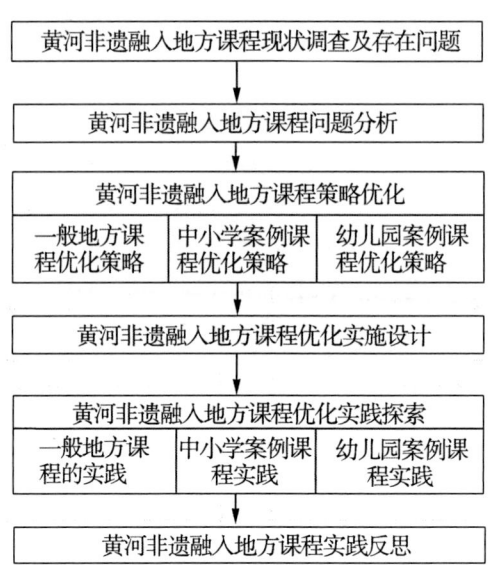

图 1-12　黄河非遗融入地方课程研究思路图

2．教育调查法

本研究根据研究问题自编问卷，抽取黄河流域河南和山东部分的中小学和幼儿园作为调查对象，到学校发放纸质问卷并回收。在对回收纸质问卷进行数据录入的基础上，运用统计软件 SPSS 23.0 对录入数据进行处理分析，采用描述性统计分析和差异分析等方法进行量化分析，以此了解黄河流域非物质文化遗产地方课程开发的现状。访谈法作为常用的研究方法，能够使研究者更深入地了解访谈对象的想法和感受，具体指研究者与研究对象面对面进行正式或非正式的交流互动，研究者在互动的过程中搜集与研究问题相关的资料。因此，为深入了解非物质文化遗产地方课程开发的现状，著者对调查学校的老师拟定了相应的访谈提纲，以获取针对性的全面的一手资料。

3．行动研究法

"行动研究"遵循着"计划—行动—反思—再计划—再行动—再反思"的思路展开非遗融入地方课程的实施探索。在行动中实践，在实践中调整,从而分析非遗融入地方课程的整个探索过程中教师和学生的成长,最后再提出改进建议。

4. 观察法

本研究采用 LICC 的课堂观察方法,从四个方面进行黄河非遗进课堂课堂观察,观察基于黄河非遗进课堂的学生学习和老师教的现状与困境。它的核心是学生的学习,同时受到教师的教学、课程的性质、课堂文化的影响。

二、 研究重难点与创新点

(一) 研究的重难点

本研究的重点是通过对黄河流域河南和山东部分的中小学和幼儿园的调查,包括对教师的问卷调查及访谈调查,了解黄河非物质文化遗产地方课程和校本课程开发现状,发现其中存在的问题并进行分析,继而提出合理有效的策略。

本研究的难点一是在于问卷调查部分,在对教师进行问卷调查时要涉及不同学段的学校,而且教师在填写问卷时未免会产生主观倾向,可能会影响问卷调查的结果。同时,教师问卷的编制与实施也是本研究的难点。二是进入课堂观察非遗课程实施现状的行动研究,行动研究的介入不易且花费较多时间。

(二) 研究的创新点

首先,已有的非物质文化遗产地方课程和校本课程开发研究主要是某一类非物质文化遗产在学科课程中的开发实践。本研究结合文化位育理论、泰勒的课程理论和施瓦布的实践性课程开发理论对黄河非物质文化遗产地方课程开发现状与策略进行研究,希望丰富非物质文化遗产地方课程开发的相关理论。

其次,已有的研究多聚焦于少数民族地区,对少数民族地区的非物质文化遗产进行分析探讨,关于黄河流域非物质文化遗产校本课程开发的研究较少,因此将黄河非物质文化遗产地方课程开发相结合进行研究更具有现实意义。

第二章
黄河非遗融入地方课程的必要性和适切性

在 2023 年 6 月的文化传承发展座谈会上，习近平总书记强调，中国式现代化赋予中华文明以现代力量，中华文明赋予中国式现代化以深厚底蕴。黄河历史悠久，流域广阔，是中华民族的"母亲河"、中华儿女的"生命摇篮"。黄河文化是指在黄河流域居住、生活的人们在长期实践中所创造的物质财富和精神财富的总和。黄河文化是中华文明的源头，是中华文化的核心和主干，是中华文化的重要组成部分，是全球华人的精神家乡。

从空间分布上看，黄河文化有广义和狭义之分。狭义的黄河文化包括今天黄河干流流经的九省区。由于地壳运动和地转偏向力等因素，黄河在五千年的历史上改道频繁，干流曾流经的区域范围更为广大，广义的黄河文化还应包括北京、天津两市以及安徽、江苏两省。黄河从时间上看，历经数千年，历史悠久；从空间上看，横跨数千千米，壮阔宏大；从内涵上看，包罗万象，博大精深。黄河文化具有历史悠久、包含范围广、内容丰富、影响巨大的特点[①]。近年来，为了进一步弘扬中华优秀传统文化、增强人民的中华文化自信等，国家颁布了一系列政策并提供各种支持。其中反复强调，教育是重要途径，课程是手段。但研究者在研究的过程中发现，许多中小学和园所放着本土的独特文化、社会资源不用，这对当地的民间文化也是一种浪费。黄河是中华文明的摇篮，非物质文化遗产异常丰富，如黄河崇拜、治河传说、祭祀仪式、黄河号子等。

---

① 深刻理解黄河文化的内涵与特征[EB/OL].（2021-12-31）[2022-02-21]. https://huanghejg.mee.gov.cn/xxgk/hhwh/202112/t20211231_965888.html.

习近平总书记在党的二十大报告中强调把马克思主义基本原理同中国具体实际相结合、同中国优秀传统文化相结合，这让中华优秀传统文化成为现代的经由"结合"而成的新文化成为中国式现代化的文化形态。因此，将黄河非遗融入地方课程是贯彻落实党的二十大精神，促进非遗现代化传承的重要举措。

第一节　黄河非遗融入地方课程的必要性

"中华民族的许多历史记载与文化传承都来自黄河文明，其中包含了华夏民族的形成，氏族部落的兴衰，农耕技术的发展，王权社会的建立，历法制度的滥觞，宗教礼制的出现。"[1]历史上黄河文化是多民族文化的结晶，将黄河非遗融入地方课程，首先应考虑黄河非遗融入地方课程价值和必要性。本研究主要从国家层面以及地方层面论述黄河非遗融入地方课程的必要性，增强铸牢中华民族共同体意识。"中华民族共同体意识是各民族在历史上密切交往交流交融、长期共同奋斗中逐渐形成的。共同的历史记忆是维系中国统一多民族国家认同、中华民族认同、中华文化认同的情感纽带，也是铸牢中华民族共同体意识的文化根基和精神源泉，值得加倍关注、珍惜与呵护，使其转化为凝聚各民族的精神源泉和推动中华民族共同体发展的动力。"[2]从商周钟鼎文到殷商甲骨文不难看出，中华民族文化的渊源和流传在黄河流域都刻有很深的印记。

黄河非遗相关研究备受重视。2022年4月，《中国国家地理》"发现黄河：沿黄非物质文化遗产"特辑首批5万册在线下及各大网上书店发售，分

---

[1] 李伟.黄河与齐鲁文化研究的价值、现状与展望[J].齐鲁师范学院学报，2018，33(02)：82-87.

[2] 彭丰文.北魏的历史记忆整合与国家认同建构——铸牢中华民族共同体意识的历史经验探究[J].西南民族大学学报(人文社会科学版)，2021，42(06)：8-15.

"山河诗意""巧夺天工""吟唱古今""生生之美"四部分①。

一、黄河非遗融入地方课程是增强中华文化认同的重要举措

黄河发源于"世界屋脊"——青藏高源,呈"几"字形向东流入渤海。因此,黄河文化从时间上看,历史久远,横跨中华上下五千年;从内涵上看,黄河文化包含流域内几千年来所有居住的人们所创造的文化。黄河文化具有根源性的特征,它是木之本,水之源。中华文明发源于黄河文化,中华民族起源于黄河文化,中华元典文化发端于黄河文化。黄河是一条文化之河,正是通过黄河母亲的滋养、所流经大平原的承载,在我国众多区域文化中黄河中下游的平原地带首先进入文明社会。在源远流长的黄河文化中,"前仰韶"时期新石器文化、彩陶文化、黑陶文化等原始文化一脉相承;新石器、陶器、文字、建筑等要素文明闪烁;夏、商、周三代文明一脉相承;法家、儒家和道家等中华元典文化相映成辉;先秦哲学、汉代儒学、魏晋玄学、宋明理学与佛教文化代有芳华;女娲补天、盘古开天、大禹治水、夸父逐日、嫦娥奔月,蕴含着中华民族的文化印记;华夏始祖、姓氏根亲、历史伟人,澎湃着中华民族的血脉;楚辞汉赋、唐诗宋词、元曲、明清小说,成就了无数的文学华章。这些丰富多彩的带有中华民族特色的特有文化,它们大都受到黄河文化的影响。

习近平主席在和平共处五项原则发表60周年纪念大会上的讲话中谈到:尺有所短,寸有所长。我们要倡导交流互鉴,注重汲取不同国家、不同民族创造的优秀文明成果,取长补短,兼收并蓄。意在汲取世界文明之精华,为中华文化所用,不断提高中华文化的影响力。无论是从历史还是现

---

① 河南省人民政府门户网站.2022年河南非遗十件大事[EB/OL].(2023-01-07)[2023-3-24].https://www.henan.gov.cn/2023/01-07/2668912.html.

在来说,黄河文化是多民族文化的结晶。正如有研究者认为,"黄帝、孔子以及尧、舜、禹等华夏人文初祖和圣王先贤是黄河文化的重要象征,对这些历史传说人物进行祭祀,是认同中原政治统治与文化、认同黄帝后裔身份的表现,也是北魏统治者争夺正统地位的重要方式。"①黄河文化在中华文化中的核心地位毋庸置疑。

二、黄河非遗融入地方课程是贯彻落实党的二十大精神的重要体现

非遗的现代化传承是党的二十大报告中重要学术命题之一。党的十八大以来,习近平总书记对文物、博物馆工作高度重视。党的二十大报告要求坚持和发展马克思主义必须同中华优秀传统文化相结合。中华优秀传统文化源远流长、博大精深,是中华文明的智慧结晶,其中蕴含的天下为公、民为邦本、为政以德、革故鼎新、任人唯贤、天人合一、自强不息、厚德载物、讲信修睦、亲仁善邻等,是中国人民在长期生产生活中积累的宇宙观、天下观、社会观、道德观的重要体现,同科学社会主义价值观具有高度契合性。

黄河非遗是中华传统文化非常重要的一部分,高效传承和保护非物质文化遗产就是在弘扬中华优秀传统文化。我国历来重视中华优秀传统文化教育,为贯彻落实党的十八届三中全会关于完善中华优秀传统文化教育的精神,落实立德树人根本任务,进一步加强新形势下中华优秀传统文化教育,2014年,教育部印发了《完善中华优秀传统文化教育指导纲要》。2021年,教育部印发的《中华优秀传统文化进中小学课程教材指南》,其中开创性地将中华优秀传统文化主要载体分为经典篇目、人文典故、基本常

---

① 彭丰文.北魏的历史记忆整合与国家认同建构——铸牢中华民族共同体意识的历史经验探究[J].西南民族大学学报(人文社会科学版),2021,42(06):8-15.

识、科技成就、艺术与特色技能和其他文化遗产等方面①。非物质文化遗产德州黑陶正是属于特色技艺方面的中华优秀传统文化。在中华优秀传统文化教育上,不仅国家给予了重要指示,河南省也对此非常重视。2017年,河南省教育厅出台文件,全面落实中华优秀传统文化教育的基本要求,开设相关课程,开展丰富多彩的活动,深化中华优秀传统文化教育,积极开发中华优秀传统文化教育资源。国家和地方对中华优秀传统文化教育的重视更加凸显非物质文化遗产融入地方课程的必要性。

三、黄河非遗融入地方课程增强学校教育的文化育人功能

2017年,河南省教育厅要求开设中华优秀传统文化教育课程,各地教育行政部门和中小学校要结合本地本校实际,做好课时安排,切实做到中华优秀传统文化教育进课表、进课堂。河南省作为黄河文化的根源所在地,拥有125个国家级非物质文化遗产代表性项目,这些非物质文化遗产蕴含的育人价值为校本课程开发提供了课程资源的选择,也为学校教育发挥"优秀传统文化"的"文化育人"功能提供了保障。2018年,《河南省中小学校本课程建设优秀成果评选工作方案》共评出校本课程优秀成果192项②,通过对这192项校本课程优秀成果进行分析发现,大多数校本课程其实是学科知识的延伸,强调为学科服务,关于非物质文化遗产的校本课程开发甚少,缺乏对本土知识、本土文化的关怀。让校本课程开发散发本土味,就是指让地方知识、或乡土情怀、当地民俗、地理、社区特色等元素进入

---

① 中华人民共和国教育部.教育部关于印发《革命传统进中小学课程教材指南》《中华优秀传统文化进中小学课程教材指南》的通知[EB/OL].(2021-01-19)[2022-02-04].https://www.pkulaw.com/chl/f09ae900c137f168bdfb.html? keyword.

② 河南省教育厅.关于公布河南省中小学综合实践活动课程和校本课程建设优秀成果评选结果的通知[EB/OL].(2018-11-09)[2021-9-24].http://jyt.henan.gov.cn/2018/11-09/1658118.html.

校本课程①。非物质文化遗产有着较强的地方性,发挥地域文化优势,将所在地非物质文化遗产项目作为课程资源融入学生的学习成长环境,开发校本课程,不仅可以厚植文化传承环境,还能培养学生文化自觉意识,同时也是扎根中国大地办教育的应然举措。

第二节　黄河非遗融入地方课程的适切性

　　从文化发展的角度来看,华夏文明的发展是由黄河文化的兼收并蓄来引领的,黄河文化是由广大黄河流域的先民所创造的,它积累了中华民族的多样化的群体记忆,黄河文化凭借其内容的丰富性引领着华夏文明的发展。千百年来,黄河流域一直处于中国的政治、经济和思想文化的中心地位,最大限度地吸引和融合着不同的民族。从生活文化的角度来看,黄河文化代表着中国古代先进物质文明的文化,比如陶瓷、玉器、水利工程、中医药文化、农耕种植技术等均产生于黄河流域;从制度文化的角度来看,经济基础决定上层建筑,在以农耕为主的经济基础决定的上层建筑的状态得以沿袭,具体有政治制度、经济体制、社会构建、伦理道德及价值观念等;从意识形态的角度来看,中华民族灿烂丰富的历史文化都发源于此,具体有华夏先祖的传说、春秋战国时代的百家争鸣和历史文学作品等。以上所述便是中华文明的精髓所在,对中华儿女的心理和性情的发展起着重要作用。所以,黄河文明在华夏文明形成的漫长过程中发挥着引领作用。

　　黄河文化有连续性、根源性、正统性、包容性、创新性的特征,孕育着大量的富有教育意义的非物质文化遗产。黄河非遗不仅具有连续性、根源性、正统性、包容性、创新性等黄河文化的一般性特征,而且具有乡土性、生

---

① 李臣之,王虹.校本课程开发的本土味:逻辑、空间与限制[J].课程·教材·教法,2016,36(1):28-34+44.

活性、综合性等丰富的文化内涵。

一、黄河非遗具有丰富的文化内涵

由于幼儿和中小学生处于人生发展的关键,因此幼儿和中小学生的身体和心理发展的特征,决定了幼儿和中小学生的教学内容要与实际生活、所处的地域文化和环境紧密结合。将黄河非遗融入幼儿和中小学生课程中不仅可以促进幼儿和中小学生的身心发展,还能让幼儿和中小学生感受黄河文化及其蕴含的民族精神等,从而激发幼儿和中小学生爱家乡、爱祖国的情感。

(一) 乡土性和民族性

非物质文化遗产都是在一定的自然和社会环境中产生的,黄河文化遗产分布的范围超过了自然地理意义上的黄河流域,但地域性仍比较明显。"地域性既体现又进一步强化了非物质文化遗产的民族性。"[1]特别是源于黄河流域沿岸乡村的戏曲和曲艺类非物质文化遗产具有地道的乡土气息。首先是戏曲和曲艺类非物质文化遗产演唱的大部分的故事都是关于劳动群众的日常活动。如早期的民间小调、花会、舞蹈等都是戏曲和曲艺类非物质文化遗产的前身,历经千百年的发展,逐步发展成为具有浓厚地方特色的戏曲流派。而且戏曲和曲艺类非物质文化遗产的歌唱语言一般都是地方的方言。豫剧原名"河南梆子",是中国第一大剧种,国家级非物质文化遗产之一,其唱腔铿锵有力,节奏鲜明,具有很大的情感力度,是善于表达人物内心情感的传统戏剧之一。豫剧质朴通俗、本色自然、紧贴老百姓的生活。豫剧《大河安澜》这个故事里有打动人心的乡土力量,有一种因朴素和真诚而感人至深的气质。剧作以黄河儿女的命运升沉来展现黄河文

---

[1] 王文章.非物质文化遗产概论[M].北京:文化艺术出版社,2006:68.

化宽厚坚韧的内涵,用艺术与诗意的方式来表现黄河精神,将朴素的日常诗意化,将黄河的精神具象化。

黄河沿岸非物质文化遗产具有显著的地方性,地方性非物质文化遗产是一种同时兼顾地方性与全球性的文化载体,不论是国家级、省级还是地市级非物质文化遗产,其价值都蕴藏在"地方""国家"和"国际"相对且和谐共存的关系之中。因此,每一项地方非物质文化遗产都是独特且不可替代的,它浸润在个体的习惯、群体的风俗中,地方非物质文化遗产是价值相对的"地方性知识"。

地方非物质文化遗产是中国地方文化的典型代表,它根植于当地百姓的日常生产生活中,通过文本形式或物质具象的手段予以呈现,有着强烈的地方风格和特点。它是一个地区在漫长的历史积淀下留存至今的人们智慧的结晶,积累了丰厚的人文精神,是地方人民思想观念、风俗习惯、生活方式、情感样式的集中表现[①]。地方非物质文化遗产是地方优秀传统文化的瑰宝,蕴藏着宝贵的教育价值,无论是其精湛的工艺,还是为人们喜闻乐见的传统舞蹈、传统戏曲或是形象生动的民间文学,都蕴藏着丰富的智慧和潜移默化的教育功能。

(二)生活性和艺术性

"天人合一"自然伦理观蕴含在黄河文化之中,这种自然伦理观可为新时代大背景下我国的生态文明建设提供历史智慧与经验。黄河文化属于农耕文化,是处于黄河流域中的中华民族的先民在与自然的和谐相处中创造的物质与精神文明。农耕生活讲求天时、地利、人和,顺应自然规律。黄河流域的先民们在漫长的生产生活实践中总结了一系列的尊重自然规律的观念,如儒家提出的"天人合一"、道家提出的"道法自然"、佛家提出的"佛性"为万物之本原等。这都强调了黄河文化中天地人和的思想,"应时、

---

① 中共中央办公厅 国务院办公厅.关于实施中华优秀传统文化传承发展工程的意见[N].人民日报,2017-01-26(6).

"取宜、守则、和谐"是其主要内涵,强调要把天、地、人统一起来,人们按照大自然的规律进行活动,做到"取之有时,用之有度"。习近平总书记指出,自然是生命之母,人与自然是生命共同体,人类必须敬畏自然、尊重自然、顺应自然、保护自然。人类保护自然就是保护人类自己,建设生态文明就是造福人类之举。生态文明建设是关系到中华民族长久发展、保持中华民族长盛不衰的根本大计,在当前人地关系矛盾突出的时代大背景下,黄河文化为新时代背景下的生态文明建设提供了历史经验和理论支撑。

尽管虎头鞋帽、黄河号子、黄河泥埙等非物质文化遗产与生活渐行渐远,但生活性是非物质文化遗产的主要特征。很多非物质文化遗产内容都是以劳动人民的生活为题材,展示真善美的,语言简单明了,颇为风趣,并富有鲜活的生命气息。

增强黄河非遗的生活性主要通过两个渠道,一是将非遗活动引入乡村生活,活跃村民文化娱乐活动;二是借助现代信息技术和网络不断改革改造。无论传统还是现代的黄河非遗都要立足人民生活和回归原生态。豫剧作为黄河戏曲文化界的代表类目,是非常有特色的黄河文化遗产。一些剧社以其富有特色的社团文化和影响力不断开展戏曲进乡村活动,在各村进行巡回演出,扩大了黄河戏曲的受众范围,丰富了群众文化生活,让更多的人感受到戏曲文化的魅力。面对人们文化艺术需求的变化和艺术的多元化,《梨园春》应运而生,着眼于满足不同观众的需求,不断改革改造,提高豫剧的生活性、趣味性和鉴赏性。

无论是民间文学、民俗,还是戏曲和曲艺类等非物质文化遗产大都来源于人们的日常生活,体现着人们的不同的生命形态。同时,新课程改革要求教学内容应与学生的日常生活结合,为非物质文化遗产融入地方课程提供了先决条件。黄河非遗内容与该流域儿童的现实生活紧密相连,贴近孩子的生活,又能适应幼儿和中小学生自身发展的内在需求,这种迎合学生生活兴趣的学校课程才能有助于提高教学的实效性。

戏曲和曲艺类非物质文化遗产是一种极具审美特性的艺术表现形式,

服装颜色鲜艳，样式丰富，脸谱的绘画也各具特色，舞台背景的布置也多种多样。在观赏戏曲和曲艺类非物质文化遗产的表演时，幼儿和中小学生可以观赏到各种各样的戏曲和曲艺类非物质文化遗产的服装、头饰、舞美、脸谱等，提升审美感知和审美理解。戏曲和曲艺类非物质文化遗产也同样是人民一种自然而又真诚的表现，是其内心感情的真实流露。同时，戏曲和曲艺类非物质文化遗产的唱词通俗易懂，运用了许多反复手法、拟人手法，以及赋、比、兴等艺术手法，使得戏曲和曲艺类非物质文化遗产的唱词朗朗上口，非常具有艺术美感。因此，戏曲和曲艺类非物质文化遗产独特的艺术形式通过融入幼儿和中小学生的艺术活动，可以提高幼儿和中小学生的审美能力。幼儿和中小学生具备一定的审美意识，教师要把握好这个关键时期，采取多种方法，以提高其审美水平。

戏曲和曲艺类非物质文化遗产是一种综合性的艺术形式，它包括音乐资源、舞蹈资源、服饰资源、乐器资源等，集视听觉艺术于一身。戏曲和曲艺类非物质文化遗产是一种集歌、舞、乐于一身的艺术形式，其唱词有说有唱，其剧目有连台戏、单本戏、垫台戏等，其伴奏有鼓板、大锣、镲、小锣等。地方民间艺术所呈现的日常生活，既包含了知识也包含了态度和品性。① 戏曲和曲艺类非物质文化遗产作为民间文化的组成部分，它们的表演同样也包含了这些态度品行和技能等。幼儿和中小学生的学习也是一个融合了知识、情感、技能于一体的过程。幼儿和中小学生在欣赏戏曲和曲艺类非物质文化遗产时，不仅要运用感官去看、听，还要让孩子们用身体的动作去感受所看到的戏曲和曲艺类非物质文化遗产的音乐，以及所听过的戏曲和曲艺类非物质文化遗产的音乐。

（三）多元性和综合性

黄河流域不仅是人类非物质文化遗产代表作京剧、相声、西安鼓乐、花

---

① 虞永平.文化、民间艺术与幼儿园课程[J].学前教育研究，2004(01):31-32.

儿、古琴艺术、中国传统木结构营造技艺、官式古建筑营造技艺、中国雕版印刷技艺、中国书法、金石篆刻等的传承地，而且是二十四节气、河洛大鼓、黄河崇拜、治河传说、祭祀仪式、黄河号子等丰富多彩的非物质文化遗产产地，多元性和综合性凸显。多元性指黄河非遗多样，包括黄河文化与楚文化等交往交流交融的文化遗产。最早发现于龙山文化的黑陶按质地可分为夹砂黑陶、细泥黑陶、泥质黑陶三种，其中以细泥薄壁黑陶制作水平最高，有"黑如漆、薄如纸"的美称。按照黑陶产地，黑陶可以划分为绥棱黑陶、日照黑陶、勃利黑陶、馆陶黑陶等，其中德州黑陶就是黑陶按地域划分的一种。利用京杭大运河两岸深两米以下的胶泥为原料的德州黑陶是龙山文化发展而来的一种无釉陶器，在工艺、造型、色泽等方面仍保留着浓厚的民间艺术特色①。德州黑陶技艺在保持传统方法的基础上融入现代黑陶艺术理念，与当地旅游文化结合创新发展。"在黄河下游，新中国成立以前及初期，仅知龙山文化，以光亮黑陶著称，被称为'黑陶文化'，以与被称为'彩陶文化'的仰韶文化东西相对。"②同为泥塑的淮滨泥叫吹正是黄河文化和楚文化相互碰撞的产物。"属啥买啥，护你家娃"，每逢集会，家长们都会给孩子"请"来属相"宝物"，生肖泥叫吹在一定程度上具有护子的含义，借泥叫吹的形式加以动物的灵性就造就出了特有的文化底蕴。河南唐三彩具有中西文化的交流特点，鸡头器皿的造型是西域国家甚至中东国家的一种盛酒用的器皿，但在中原地区把它作为一种工艺品来制作。淮滨泥叫吹典型造型代表是鸟，鸟象征着多子多福。淮滨泥叫吹系列作品中青蛙象征着多子、猪象征着财富、孔雀象征着美好、狮子看门寓意着祈福消灾、孔雀开屏寓意着趋吉避祸等③。

黄河非遗同样具有综合性。黄河号子、黄河泥埙、黄河崇拜等虽是黄河流域的非物质文化遗产，但它们是与河道遗产、关津渡口遗存、河泛遗

---

① 刘伟国，朱长忠.德州黑陶文化[M].北京：线装书局，2020：13.
② 费孝通.中华民族多元一体格局[M].北京：中央民族大学出版社，1999：53.
③ 张睿.探源淮滨泥叫吹造型及工艺的文化表达[J].中国陶瓷，2014，50(08)：70-72.

迹、治河纪念遗存、水工建筑、祭祀场所等黄河流域物质文化遗产密切联系在一起的。黄河号子是千百年来先民们在进行黄河治理的劳动过程中形成的，又分为抢险号子、夯硪号子、船工号子、运土号子、捆枕号子等，通过音乐、说唱等综合性的表演方式来展现其内容和艺术。黄河崇拜通过神话传说、民间故事、民歌民谣、祭典等综合性表演形式讲述共工治水以及鲧、禹父子治水的故事。黄河流域许多非物质文化遗产极具文化综合性，是物质文化遗产和非物质文化遗产交织、综合的产物，也是综合各种表演形式的产物。受黄河文化和楚文化影响的光山花鼓戏是一种综合性的艺术形式，它包括音乐、舞蹈、服饰、乐器等，集视听觉艺术于一身，其唱词有说有唱，其剧目有连台戏、单本戏、垫台戏等，其伴奏有鼓板、大锣、镲、小锣等。

二、黄河非遗具有较高的教育价值

2014年3月，教育部为响应党的十八届三中全会的号召印发了《完善中华优秀传统文化教育指导纲要的通知》（教社科〔2014〕3号），其中明确了中华优秀传统文化教育的指导思想、基本原则和主要内容，并提出了要分阶段有序推进中华优秀传统文化教育①。在党的十九大报告中，习近平总书记指出要将中华优秀传统文化提升为"中华民族的基因""民族文化血脉"和"中华民族的精神命脉"②。在幼儿和中小学生教育阶段，我们也应该自觉担负起传承中华优秀传统文化的责任，有序合理地对幼儿和中小学生进行传统文化教育。各级政府高度重视学校开展中华优秀传统文化教育，但是在地方学校教育方面存在一定的缺失，其原因主要在于黄河非遗蕴含的教育价值并未受到应有的重视。因此，我们要在与非遗传承人、幼

---

① 中华人民共和国教育部.教育部关于印发《完善中华优秀传统文化教育指导纲要》的通知[EB/OL].(2014-04-01)[2022-9-22].http://www.gov.cn/xinwen/2014-04-01/content_content.2651086.htm.
② 习近平.决胜全面建成小康社会 夺取新时代中国特色社会主义伟大胜利——在中国共产党第十九次全国代表大会上的报告[M].北京：人民出版社,2017:44.

儿和中小学生教师的交流学习中,挖掘潜在的具有较高教育意义和功能的非遗课程资源。

儿童从出生起就在周围环境的影响中长大,作为地方非遗的代表,儿童与黄河非遗的接触,能够帮助他们了解地方文化,形成文化认同。缘于地方文化和儿童亲缘性的特点,将黄河非遗融入教育活动对地域文化传承有着不可估量的价值,对促进儿童发展有着积极的意义。

(一)社会价值的体现——为儿童社会化奠定基础

《3-6岁儿童学习与发展指南》指出,学前儿童应在社会环境以及文化的熏陶中形成基本的归属感和认同感[①]。我们应尽可能用符合其身心发展的方式解决因年龄尚小而难以形成民族认同感的问题。黄河非遗在表现形式上与地方传统文化观念以及民风民俗紧密相连,例如德州黑陶的器物造型中的"对称"是人们一种审美观念的反映,而像黑陶鬶这种非对称性器物则饱含着人们对"吉祥"的追求以及对于时代的信仰与尊崇。除此之外,黄河流域许多非物质文化遗产也蕴含着平安、健康、繁衍等与民众密切相关的理想追求,它的诞生离不开地域文化的浸润。而这种在特定的自然和人文环境中成长的地域文化,其本身就是一种整体性的教育资源,对儿童的影响涉及认知、情感、社会性等各个方面。所以儿童在与黄河非遗接触的过程中能自然地吸收先人创造的历史和文化,增进对地域礼俗的了解,塑成自身最初的审美情趣和素养,产生内在的发展需求。

黄河非遗的社会价值还体现在对家乡自然生态环境和生产生活方式的感知。黄河横亘中华大地,也串联起了中国历史。从中华民族的人文初祖黄帝到秦皇汉武、唐宗宋祖,黄河孕育出河湟文化、河套文化、三晋文化、关中文化、河洛文化、齐鲁文化等优秀传统文化。从彩陶到青铜,从冶铁到炼钢,黄河流域都走在技术的最前沿。早期的黄河流域彩陶类非物质文化

---

① 李季湄,冯晓霞.《3-6岁儿童学习与发展指南》解读[M].北京:人民教育出版社,2013:27.

遗产原料多取材于河湖中沉积的细泥,这种最质朴的材质保障着器物成型之后的细密坚硬。这种俯拾即是的自然产物也间接使儿童对于本地所处的自然环境以及本地区的生产方式有一定的感知,这也是一种文化生态性下的地域归属感。

(二)个体价值的体现——促进儿童个体全面发展

黄河非遗对儿童发展的个体价值主要体现在德、智、体、美四个方面,接下来将从育德、增智、益美、强体四方面做具体分析。

1. 育德于心

黄河非遗承载着丰富的教育意义,是儿童从小了解家乡、亲近家乡、热爱家乡的有机载体。儿童在了解黄河非遗过程中,对家乡文化有了更深的认识,萌发热爱家乡、热爱传统文化的情感。同时,将黄河非遗融入学校教育活动,让儿童在实际活动中感受到地域文化的价值,也是奠定儿童文化传承的感情基础,是儿童产生初步的文化归属,形成文化认同的重要途径[1]。除此之外,很多泥塑类器物不管是从设计制作还是图纹装饰上都蕴含着丰富的文化内涵,都可以成为德育的重要素材。比如说黑陶"五虎上将陶板"中的"五虎将士"就是"仁义威忠勇"的化身,通过"五虎上将陶板",为儿童讲述家喻户晓的三国文化故事,让儿童受到"忠""孝""礼""义"的熏陶,建立初步的价值标准和道德规范。儿童在这种潜意识的影响下自然能够意志坚强、心胸豁达。另外像黄河非遗的装饰图案中有非常多自然之物的身影,像"荷、牡丹"等,这都源于古人对花鸟植物及大自然的热爱,蕴含民众对自然的敬畏和崇拜,这也是对儿童进行自然教育的有效资源。

2. 增智强能

这里的"智"不仅包括知识的习得,还包括学习品质的发展。在知识的习得上,通过黄河非遗教育活动,儿童可以掌握黄河非遗的发展历史、文化

---

[1] 顾建光.文化与行为:文化人类学巡礼[M].成都:四川人民出版社,1988:98.

特征以及具体技艺的传承等。由于儿童生来就有强烈的好奇心和探究欲，黄河流域手工技艺类非物质文化遗产唐三彩多样的造型、形式各样的装饰图案本身对儿童来讲就是一种新鲜事物，教师带领儿童走进黄河非遗、了解黄河非遗的过程，就是满足儿童好奇心和求知欲的过程。除此之外，就是学习品质的发展。例如，黄河非遗教育活动中所涉及的一个方面就是关于黄河非遗唐三彩的制作，唐三彩是一种多色彩的低温釉陶器，而在制作唐三彩的过程中，儿童需要根据自身已有经验以及所观察到的器物造型和装饰图案等进行自己的想象创造。当然制作的过程肯定不是一帆风顺的，儿童还需要对过程中出现的各种问题进行分析和处理，比如对于中班儿童来讲，他们在捏陶的过程中，往往会因为加水过多或过少而出现陶泥断裂或者不能塑形的问题，儿童在不断地尝试和解决问题的过程中能够发展起积极的态度、持续的兴趣、大胆的想象以及良好的观察与分析解决问题的能力。另外，儿童在听取和讲述黄河非遗故事的过程中，也能发展语言理解和表达能力，所以能够多方面地发展学习品质。

在豫剧、河洛大鼓等戏剧和曲艺类非物质文化遗产表演过程中，儿童具有无限的想象与创造能力，从表演的过程到结果的呈现，儿童总是能以自己独特的方式让观众眼前一亮，给人以不同的感受；从服饰妆容的选择到现场灯光道具的布置，无一不在考验幼儿的审美能力。所有的非遗民间戏剧最终都会落脚在幼儿的社会性发展上，儿童通过戏剧与同伴建立起情感上的互动与连接，促进儿童与民间戏剧不断的情感传递。儿童通过戏剧表演，体会戏剧蕴含的内在精神，逐步建立起对民间非遗文化的认同感；观众对戏剧的欣赏与评价，也会促使儿童角色转换，进行换位思考，这些都是儿童社会性发展的良好体现。最终，借助戏剧大师的榜样力量，让儿童学习榜样，对榜样产生敬仰之情。每位戏剧家都是经历坚持戏剧表演、认真研磨角色剧情而成为戏剧家的，儿童通过直接或间接的了解，培养儿童认真专注、不怕困难、积极主动等良好的学习品质。所以，在儿童启蒙教育阶段开展戏剧教育活动，对于儿童的全面发展具有重要的教育意义。

（三）益美强体

在黄河非遗融入儿童教育活动过程中，儿童审美能力的发展主要体现在对黄河非遗洛阳唐三彩、德州黑陶、淮滨泥叫吹等器物造型、纹理装饰等的欣赏方面。对儿童来讲，他们对于颜色鲜艳及形象逼真的事物更容易接受，而黄河非遗正好具备了这方面的特征。比如说黄河非遗的纹饰装饰中就包含着丰富的花纹，像螺旋纹、回纹、对称花纹等，这些都是儿童在学前阶段需要掌握的图案纹饰，而且图案的均匀和对称、纹样的重复和连续等也是儿童应该了解的装饰规则。黄河非遗洛阳唐三彩、德州黑陶、淮滨泥叫吹的装饰除了有图案美、色彩美之外，还蕴含着丰富的象征意义，所以儿童在欣赏的过程中，不仅可以从外部特征表现来获得美感，也可以在图案纹饰的象征意义方面来获得美感，而且儿童在感受美的同时也可以去大胆地表现美和创造美。

豫剧、河洛大鼓等戏剧和曲艺类非物质文化遗产是一种极具审美特性的艺术表现形式。服装颜色鲜艳、样式丰富，脸谱的绘画也是各具特色，舞台背景的布置也是多种多样的。在观赏非遗戏曲的表演时，儿童可以观赏到各种各样的豫剧、河洛大鼓等戏剧和曲艺类非物质文化遗产的服装、头饰、舞美、脸谱等，提升审美感知和审美理解。豫剧、河洛大鼓等戏剧和曲艺类非物质文化遗产也同样是人们一种自然而又真诚的表现，是其内心感情的真实流露。同时，豫剧、河洛大鼓等戏剧和曲艺类非物质文化遗产的唱词通俗易懂。它运用了许多反复手法、拟人手法，以及赋、比、兴等艺术手法，使得豫剧、河洛大鼓等戏剧和曲艺类非物质文化遗产的唱词朗朗上口，极具艺术美感。光山花鼓戏独特的艺术形式通过融入幼儿园和中小学的艺术活动，可以提高幼儿的审美能力。儿童具备一定的审美意识，教师要把握好这个关键时期，采取多种方法，以提高其审美水平。

地方民间文化所呈现的日常生活，不仅包括知识、态度品性等，还包含了技能和方法等①。光山花鼓戏作为民间文化的组成部分,它的表演同样也包含了这些态度品行和技能等。儿童的学习也是一个融合了知识、情感、技能于一体的过程。儿童在欣赏光山花鼓戏时,不仅要运用感官去看、听,还要让孩子们用身体的动作去感受所看到的光山花鼓戏的动作,以及所听过的光山花鼓戏的音乐。

洛阳唐三彩、德州黑陶、淮滨泥叫吹等黄河非遗的强体功能主要表现在儿童制作黄河非遗的过程中。儿童天生喜欢玩泥巴,通过对陶泥的把玩,对儿童的手部活动有一定的锻炼作用,提升手部感知力,增加触觉敏感度。在黄河非遗的制作过程中,儿童能够细致观察图案及花纹,一门心思投入黄河非遗创造活动中,这不仅对儿童的手眼协调能力和观察能力有一定的帮助,而且对儿童的小肌肉动作发展起到一定的锻炼作用。最能引发儿童强体的黄河非遗是洛阳心意六合拳、宋氏通背拳、回族文狮舞等游艺、传统体育与竞技和民间舞蹈类黄河非遗。

三、黄河非遗融入地方课程是基础教育发展的应然取向

《基础教育与课程改革纲要》中明确指出,新一轮课改的教学目标要符合新时期的需要,要让学生具备弘扬和传承优良文化的素质。2017年,中共中央办公厅、国务院办公厅印发的《关于实施中华优秀传统文化传承发展工程的意见》中明确规定:"以幼儿、小学、中学教材为重点,构建中华文化课程和教材体系。"②各级各类的教育机构在校园实施的课程应该体现国家和民族对人才的期望和意志,同时还要将学生发展的个体差异等作为

---

① 虞永平.文化、民间艺术与幼儿园课程[J].学前教育研究,2004(01):31-32.
② 中共中央办公厅 国务院办公厅.关于实施中华优秀传统文化传承发展工程的意见[EB/OL].(2017-01-25)[2021-9-20] https://www.gov.cn/zhengce/2017-01-25/content_5163472.htm.

课程设置的前提。此外各级各类的教育机构还应该认识到不同地方的学校之间也是有差异的,所以在课程设置时也要考虑学校之间的差异①。

我国的基础教育课程对课程的种类也有明确的规定,认为全国的课程并不是完全一样的,包括了国家、地方、学校三级课程。国家有一个总领性的课程,不同地区的教育管理部门依此来因地制宜地设置符合地方学校的课程,学校也可以在国家和地方课程的基础上,开发一些具有校本特色的课程。根据这些相关政策文件精神,不难发现黄河非遗融入幼儿和中小学地方课程是符合政策的规定的,是符合当前课程改革趋势的,有着坚实的政策基础。

第三节　黄河非遗融入地方课程适切性的案例体现

一、德州黑陶的文化内涵及其与儿童发展的内在关系

德州黑陶,6 000年前龙山文化的产物,其历史可以追溯到人类生产、生活最原始的阶段。儿童,是离自然之道最近的人。德州黑陶与儿童的联系,就仿佛古与今的对话,历史与时代的对白。当研究者看到孩子们对黑陶产生的浓厚兴趣,看到孩子们对于黑陶把玩爱不释手时,就会忍不住思考,德州黑陶与儿童之间一定存在某种程度的默契,正是这种默契搭建起黑陶与孩子之间的桥梁。

---

① 崔允漷.校本课程开发:理论与实践[M].北京:教育科学出版社,2000:17.

(一)"自然"——黑陶文化价值与儿童内在精神的感通

人们常说儿童是"自然之子",首先是因为儿童具有天真无邪的心灵,在老子思想中儿童是无知、无欲、无为的,永远处于自然、纯真的状态,"为天下溪,恒德不离。恒德不离,复归于婴儿"。可见老子认为婴儿是离自然之道最近的人。卢梭在《爱弥儿》中也提出,"出自造物主之手的东西,都是好的,一旦到了人的手里,就全变坏了"①,所以儿童生来是纯真善良的,不受任何先入之见的影响,永远秉承于自然的天性。他们天生喜欢花草,喜欢沙水,喜欢小动物,与自然之间保持着一种默契的联系,就像爱默生所说"这浩浩苍穹下的孩子,竟知道他与这博大的自然同根而生,一个是叶,一个是花,每条血脉中都涌动着他与自然的亲密"②。这样的特性让孩子对自然界的事物拥有一种淳朴的自发性,而在艺术中,这就表现为孩子的真实的情感流露,是一种主观唯我的创作形式,这正是艺术表达和创作的最高境界。

"自然"始终是贯穿"德州黑陶"的内在精神。首先,在中国的传统哲学文化中,人与自然是一种"天人合一"的关系,人是自然界的产物,也是自然界的一部分③,人类对于自然物质的运用也充分显示出一种物我融合的生态智慧。在活动载体上,黑陶制作的原材料就是泥土这种俯拾即是的自然物质,通过人类的捏制、焙烧、绘制最终使其走向世界,这体现了民间艺人取材自然的智慧。而泥土正是孩子们最常见也最喜欢的材料,它虽是自然界最易得、最朴实无华的材料,但正是这种最自然、最质朴的东西更能让孩子产生天然的亲近感。由于世间万物都是依靠水土而生存,所以人对水和土这种自然的事物本身就有一种天然的亲近感。现在城市的很多孩子正远离"自然",不仅是由于环境条件的限制,更是由于父母的教育让孩子失

---

① 卢梭.爱弥儿[M].李平沤,译.北京:人民教育出版社,2001:1-2.
② 爱默生.自然沉思录[M].博凡,译.上海:上海社会科学出版社,1993:70-71.
③ 蒙培元.人与自然——中国哲学生态观[M].北京:人民出版社,2004:410-411.

去了玩泥的机会,甚至觉得泥巴脏兮兮的,不愿触碰。这种和自然的分隔违背了孩子的天性,使得孩子心中真实的自己难以释放。其实孩子们童年缺少的从来就不是更好、更高科技的玩具,而是这类最自然、质朴的东西。正所谓"天有时,地有气,材有美,工有巧,合此四者,然后可以为良"①。通过与这类自然恩赐的产物相接触,孩子们不仅拥有了更多拥抱"自然"的机会,也实现了人类对于自然物质的开发和利用。

  此外,黑陶所根植的地域文化土壤就是基于大众对"自然"的崇拜和敬畏。作为6 000多年前龙山文化的产物,在当时的农耕社会,这是人类对自然认识和改造的一次伟大尝试,充分展示了土与火这种自然产物的完美结合。黑陶的出现最初是满足人们的生产生活需要,蕴含着人类物我融合的生态智慧。后来在祭祀神灵、战争等重大活动中也开始使用黑陶。无论在遥远的农耕社会还是在当今时代,人们无不期盼着自然界的五谷丰登、风调雨顺,所以在黑陶的装饰纹理中,经常能发现自然界中类似于"莲花""牡丹""葫芦"等一类有着吉祥寓意的图案,这些装饰图案也承载着民众对自然的敬畏和崇拜。

---

① 闻人军.考工记译注[M].上海:上海古籍出版社,1993:117.

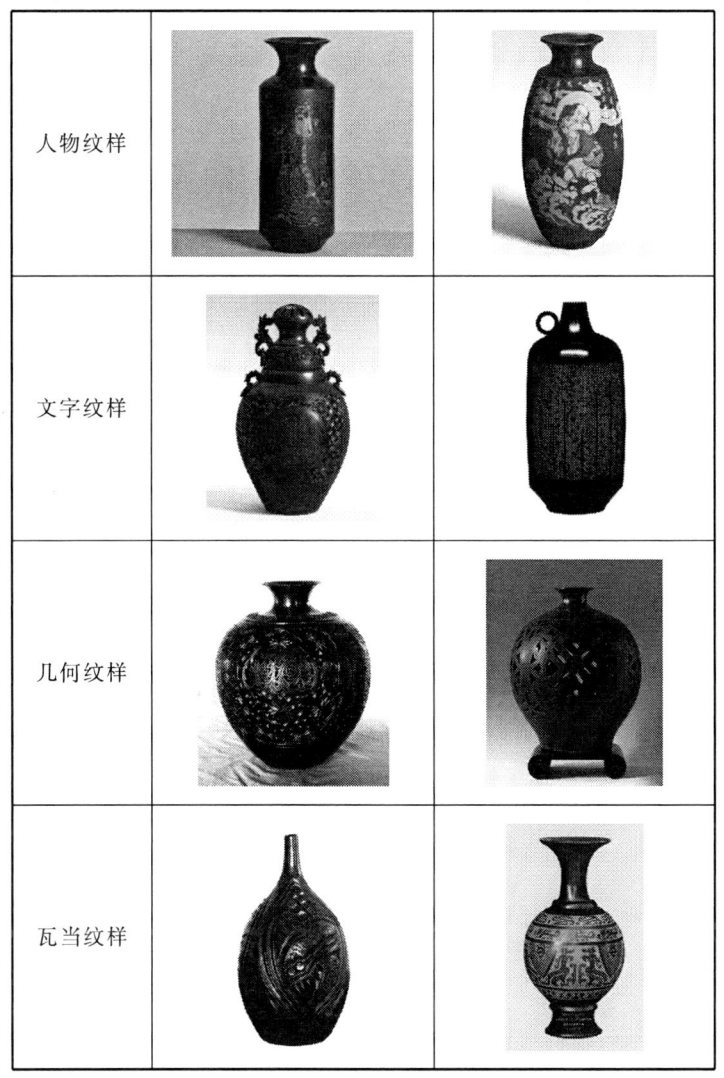

图 2-1　德州黑陶装饰纹样

德州黑陶取材自然的优势,以及蕴含的人与自然和谐的关系理念,与儿童"亲近自然"的天性吻合。儿童在进行艺术创作的过程中不受外在世界的支配,是完全自然的表达,他们创作的作品都是真实情感的流露,这样达成的"天人合一"境界,正是"自然"使黑陶与儿童达成了内在精神的"感通"。

（二）审美和感知——符合幼儿认知和发展

从幼儿对颜色的感知来看，德州黑陶以黑色为底色，且当前的大多数黑陶制品都以鲜艳明快的图案纹理等来装饰，装饰图案中的对比美、和谐美等对于儿童的审美水平都会产生一定的影响。幼儿正处于绘画过程中的象征期和涂鸦期，他们审美感知的最大特点就是直观形象性，而德州黑陶不论器物造型还是颜色图案等都恰好符合幼儿的这一审美和认知水平。

此外，我们经常强调要调动幼儿的感官体验，因为这是儿童学习和探索周围事物最直接的方式，而且人对于触觉感受本身就有一种原始的需求，但目前幼儿园中大部分艺术课程还是以听觉（音乐类）、视觉（绘画类）感受为主。黑陶作为一种少有的触觉艺术，在幼儿园的融入正好弥补了这一部分的缺失。黑陶的制作过程不是只需要孩子动手就可以完成的，需要他们的手、眼、脑相互配合，缺一不可成"器"。另外，黑陶制作中各种技法和工具的运用（像擀压、掏挖、拍打、揉捏等）都巧妙地对孩子的手臂手腕力量、手指力敏感度等从整体到局部进行了相对系统的训练。这种系统的启发、引导和实践，能够在一定程度上培养孩子做事的专注力和积极探索精神。

因此，在活动设计过程中，德州黑陶活动方案的设计涉及幼儿园的五大领域，尤其在艺术领域，强调在教师的指导下感受黑陶的器物美、色彩美、装饰美，感知黑陶中所蕴含的人与自然和谐美好的审美情趣，在感知欣赏的基础上进行表现创造，用制陶、绘画等来表达自己的情感，促进幼儿观察力、想象力和创造力的发展。

二、洛阳唐三彩融入初中综合实践活动课程的契合点

(一)洛阳唐三彩和综合实践活动课程具有综合性、实践性等共同特点

学生是生活在个人、学校、社会与自然有机联系的整体中的,学生综合运用所学知识认识和探究世界与自我,在综合实践活动中,潜移默化地促进自我的不断发展与完善。"综合实践活动课程的综合性体现在它的设计和实施要求将学生已有的知识经验与新知识进行意义建构,要与学生的个体生活和社会生活紧密联系,体现个人、社会、自然的内在整合,体现科学、艺术、道德的内在整合,立足于人的生活世界的综合性和个性的整体性,立足于每一位学生的健全、完整发展。"①洛阳唐三彩可以通过研学类、体验类、绘画类、设计类课程的开展促进学生的综合发展。初中综合实践活动课程注重学生在真实的活动情境中,在"调查""研讨""合作""展示""反思"等一系列自主活动中发展学生的综合素质,培养学生各方面的能力,主要包括发现问题和解决问题、获取和收集信息、体验和感受生活、参与实践和创新创造的能力。在洛阳唐三彩的综合实践过程中,可以引导学生以小组的形式参与到实践中,并收集洛阳唐三彩的相关信息,通过开展丰富多样的唐三彩文化相关的实践性学习活动,使学生在"做中学""用中学""创中学""乐中学",超越学生单一书本知识的学习,丰富学生的生活经验,帮助学生学会发现、学会探究、学会实践。

综合实践活动课程与学科课程相比的一个显著特点就在于它具有很大的开放性,包括课程目标、课程内容、教学活动过程及活动结果与评价等的开放性。洛阳唐三彩的探究活动能为学生的发展提供开放的空间。综

---

① 郭元祥,伍远岳.中学综合实践活动[M].北京:高等教育出版社,2016:7.

合实践活动课程能够使学生的认知、能力和情感等方面的素质得到不断提升。学生通过亲身经历和体验不断生成新的知识、能力,在实践活动过程中形成自我建构。洛阳唐三彩具有丰富的文化内涵、艺术价值和审美价值,洛阳唐三彩融入综合实践活动课程能够升华和深化学生知识并培养能力。初中综合实践活动课程要依据学生的需要和兴趣、依据学生的身心发展规律和特点开展,它强调要调动学生的积极性,激发学生的自主性,教会学生自主学习、自主探究。洛阳唐三彩的文化内涵丰富,因此学生可以依据自己的需要和兴趣自由选择课程内容和活动方式,并且在活动过程中注重学生的自我评价和反思,以此来培养学生独立自主思考问题和解决问题的能力。

(二)洛阳唐三彩和综合实践活动课程的共同现代教育理念

洛阳唐三彩和综合实践活动课程同样具有突出学生主体、面向学生生活世界、注重实践和反思等现代教育理念。强调学生的主体地位并不是将主体地位绝对化,而是"主体-主导"相结合的课堂结构,在这个过程中,教师要依据学生的兴趣和需要,有针对性地开展活动。教师的作用是为学生提供主题、方向及创设有效的教学环境,而整个综合实践活动课程应该是由学生的自主活动建构起来的,教师则需要在必要时进行引导和启发,为学生建构一个自主实践、自主发展的空间。赫尔巴特的课程论里提到,课程内容的选择要与学生的日常经验保持联系,学生在日常生活中获得的经验是教学活动赖以进行的基础,兴趣本身就存在于经验之中。也正如陶行知所说,生活即教育,生活能为学生提供丰富的学习材料和活动主题,基于此,综合实践活动课强调回归学生的生活,充分发挥生活的教育意义,在活动中使得学生学会生活、学会做事。

初中综合实践活动课程注重学生的实践体验、亲身经历,且它更加强调的是学生的深度实践,在这个过程中需要学生进行调研、收集、分析、讨论、成果汇报和自我反思与评价,通过深刻的反思,使学生真正从活动、从实践中取得收获、获得发展。基于中学综合实践活动课程的上述理念,在洛阳唐三彩融入综合实践活动课程的实践过程中,会为学生建构一个自主实践、自主发展的空间,在一系列综合实践活动中,面向学生生活,培养学生的实践与反思能力。

三、河洛大鼓融入园本艺术课程的可行性

长期以来,在幼儿园教育过程中,由于幼儿园教育资源的差异性,幼儿教育研究领域对传统文化和地方文化教育资源的应用相对匮乏,导致绝大多数教育学者认为过早开展传统文化教育无法起到实际效果①。许多幼儿园只能提供有限的艺术教育资源,如简单的国画、手工等,这使得幼儿无法获得全面的艺术体验。目前我国大部分幼儿园的艺术教育过于注重技能的传授,而忽视了本土地方文化的艺术思想、情感和审美的内涵,浪费了许多教育资源。在河洛大鼓融入幼儿园艺术课程的调查问卷中,有二十几位幼儿教育工作者表现出了对河洛大鼓艺术的认可。

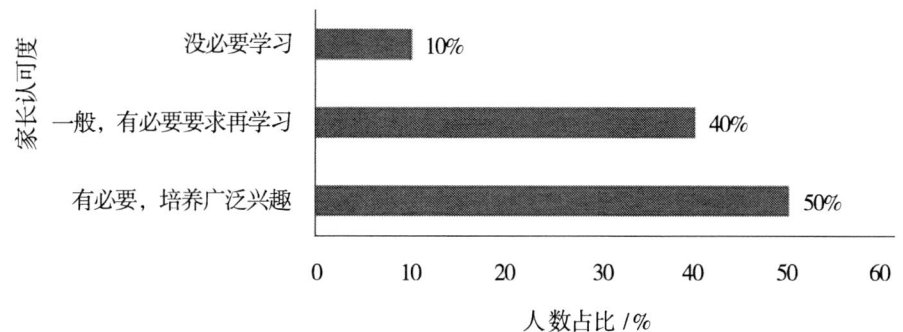

图 2-2　教师群体对河洛大鼓的艺术资源的认可

---

① 张曦敏. 学前儿童美术教育与活动指导[M]. 南京:南京大学出版社,2019:194.

(一)幼教工作者对开发河洛大鼓艺术教育资源的认知现状

幼儿教师对于河洛大鼓艺术资源的认可和了解程度直接决定了河洛大鼓融入幼儿园艺术课程的质量和效果,在问卷调查中得出的结果,如图 2-2 所示,教师群体中认为非常有必要把河洛大鼓的艺术资源带入幼儿园课程中的占 50%,认为有必要的占 40%,认为没必要把河洛大鼓融入幼儿园艺术课程的占 10%。从图 2-2 中可以看出,仅有一半的教师认为河洛大鼓融入幼儿园艺术课程是非常有必要且有意义的,这也向我们展示了河洛大鼓文化的艺术资源有较高的待开发性。

(二)家长对河洛大鼓文化融入幼儿园艺术课程的认可度

随着幼教事业的快速发展,幼儿教育从单纯的保育到保教结合再到今天的促进幼儿德智体美劳等的全面发展,多数家长也更想让自己的孩子有广泛的艺术兴趣与爱好。河洛大鼓是中原地区的特色戏曲文化,以河洛大鼓为幼儿园艺术课程的拓展资源是极具开发性的。如图 2-3 所示,有 80% 的家长对河洛大鼓融入幼儿园的艺术课程是非常愿意的,数据占比非常高,因此,河洛大鼓的艺术课程资源的开发得到了家长们的认可。

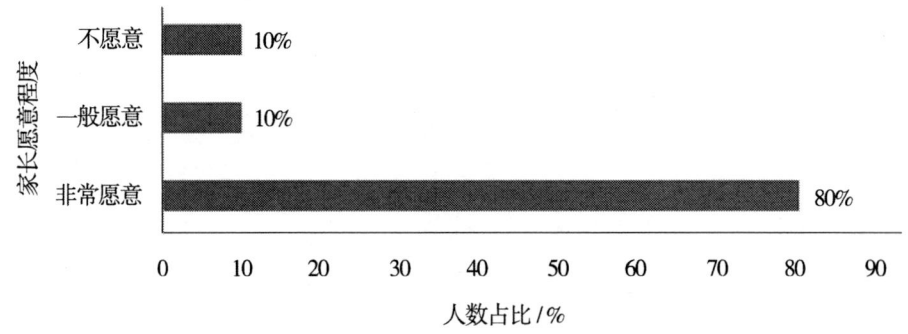

图 2-3 家长是否愿意让孩子在校学习河洛大鼓

(三)幼儿对河洛大鼓进入艺术课程教育的期待性

幼儿是受教育的主体。在幼儿的学习过程中,兴趣往往比硬性学习更加重要,幼儿的意愿占据其自身的大部分思想,在对幼儿进行新事物的教学过程中,能引起幼儿的兴趣,那么这个课程就成功了一半。如图 2-4 所示,在幼儿听过河洛大鼓相关曲目后,有 50% 的幼儿对河洛大鼓表现出了极高的兴趣,边听边模仿;而 40% 的幼儿也被其独特的节奏吸引。河洛大鼓作为音乐艺术教学,在独特的表演形式和律动感方面,深深地吸引着幼儿来进行学习。

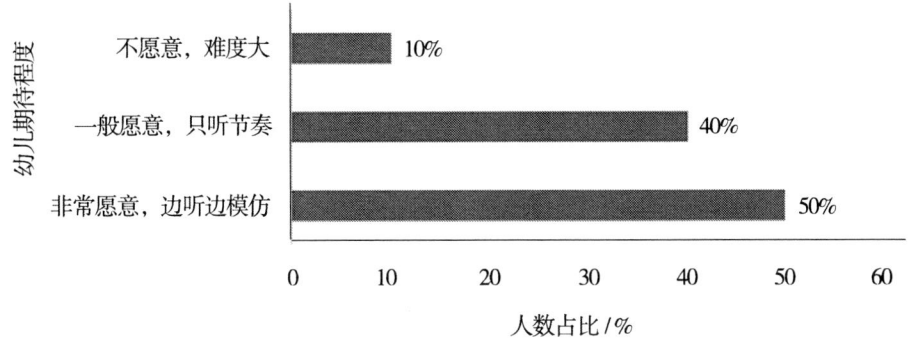

图 2-4 幼儿对河洛大鼓的艺术课程期待性

(四)河洛大鼓融入幼儿园艺术教育的教育价值

非遗文化和地方文化种类繁多,在把一个新鲜内容融入课程的过程中,首先就要考虑其教育价值,幼儿要能够在活动过程中真正学习到内容才是好的可以进入课程的文化[①]。在调查问卷中得出,如图 2-5 所示,幼儿学习河洛大鼓的过程中,能够锻炼其身体协调能力;能够传承家乡特色文化,弘扬传统文化;也能够使幼儿体验多种艺术形式,丰富其艺术课程

---

① 马春莲.谈河洛大鼓的艺术风格与其文化生态的变迁[J].开封教育学院学报,2011,31(03):44-46.

内容。

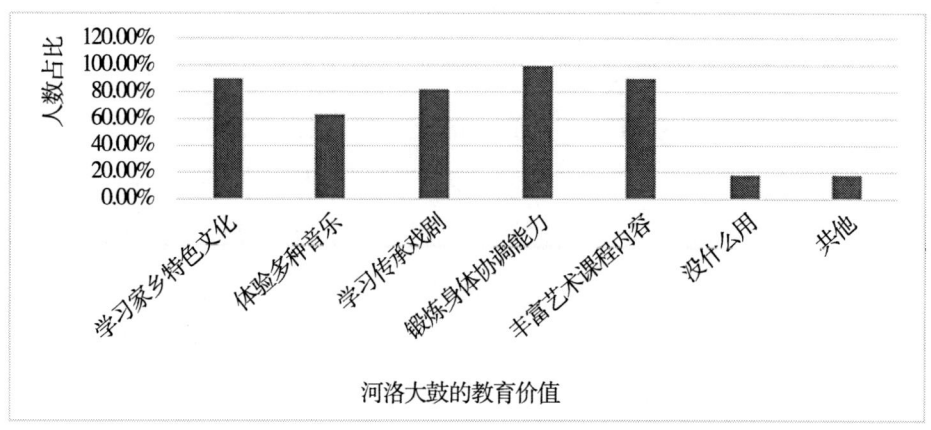

图 2-5 河洛大鼓艺术对幼儿的教育价值

综上所述,黄河非遗融入地方课程需要对幼儿园艺术课程进行改进和创新,让本土文化能够在艺术教育中得到全面的挖掘,使地方文化得到发扬的同时也能够让幼儿有更加深刻的艺术体验,培养幼儿审美情趣和创造性思维,促进幼儿综合素质的全面发展。

第三章
黄河非遗融入地方课程现状调查

黄河见证着中华民族几千年来的悠久历史,其流经的区域也经历了大大小小的变迁。现在河南省的沿黄地区包括郑州、开封、新乡、焦作、濮阳、三门峡、洛阳、济源等8个城市,还有不再属于沿黄地区的黄河故道所经地的安阳市、鹤壁、商丘、周口等地区。黄河故道与沿黄地区都面临着生态保护、高质量发展与保护弘扬黄河文化的问题。基于此,著者以黄河流域河南段郑州、洛阳、新乡、焦作、开封黄河非遗课程开发为主要调查点,从这5个城市中分别选取5所中小学进行黄河非遗融入地方课程现状调查。此外,还调研了郑州市豫剧融入幼儿园的情况等。

第一节 黄河非遗融入地方课程调查方案设计

一、调查目的

"中华优秀传统文化进课程,进教材"是构建中华优秀传统文化传承发展体系的重要举措。非遗作为中华优秀传统文化的主要载体形式,兼具历史深度和文化广度的特性,蕴藏着丰富的教育价值。在国家政策倡导下,很多学校充分挖掘地方文化资源,基于地域文化开发黄河非遗课程。其开发现状如何,值得进一步思考。本研究以黄河流域河南段郑州、洛阳、新乡、焦作、开封黄河非遗课程的开发现状为主要调查点,通过问卷调查和访谈调查描述黄河非遗课程的开发现状,发现目前黄河非遗融入地方课程中存在的问题并进行原因分析,从而能够有针对性地提出相应的优化策略。

二、调查问卷的设计

(一)问卷的编制

本研究首先初步了解黄河非遗一些信息,参考相关硕博论文,结合具体情况自编问卷,进行初步试测后结合多方意见进行修改。本研究的调查问卷以学校教师为调查对象,主要由两部分组成:第一部分为受访教师的个人基本情况统计,包括性别、任教学校类型、任教学科、年龄、学历等人口学变量;第二部分为黄河非遗融入地方课程的相关要素,包括融入地方课程的主体、内容、实施方式、评价方式、支持力度、取得效果和现实化困境。

(二)问卷的发放

研究者先对初始问卷进行试测,以问卷星的形式向教师发放电子问卷。利用 SPSS 软件对试测数据进行信效度检验,通过探索因子分析剔除不能在单个维度载荷高于 0.5 的无效题项,结合专家意见进行修改,确定正式问卷。在正式发放问卷时采用纸质问卷发放的形式,去学校进行调查,委托校领导集中教师进行填写。一共发放问卷 1 200 份,回收问卷 1 050 份,回收率达 87.5%。依据问卷中的测谎题剔除无效问卷 32 份,最终得到有效问卷 1 018 份,有效率为 84.8%。

（三）问卷的信效度检验

1. 问卷的信度检验

为考察问卷的内部一致性，通过计算量表的 Cronbach's α 系数数值来对问卷进行信度检验。结果如表 3-1 所示。

表 3-1　整体问卷的信度检验

	Cronbach α 系数	项数
整体问卷	0.943	36

由表 3-1 可以看出，整体问卷的 Cronbach α 系数为 0.943，意味着该问卷信度非常高，可进行下一步效度分析。

2. 问卷的效度检验

为考察具体题项的能效性，需要使用 KMO 和 Bartlett 检验对问卷进行效度验证，结果如表 3-2 所示。

表 3-2　整体问卷的效度检验

KMO 和 Bartlett 的检验		
KMO 值		0.894
Bartlett 的球度检验	近似卡方	5319.715
	df	666
	Sig.	0.000

整体问卷的 KMO 值为 0.894，显著性 $P=0.000<0.05$，说明整体问卷效度很好，很适合做因子分析。

（四）问卷题项的区分度检验

为检验量表中各个题项的区分度，运用极端组项目分析法进行项目鉴别指数检查。通过检验被调查对象是否有一部分可以在量表中给出高分，同时也有一部分可以在量表中给出低分，判断量表中的每一个题项是否具有较好的区分性。首先计算每个调查对象在所有量表题项的总分，把调查对象分为高分组和低分组,排名在前 27% 的为高分组,排名在后 27% 的为低分组。其次算出总分的高低分组的临界值,题项总分≥133.48(取 134)的为高分组,题项总分≤115 的为低分组,即排名在 48 名之前的为高分组,排名在 51 名之后的为低分组。

调查数据在录入 SPSS 时,问卷中的第三、第四、第五部分的题项分别用 B、C、D 替代,B7 和 C8 作为测谎题项未进行录入。为了判断量表中的任一题项在高分组和低分组是否具有显著的统计学差异,在 SPSS 中对高分组和低分组进行独立样本 T 检验(如表 3-3 所示)。依据检验结果,问卷量表中所有题项在高低分组上的显著性 P 值均小于 0.05,说明高分组和低分组在每一个题项上都存在非常好的区分性,意味着量表中的每一个题都通过了项目分析。

表 3-3 高分组低分组的独立样本 T 检验

		F	Sig.	t	df	Sig.(双侧)	均值差值	标准误差值
B1	假设方差相等	16.237	0.000	-5.794	97	0.000	-1.3627	0.2352
	假设方差不相等			-5.714	77.187	0.000	-1.3627	0.2385
B2	假设方差相等	0.885	0.349	-2.906	97	0.005	-0.8088	0.2783
	假设方差不相等			-2.914	96.916	0.004	-0.8088	0.2776
B3	假设方差相等	0.064	0.802	-4.788	97	0.000	-1.1385	0.2378
	假设方差不相等			-4.790	96.753	0.000	-1.1385	0.2377
B4	假设方差相等	13.652	0.000	-6.453	97	0.000	-1.3370	0.2072
	假设方差不相等			-6.352	73.329	0.000	-1.3370	0.2105
B5	假设方差相等	4.541	0.036	-6.792	97	0.000	-1.3897	0.2046
	假设方差不相等			-6.762	93.103	0.000	-1.3897	0.2055
B6	假设方差相等	12.821	0.001	-8.176	97	0.000	-1.6740	0.2047
	假设方差不相等			-8.063	76.961	0.000	-1.6740	0.2076
B8	假设方差相等	4.224	0.043	-7.136	97	0.000	-1.5049	0.2109
	假设方差不相等			-7.090	90.381	0.000	-1.5049	0.2123
B9	假设方差相等	10.324	0.002	-8.051	97	0.000	-1.6115	0.2002
	假设方差不相等			-7.965	83.276	0.000	-1.6115	0.2023
B10	假设方差相等	3.905	0.051	-6.585	97	0.000	-1.3591	0.2064
	假设方差不相等			-6.542	90.251	0.000	-1.3591	0.2077
C1	假设方差相等	9.553	0.003	-6.170	97	0.000	-1.3002	0.2107
	假设方差不相等			-6.090	78.847	0.000	-1.3002	0.2135
C2	假设方差相等	8.647	0.004	-4.180	97	0.000	-1.0331	0.2472
	假设方差不相等			-4.221	90.788	0.000	-1.0331	0.2447

续表

		F	Sig.	t	df	Sig.（双侧）	均值差值	标准误差值
C3	假设方差相等	6.582	0.012	−4.907	97	0.000	−1.1520	0.2347
	假设方差不相等			−4.954	91.157	0.000	−1.1520	0.2325
C4	假设方差相等	2.138	0.147	−6.622	97	0.000	−1.2990	0.1962
	假设方差不相等			−6.549	82.420	0.000	−1.2990	0.1984
C5	假设方差相等	12.474	0.001	−6.640	97	0.000	−1.4534	0.2189
	假设方差不相等			−6.565	81.972	0.000	−1.4534	0.2214
C6	假设方差相等	9.477	0.003	−7.262	97	0.000	−1.5650	0.2155
	假设方差不相等			−7.200	87.211	0.000	−1.5650	0.2173
C7	假设方差相等	0.607	0.438	−9.290	97	0.000	−1.7770	0.1913
	假设方差不相等			−9.298	96.900	0.000	−1.7770	0.1911
C9	假设方差相等	2.167	0.144	−5.811	97	0.000	−1.1667	0.2008
	假设方差不相等			−5.776	90.760	0.000	−1.1667	0.2020
C10	假设方差相等	1.316	0.254	−4.993	97	0.000	−0.9988	0.2000
	假设方差不相等			−4.967	91.872	0.000	−0.9988	0.2011
C11	假设方差相等	0.512	0.476	−5.515	97	0.000	−1.1998	0.2176
	假设方差不相等			−5.543	95.874	0.000	−1.1998	0.2164
C12	假设方差相等	0.031	0.861	−7.214	97	0.000	−1.5172	0.2103
	假设方差不相等			−7.221	96.893	0.000	−1.5172	0.2101
C13	假设方差相等	0.265	0.608	−5.342	97	0.000	−1.1373	0.2129
	假设方差不相等			−5.330	95.277	0.000	−1.1373	0.2134
D1	假设方差相等	14.180	0.000	−11.349	97	0.000	−1.9350	0.1705
	假设方差不相等			−11.192	77.073	0.000	−1.9350	0.1729
D2	假设方差相等	3.093	0.082	−5.579	97	0.000	−1.2034	0.2157
	假设方差不相等			−5.623	93.390	0.000	−1.2034	0.2140
D3	假设方差相等	10.550	0.002	−12.000	97	0.000	−1.8309	0.1526
	假设方差不相等			−11.834	77.009	0.000	−1.8309	0.1547
D4	假设方差相等	3.621	0.060	−11.033	97	0.000	−1.7966	0.1628
	假设方差不相等			−10.958	89.874	0.000	−1.7966	0.1640
D5	假设方差相等	11.258	0.001	−9.960	97	0.000	−1.6777	0.1684
	假设方差不相等			−9.782	68.935	0.000	−1.6777	0.1715
D6	假设方差相等	0.998	0.320	−4.945	97	0.000	−1.0392	0.2101
	假设方差不相等			−4.915	90.836	0.000	−1.0392	0.2114
D7	假设方差相等	1.797	0.183	−11.214	97	0.000	−1.6838	0.1501
	假设方差不相等			−11.093	82.862	0.000	−1.6838	0.1518
D8	假设方差相等	0.458	0.500	−5.530	97	0.000	−1.1250	0.2034
	假设方差不相等			−5.527	96.311	0.000	−1.1250	0.2036
D9	假设方差相等	0.576	0.450	−8.288	97	0.000	−1.3775	0.1662
	假设方差不相等			−8.215	86.678	0.000	−1.3775	0.1677
D10	假设方差相等	2.501	0.117	−6.834	97	0.000	−1.2132	0.1775
	假设方差不相等			−6.750	80.301	0.000	−1.2132	0.1797

续表

		F	Sig.	t	df	Sig.(双侧)	均值差值	标准误差值
D11	假设方差相等	7.207	0.009	−8.121	97	0.000	−1.4314	0.1763
	假设方差不相等			−7.991	72.666	0.000	−1.4314	0.1791
D12	假设方差相等	0.792	0.376	−8.536	97	0.000	−1.4105	0.1652
	假设方差不相等			−8.417	76.715	0.000	−1.4105	0.1676
D13	假设方差相等	1.612	0.207	−8.295	97	0.000	−1.3689	0.1650
	假设方差不相等			−8.164	73.177	0.000	−1.3689	0.1677
D14	假设方差相等	2.895	0.092	−5.861	97	0.000	−1.2868	0.2195
	假设方差不相等			−5.918	90.941	0.000	−1.2868	0.2174
D15	假设方差相等	8.060	0.006	−7.592	97	0.000	−1.3211	0.1740
	假设方差不相等			−7.463	70.500	0.000	−1.3211	0.1770

三、访谈提纲的设计

为详细了解黄河非遗融入地方课程现状，本研究主要以学校教师为访谈对象设计访谈提纲，共15个访谈问题，主要作为问卷调查第二部分黄河非遗融入地方课程现状的补充，包括融入地方课程内容、融入地方课程方式、课程如何实施及取得的效果、课程评价体系等。

第二节　黄河非遗融入中小学地方课程现状问卷调查

一、Z市调查对象的选择及其基本信息统计

（一）Z市调查对象的选择

Z市是太极拳的发源地。太极拳于2006年入选第一批国家级非遗名录，2020年入选联合国教科文组织非遗名录（名册），具有鲜明的民族性和地域性特征。2009年，Z市政府颁发了《关于在全市中小学推广普及太极

拳的通知》,提出自 2010 年起把陈氏七十二式太极拳作为中招体育考试单列项目,并将考试成绩计入中考成绩总分。在此文件的影响下,各学校纷纷开始进行地方课程校本化建设。J 区是"河朔名邦,山阳故郡"的所在地,同时也是 Z 市的中心城区。自 2015 年实施教育名区战略以来,以"培育志如山、气如阳的山阳学生群体,构建厚重简约的教育文化"为理念,形成了独具特色的学校发展和学生培养体系,并开发出了区研学游学教材《厚重山阳是我家》,丰富了区属中小学的课程体系。同时,该区坚持"全面＋特长"的指导思想,发挥艺术教育在育人领域的重要作用,因此艺术体育工作一直走在市前列。在学校选择中,考虑到哪些学校开发了黄河非遗课程,也考虑到自己所掌握的人脉资源,选取了 Z 市 J 区城区的 5 所学校(3 所小学,2 所中学)。

(二) Z 市调查对象基本信息统计

从回收的有效问卷数据看,调查教师的基本情况统计如表 3-5 所示。受访教师仍以女性教师为主,男性教师偏少,符合当下我国中小学教师性别结构"女性化"的现状。不同学校类型的受访教师比例较均衡,教师的任教学科仍以主科为主,教师年龄整体队伍偏年轻化。教师的学历以本科为主,本科及以上学历占比 81.1%,说明总体来看教师的文化程度较高。教龄可以反映教师经验的积累和内化的程度,职称可以体现一个教师的水平[1]。依据表 3-4 教龄和职称的占比分布,可以判断受访教师中新手型教师较多,专家型教师较少。

---

[1] 连榕.新手—熟手—专家型教师心理特征的比较[J].心理学报,2004,36(01):44-52.

表 3-4 调查教师的基本情况统计

类别	选项	百分比
性别	男	34.9%
	女	65.1%
学校类型	小学	47.4%
	初中	52.6%
任教学科	语数外	35.4%
	政史地	22.3%
	理化生	15.4%
	音体美	26.9%
年龄	30岁及以下	45.1%
	31—35岁	16.0%
	36—40岁	10.9%
	40岁以上	28.0%
学历	高中及以下	4.6%
	大专	14.3%
	本科	56.0%
	硕士及以上	25.1%
教龄	5年及以下	46.8%
	6—10年	12.0%
	11—15年	8.6%
	15年以上	32.6%
职称	无	22.3%
	三级	11.4%
	二级	20.0%
	一级	27.4%
	高级	18.9%

二、Z市黄河非遗融入地方课程主体现状调查的结果与分析

（一）黄河非遗融入地方课程的主体统计

黄河非遗融入地方课程需要学校教师、课程专家、学生、学生家长和非遗传承人的多元主体参与。对于"您学校开发黄河非遗课程主要由哪些主

体参与"题项,其结果如图 3-1 所示。选择学校教师参与的占比最多,达 58%;选择学生参与的占比 24%;选择课程专家参与的占比 10%;选择非遗传承人参与的占比 5%;选择家长参与的最少,仅占比 3%。

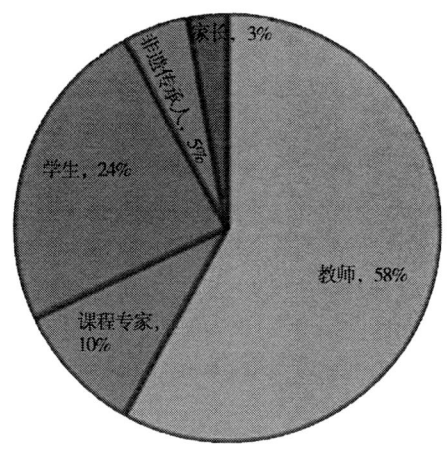

图 3-1　黄河非遗融入地方课程主体统计图

通过调查可知,目前黄河非遗融入地方课程依然是"以教师为主体"进行开发。开发黄河非遗课程目的之一在于实现非遗的活态传承,由于非遗作为课程资源的特殊性,在非遗的传世过程中,事实上存在着两个与非遗传承息息相关的主体:一个是非遗的传承主体,一个是非遗的保护主体[①]。非遗的传承主体即"非遗传承人",非遗传承人拥有专业的文化知识和实践技能,可以传播最真实的非遗本真状态,而学生作为非遗的接受者,是实现其活态传承的重要保护主体。因此,黄河非遗融入地方课程应确保非遗传承人和学生的主体。

(二)教师参与非遗融入地方课程的情况

教师作为黄河非遗融入地方课程的主体,具备相应的开发能力是必要条件。在被调查的学校中,教师对非遗融入地方课程的参与程度比预想的

---

① 苑利,顾军.非遗学[M].北京:高等教育出版社,2017:77-78.

要低。根据表3-5的数据显示,仅有32.6%的教师参与过非遗融入地方课程,未参与过非遗融入地方课程的教师多达67.4%。可见大部分教师的融入地方课程能力有所欠缺,需提升教师的个人融入地方课程能力。

表3-5 教师参与黄河非遗融入地方课程统计表

是否参与过课程非遗融入地方课程	人数	百分比
是	57	32.6%
否	118	67.4%

三、Z市黄河非遗融入地方课程方式现状调查的结果与分析

非遗融入地方课程活动的方式类型包括课程选择、课程改编、课程整合、课程补充、课程拓展和课程新编①。如图3-2所示,在著者调研的这几所学校中,学校进行黄河非遗融入地方课程的方式则主要是以课程选择和课程拓展为主。

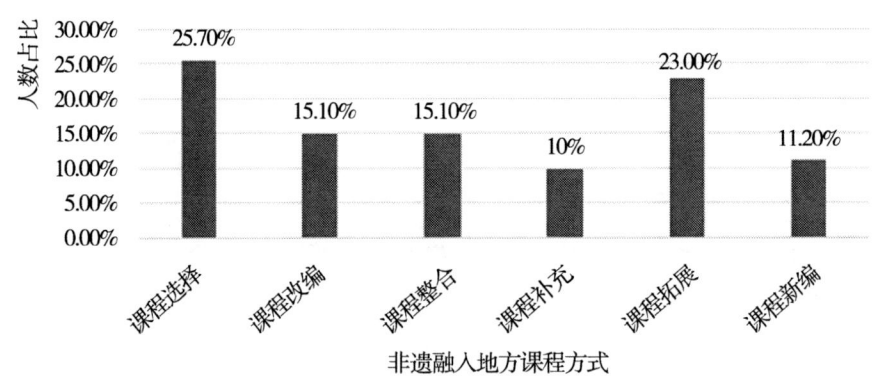

图3-2 黄河非遗融入地方课程的具体方式统计图

---

① 吴刚平.校本课程开发活动的类型分析[J].教育发展研究,1999,(11):37-41.

四、Z市黄河非遗融入地方课程内容现状调查的结果与分析

"教育不能离开'人'所居于其中的物质文化环境与历史的绵延性。"[①]在课程内容的选择上,首先应紧密联系学生的生活,立足于地方非遗融入地方课程;其次应依据不同年龄的学生偏好的不同形式、内容进行课程内容的编排。调查发现,如表3-6所示,在课程内容的选择上,超过半数的教师认为地方非遗作为课程资源被纳入到了校本课程中,但在课程的编排上仍有待完善。

表3-6 课程内容编排统计表

课程内容	选项	频数	百分比
地方性非遗知识被采纳到校本课程中	非常不符合	12	6.8%
	不符合	14	8.0%
	不确定	39	22.3%
	比较符合	70	40.0%
	非常符合	40	22.9%
非遗课程内容与学生的实际生活没有关联	非常不符合	45	25.7%
	不符合	42	24.0%
	不确定	37	21.1%
	比较符合	33	18.9%
	非常符合	18	10.3%
学生对学校开发的非遗课程内容不感兴趣	非常不符合	37	21.1%
	不符合	47	26.9%
	不确定	44	25.1%
	比较符合	29	16.6%
	非常符合	18	10.3%

[①] 孙飞宇.作为"位育"的通识教育:潘光旦的本土化视角[J].北京大学教育评论,2021,19(1):71-86+191.

五、Z市黄河非遗课程实施现状调查的结果与分析

(一)课时安排

课时安排是黄河非遗课程在学校落实的重要环节,54.9%的教师认为学校为此类课程安排了固定的课时,关于"您学校开发的黄河非遗课程每周课时数",调查结果如表3-7所示。

表3-7 每周课时数统计表

每周课时数	人数	百分比
0个	14	8%
1个	68	38.9%
2个	47	26.9%
3个	39	22.3%
4个	7	4%

如表3-7所示,学校进行非遗课程的每周课时设置上,选择每周1个课时的教师占比最多,达39.9%;选择每周2个课时的占比26.9%;选择每周4个课时的教师仅有4%。可见,从每周课时安排上来看,Z市J区大部分学校的课时数较少,大多集中于1—2节之间,在课时安排上仍需完善。

(二)课程实施方式

黄河非遗课程的实施在于让学生真正通过自身体验、对中华优秀传统文化产生深层认同。目前,学校选择了丰富多样的方式来实施黄河非遗课程,如社团、研学旅行、主题班会、艺术节及比赛等一系列实践活动,增强学生在黄河非遗课程实施过程的体验性。总体来看,学校在校本课程实施方式上,把学科课程与活动课程相结合,把显性课程与隐性课程相结合,通过校园文化,形成了多元化的黄河非遗课程实施形态。

（三）课程实施安排现状

虽然学校以丰富多样的形式来实施黄河非遗课程，但是其课程实施安排如何，结果如表3-8所示。在课程实施安排现状上，51.4%的教师认为学校开发的此类课程涉及所有的年级；48.0%的教师表示学校有融入地方课程专门的教材；48.6%的教师表示学校为此类课程安排了专门的教师；36.6%的教师表示学校为此类课程安排了专门的教室。总的来看，配有专门的教师、教材、教室的学校不到一半。由于各个学校对非遗教育重视程度不同，除国家课程以外，以其他课程形式开设的黄河非遗课程处于杂乱无章的状态，教师、教材、教室等方面没有得到充分保障。

表3-8 课程实施安排统计表

	选项	频数	百分比
所有的年级	是	90	51.4%
	否	85	48.6%
专门的教材	是	84	48.0%
	否	91	52.0%
专门的教师	是	85	48.6%
	否	90	51.4%
专门的教室	是	64	36.6%
	否	111	63.4%

（四）教师参与非遗课程实施的情况

非遗通过学校教育顺利传承的关键在于师资素养[1]，教师参与课程实施的情况可以分为态度和行为两个维度。课程传授的主动权在教师，教师对非遗的态度认同直接影响到非遗在学校教育的传承。同时，教师在日常的教育教学活动中采取相应的行为才能切实发挥黄河非遗课程的"育人"价值。

---

[1] 张卓，纪德奎.非物质文化遗产传承的师资素养探究[J].中国教育学刊，2020(08):97-101.

1. 教师参与非遗课程实施的总体现状

对教师参与非遗课程的态度和行为调查采用 Likert 5 点计分,从非常不符合到非常符合分别记 1—5 分,得分越高,表明教师参与非遗课程实施的总体现状越好。

表 3-9 教师参与非遗课程实施的总体现状

	N	均值	标准差
态度认同	175	3.474	0.85
行为认同	175	3.632	0.91

由表 3-9 可以看出,教师参与黄河非遗课程的态度均值为 3.474,行为均值为 3.632,均高于平均值 3。总体来看,教师参与黄河非遗课程实施的总体现状虽然良好,但仍有待提升。横向来看,其中教师参与黄河非遗课程实施的均值从高到低呈现出行为＞态度的趋势,说明教师参与黄河非遗课程实施的态度认同需特别关注。

2. 人口学变量下教师参与非遗课程实施的差异分析

（1）不同性别教师参与非遗课程实施的比较

为分析不同性别教师参与非遗课程实施的差异,以男教师为 1、女教师为 2 对教师性别进行赋值,在 SPSS 中进行独立样本 T 检验(如表 3-10 所示)。不同性别教师在态度($t=-3.657, P=0.000<0.001$)和行为($t=-4.121, P=0.000<0.001$)均存在显著性差异。其中,男教师在参与态度和行为上均显著低于女教师。首先由于中小学教师队伍的"女多男少"现状,男女比例不均衡,女教师的占比几乎是男教师的一倍;其次基于性别优势女教师一般较多从事文科课程和音乐、美术的教学,而男教师更适合理科课程和体育、劳动等的教学,女教师任教的学科较多涉及非遗的内容,这可能是造成女教师在参与非遗课程实施态度和行为上高于男教师的原因。

表 3-10　不同性别教师参与非遗课程实施的比较($M\pm SD$)

	男教师($n=61$)	女教师($n=114$)	t
态度认同	3.14±0.98	3.66±0.70	−3.657***
行为认同	3.23±1.03	3.85±0.76	−4.121***

注：* 表示 $P<0.05$，** 表示 $P<0.01$，*** 表示 $P<0.001$。下同

（2）不同学校类型教师参与非遗课程实施的比较

为分析不同学校类型的教师对黄河非遗融入地方课程认同的差异，以小学为 1、初中为 2 对学校类型进行赋值，在 SPSS 中进行独立样本 T 检验。结果如表 3-11 所示，不同学校类型教师在参与非遗课程实施态度上（$t=2.503, P=0.013<0.05$）存在显著性差异，其中小学教师显著高于初中教师。这与不同学段面临的考试压力有关，小学没有升学压力，学校会更注重学生的全面发展，开展中华优秀传统文化教育，相应的教师参与非遗课程实施态度会比初中教师高。而初中面临着中招考试的压力，初中教师都会把重心放在学业课程上，对于其参与黄河非遗课程实施的态度会略低于小学。由于 Z 市要求在全市中小学普及太极拳教学，且 J 区的研学教材在区中小学试教，因此不同学校类型的教师在参与非遗课程实施行为上（$t=1.935, P=0.055>0.05$）不存在显著性差异。

表 3-11　不同学校类型教师参与非遗课程实施的比较($M\pm SD$)

	小学($n=83$)	初中($n=92$)	t
态度认同	3.64±0.72	3.33±0.93	2.503*
行为认同	3.77±0.75	3.51±1.02	1.935

（3）不同任教学科教师参与非遗课程实施的比较

为分析不同任教学科的教师对黄河非遗融入地方课程认同的差异，本研究在数据分析时将教师所教科目进行初步的归类，将语文、数学和英语归为主科类赋值为 1，政治、历史和地理归为文科类赋值为 2，物理、化学和生物归为理科类赋值为 3，音乐、体育和美术归为艺术类赋值为 4，在 SPSS 中进行单因素方差分析。结果如表 3-12 所示，不同任教学科教师在参与非遗课程实施态度（$F=6.594, P=0.000<0.001$）和行为（$F=9.318, P=$

0.000＜0.001)均存在显著性差异。其中,艺术类和文科类教师显著高于理科类教师。音乐、体育和美术艺术学科中包含有丰富的非遗元素,教师在日常备课与教学中会更多地接触此类文化,一定程度上提高了艺术类教师对黄河非遗融入地方课程的态度并外化为行为趋向。同时,教育部要求义务教育阶段道德与法治、语文、历史全部使用统编教材①,在教材中加大了传统文化的比例,结合学科特性促进教师自身对黄河非遗课程实施的积极参与。

表 3-12　不同任教学科教师参与非遗课程实施的比较($M\pm SD$)

	主科类($n=62$)	文科类($n=39$)	理科类($n=27$)	艺术类($n=47$)	F
态度认同	3.50±0.86	3.87±0.50	3.05±0.91	3.62±0.64	6.594***
行为行为	3.68±0.93	4.00±0.65	2.90±0.98	3.68±0.79	9.318***

(4) 不同学历教师参与非遗课程实施的比较

为分析不同学历的教师对黄河非遗融入地方课程认同的差异,以高中及以下为1、大专为2、本科为3、硕士及以上为4对教师学历进行赋值,在SPSS中进行单因素方差分析。结果如表3-13所示,不同学历教师在参与非遗课程实施态度($F=14.014, P=0.000＜0.001$)和行为($F=9.731, P=0.000＜0.001$)均存在显著性差异。其中研究生及以上学历的教师在参与非遗课程实施上显著高于高中及以下的教师。已有研究表明,高学历教师能够遵循"因材施教"的教育原则来培养学生②。不难发现,教师的学历越高,越有符合时代发展的教育理念,越注重学生核心素养的发展,越赞同黄河非遗融入地方课程,并积极参与其中,增加自己的知识储备,运用到日常教育教学中。

---

① 教育部办公厅.关于印发2020年中小学教学用书目录的通知[EB/OL].(2020-4-17)[2021-10-11]. http://www.moe.gov.cn/srcsite/A26/moe_714/202004/t20200417_444236.html.

② Mihaly K, McCaffrey D F, Sass T R, et al. Where You Come From or Where You Go? Distinguishing Between School Quality and the Effectiveness of Teacher Preparation Program Graduates[J]. Education Finance & Policy, 2013, 8(4):459-493.

表 3-13 不同学历教师对非遗融入地方课程态度的比较($M \pm SD$)

	高中及以下 ($n=8$)	大专 ($n=25$)	本科 ($n=98$)	硕士及以上 ($n=44$)	F
态度认同	2.56±1.06	2.77±0.74	3.59±0.79	3.79±0.66	14.014＊＊＊
行为认同	2.90±1.12	2.99±0.96	3.69±0.90	4.00±0.56	9.731＊＊＊

（5）不同教龄教师参与非遗课程实施的比较

为分析不同教龄的教师参与非遗课程实施的差异,以 5 年及以下教龄为 1,6—10 年教龄为 2,11—15 年教龄为 3,15 年以上教龄为 4 对教师教龄进行赋值,在 SPSS 中进行单因素方差分析。结果如表 3-14 所示,不同教龄教师参与非遗课程实施在态度($F=0.693, P=0.558>0.05$)没有显著性差异,在行为上存在差异($F=2.750, P=0.044<0.05$)。研究发现,不同教龄教师对参与非遗课程实施的行为呈倒 U 形,即教师在课程中渗透非遗教育的行为会随着教龄的增长而升高,在教龄到达一定年限时呈下降趋势。

表 3-14 不同教龄教师参与非遗课程实施的比较($M \pm SD$)

	5 年及以下 ($n=82$)	6—10 年 ($n=21$)	11—15 年 ($n=15$)	15 年以上 ($n=57$)	F
态度认同	3.51±0.83	3.65±0.62	3.33±1.07	3.40±0.89	0.693
行为认同	3.78±0.87	3.85±0.61	3.52±0.95	3.38±1.00	2.750＊

（6）不同年龄教师参与非遗课程实施的比较

为分析不同年龄的教师参与非遗课程实施的差异,以 30 岁及以下年龄为 1,31—35 岁年龄为 2,36—40 岁年龄为 3,40 岁以上年龄为 4 对教师年龄进行赋值,在 SPSS 中进行单因素方差分析。结果如表 3-15 所示,不同年龄教师参与非遗课程实施在态度($F=0.402, P=0.752>0.05$)和行为上($F=2.077, P=0.105>0.05$)均没有显著性差异,说明教师的年龄与教师参与非遗课程实施的态度和行为无关。

表 3-15 不同年龄教师对黄河非遗融入地方课程认同的比较($M \pm SD$)

	30 岁及以下 ($n=79$)	31—35 岁 ($n=28$)	36—40 岁 ($n=19$)	40 岁以上 ($n=49$)	F
态度认同	3.47±0.86	3.53±0.80	3.63±0.82	3.40±0.88	0.402
行为认同	3.77±0.86	3.63±0.77	3.73±0.85	3.37±1.03	2.077

六、Z 市黄河非遗课程评价现状调查的结果与分析

在课程评价中,非遗课程评价的考核和考查方式应该明确,然而在调查"您学校开发的非遗课程是否有专门的评价方式"中发现,70 名教师选择"是",105 名教师选择"否",可见学校开发的此类课程大多没有安排专门的评价方式,如图 3-3 所示。

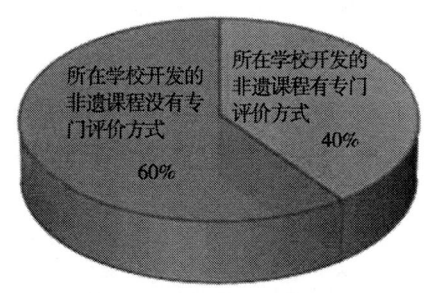

图 3-3 "您学校开发的非遗课程是否有专门的评价方式"统计图

七、Z 市学校对黄河非遗融入地方课程支持力度现状调查的结果与分析

文化传承实质上是一种纵向复制"文化基因"的过程①,而学校是中华优秀传统文化传承的核心场域。非遗进入课程意味着非遗从社会场域到学校场域的转移,必然会面临着一系列的"进入壁垒",因此学校的支持力度对实现文化高效传承至关重要。从这几所学校教师的调查问卷数据看,其支持力度的均值 $M=3.327>3$,表明学校在进行此类融入地方课程时会给予一些物力、人力、财力等方面的支持。在具体的支持力度上,如表 3-16

---

① 赵世林.论民族文化传承的本质[J].北京大学学报(哲学社会科学版),2003(03):10-16.

所示,超过半数的教师认为"学校定期举办高雅艺术进校园系列宣传活动"和"学校有可以合作利用的校外资源",而认为"学校会经常邀请非遗传承人来学校"和"学校有专门的经费来用于非遗融入地方课程"的教师却不及一半,意味着资金和专业师资方面的支持力度有待加强。

表 3-16　学校对黄河非遗融入地方课程的支持力度统计表

支持力度	选项	频数	百分比
学校定期举办高雅艺术进校园系列宣传活动	非常不符合	14	8.0%
	不符合	8	4.6%
	不确定	45	25.7%
	比较符合	66	37.7%
	非常符合	42	24.0%
学校有可以合作利用的校外资源	非常不符合	15	8.6%
	不符合	27	15.4%
	不确定	42	24.0%
	比较符合	54	30.9%
	非常符合	37	21.1%
学校会经常邀请非遗传承人来学校	非常不符合	18	10.3%
	不符合	36	20.6%
	不确定	43	24.6%
	比较符合	51	29.1%
	非常符合	27	15.4%
学校有专门的经费来用于非遗融入地方课程	非常不符合	23	13.1%
	不符合	29	16.6%
	不确定	54	30.9%
	比较符合	52	29.7%
	非常符合	17	9.7%

同时在学校类型上,小学和初中在黄河非遗融入地方课程的支持力度上也存在着显著差异。以小学为1、初中为2对学校类型进行赋值,在SPSS中进行独立样本T检验。结果如表 3-17 所示,不同学校类型在黄河非遗融入地方课程支持力度上($t=2.689, P=0.001$)存在显著性差异,小学的支持力度明显高于初中的支持力度。

表 3-17　不同学校类型对黄河非遗融入地方课程支持力度的比较($M \pm SD$)

	小学(n=83)	初中(n=92)	t
支持力度	3.63±0.57	3.28±0.94	2.689**

八、Z市黄河非遗融入地方课程取得效果分析

(一)黄河非遗融入地方课程取得的效果

黄河非遗融入地方课程立足于学校、教师和学生三者的发展。黄河非遗融入地方课程取得的效果量表分为"学校层面、教师层面、学生层面"三个维度,均采用Likert 5点计分,从非常不符合到非常符合分别记1—5分,得分越高,表明教师认为在此维度黄河非遗融入地方课程取得的效果越好。

表 3-18　黄河非遗融入地方课程取得的效果总体现状

	N	均值	标准差
学校层面	175	3.393	0.874
教师层面	175	3.554	0.781
学生层面	175	3.646	0.831
总体效果	175	3.531	0.763

由表3-18可以看出,教师认为在黄河非遗课程取得的效果上,总体效果$M=3.531$,学校层面$M=3.393$,教师层面$M=3.554$,学生层面$M=3.646$,均高于平均值3。总体来看,学校进行非遗开发取得了一定的效果,但仍有待提升。横向来看,其中教师认为黄河非遗融入地方课程取得效果各个维度的均值从高到低依次为:学生层面＞教师层面＞学校层面。说明大多数教师认为学校进行黄河非遗融入地方课程首先对学生的身心发展产生了积极影响,其次是对教师自身非遗素养的提高,然而对学校层面来说没有取得明显的效果。

(二)人口学变量下教师差异对黄河非遗融入地方课程的效果分析

1. 教师对黄河非遗融入地方课程取得效果的性别差异

为分析不同性别的教师对黄河非遗融入地方课程取得效果的差异,以男教师为1、女教师为2对教师性别进行赋值,在SPSS中进行独立样本T检验。结果如表3-19所示,不同性别的教师在总体效果($t=0.999, P=0.319>0.05$)不存在差异,学校层面($t=0.656, P=0.513>0.05$)、教师层面($t=0.769, P=0.443>0.05$)和学生层面($t=1.342, P=0.181>0.05$)这三个维度上均不存在差异,说明教师的性别与黄河非遗融入地方课程取得的效果没有关系。

2. 教师对黄河非遗融入地方课程取得效果的学校类型差异

为分析不同学校类型的教师对黄河非遗融入地方课程取得效果的差异,以小学为1、初中为2对学校类型进行赋值,在SPSS中进行独立样本T检验。结果如表3-19所示,不同学校类型的教师在总体效果上($t=-0.271, P=0.787>0.05$)不存在差异,在学校层面($t=-0.420, P=0.675>0.05$)、教师层面($t=0.472, P=0.637>0.05$)和学生层面($t=-0.738, P=0.462>0.05$)这三个单个层面维度上也不存在差异,即教师所在的学校类型与黄河非遗融入地方课程取得的效果没有关系。

3. 教师对黄河非遗融入地方课程取得效果的任教学科差异

为分析不同任教学科的教师对黄河非遗融入地方课程效果的差异,本研究在数据分析时将教师所教科目进行初步的归类,将语文、数学和英语归为主科类赋值为1,政治、历史和地理归为文科类赋值为2,物理、化学和生物归为理科类赋值为3,音乐、体育和美术归为艺术类赋值为4,在SPSS中进行单因素方差分析。结果如表3-19所示,不同任教学科的教师在总体效果上($F=1.412, P=0.241>0.05$)不存在差异,在学校层面($F=1.521$,

$P=0.211>0.05$)、教师层面($F=1.266, P=0.288>0.05$)和学生层面($F=1.039, P=0.377>0.05$)单个层面维度上也不存在差异,说明教师的任教学科与黄河非遗融入地方课程的效果没有关系。

4. 教师对黄河非遗融入地方课程取得效果的学历差异

为分析不同学历的教师对黄河非遗融入地方课程取得效果的差异,以高中及以下为1、大专为2、本科为3、硕士及以上为4对教师学历进行赋值,在SPSS中进行单因素方差分析。结果如表3-19所示,不同学历的教师在总体效果($F=3.557, P=0.016<0.05$)存在差异,在学校层面($F=3.119, P=0.028<0.05$)、教师层面($F=2.839, P=0.040<0.05$)和学生层面($F=3.769, P=0.012<0.05$)单个层面维度上也均存在显著差异,说明教师的学历会影响教师对黄河非遗融入地方课程取得的效果的看法。

通过均值比较进行具体分析可知:学历越高的教师认为黄河非遗融入地方课程在学校层面取得的效果越好;在教师层面和总体效果上呈现出"硕士及以上＞本科＞高中及以下＞大专"的趋势;在学生层面上呈现出"硕士及以上＞高中及以下＞本科＞大专"的趋势。总的来看,高学历教师更能明晰黄河非遗融入地方课程的价值定位,注重融入地方课程在各个层面取得的效果。

5. 教师对黄河非遗融入地方课程取得效果的教龄差异

为分析不同教龄的教师对黄河非遗融入地方课程取得效果的差异,以5年及以下教龄为1,6—10年教龄为2,11—15年教龄为3,15年以上教龄为4对教师教龄进行赋值,在SPSS中进行单因素方差分析。结果如表3-19所示,不同教龄的教师在效果量表上($F=5.232, P=0.002<0.01$)存在显著差异,在学校层面($F=6.143, P=0.001<0.01$)、教师层面($F=4.329, P=0.006<0.01$)和学生层面($F=3.457, P=0.018<0.05$)这三个层面上也均存在显著差异,说明教师的教龄会影响教师对黄河非遗融入地方课程取得的效果认识。

通过均值比较进行具体分析可知：不论是从单个层面维度还是总体效果看，不同教龄的教师对黄河非遗融入地方课程取得效果的认识呈"U"形，即随着教龄的上升，教师对此认识出现下降趋势，而拥有 15 年及以上教龄的教师对此认识又会呈现上升趋势。刚参加工作不久的教师会对工作有更多的热情和投入度，随着时间的流逝，一部分教师的热情可能会被消磨掉，产生职业倦怠；拥有 15 年及以上教龄的老教师会对把学校当作"家"，把学生当成"孩子"，同时也会更关注学校的各个方面，希望学校会有更好的发展。

6．教师对黄河非遗融入地方课程取得效果的年龄差异

为分析不同年龄的教师对黄河非遗融入地方课程取得效果的差异，以 30 岁及以下年龄为 1，31—35 岁年龄为 2，36—40 岁年龄为 3，40 岁以上年龄为 4 对教师年龄进行赋值，在 SPSS 中进行单因素方差分析。结果如表 3-19 所示，不同年龄教师在效果量表上（$F=4.130, P=0.007<0.01$）存在显著性差异，在学校层面（$F=4.849, P=0.003<0.01$）、教师层面（$F=3.669, P=0.013<0.05$）和学生层面（$F=2.852, P=0.042<0.05$）这三个层面上均存在显著差异，说明教师的年龄会影响教师对黄河非遗融入地方课程取得的效果认识。

通过均值比较进行具体分析可知：不论是从单个层面还是从总体效果看，不同年龄的教师对黄河非遗融入地方课程取得效果的认识呈"U"型，即随着年龄的上升，教师对此认识的得分呈递减趋势，在 40 岁及以上年龄的教师对此认识的得分又会呈现递增趋势。一般来说，年龄越大的教师相应教龄也会较高，同时不难发现，在本次调查中教师的年龄和教龄在对黄河非遗融入地方课程取得效果的认识上表现出一致性，因此可以用教龄来解释教师对黄河非遗融入地方课程取得的效果的认识的差异。

表 3-19　人口学变量下教师对黄河非遗融入地方课程取得效果的差异分析（$M\pm SD$）

类别	选项	学校层面	教师层面	学生层面	总体效果
性别	男($n=61$)	3.45±1.01	3.62±0.91	3.76±0.93	3.61±0.91
	女($n=114$)	3.36±0.79	3.52±0.70	3.58±0.77	3.49±0.68
	t	0.656	0.769	1.342	0.999
学校类型	小学($n=83$)	3.36±0.74	3.58±0.61	3.60±0.70	3.51±0.59
	初中($n=92$)	3.42±0.98	3.53±0.91	3.69±0.94	3.55±0.89
	t	−0.420	0.472	−0.738	−0.271
任教学科	主科类($n=62$)	3.58±0.94	3.69±0.96	3.75±1.00	3.67±0.91
	文科类($n=39$)	3.34±0.62	3.56±0.56	3.69±0.63	3.53±0.53
	理科类($n=27$)	3.24±0.96	3.38±0.92	3.42±0.99	3.35±0.92
	艺术类($n=47$)	3.28±0.88	3.47±0.55	3.60±0.60	3.45±0.59
	F	1.521	1.266	1.039	1.412
学历	高中及以下($n=8$)	2.88±1.41	3.35±0.94	3.65±0.97	3.29±0.96
	大专($n=25$)	3.20±0.91	3.28±0.80	3.36±0.79	3.28±0.79
	本科($n=98$)	3.36±0.84	3.53±0.81	3.57±0.87	3.48±0.77
	硕士及以上($n=44$)	3.68±0.75	3.80±0.62	3.98±0.65	3.82±0.62
	F	3.119*	2.839*	3.769*	3.557*
教龄	5年及以下($n=82$)	3.64±0.88	3.72±0.77	3.81±0.83	3.72±0.78
	6—10年($n=21$)	3.50±0.75	3.65±0.94	3.61±1.01	3.59±0.82
	11—15年($n=15$)	2.89±0.80	3.03±0.82	3.11±0.90	3.01±0.78
	15年以上($n=57$)	3.13±0.82	3.42±0.65	3.57±0.68	3.37±0.63
	F	6.413**	4.329**	3.457*	5.232**
年龄	30岁及以下($n=79$)	3.65±0.89	3.72±0.80	3.82±0.82	3.73±0.79
	31—35岁($n=28$)	3.31±0.85	3.49±0.84	3.51±1.07	3.44±0.86
	36—40岁($n=19$)	3.01±0.88	3.11±0.92	3.32±0.99	3.14±0.80
	40岁以上($n=49$)	3.18±0.75	3.49±0.56	3.58±0.55	3.42±0.55
	F	4.849**	3.669*	2.852*	4.130**

九、黄河非遗融入地方课程困境分析

在调查过程中发现,大部分教师认为学校进行非遗课程化时面临或多或少的困难,这些困难都需要学校有关部门的重视和解决,才能更好地完善非遗课程体系。从学校进行黄河非遗融入地方课程的现实困境看,在开设非遗课程时均受到了来自教师、学生和学校三方面因素的影响,具体情况如表3-20所示。首先,在教师方面主要表现为开发能力的不足,51.5%的受访教师认为由于自身相应知识储备不够难以承担非遗课程教学工作;44.5%的受访教师认为"教学负担太重,没有额外的精力来参与融入地方课程"。其次,在学生方面,37.7%的教师认为当前学生学业压力大,没有多余的时间再去学习此类课程。最后,在学校方面,领导虽然大多比较重视非遗融入地方课程,但49.1%的教师认为"学校虽然开发了此类课程,但存在形式化,还是以升学考试为主"。传统文化融入校本课程是否成功的关键并不在于环境创设与仪式,而在于传统文化是否带给学生深刻的文化体验,是否有益于学生文化品格的培养[①]。

表3-20 学校黄河非遗融入地方课程的现实化困境

题项	选项	频数	百分比
教师教学负担太重,没有额外的精力来参与融入地方课程	非常不符合	22	12.6%
	不符合	21	12.0%
	不确定	54	30.9%
	比较符合	52	29.7%
	非常符合	26	14.8%

[①] 李洪修,刘博囡.校本课程开发中传统文化融入的问题透视与实现路径[J].课程·教材·教法,2021,41(01):10-15.

续表

题项	选项	频数	百分比
教师相应的知识储备不够	非常不符合	17	9.7%
	不符合	21	12.0%
	不确定	47	26.8%
	比较符合	61	34.9%
	非常符合	29	16.6%
学生的学习压力大，没有时间学习此类课程	非常不符合	18	10.3%
	不符合	42	24.0%
	不确定	49	28.0%
	比较符合	44	25.1%
	非常符合	22	12.6%
学校领导不太重视	非常不符合	36	20.6%
	不符合	38	21.7%
	不确定	50	28.6%
	比较符合	37	21.1%
	非常符合	14	8.0%
只是形式上开发了此类课程，还是以升学考试为主	非常不符合	25	14.3%
	不符合	23	13.1%
	不确定	41	23.4%
	比较符合	55	31.4%
	非常符合	31	17.7%

第三节 黄河非遗融入地方课程现状访谈

通过问卷调查对 Z 市 J 区黄河非遗融入地方课程的现状有一定的了解，为了更加全面深入地了解 Z 市 J 区黄河非遗融入地方课程的现状，著者设计了访谈提纲，抽取每所学校的 4 位教师，一共对 20 位教师进行访谈，选取其中比较具有参考价值和意义的访谈进行分析。

一、黄河非遗融入地方课程方式现状的访谈结果与分析

为详细了解学校如何进行黄河非遗融入地方课程,著者对不同学校教师进行了访谈。从不同学校教师的访谈结果来看,依托地方课程进行校本化,以多元的融入地方课程方式开发的非遗课程都体现了自己学校的特色。

J小学从2013年起,以《小学语文新课程标准》为依据开发了"七彩阅读"校本课程。"我们积极开展'七彩阅读考级活动',阅读内容包括民间文学和民俗,学校在节庆活动的时候会有比赛,在比赛中同时对学生进行了传统文化教育。除此之外,学校还成立了专门的武术社团,以八极拳、少林拳、少林棍等为武术特色教育教学成果参加省里或者市里举办的武术比赛,有力地推动了中华优秀传统武术的发展。"①(FT—1)

Q中学每年都会在学校举办太极拳比赛。"太极拳是中华武术的精髓,蕴含丰富的民族文化,更是我们当地的特色,我们学校把陈氏38式太极拳作为体育课程教学内容,以班级为单位并要求学生身穿太极服进行比赛,丰富文体活动,在校园营造了太极拳学习的浓厚氛围,这既是弘扬了我们国家的优秀传统文化的重要举措,同时也是我们学校特色校园文化的重要构成部分。"(FT—7)

X小学秉承"向阳生长"的校园文化品牌,"在传承中华优秀传统文化方面,音体美老师每年都会组织校艺术节、校运动会和一些小型的比赛,我们学校还有专门的功能室作为社团活动的实践基地,像美术活动室有版画、剪纸、书法等展览,音乐活动室有器乐、合唱表演,还有'太极承韵'体育社团,更是彰显了我们区体育活动的特色。"(FT—12)

---

① FT表示受访者编号,下同。

D小学构建了"悦纳·育"校本课程体系,设置了"育壤、育根、育叶"三大课程,立足于学生的成长和个性发展。"在'育叶'课程中,以社团和节日文化为主。为了让孩子们了解传统节日,我们都会组织开展'我们的节日'相应的主题班会;我们5月份还在三、四、五年级举办了红色戏曲比赛,让孩子们传承国粹颂党恩。除此之外,我们还经常举办博物馆研学、校园文化艺术节,戏曲进校园等实践活动。"(FT-15)

W中学是全国、省、市级体育传统特色学校。"排球、田径、空手道、中国跤是我们学校的特色,通过发展特色体育促进学生的全面发展。同时,作为一名历史老师,我有幸作为编写组组长参加了区研学游学教材《厚重山阳是我家》的编写。目前区里的中小学依托社团进行试教,里面有一个专门的非遗栏目,我在编写过程中也积累了日后教学中的很多重要素材。"(FT-17)

二、黄河非遗融入地方课程内容现状的访谈结果与分析

并不是所有的非遗都可以进入课程内容而进行开发。对"您学校开发的此类课程涉及哪些非遗"进行访谈,有的学校以经典非遗项目太极拳为内容,"太极拳就不用说了,这是必学的内容,社团里还有少林拳,此外阅读考级活动中会涉及民间文学和民俗之类的知识。"(FT-2)有的学校注重河南省的非遗文化,"我们河南省最具有代表性的豫剧,还有剪纸,大多都是我们区的特色非遗。"(FT-10)有的学校以传统节日为切入点,"一般以传统节日为主,每逢传统节日我们都会有相应的主题班会,会带领孩子做手工。"(FT-16)作为体育传统特色学校更是发挥了自己的优势,"由于我们学校是体育传统特色学校,所以我们就是以体育类为主。"(FT-18)

目前从黄河非遗融入学校地方课程的内容看,呈现出艺术类课程居多,知识类课程偏少的倾向。这可能与外部环境和学科特性有关,也说明

就非遗进课程的学科而言,艺术类学科一般先行于其他学科。

三、课程实施现状的访谈结果与分析

现阶段,非遗课程大多是以校本课程或是综合实践活动课程的形式在学校开展,这样容易导致课时量不够或被挤占。尤其是当考试临近时,非遗课程只能让步于学科课程。"这种课临近期末考试的时候就先不上了,一般都是主科教师上,考试又不涉及这些内容,还是以学业为主。"(FT-4)由于学校师资和教学资源设备有限,再加上硬件配套设施不足,非遗课程也并没有面向所有的年级开设。"我们小学平时就四、五、六年级上这些课,每个班级一周上一次。我带了三个班,学校外聘的专业非遗老师每个月会来一周左右,给每个班级上一节课。"(FT-5)有些学校即使保障了课时的数量,但是课时安排有限也无法满足学生的学习需求。

在课程实施层面,教师是实现非遗课程育人的关键力量,教师参与课程实施的意识和行为影响着课程实施的效果。教师缺乏专业的知识储备使得教师开发意识淡薄,大多数教师并不是科班出身。"我本科是学体育的,刚开始当老师的时候对体育课教学生打太极拳,有点不知所措。不过我是土生土长的本地人,受环境熏陶好多招式我都会打。后来经过学校培训,又系统地学习了那些招式,现在就比较得心应手了。"(FT-6)教师是非遗课程的开发者也是实施者,教师自身的专业能力直接决定着校本课程的水平和质量,教师专业能力的欠缺使得非遗融入地方课程质量堪忧。"我是学音乐的,上大学的时候我们主要学一些乐理知识,民族民间音乐也有涉及,一般也都是简单了解一下。音乐课我教孩子们唱歌,我教一句,孩子们跟着我唱,主要看唱得准不准。"(FT-8)

四、课程评价现状的访谈结果与分析

在课程评价上,大多数教师对于非遗课程进行评价持肯定态度,"评价作为实现教育目标的一种重要方式,学校在开发非遗课程时很有必要构建相应的评价体系来监督非遗课程实施过程,保证实施效果,从而实现设定的课程目标。"(FT—11)但由于它作为一门选修活动课程,在评价过程中没有具体的评价机制和细则,对于学校来说课程评价可有可无。"像他们中招的时候是要考这些东西的,从初二下期开始,每节体育课都要学陈氏三十八式太极拳,一周两节课,每学期期末有考试,不过不像其他科目还得给分数,就是让学生把这学期学的招式都打一遍。"(FT—13)一些重视非遗课程或传统文化特色学校在进行课程评价时,也主要集中在教师对学生的学习效果评价。这仅是评判课程实施效果的一个依据,未意识到对课程目标的评价是评判课程价值的一个重要环节。虽然非遗课程中有理论知识的学习,但更多的是向学生强调非遗的价值意蕴,这些很难用量化的评价指标去衡量,目前学校大多采用作品展览、汇报演出和比赛等外在化方式来进行评价。"这种评价方式应该是最省时省力的一种,毕竟非遗涵盖的一些内容依靠纸笔测验是没办法判断有没有掌握的,以演出这种形式也是对学生的一种锻炼。"(FT—20)

五、学校对黄河非遗融入地方课程支持力度现状访谈的结果与分析

学校在进行非遗融入地方课程的过程中,积极推进非遗课程传承中华优秀传统文化的相关工作,在人力、物力、财力各方面提供支持,保障了非遗课程的顺利实施。"我们区一直在开展'戏曲进校园'活动,我们会邀请当地的艺术团来学校表演一些豫剧经典选段,讲解一些戏曲角色知识,还

会教一些基本动作,培养学生的兴趣,潜移默化地让孩子们接受传统文化的熏陶。"(FT—9)与高校达成合作来进行非遗融入地方课程,是借助高校的资源优势提升课程质量的有效策略。"我们学校与河南 L 大学体育学院建立了长期的合作,作为多个传统项目特色学校,希望通过两校合作,实现教育资源共享,让学校的体育教育有更好的发展。"(FT—19)一系列硬件设施的投入需要经费的扶持,"我们学校很重视非遗教育,像聘请非遗传承人或艺术团体到校指导,建设活动室,购买服装、乐器等都有专门的活动经费。"(FT—11)

六、黄河非遗融入地方课程取得效果现状的访谈结果与分析

课程实施取得效果的好坏是判断融入地方课程是否成功的重要标准,对学生来说,通过引导学生对当地非遗文化的了解来深入领会中华优秀传统文化的博大精深,是提升学生文化素养和文化自信的有效途径。"这些课程丰富了学生的课余生活,给学生提供了充分展示自我平台的良好氛围。学生在学习非遗的过程中,不仅加深了对非遗的认识和对相关历史的了解,增强了他们对民族的认同感,同时也培养了学生作为中华优秀传统文化传承者的担当。"(FT—3)教师作为校本课程传承非遗文化的主要组织者,在开发过程中从实施者到开发者角色的转变,在完善知识结构的同时为提升教学能力奠定了基础。"在参与校本融入地方课程的过程中,我们刚开始也比较胆怯,怕自己胜任不了这项任务,经过不断地培训和研讨,觉得自己收获颇丰,尤其是觉得自己的理论功底更扎实了。"(FT—6)非遗课程是体现"一校一特色"的特色课程,通过参加各项比赛提高了学校知名度。"我们学校的体育成果硕果累累,在省里和区里举办的各项体育比赛中荣获多个奖项,我们为这些学生感到特别骄傲,同时也扩大了我们学校的影响力。"(FT—10)

七、黄河非遗融入地方课程现实困境的访谈结果与分析

虽然每个学校开发的非遗课程都取得了一定的效果,但绝大多数的学校在开发课程时遇到了一定的困难。很多教师都不愿意主动参加非遗融入地方课程,除非是学校要求。"除了日常备课上课之外,我还要批改作业、与家长沟通、完成一些行政工作和组织课外活动等工作,有时候工作都处理不完。"(FT-14)"我觉得我的知识储备不足以支撑我参与融入地方课程,而且初三学生时间紧,任务重,教学压力已经很大了,也没有额外的精力了。"(FT-17)与此同时,学生对非遗课程内容的满意度有待考察。"我也不知道学生对这些课程是不是感兴趣。"(FT-8)有些学校在进行融入地方课程时仅是为了响应政策的号召,使得融入地方课程质量不高,在课程实施上难免流于形式。"我们学校虽然实施非遗课程,很大程度上是为了应付上级检查,平常也不会组织教师进行校本教研或是集体备课,难以深入开展。"(FT-04)

从访谈结果来看,黄河非遗融入地方课程现实困境可总结如下:学校开发的黄河非遗课程都体现了校本特色,在课程内容上呈现出艺术类课程偏多,知识类课程偏少的趋势;以综合实践活动课程为主要展开形式,课时、师资和教学资源的不足成为课程实施面临的主要困难;尽管大多数教师认为应该构建相应的评价体系,但关于黄河非遗课程的评价仍游离于学校课程评价体系之外,缺乏具体的评价细则;学校通过邀请艺术团表演,与高校合作,投入经费等一些措施来为黄河非遗融入地方课程提供支持;在提升学生的文化素养、教师的开发能力和学校的知名度上都取得了一定的效果。

第四节　黄河非遗融入中小学课程的案例现状调查

一、黄河非遗中原面塑融入小学美术课程现状调查

中原面塑是用面制成的民间工艺品。关于面塑的历史，最早的文字资料能够追溯到宋代。宋代作家吴自牧所著的《梦粱录》中，曾明确记载当时民间已有把面塑用于节日、祝寿等喜庆日子的传统习俗。到了清朝，面塑开始在中原地区流行起来，不少民间艺人将其作为重要的谋生手段。其中，不乏有名者，如光绪年间的"泥人张"，就曾在李连杰主演的电影《方世玉》中以影视角色出现过①。相比较其他的传统手艺，面塑更像一种街头文化，捏面人不需要走门串巷，更无须吆喝，只要一把椅子，一个装材料的箱子，坐到哪里，哪里就成为他们的临时工作室。中原面塑是民间传统艺术的瑰宝，对其保护和传承有助于对历史、考古、民俗、雕塑、美学的研究。中原面塑中最常见的类型有：山东面塑、山西面塑（霍州、绛州等）、赵氏面塑等。中原面塑体积较小，色彩多样，受到很多人的喜爱。国外的旅游者在欣赏面塑作品制作时，纷纷赞叹中原面塑作品娴熟的技艺和千姿百态、栩栩如生的人物形象。

由于互联网时代的飞速发展和多元文化的不断冲击，面塑艺术面临着失传的可能性，此外得以广泛传承下来的面塑多是传统工艺，青少年群体中喜爱面塑的人数甚少，主动学习面塑艺术的人占极少数。并且由于面塑艺术历史悠久，传承的老手艺人大多已经辞世，少数手艺人年事已高，面塑的传承和发展的前景并不乐观。

---

① 王志炜,史洪刚.中小学美术课程设计与开发的实践模式探索——评《美术教育展望》[J].中国教育学刊,2016,(08):122-124.

（一）调查对象的明确

著者对河南省长垣市 H 小学随机抽取 110 名学生作为研究对象,其中女生 64 人,男生 46 人。在本次调查中,共发放调查问卷 110 份,实收 109 份问卷,经统计筛选,其中有效问卷 104 份。问卷题型主要以选择题为主,该问卷主要调查当前该学校美术课程的开展情况、小学生对美术课程的看法、小学生对民俗文化尤其是中原面塑的熟识程度等问题,以期进一步探索中原面塑融入小学美术课程的途径。同时,本次调查还利用访谈法对该学校的 2 名美术教师进行访谈,从小学教师对于中原面塑的了解程度、小学教师美术教学的教学情况、中原面塑融入小学美术课堂的必要性、对地方面塑艺术传承和保护态度等方面进行一对一访谈,以便发现问题,分析成因,使本次研究更有实际价值。

（二）学生调查结果分析

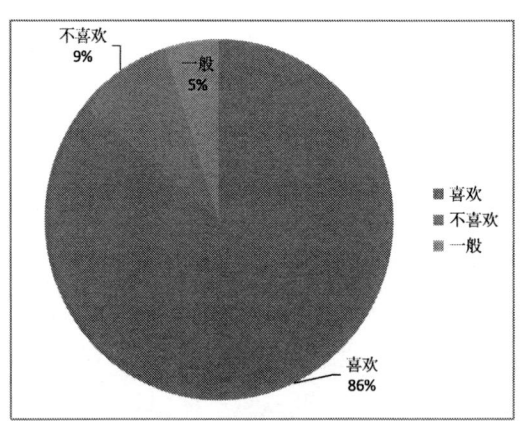

图 3-4 学生对美术课的兴趣

由饼状图 3-4 呈现的数据可以看出,大部分小学生十分喜欢美术课程。处于小学阶段的学生具有活泼好动且思维活跃的显著特征,对很多新鲜事物充满了好奇心和求知欲,小学美术课程中融入有趣的元素能够激发学生的兴趣,拓展学生的知识面,这也符合学生的心理需求。除此之外,也有少部分学生对学校开设的美术课程缺少兴趣,对这一部分学生,教师要正确引导,对学生在美术课上的表现要多加鼓励,使小学生对美术课能够产生浓厚的兴趣。

由饼状图3-5呈现的数据可以看出,在小学美术课程内容的讲解中,教师以"完全按照课本内容讲"的方式为主,而以"联系生活实际进行教学"、"与其他学科知识联系""完全脱离课本"讲解的方式较少,由此可以看出,教师的美术授课方式缺乏灵活性,这种授课方式不利于发展学生的学习迁移能力。在当下,我国的课程改革强调跨学科学习,教师应该扩大学生的知识面和知识点的深度,将课本内容作为参考,而不是将课本作为范本。美术课程的开设要有助于学生更好地与生活相联系,发现生活中的奥妙。

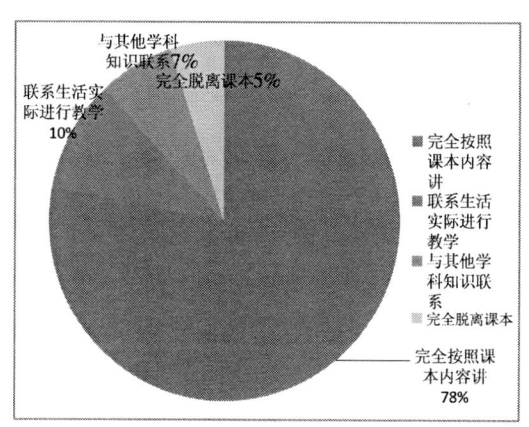

图 3-5　美术老师的讲课方式

由饼状图3-6呈现的数据可以看出,小学生每周除课上美术活动以外,大部分学生每周参与课外美术活动的次数为一两次,有四分之一的学生表示他们没有其他的美术活动,极少数学生表示他们每天都有或者一周有多次课外美术活动。小学阶段的学生美术课程课时数较少,且课外美术活动较为不足,这在一定程度上不利于拓展学生的美术素养,也减少了学生深入了解面塑工艺的机会。

由饼状图3-7呈现的数据可以看出,大部分学生认为美术教师对美术作业的评分是偏高的,有四分之一的学生认为教师对自己美术作业的评分偏低。教师在对美术作业的评分中要把握适中原则,对优等生、中等生、学困生要采取宽严不同程度的评分标准,评分要具体,量化评价和质性评价相结合。教师在对学生的美术作业进行评价时,要尽量做到客观,摒弃评价的主观随意性。

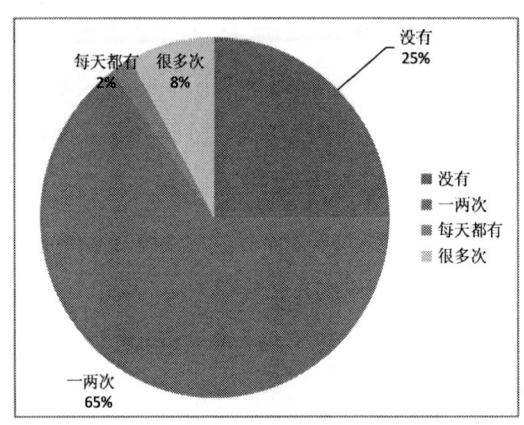

图 3-6　学生每周参加美术活动的次数

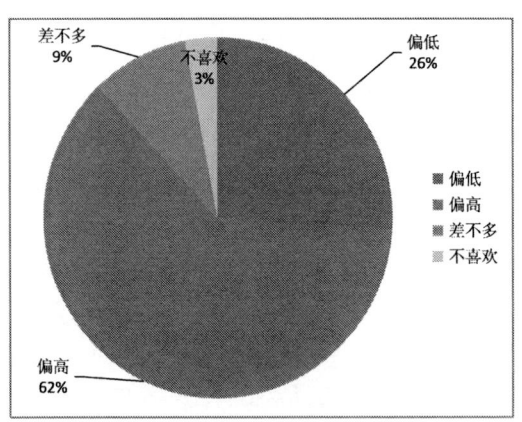

图 3-7　美术作业教师评分情况

由饼状图 3-8 呈现的数据可以看出,大部分的小学生是期望通过小学美术课程来了解一些与家乡有关的美术知识,这为中原面塑融入小学课程提供了重要支持。

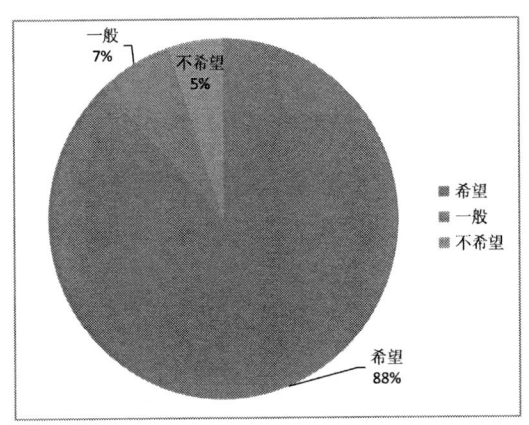

图 3-8 学生期望了解家乡美术知识的情况

由饼状图 3-9 呈现的数据可以看出,本次参与问卷调查的小学生群体对于中原面塑并非一无所知。由于 H 学校位于河南北部,饮食上以面食为主,面塑在日常生活中是存在的,大部分学生在该学校的正式授课之前或多或少地接触过中原面塑,但是大多数学生对中原面塑的认知仅停留在见过或者听说过,对中原面塑的细节了解还是比较欠缺的。

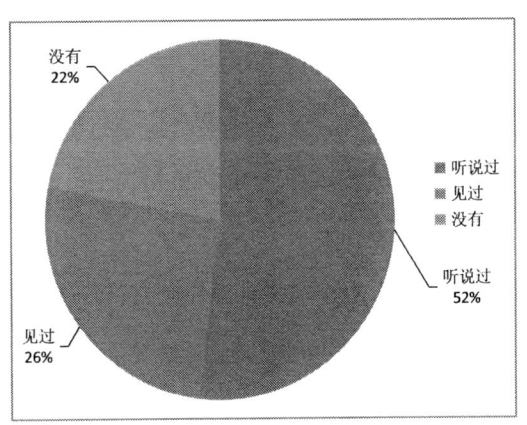

图 3-9 学生对中原面塑的了解情况

由饼状图 3-10 呈现的数据可以看出,大多数小学生在小学阶段经常动手制作美术作品,由此可以得知,小学阶段的学生已经具备了一定的动手实践能力,大多数的学生对手工课程有着浓厚的兴趣,这也为中原面塑融入小学美术课程的教学实践奠定了坚实的基础。此外,还有一部分学生几乎没有进行过手工实践,动手能力差一些,这要求教师在小学美术教育教学实践中注重因材施教,对不同动手能力的学生可以采取不同的教学策略。对那些有一定的手工实践能力的学生,教师可以鼓励学生多关注细节捏制,引导学生将自己的一些创新想法融入其中,教师可以增加这部分学生手工制作的难度。而对其他没有动手制作过手工作品的学生,教师在授课时要多加关注和鼓励,帮助学生找到自己的兴趣点,让学生感受到中原面塑的趣味性和重要性。

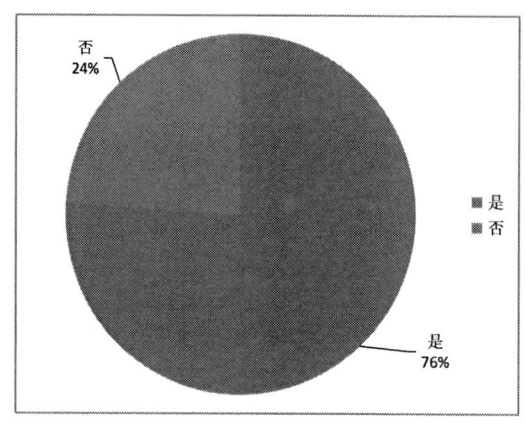

图 3-10　学生手工实践能力情况

由饼状图 3-11 呈现的数据可以看出,大部分小学生对中原面塑课程的开设是感兴趣的。中原面塑类型多样,操作简单,制作而成的作品可以帮助学生产生成就感。中原面塑的作品形状各异,包容性强,教师开展课程需要学生有一定的基础。小学生对中原面塑有一定的兴趣,有助于教师更为顺利地开展小学美术课程。

由饼状图 3-12 呈现的数据可以看出,大多数学生认为面塑艺术与平时的生活联系并不紧密,只有少部分学生认为面塑艺术与平时的生活联系紧密。这也说明学生对于面塑艺术并不熟悉,并且学生不了解面塑在我们生活中的作用,将面塑作品视为是一种工艺品,供人们进行观赏,这可能会降低学生学习面塑制作工艺的兴趣。

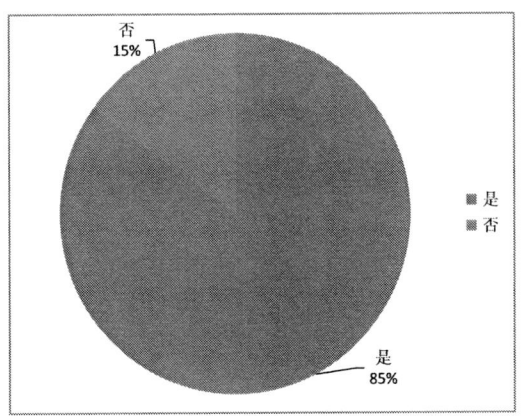

图 3-11 学生对中原面塑的兴趣情况

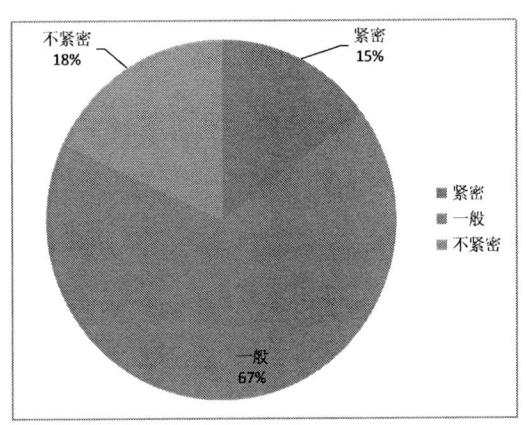

图 3-12 面塑艺术与平时生活的联系

由饼状图 3-13 呈现的数据可以看出,小学生对于花鸟瓜果类和卡通漫画类面塑更为感兴趣。当教师了解学生的兴趣点之后,就更容易选择学生喜闻乐见的面塑类型,给教师的教育教学提供明确的方向。教师在选择面塑教学内容时应该充分考虑学生的年龄、兴趣,学生的认知水平、学习环境、学习习惯等。通过此次调查,教师可以将中原面塑的主题向花鸟瓜果类和卡通类倾斜,从而在符合学生兴趣点的基础上进一步拓展学生的能力。

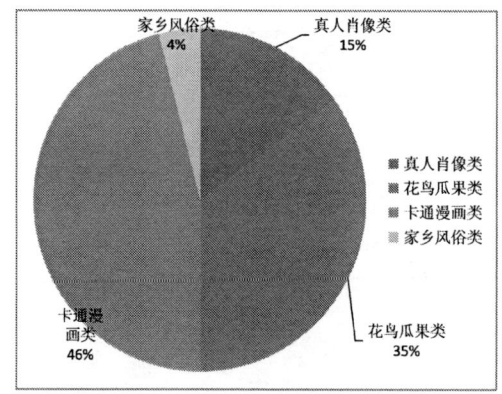

图 3-13 学生对各种题材面塑的兴趣情况

由饼状图 3-14 呈现的数据可以看出,大部分学生希望与同学们分享自己的面塑作品,与同学交流自己的设计理念。在此过程中,学生能够分享自己独特作品,也可以借鉴其他学生面塑作品的优秀之处,进一步激发自己的创作灵感,从而不断地完善自己的面塑作品。学生在分享自己的面塑作品的过程中,不仅可以培养自己的团队意识,养成谦虚谨慎的态度,同时,也能够锻炼自己的语言组织能力和表达能力。在教育教学过程中,教师应该创设一种开放包容的课堂教学氛围,鼓励学生大胆开口分享。教师也应该多关注内向、不自信的学生,给他们提供更多的机会,让每个学生勇于发现自身的闪光点。

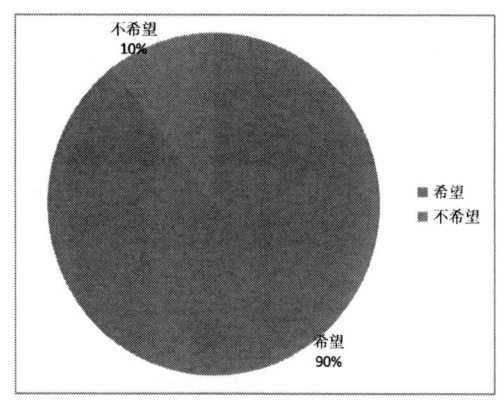

图 3-14 学生期望展示作品的情况

由饼状图 3-15 呈现的数据可以看出，大部分学生希望通过美术手工课来学习中原面塑，这为教师美术课的形式提供了确切的维度。教师在中原面塑融入小学美术课程的教育教学过程中，可以将手工创作课作为主要的教学形式，将欣赏课作为辅助形式。与此同时，教师应该通过不断的教育实践去丰富自己的教学形式，去发掘学生喜爱的上课形式。

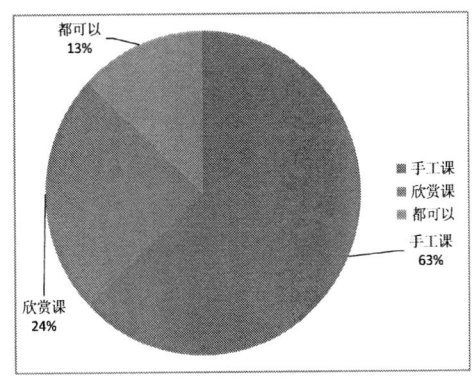

图 3-15　学生怎样学习中原面塑的情况

由饼状图 3-16 呈现的数据可以看出，有一半的学生认为作品的难度和表达的内容两者都很重要，有四分之一的学生认为作品难度和表达内容两者都不太重要。从中可以得知小学生对于美术作品的内容认知不够清晰。教师在将中原面塑融入小学美术课程的过程中，要注意引导学生由易到难地学习面塑制作工艺，并且引导学生主动发现面塑作品内容的深刻意蕴。

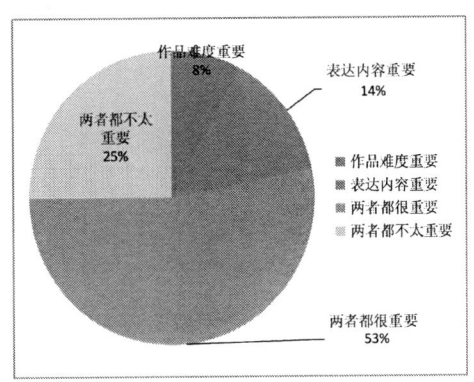

图 3-16　面塑作品内容认知情况

由饼状图 3-17 呈现的数据可以看出,学生更期望通过游戏活动、参加比赛的方式去提高面塑作品的制作能力,传统的教师讲授、学生听的方式已经难以满足学生的学习。小学生活泼好动,表现欲望强,参与性强,教师在教育教学过程中,应引导学生更多地真实参与到课程中来,在自身实践中不断提高面塑作品制作能力。

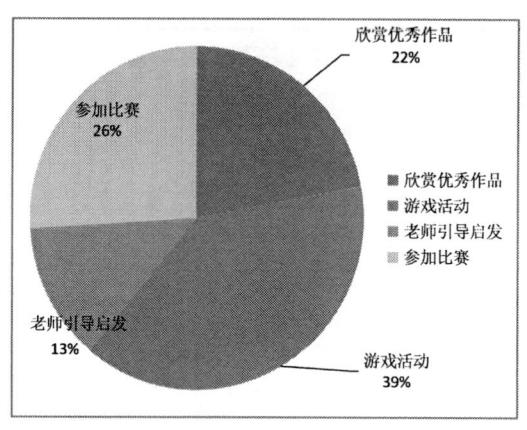

图 3-17 提高面塑作品制作能力的方式

(三)教师访谈结果的分析

为了更深入地了解小学生和小学美术教师对中原面塑的认知现状,著者通过设计《面向教师的访谈提纲》(附录二),对 H 小学的两位美术教师进行一对一的访谈,以期望能够获得更深层次的信息。通过与 H 小学两位教师的访谈可以得知,两位教师对中原面塑有所了解,但是日常的美术课程多以欣赏课的形式展开,由于没有找到合适的面塑教学形式,缺乏一定的实践经验。此外,由于学校对美术课程的重视有限,并且学校并未对于面塑课程提供材料支持,在面塑课程教育教学中,两位教师只是将面塑作为美术教材其中一章节做出简短的讲解;在上课之前,两位教师通过网上搜集图片、视频的形式,制作出面塑课件,省略了面塑动手制作的实践环节。两位美术教师反映,自己在教育教学过程中,不清楚如何检验学生的学习成果,并且难以确定学生通过这种面塑教学形式收获了哪些信息。综上所述,该校的面塑课程收效甚微,面塑课程开设的形式单一,以教师讲授和学生欣赏为主,缺乏创新,难以确保学生在正常的面塑教学过程中有充实的收获。

二、 洛阳唐三彩融入初中综合实践活动课的现状调查

1. 调查对象及调查工具

著者对河南省洛阳市H初级中学开展了调查,主要针对初中三个年级的学生,按照分层抽样的方式,最终选择学生120人,女生52人,男生68人。选择该校一方面是因为其地处洛阳,周边有丰富的洛阳唐三彩资源;另一方面是因为该校开展过洛阳唐三彩的相关校本课程,相对来说具有一定代表性。著者设计的问卷(见附录一)以选择题为主,具体调查维度包括学生对洛阳唐三彩的认知、兴趣、态度等方面,一共11个问题。

本次调查时间为4月1—10日,在此期间与学校教师和领导进行协调,在班会及自习课时间段内,由班主任组织学生填写问卷,并进行统一回收。4月11日对所有回收问卷进行整理和分析,去除无效问卷,并对有效问卷进行数据分析。一是对学生的基本信息进行了数据统计,包括年级、性别、年龄;二是学生对洛阳唐三彩的认知和兴趣的数据统计和分析;三是学生对洛阳唐三彩融入初中综合实践活动的课程需要的调查与分析。

本次共发放问卷120份,回收问卷120份。其中,无效问卷11份,有效问卷109份,有效回收率90.8%。

2. 调查结果分析

(1) 关于学生的基本情况(见图3-18)

(2) 关于学生对洛阳唐三彩的认知和兴趣

根据图3-19、3-20和3-21可以得出:在对洛阳唐三彩的兴趣方面,有82.2%的学生感兴趣,有6%的学生非常感兴趣;在对洛阳唐三彩的认知和

了解方面,有52.3%的学生对洛阳唐三彩有所了解;在对洛阳唐三彩的体验和接触方面,仅有26.7%的学生反映接触或体验过洛阳唐三彩。

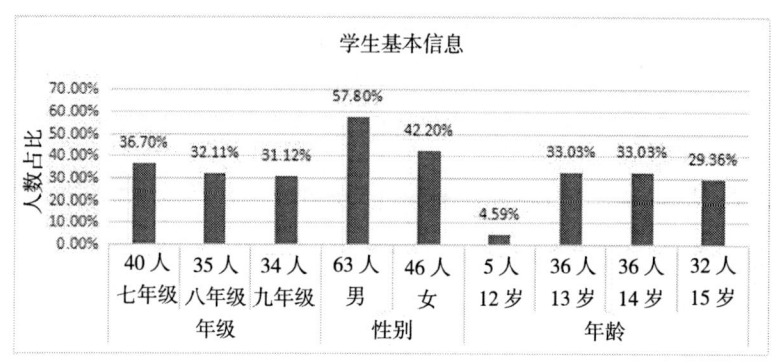

图 3-18

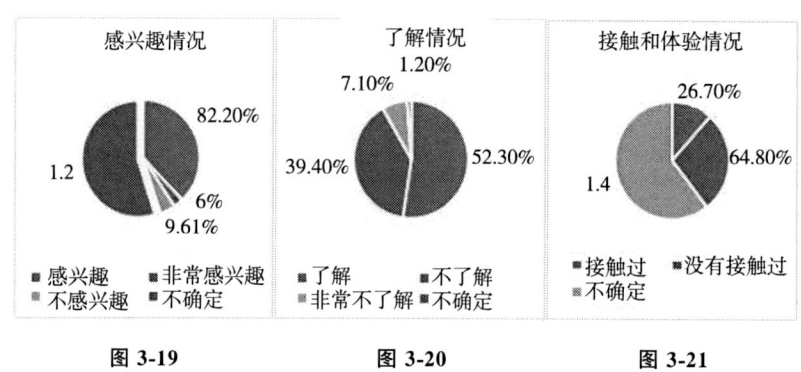

图 3-19　　　　　　图 3-20　　　　　　图 3-21

(3) 学生对洛阳唐三彩融入初中综合实践活动的课程需求

根据图 3-22 和 3-23 可以得出:在通过综合实践活动课程了解和体验洛阳唐三彩方面,有 72% 的学生表示希望通过开展综合实践活动课程来了解和体验洛阳唐三彩;在洛阳唐三彩综合实践活动课程的开展形式方面,有 52.3% 的学生倾向于手工课,14.6% 的学生倾向于绘画课,9.4% 的学生倾向于研学课,还有 23.7% 的学生倾向于其他形式。

通过对学生的课程兴趣和需求展开调查,可以得出大部分学生对洛阳唐三彩感兴趣,但是有 73.3% 的学生表示没有接触和体验过洛阳唐三彩,且有 72% 的学生表示希望开展综合实践活动课程。这些数据表明学生具有课程需求,因此开展洛阳唐三彩综合实践活动课程是有必要的。

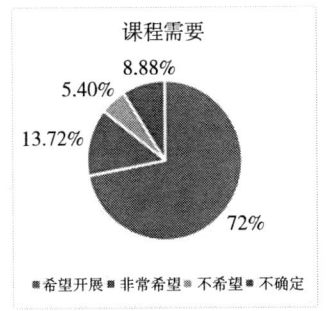
图 3-22

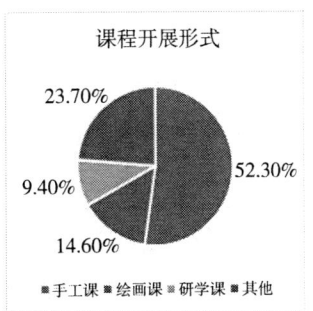
图 3-23

第五节　黄河非遗融入幼儿园课程的案例现状调查

我国向来非常重视中华优秀传统文化教育,特别是在颁布的《国务院关于加强文化遗产保护的通知》精神鼓舞下,到 2007 年,除了探讨非遗进高校课程和学科渗透外,幼儿园开发非遗课程的意义、地方非遗纳入乡村学校的必要性、非遗传承人进中小学的相关研究成果也开始出现,"宣武区内的十四中、北京小学、北纬路中学等 13 所中小学校将非遗的传承和保护纳入了学校的课程。"[①]但黄河非遗融入地方课程还不太明显,特别是中原地区的幼儿园非遗融入并未受到应有的重视。

一、德州黑陶融入幼儿园现状调查

我们针对地方非物质文化遗产的研究、幼儿园教育活动的研究、德州黑陶的研究做相关文献综述,找出已有研究的不足。实地参观德州黑陶博物馆,在当地研究机构的帮助下,收集德州黑陶的相关内部资料。

---

① 景鹏,陈虹,孙丽莉. 宣武"非遗"传承纳入中小学课程[N]. 北京日报,2007-06-12(001).

(一)选择黑陶的原因

为了能够深入对地方非物质文化遗产融入幼儿园教育活动的理论架构与实践探索进行剖析,本研究以德州黑陶为切入点,以 L 幼儿园为实践场所。选取该个案的原因如下。

第一,选择德州黑陶作为本研究的切入点,一方面是因为著者在走访黑陶艺人的过程中,了解到德州黑陶虽在 2014 年就被列为世界非物质文化遗产,但影响力远不如同年列入非遗名录的德州扒鸡。"说起德州黑陶,其实很多当地人都不知道它还是非物质文化遗产,连自己人都不清楚,更何况外地人了。我们现在之所以还干这个,一方面是因为每天和这些陶泥打交道,已经有感情了,再就是希望有机会能把它传承下去,老祖宗留下来的东西,不想丢啊。"一位黑陶艺人这样说道。结合著者在问卷调查关于"您了解的德州当地国家级非物质文化遗产有哪些"中,仅有 17.9% 的教师选择了"德州黑陶",可见其作为地方非物质文化遗产的代表,在文化传承上面临着诸多困难和挑战,如何通过学校教育促进德州黑陶的文化传承是当前研究者极为关注的问题。把德州黑陶融入幼儿园教育活动,是地方学校依托地域文化资源,服务地方文化发展的应有之义,也是扎根于幼儿心灵、不断增强幼儿的民族自豪感与文化自信的必然要求。另一方面德州黑陶是我国劳动人民智慧的结晶,是历史发展过程中在德州地域文化下成长起来的精神生活、文化价值、意识形态的重要组成,并且器物造型、颜色图案等都恰好符合幼儿的审美和认知水平,在一定程度上承担着道德教育、审美观念传播以及价值信仰传递的文化功能。

第二,选择 L 幼儿园为实践场所,一方面是因为 L 幼儿园地处山东省德州市,距离德州黑陶博物馆仅有 5 千米左右距离,不论是在带领幼儿进行实地参观,还是请工匠艺人进入园所进行文化交流都存在地缘上的优势,而且著者母亲任 L 幼儿园园长,能够在资料收集和组织实施上给予本研究最大程度的便利。另一方面就是 L 幼儿园本身的主观需求,该园在

2021年9月刚刚迁至新园,教学设施完善,园长表示搬入新园后她们一直尝试开展一些特色活动,但由于种种原因一直没有实现,正好借助这次合作研究开展非遗教育活动,这对孩子们了解德州当地的非物质文化遗产是一个很好的机会。此外,L幼儿园一直重视园本课程的开发,重视幼儿的传统文化教育,曾先后开展"传统文化进校园活动""幼儿园民俗文化主题活动""民间艺术节活动"等,当著者找到园长说明意图后,园长给予了很大的支持,表示愿意在幼儿园开展非遗教育相关活动。

(二)教师对幼儿园开展德州黑陶教育活动看法调查设计

关于教师对幼儿园开展德州黑陶教育活动看法调查主要从问卷和访谈入手。基于该研究的目的,设计制定《德州黑陶融入幼儿园教育活动研究调查问卷》,选取德州市6所幼儿园进行问卷发放和8名工作人员进行访谈,目的在于调查幼儿园一线教师对于开展德州黑陶教育活动的看法思路。

1. 教师问卷调查设计

研究者在前期文献综述和田野调研的基础上自编《德州黑陶融入幼儿园教育活动研究调查问卷》,并请教1位学前教育博士生、6位幼儿园一线教师进行审阅和修正,对部分问题的表述进行了调整。问卷包括两部分,第一部分主要是教师的基本信息;第二部分主要涉及5个维度,包括德州黑陶融入幼儿园教育活动的现状、目标、内容与形式、组织与实施、评价。向幼儿园教师发放纸质版问卷,收回分析,对版面设计进行更改,最终形成正式问卷。调查幼儿园一线教师开展非遗教育活动的现状(对应题项1—4),以及对于德州黑陶融入幼儿园教育活动在目标制定(对应题项5—9)、内容选择(对应题项10—14)、组织实施(对应题项15—18)、评价(对应题项19—21)方面的看法,以取得更广泛的实践经验,为其融入幼儿园教育活动提供实践层面的参考。根据园所等级选择了德州市6所幼儿园,其中包括3家公办园和3家民办园,分别对园长和全园教师发放问卷(问卷调查对象基本情况见统计表)。由于样本范围的局限,本调查在代表性、推广度上受到一定限制,最终共发放调查问卷 120 份,回收问卷 120 份,回收率100%,有效问卷 120 份(问卷详见附录3)。

表 3-21 调查对象基本情况统计表

题项	选项	百分比
调查对象年龄分布情况	20 岁及以下	0.0%
	21—30 岁	38.6%
	31—40 岁	42.9%
	41—50 岁	18.5%
	50 岁以上	0.0%
调查对象教龄分布情况	2 年及以下	27.1%
	3—5 年	12.9%
	6—10 年	11.4%
	11—15 年	20.0%
	16—20 年	10.0%
	20 年以上	18.6%
调查对象学历分布情况	初中及以下	0.0%
	高中	2.9%
	中专	10.0%
	大专	55.7%
	本科	31.4%
	研究生及以上	0.0%
调查对象所在幼儿园级别分布情况	一级园	57.1%
	二级园	19.0%
	三级园	12.4%
	未定级	11.5%
调查对象所在班级分布情况	小班	28.6%
	中班	42.3%
	大班	23.4%
	学前班	1.4%
	其他(行政、科研)	4.3%

2. 教师访谈设计

研究者在访谈前做好编制访谈提纲的准备工作。每次访谈时间控制在半小时,在征求对方意见的情况下对访谈过程录音。访谈开始之前,研究者要向访谈对象表明访谈目的以及访谈过程的真实保密性。访谈过程中,结合访谈提纲(详见附录 B)以及对方的回答进行适时的回应,对信息不明确的问题要进行合理的追问,访谈结束后向受访者表示谢意并馈赠小礼品,并将访谈资料及时转录成文字。本次访谈是在问卷调查的基础上深入了解教师对德州黑陶融入幼儿园教育活动的认识;对于融入过程中会遇到的问题以及会采取何种解决方法;了解教师针对"如何实现更好地融入"会提出什么具体建议,为研究者下一步方案构想提供参考。本次教师访谈对象全部来自于问卷调查的幼儿园,一共选取了 8 位访谈对象,包括不同园所、教龄、职称、学历的幼儿园教师 5 名,幼儿园园长 2 名以及 1 位德州地区学前教育教研员(为研究提供不同的视角)。在每次访谈结束的当天,将访谈的语音资料及时转换成文字资料,并加以保存和整理。为了更加有效且系统规范地对访谈资料进行整理、分类和概括,研究者将所收集到的访谈信息资料整理如下。

表 3-22 访谈教师基本情况

类别	代号	学历	教龄	职称	备注
教师	T1	本科	3	三级	
	T2	本科	6	二级	教学能手
	T3	专科	5	二级	
	T4	本科	7	一级	教研组长
	T5	专科	5	二级	
园长	Y1	本科	13	高级	
	Y2	本科	15	高级	
教研员	J1	本科	6	二级	

(三)德州黑陶融入幼儿园教育活动现状调查统计分析

1. 关于德州黑陶融入幼儿园教育活动的目标

从图 3-24 可以看出,在德州黑陶融入幼儿园教育活动的意义及必要性问题上,有 5.7% 的教师认为没有必要将其融入幼儿园教育活动,6.5% 的老师认为德州黑陶融入幼儿园教育活动并不可行,主要是考虑孩子年龄太小,还没有接受这类活动内容的能力。

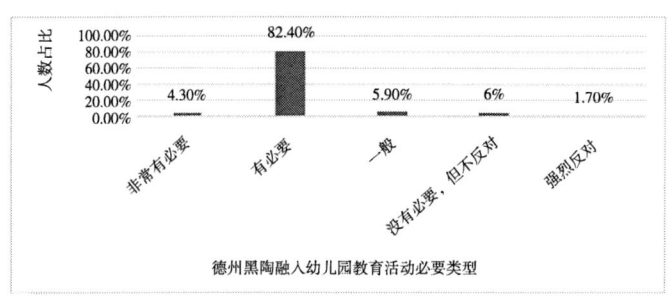

图 3-24 德州黑陶融入幼儿园教育活动的必要性

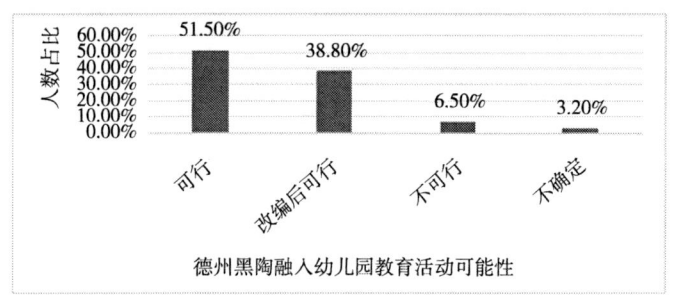

图 3-25 德州黑陶融入幼儿园教育活动的可行性

图 3-25 显示,有 82.4% 的幼儿园教师认为有必要将德州黑陶融入幼儿园教育活动,90.3% 的教师认为德州黑陶融入幼儿园教育活动可行或改编后可行,这表明绝大多数教师是赞同德州黑陶融入幼儿园教育活动的。他们认为可行的理由主要有:作为地方非遗文化的代表,这样的一种融入首先可以传承弘扬地方优秀传统文化;其次可以从认知、能力、情感等多角度增加幼儿对当地特色非遗的认识,在制作黑陶的过程中也可以培养幼儿的创造力、审美能力和动手能力。这为教育活动目标的制定提供了一定的依据,在制定德州黑陶教育活动目标时应参照其融入幼儿园教育活动的价值来设置相关维度。

据调查所知,绝大多数老师认为应根据不同年龄阶段幼儿的特点制定目标,遵循由简到繁、由易到难的原则。比如,"对小班幼儿,主要是了解德州黑陶、培养孩子对德州黑陶的兴趣;对中班幼儿,除上述目标外,注重培养动手操作能力,能简单制作德州黑陶;考虑到大班幼儿动手操作能力增强,目标制定可以更高一级,注重作品的美观大方",这些意见为作者接下来的构想提供了参考。通过教师的回答,要让德州黑陶在幼儿园教育活动中达到预期的教育活动效果,就要规划好整体的教育活动目标。

2. 关于德州黑陶融入幼儿园教育活动的内容

在对德州黑陶文化和教育资源的挖掘中,绝大多数教师认为并非所有的黑陶文化资源都可以融入幼儿园教育活动中。值得注意的是问卷中在"您会考虑哪些因素"以及"您的选择标准来自于什么"两个问题中,如图3-26、3-27所示,教师们选择较多的是所选内容幼儿是否感兴趣,是否适合幼儿的实际水平,是否能被幼儿理解接受。

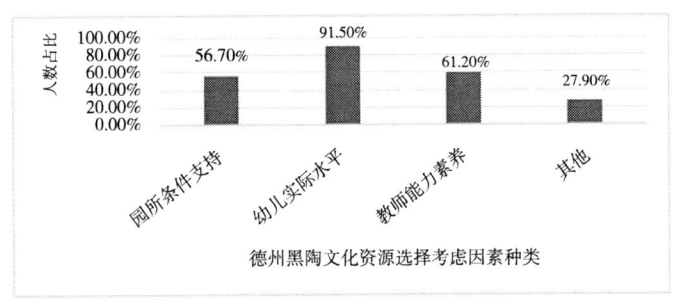

图 3-26 德州黑陶文化资源选择考虑因素

图3-26、图3-27也说明教师能够站在孩子的立场上,能够以幼儿为本,这是值得赞赏的教育理念。同时,这也给我们进行内容选择的过程提供了启发和指导,时刻提醒我们活动内容的选择要从孩子出发,考虑孩子兴趣和需要。

在访谈过程中,老师们提及的其他关于德州黑陶教育内容的选择要考虑的因素还包括是否符合幼儿园实际情况(园所能否提供条件支持),以及安全因素、可操作性等等。

T1:对于德州黑陶文化资源的选择,我认为首先要考虑孩子本身的需求和兴趣。首先是和艺术领域的结合,陶艺活动本身就是孩子们非常喜欢的,在和黏土接触的过程中,孩子通过按压、拍打、揉捏等发展了手部的精细动作。其次和社会领域的结合,不仅是对地方文化感知的一个过程,这

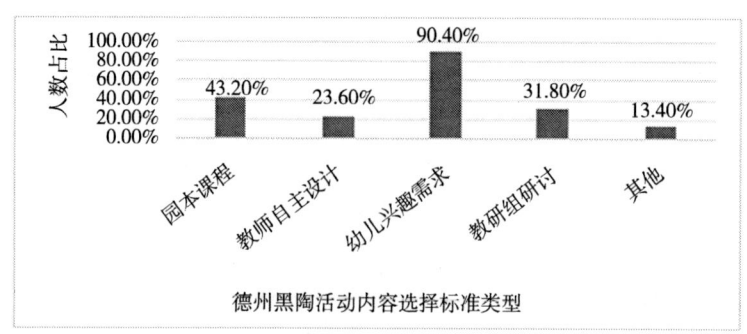

图 3-27　德州黑陶活动内容选择标准

也是在孩子感兴趣的基础上实现传统文化传承的过程。

T2：像德州黑陶这类非遗文化，在内容选择上，我们本身就要考虑幼儿园、家长和孩子多方面的意见。家长总是希望我们教给孩子们一些有用的，包括幼儿园是否具有开陶艺课的条件等，所以选择起来可能比较麻烦。

T3：其实在活动内容选择上，我觉得还是有一定挑战的，因为幼儿园的教育内容是非常灵活的。比如说一个主题下我们可以开展很多活动，像德州黑陶就可以作为主题活动来开展，那它下面所涉及的方面就会非常多。

3. 关于德州黑陶融入幼儿园教育活动的组织与实施

调查结果表明在五大领域活动组织的过程中上，教师认为最适合开展德州黑陶教育活动的首先是艺术领域，其次是社会领域和科学领域，语言领域排在中间，最不相关的是健康领域。如图 3-28 所示，在活动的方式选择上，71.5％的教师选择了主题活动，远远超过选择其他活动方式的教师人数，这说明教师更倾向于采取主题活动的方式开展黑陶教育活动。

同时，在实际的组织实施过程当中，如图 3-29 所示，教师们最为担心的是资源的挖掘问题，很多教师说对如何挖掘德州黑陶的教育资源存在着担忧，之前没有受过这方面的培训，感到无从下手；52.3％的教师担心由于自身不具备有关资源开发的素质，将会影响教育活动的实施。

在同教师交流访谈的过程中，也发现他们认为要想组织好有关德州黑陶的教育活动，就应该具备相关知识、掌握相应的技能，以及具有一定的教

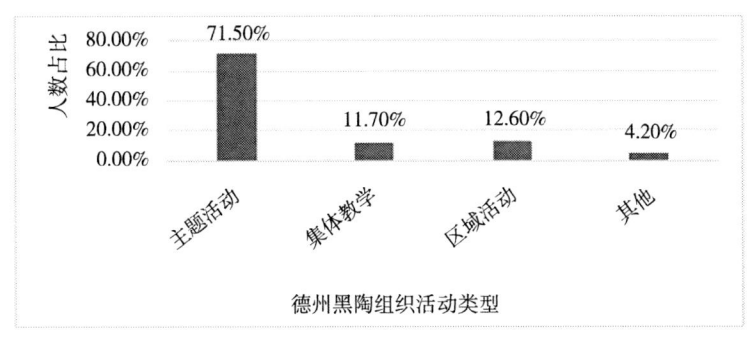

图 3-28　德州黑陶组织活动方式选择

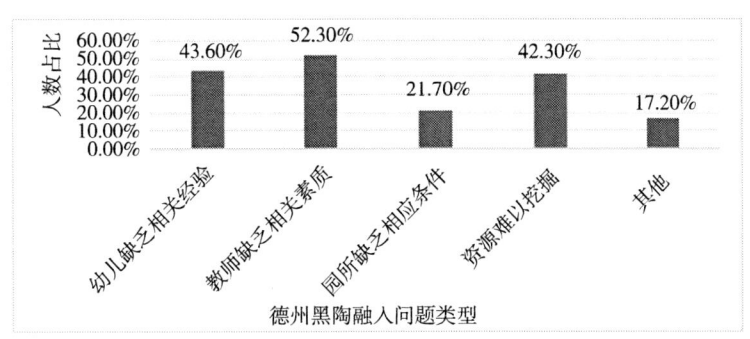

图 3-29　德州黑陶融入幼儿园教育活动面临的挑战

学组织能力,比如懂得德州黑陶的制作技巧、制作材料等,这是老师们非常重视的问题。老师存有顾虑的另外一部分因素就是孩子们之前没有相关的黑陶制作经验,对德州黑陶的非遗文化属性也并不了解,在向孩子解释的过程中可能会存在一定的难度。还有部分教师说家长是否支持或者家长的意向对德州黑陶教育活动的实施也是一个影响因素。在组织方式上,大多数教师认为最适合开展此项教育活动的年龄段是大班,这在一定程度上说明在教师心中幼儿要有一定的生理、心理基础才能顺利开展相应的教育活动。

4. 关于德州黑陶融入幼儿园教育活动的评价

在评价问题上,根据图 3-30 可以看出,教师比较注重的是孩子们是否有参与热情,是否对活动感兴趣,这是活动评价的首要标准,当然活动目标的达成以及幼儿在活动中的能力提高也是一个重要的评价参照。但是相对来讲,教师并不太注重其自身的表现以及幼儿作品的完美程度。这说明教师的关注点更多还是在幼儿身上,而且对于活动的过程给予了更多的关注。只有13.7%的教师认为评价还应该看幼儿制作的黑陶作品是否美观,这说明大多数教师还是更注重过程性评价,对于结果性评价并没有很强的关注,大多数教师是不赞成通过幼儿作品美观性来衡量活动的效果,这是值得赞扬的。

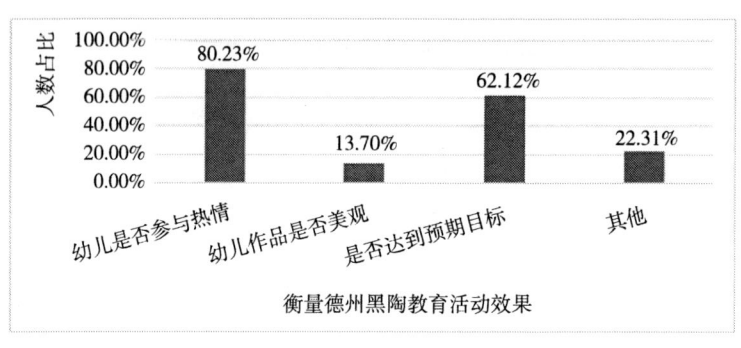

图 3-30

根据以上问卷、访谈的结果可以总结分析如下:幼儿园教师对德州黑陶的儿童教育价值与著者基本保持一致,认为德州黑陶融入幼儿园的价值主要体现在文化传承(了解地域文化)、幼儿动手能力、审美观念和思维能力的发展。不过在调查过程中并没有突出体现德州黑陶的科学价值,这也说明教师在德州黑陶科学价值方面的挖掘还有待加强。在内容选择上,多数教师认为应从德州黑陶与儿童的内在精神感通出发,要考虑幼儿的认知发展特点,尽量选择与儿童发展息息相关的教育资源,排除那些有危险性的、难度过大的,或者具有封建迷信等不良因素影响的内容。当然,如果有不符合儿童现有认知水平的内容,我们也可以对其进行适当改编,但改编时还要尽量尊重原貌,不能随意更改。在组织实施上,主题活动是教师最为认可的,多数教师认为有关德州黑陶的教育活动更适合在中大班开展,也有一小部分教师认为此类活动也可以在小班进行,这都需要我们对实际的内容进行选择后进行实施。教师是否具有相关素质也被认为是实施的重要影响因素,教师在组织实施活动过程中应具备相关知识、技能才能胜任此类教育活动。在评价方式上,教师更重视过程性评价,关注幼儿在活动过程中能力的提升和经验的积累,并没有将幼儿最终作品的好坏作为评价其活动好坏的标准。此外,活动目标是否达成是教师比较关注的,而且教师更看重情感态度方面的目标的实现。

二、河南豫剧融入幼儿园现状调查

该案例从教师开展豫剧活动的意识问题与现实情况两个维度出发,综合采用问卷调查与访谈,对该园教师对儿童戏剧的了解程度、豫剧活动的开展态度、豫剧活动的目标设定、豫剧活动的内容选择、豫剧活动的设计实施、豫剧活动的评价六个方面展开调查。

(一)教师对豫剧融入幼儿园教育活动的认知状况

1. 教师对儿童戏剧的了解程度

为清楚了解所在幼儿园教师对儿童戏剧的认识概况,以"您了解儿童戏剧吗""您听说过生长戏剧范式吗""您认为豫剧活动对儿童发展具有教育价值吗"为问卷问题,以"幼儿园常用的戏剧活动范式""熟悉的豫剧剧目""豫剧的价值与特征""最适宜幼儿的豫剧剧目"为访谈问题,对幼儿园教师进行调查。

"您了解儿童戏剧吗"这一问题的回答统计结果显示(图3-31),认为非常了解儿童戏剧的占15.58%,比较了解儿童戏剧的占20.69%,一般了解儿童戏剧的占47.57%,对儿童戏剧几乎不了解的占16.16%。

"您听说过生长戏剧范式吗"这一问题的回答统计结果显示(图3-32),有11.11%的教师经常听说,并清楚了解;14.81%的教师听说过,但不怎么了解,偶尔听说;从未了解过的教师占68.15%;从未听说过生长戏剧范式的教师则有10.58%。

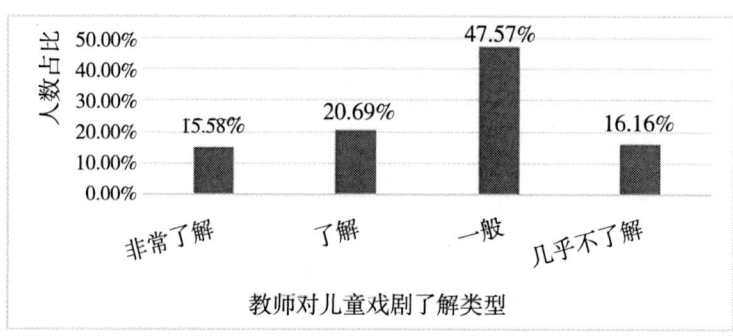

图 3-31　教师对儿童戏剧的了解概况

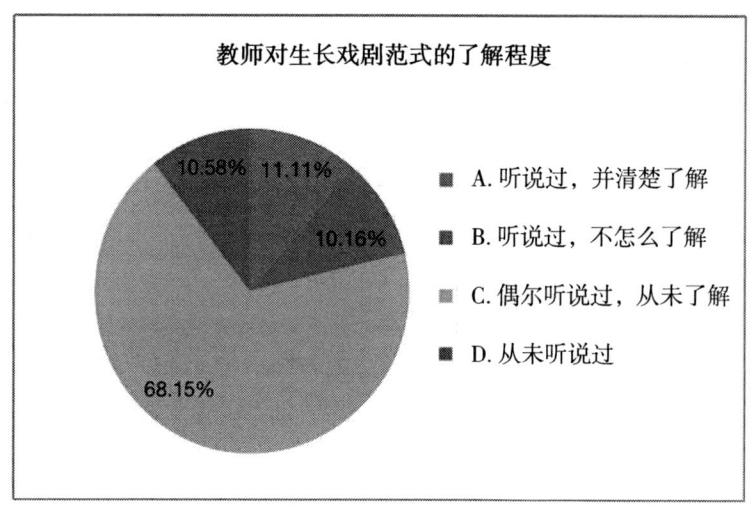

图 3-32　教师对生长戏剧范式了解程度

在回答"您认为豫剧活动对儿童发展具有教育价值吗"这一问题时(图3-33),有75.13%的教师持非常有价值的意见;其次,21.69%教师认为有一定价值;最后,2.12%和1.06%教师认为价值很小和没有价值。

通过上述调查问卷可以看出,该园幼儿教师对"儿童戏剧"概念模糊不清,认知上存在偏差。而且针对"生长戏剧范式"整体了解程度不高,甚至有教师表示从未听说过"生长戏剧范式"。针对豫剧活动的价值调查,绝大部分教师肯定了豫剧活动的育儿价值,也有意愿将豫剧融入幼儿园教育中。

访谈片段:2022 年 3 月 19 日

研究者:您了解目前幼儿园戏剧活动常见的活动范式吗?您对生长戏

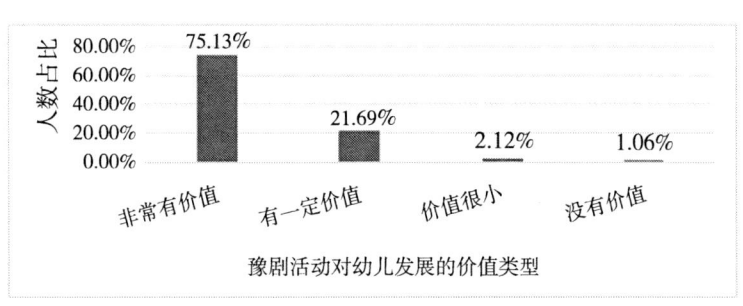

图 3-33　豫剧活动对幼儿发展的价值概况

剧范式了解吗?

Q:我认为"儿童戏剧"就是学前儿童与戏剧的连接,可以理解为适宜学前儿童发展需要的戏剧教育活动。具体应该是指教师根据幼儿的兴趣与需要,创设真实或虚幻的戏剧情境,引导幼儿积极主动参与戏剧活动。在戏剧活动中,幼儿可以通过感受戏剧的内涵、制作戏剧的道具、表达戏剧的情节、完成戏剧的表演等一系列过程,最终实现幼儿的成长与发展。我国常用的戏剧教育范式我并不是很清楚,但是之前参加过关于幼儿戏剧表演方向的培训。培训的内容主要是将戏剧教育当作一种综合性艺术课程看待。包含从戏剧表达—戏剧创作—戏剧表演连续的活动,最终使幼儿真正投入戏剧活动中,收获美好。

J:我认为儿童戏剧并不是单纯意义上的儿童表演活动,它的内涵应该不限于表演那么简单。儿童戏剧首先规定了受众群体是3—6岁的儿童,加上幼儿园阶段都是以活动的形式进行学习,那么儿童戏剧也是以活动的形式所开展的。我之前本科毕业论文就是幼儿艺术教育课程的相关研究,当时我在网上看过一些学术大咖对于戏剧教育活动范式的解释,好像常见的就是儿童戏剧、儿童歌舞剧、儿童哑剧、儿童木偶剧等,时间过去两年了,具体记不清了。

M:关于戏剧活动范式我是了解过的,咱们国家做幼儿戏剧比较厉害的是南京师范大学的张金梅女士。我记得她将常见的戏剧活动范式划分为"舞台儿童剧范式""基于教学的戏剧活动范式""戏剧综合活动课程范式",好像还有一个这两年提出的什么"生长戏剧范式"。我感觉如何选择适宜的戏剧活动范式,主要是看幼儿在本次戏剧活动中的参与度与收获度。如果整个戏剧活动下来都是教师主导的,那么想必这不是最好的戏剧活动。我们所选择的戏剧范式应该是让儿童作主的,能够帮助幼儿戏剧经验有所提升的,不是单纯为了表演而表演,那样没有任何意义。

通过整理访谈资料,发现大多幼儿教师都对"儿童戏剧"认识存在一定的偏差,而且对于戏剧活动范式是什么,怎么选择与运用都是存疑的。少数教师虽然了解戏剧活动范式,但是了解不全面,不知怎么运用戏剧范式去开展戏剧活动。但值得注意的是,几乎访谈到的幼儿教师都指出当前戏剧活动开展时的问题,都主张幼儿中心主体性的把握。即大家不满意于当前教师过度操控戏剧活动,幼儿只是参加,而忽视戏剧经验是否生长,戏剧活动过程是否愉悦。"生长戏剧范式"中的"生长"与杜威"教育即生长"相连贯,面对幼儿未成熟的状态,充分研究幼儿需要什么经验,而不是与成人戏剧活动进行类比给予幼儿戏剧经验①。但大多幼儿教师虽认可"生长",却不知如何"生长"。

访谈片段:2022 年 3 月 19 日

研究者:您目前熟悉的豫剧片段有哪些?在幼儿园阶段开展豫剧活动,对于幼儿的发展有哪些意义,可以详细说一下吗?

Z:我目前比较熟悉的豫剧剧目有《穆桂英挂帅》《朝阳沟》《九品芝麻官》《小二黑结婚》等。我觉得河南豫剧作为第一批纳入国家非物质遗产保护名录的传统戏剧,应该被引入学校教育中。豫剧对于幼儿来说具有重要价值,能够培养幼儿肢体运动能力、语言表达能力、创造能力,增强艺术审美体验,最重要的是使幼儿真正了解豫剧,了解我们河南本省的戏剧文化与风土人情,最终使幼儿萌发热爱传统文化、爱祖国爱家乡的情感。我认为豫剧相比于其他戏剧最大的特点在于它在传播过程中形成了各具特色

---

① 张金梅.生长戏剧:学前儿童戏剧经验的有机建构[J].学前教育研究,2019(10):71-84.

的不同流派,比如在开封就是"祥符调",在洛阳则是"豫西调",豫剧的文字语言在表达上通俗易懂,幼儿也比较容易理解。豫剧在角色行当上分为"生旦净丑",角色分明,对比西方的舞台剧、儿童剧,豫剧在唱腔上大气磅礴且节奏感强烈,幼儿更加容易接受,并且在表演过程中更容易抓住人物的内心情感,更贴近幼儿的实际生活。现阶段,比较适宜的豫剧我首推《穆桂英挂帅》,因为情节更多以故事的形式所讲述,幼儿更容易体验角色情节的变化,抓住人物的内心情感进行生动演绎。

L:我接触豫剧的时间相对来说较短,熟悉的剧目主要有《花木兰》《五世请缨》《朝阳沟》《红娘》《小二黑结婚》《穆桂英挂帅》等。豫剧最大的特点在于它早期的时候舞台服装道具的简单化,演变而来的是角色妆造的色彩浓厚。其次,豫剧故事情节有开头和结尾,相比于其他剧目情节设置完整,更贴近幼儿的实际生活。关于豫剧对幼儿最大的价值我认为是增强幼儿的审美体验能力,幼儿在了解豫剧、表达豫剧、创编豫剧的过程中,投入真情实感,知道什么是"美",了解什么是"传统艺术",从而具有良好的审美感知、审美体验与审美创造能力。幼儿比较适宜的曲目有《花木兰》,它讲述女子替父从军的感人故事,幼儿在日常生活中虽不及花木兰替父从军那般英勇,但是幼儿通过体悟故事情节,能够培养对父母的爱,我觉得这是我比较直观的感受。还有就是《小二黑结婚》,主要向幼儿讲述生活中的婚姻嫁娶,对于培养幼儿的性别观念与人际交往都有着重要影响。

通过访谈内容可以看出,园内的幼儿教师对豫剧融入幼儿园教育活动持肯定态度,认为豫剧对于幼儿的发展具有重要的价值。教师往往会根据幼儿当前阶段发展面临的任务选择幼儿适宜的豫剧剧目。

豫剧作为"传统文化"的标签,承载着多元文化元素,对于传承历史文化与滋养个体生命力具有推进作用。豫剧是河南人民在劳动与生活中形成的乡土乡音,充满着劳动群众的"生活智慧"且浅显易懂,所阐明的道理与语词都易于理解。虽然穆桂英、刘二黑、银环等人物角色远离现代社会,但是那些人物角色所反映出对美好生活的追求与向往,对困难的无所畏惧与浓厚的爱国主义情怀在今天仍有现实意义。进行传统戏曲活动的过程，也是在潜移默化中发展幼儿审美能力、审美素质的过程①。教师所提到的包含民俗民风、处事道理等内容的传统戏剧，能够使幼儿了解传统文化，领悟豫剧故事情节中的真善美，培养良好的个性品质。此外，豫剧故事有的取材于神话幻想，能够激发幼儿的想象力与创造力。源于生活的豫剧故事，用通俗易懂的语言勾勒出民风民俗、思想道德、美好向往等内容，不仅能够启蒙幼儿的心智与道德。而且幼儿了解那些源于生活的豫剧故事情节有助于丰富幼儿自身的生活经验，为幼儿从小树立家国情怀奠定基础。

2. 教师对豫剧教育活动开展的态度

在调查教师对非遗豫剧的了解中，教师大多从民俗传播与处事道理两个方面肯定了豫剧在幼儿园教育活动中的作用。为进一步挖掘幼儿教师对非遗豫剧的重视程度，研究者从豫剧活动开展的必要性、适切性及活动开展情况两个方面进行问卷与访谈。根据幼儿园当前开展豫剧活动现状，探求教师在实际教育活动中的困惑与不足。

对"您在日常的教育教学中会开展以豫剧为主题的活动吗"这一问题回答进行统计，结果显示（图3-34），26.98%的教师经常开展豫剧教育活动，37.57%的教师开展过一些豫剧活动，而分别有28.05%与7.41%的教师几乎没有怎么开展与从未开展豫剧活动。

"您对目前该园在开展基于非遗豫剧等传统戏剧教育活动设计与实施的现状满意度如何"这一问题的回答统计结果显示（图3-35），15.87%和20.15%的教师认为非常满意与比较满意，而持一般与较不满意态度的有57.62%和4.36%的教师。

---

① 夏絮乐.传统戏曲资源融入幼儿艺术教育的实践研究[D].南通：南通大学，2021：1.

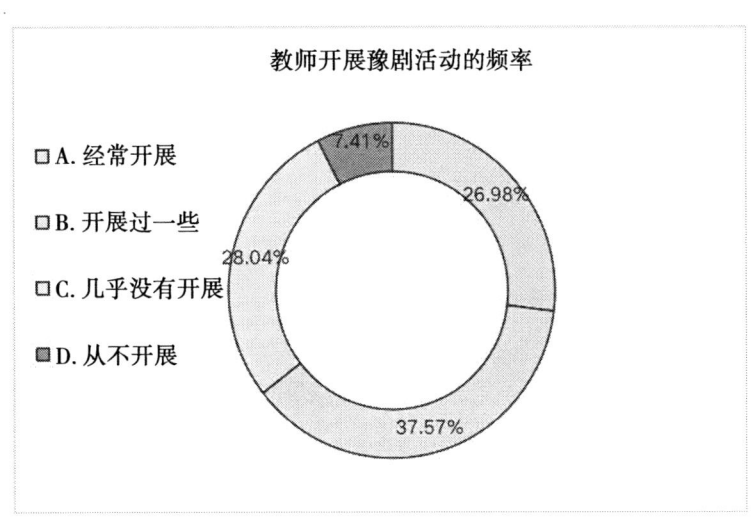

图 3-34　日常豫剧活动开展频次

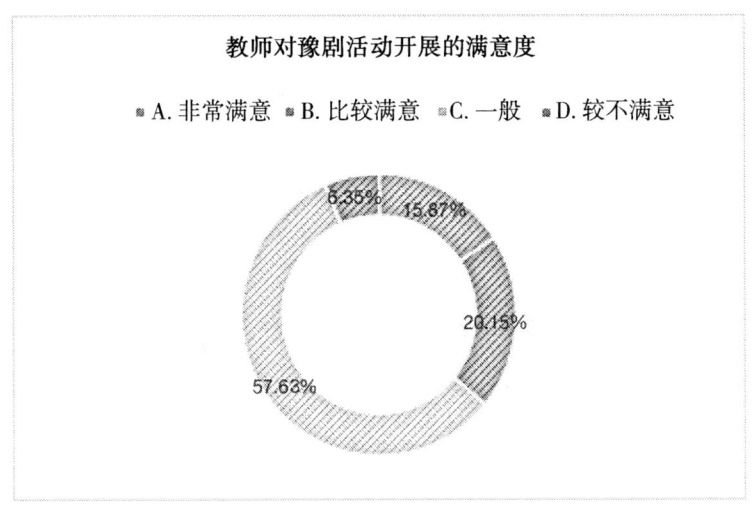

图 3-35　豫剧活动设计实施满意度调查

（二）教师开展豫剧教育活动的现实状况

1. 豫剧教育活动的目标设定

为清楚了解生长戏剧范式下豫剧活动的目标设定，针对幼儿教师在曲

目的选择上进行了访谈,访谈结果如下:

访谈记录:2022 年 3 月 20 日

研究者:您了解生长戏剧范式下豫剧活动的目标设定吗?您之前在设定目标时是怎样设计的呢?

Q:生长戏剧范式下的豫剧活动目标应该更加注重幼儿在活动中的"自主性"。我感觉活动目标的设定应该将幼儿的身体与戏剧环境进行结合,至于活动目标的设定我感觉还是可以从认知层面、技能层面、情感态度层面进行。

M:针对生长戏剧范式下的豫剧活动我觉得和之前的活动设计区别不大。应该多以"生成性"活动为主吧,但是我觉得目标设定中一定对幼儿戏剧作品的呈现有所要求。

C:目标的设定应该围绕着主题进行,具体的设计应该根据所选择的曲目进行。比如《穆桂英挂帅》就应该选择使幼儿对穆桂英爱国的行为产生认同,而对于《老鼠嫁女》幼儿则需要对剧目中的角色进行梳理,深化幼儿对角色的表征。

通过对上述教师访谈,发现幼儿教师对于生长戏剧范式下豫剧活动目标的设定存在疑惑。主要集中在目标设定的层级划分、目标设定的"生长性"、目标设定如何贴近活动内容。而《3-6 岁儿童学习与发展指南》中指出:幼儿的艺术感受总是围绕着美的事物或环境进行的,从感知出发,以想象为主要方式,鼓励幼儿在赏析活动中生发良好的审美体验①。所以生长戏剧范式下的豫剧活动的目标设定,也应根据指南中幼儿艺术领域活动的总目标进行设定。而该园幼儿教师对于活动目标的设定上总是会将其"窄化",认为将好的戏剧作品呈现即可。

2. 豫剧教育活动的内容选择

园所本身并没有专门的豫剧活动课程体系,但教师往往根据传统戏曲

---

① 李季媚,冯晓霞.《3-6 岁儿童学习与发展指南》解读[M].北京:人民教育出版社,2013:155.

活动月的主题,选择相关的豫剧曲目和情节开展豫剧活动。因此,研究者对"幼儿教师如何挑选适宜的豫剧曲目和情节"进行了问卷与访谈,发现该园的幼儿教师主要根据自身的素养选择曲目情节,结合幼儿的兴趣与园所提供的条件选择豫剧内容。若时间充裕,幼儿教师也会征求家长的意见。

"您之前设计的有关豫剧教育活动内容是如何选择的"这一问题的回答统计结果显示(图3-36),77.84%的教师认为内容的选择源于教师的个人素养,75.73%的教师认为内容的选择应该基于幼儿的兴趣。其中65.61%的教师认为园所提供的条件也是影响豫剧活动内容选择的重要依据。谈及其他的占比19.58%,对于选择其他的教师主要认为豫剧教育活动内容的选择还应征求家长的意见。

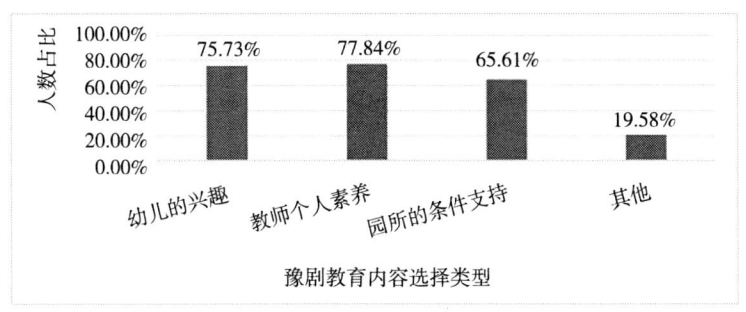

图 3-36 豫剧教育活动内容选择

访谈记录:2022 年 3 月 25 日

研究者:您在选择豫剧活动的内容和曲目时,主要依据是什么?

W:豫剧往往是我们幼儿园传统戏曲活动月开展的一个项目,并没有开设专门的豫剧课程,所以我们一般在选择豫剧主题和内容时往往依据传统戏曲活动月的主题进行选择。比如传统戏曲活动月的主题是"红心飞扬",那么接下来豫剧活动就会围绕"红心飞扬"选择合适的豫剧曲目与情节。我记得当时选择的是《铡刀下的红梅》《穆桂英挂帅》选段。当时主要是分为戏剧故事、戏剧唱段、戏曲人物绘画、戏曲身段四个篇章展开,挖掘豫剧中的"红色文化",培养幼儿爱祖国爱家乡、对英勇人民的崇敬之情。

M:这个月在我们大班开展的《我是中国娃》主题活动中,我们从"致敬英雄,传统绘本讲起来""文化传承,传统中医学起来""曲声嘹亮,传统戏曲唱起来""能工巧匠,传统手工做起来""强身健体,传统游戏玩起来"五个主题开展活动。其中,关于豫剧的活动就自然而然地落在了传统戏曲的演唱上。此外,我们也会根据幼儿的兴趣,选择合适的豫剧曲目供幼儿欣赏与演唱。

豫剧的曲目和情节众多,教师在选择合适的豫剧开展活动时,主要根据幼儿的需要和活动月的需要进行内容选择。比如幼儿对英雄人物产生兴趣,恰好这个月的戏曲主题是"红色元素",那么就会选取一个相应的英雄人物的豫剧片段,这样的内容选择方式使得豫剧活动开展具有一定的针对性,但是也从侧面折射出豫剧活动内容选择相对固定、散乱。因此,在面对较为固定的活动内容时,要基于幼儿的活动兴趣、生活经验等,寻找适宜的豫剧片段,寻求豫剧与幼儿园教育活动的联系。此外,家园合作必不可少,家长的意见也影响着豫剧活动内容和情节的选择。

3. 豫剧教育活动的设计与实施

研究者所在幼儿园对豫剧教育活动组织策略的把握主要集中在豫剧活动的组织形式。为了进一步了解豫剧活动的组织形式,研究者对"幼儿教师如何组织豫剧活动"进行访谈。

访谈记录:2022年3月27日

W:最开始的豫剧活动往往是以艺术领域活动进行,主要目的就是让幼儿了解并接受豫剧这种传统的戏剧表达形式,培养幼儿的审美感受与体验能力。伴随大家对传统文化的重视,我们也加大了对豫剧活动的开展力度。将最初单领域的活动变成多领域活动,比如艺术领域和语言领域结合、艺术领域和社会领域结合等,以及多主题的豫剧主题活动。此外,幼儿园在对幼儿戏剧教育活动的培训时曾提到戏剧综合活动,以戏剧综合课程的形式开展活动,主要包含戏剧主题活动、戏剧游戏活动和戏剧工作坊,但受园所场地的限制,以及教师们精力与能力的缘故,我们只采纳了戏剧主题活动。

Q:我觉得设计豫剧教育活动也应该遵循幼儿园课程和幼儿园其他活动的设计原则,并不是随意进行设计组织。以往所设计的豫剧活动,更多的是以集体教学的方式进行讲授。我们老师一般先挑选适宜幼儿学习的豫剧故事,然后教师进行朗读,幼儿了解故事情节,再根据角色需要进行活动扮演。我个人认为这种集体教学的形式往往容易忽视幼儿的兴趣需要,教师主导活动,幼儿可能无法真正参与进去,不是以儿童为中心的戏剧教育活动。等活动结束后,老师会将材料投放至区角中,让幼儿利用早间的区角活动加深对豫剧活动的认识,算是一种集体教学活动的延伸。

基于上述的访谈记录,研究者发现该园豫剧活动的设计组织形式多以集体教学形式下的艺术领域活动或戏剧主题活动为主,并结合戏剧游戏,幼儿多在教师的指导下参与豫剧活动,而非真正以"儿童为中心"的模式组织开展戏剧活动。在戏剧主题活动中,教师往往根据课程要求选择某一戏剧主题,幼儿与教师共同参与戏剧活动,从感受戏剧、戏剧表达、戏剧改编与创作、戏剧表演等一系列的过程中获得戏剧经验的整合与提升。通俗来讲,即教师带领本班幼儿进行戏剧表达、戏剧创作到戏剧表演的完整的戏剧活动。戏剧主题活动往往由教师操控整个戏剧活动过程,幼儿更多的只是"参与者"的角色,不免陷入过度的教师"指导",所谓幼儿的即兴创作也容易被教师所"控制"。而戏剧游戏大多贯穿于集体化的戏剧教学活动中,往往起着调节气氛的作用。在点滴的戏剧游戏中,幼儿充分利用肢体、语言、声音进行感受与想象。戏剧游戏亦可作为暖身游戏或活动延伸,更好地帮助幼儿进入戏剧活动情境,或结束戏剧活动。由此发现,教师如果对戏剧活动过度把控,那么幼儿会感觉枯燥,失去了探索戏剧活动的兴趣与好奇心。同样,也会在一定程度上限制幼儿的想象力,只能对豫剧中的片面且零碎的片段进行理解与演绎,长此以往,豫剧教育活动就失去了它本身的价值意义。此外,上述教师在活动实施时过分关注幼儿"感受与欣赏豫剧",而忽视了幼儿"表现与创作"豫剧的过程,对于幼儿创造力的发展有所限制。

4. 豫剧教育活动的评价

在回答"您在豫剧活动中如何衡量活动的效果呢"这一问题时,(如图3-37)教师中有69.8%选择了是否完整演绎片段,65.61%选择了是否达到目标,58.73%选择了幼儿是否感兴趣。从上述调查中发现,有很大一部分教师仍以结果性评价为主导,以外在评价标准衡量活动效果,只有近一半教师选择了从"幼儿兴趣"角度进行衡量。可见,大部分教师仍注重终极结果评价,而忽视过程性评价。

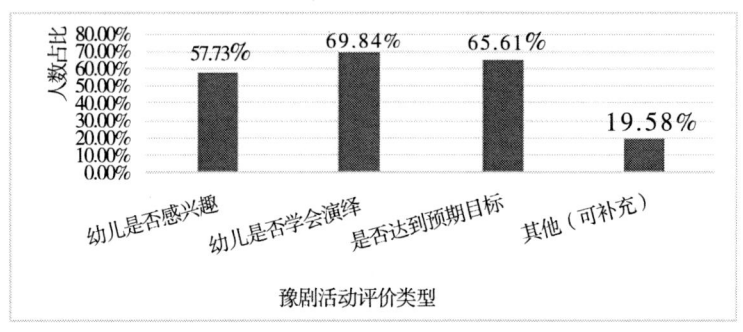

图 3-37　豫剧活动评价方式

所以,通过对该园幼儿教师生长戏剧范式下豫剧活动理论、现实两个层面调查,发现该园幼儿教师戏剧活动观念存在偏差。即幼儿教师过多关注戏剧本身的价值,而忽视了戏剧与幼儿的联系,将"幼儿戏剧"这一概念模糊化。此外,对于"生长戏剧范式"这一活动范式理解较为"窄化"。"生长戏剧范式"下对于戏剧情节的创作、戏剧角色的塑造、戏剧场景的建构都提出了更高的要求,而大多幼儿教师将其理解为"生成性的戏剧课程",在一定层面上,对于概念理解的错误也会导致活动设计与实施的僵化。在活动目标的设定上,存在目标设定的"扁平化",一个活动目标针对所有幼儿,未充分考虑幼儿发展的差异性与不平衡性,导致目标设定脱离幼儿发展的实际,缺乏一定的层次性。此外,在活动实施上,教师过度关注幼儿的"感受与欣赏",而忽视了幼儿创造性的发挥,幼儿教师对豫剧应用于教学中方式单一化,导致活动实施缺乏"创意性"。而针对活动的评价上,主要以"终结性评价"为主,过度关注幼儿在豫剧活动中能够演绎哪些桥段,能够扮演哪些角色,而忽视了活动自身的价值。而且活动评价的主体单一化,以教师评价为主,忽视了幼儿的自我评价。综上所述,生长戏剧范式下豫剧活动开展存在:戏剧本质观念偏差、戏剧范式窄化、豫剧活动目标缺乏层次性、豫剧活动实施缺少创新性、豫剧活动评价较为单一化。针对以上问题,研究者与教师对"生长戏剧范式下豫剧活动开展"的方案进行重新设计与研讨,重点关注幼儿在戏剧活动中经验的"生长"。

豫剧是河南一种特殊的艺术形式,它与河南的孩子们有着千丝万缕的联系,是河南当地文化的杰出代表与重要载体。豫剧凭借"一板一眼""三生两板""四字一板"的独特唱腔,通过音乐的表现手法表达情感与故事情节。作为中华传统文化的重要组成部分,豫剧的传承与表演形式也是异常独特的。豫剧以师徒传承为主,表演形式则有"脸谱更换""刀枪不入"等方式,这也是豫剧与其他传统戏剧最大的不同。所以,引导幼儿聆听传统戏剧,培养审美情趣、愉悦身心是当前培养幼儿艺术审美教育的关键一步。豫剧,作为第一批国家非物质文化遗产列入非物质文化遗产名录,是不可复制的文化资源,作为中华儿女,应该加强对它的保护与传承。所以,传承中华优秀传统文化,将非遗豫剧融入幼儿园教育活动,是我们务必肩负的责任。

第四章
黄河非遗融入地方课程问题分析

社会学家潘光旦先生引《中庸》里"致中和,天地位焉,万物育焉"之义,提出了"位育"理论,解释为"位"是安其所,"育"是遂其生,强调个人与环境的相互作用。文化位育理论作为"位育"理论的借鉴和衍生,表明位育离不开文化环境,教育与"位育"具有密切联系。在当前国家大力提倡"中华优秀传统文化进课本、进课堂、进校园"的背景下,学校教育被赋予传承文化的重要使命,其中,黄河非遗是重要的非物质文化遗产,但据调查所知,无论是幼儿园还是中小学,黄河非遗融入地方课程和校本课程都存在亟待解决的问题。

第一节 黄河非遗融入地方课程问题分析

据调查所知,黄河非遗融入中小学地方课程和校本课程存在主体认同度不高、课程建设不完善、课程实施形式化、课程评价体系有待于系统化等问题。

一、主体认同度不高

在黄河非遗融入地方课程实施中,非物质文化遗产理论知识的传授只是一个引线,更要注重学生在实践导向下获得的感受体验,在实践兴趣引导下激发学生与教师之间的良性互动,体现教师和学生的主体地位。非物质文化遗产校本课程开发的多主体参与决定了课程决策方式应以各方参与、共同商讨的形式达成共识,依据学生发展水平和年龄特征的差异、区域非物质文化遗产的特点,学校开发符合学校现状的非物质文化遗产校本课程。实践性课程开发理论认为实践类课程作用的主要形式是实践反思,因此,在对非物质文化遗产校本课程开发现状评价时,关注参与评价的评价主体和评价方式以及课程本身的评价,依据评价结果进行实践反思,从而改进实践行为,提升课程质量。但据调查所知,无论是学校管理人员,还是教师和学生,对黄河非遗融入地方课程和校本课程的认同度都不是太高。

(一)学校观念与行动不一

近年来,在国家大力加强中华优秀传统文化教育的背景下,非物质文化遗产作为其重要组成部分也受到高度重视。在对学校领导进行访谈时,学校领导都认可非物质文化遗产校本课程是让学生传承中华优秀传统文化的重要途径。然而在学校实施中存在着观念与行动的不匹配,主要存在以下方面:

首先,学校缺乏明确的课程规划。学校课程规划是学校有效落实国家和地方的各项课程政策的重要措施。根据问卷的调查结果,在"您学校在进行非遗课程开发之前,是否编制了课程规划方案"的回答中只有32.6%的教师选择了"是",67.4%的教师都选择了"否"。学校缺乏明确的课程规划,会导致办学理念的不清晰,导致了在非物质文化遗产校本课程取得的效果上,学校层面的均值最低。其次,学校对非物质文化遗产课程的支持力度不足。支持力度的均值$M=3.327$,略高于3,而且存在不同学校类型之间的差异。小学的支持力度明显比初中的强,其原因可想而知。初中面临着"初升高"的学业压力,学校自然会以学生学业为重,相应地,非物质文化遗产融入初中课程停留在口号层面,表现为宣传口号、宣传标语的表面工作,在行动上不去具体实施,并未深入到学生实际的学习生活。最后,学校对非物质文化遗产课程的价值模糊不清。课程目标在一定程度上反映了教育的本质——为谁培养人,培养什么样的人,以及如何培养人。当前,在非物质文化遗产课程开发过程中仅将其视为知识的传授,忽视了更重要的是要从非物质文化遗产教育中培养学生精神层面的素质。如J市学校普遍开设了太极拳课程,在授课内容上统一为教师传授学生太极拳的招式,对于太极拳的理论知识却很少涉及。非物质文化遗产教育在学生的培养中扮演何种角色?能够为学生带来什么?这些问题需要学校进行进一步思考。

(二)教师的课程开发意识淡薄

在本次调查中发现,教师参与黄河非遗融入地方课程实施的认同仍有待提升,且态度认同维度均值最低。态度作为个体对某一客体以持续性赞成或否定的方式做出评价反应的心理倾向,其对主体的实际行为具有重要影响[1]。与此同时,相关研究表明教师态度远比知识和技能对学校教育变革的能动作用要大[2]。教师的开发实施意愿会对教师的开发能力产生影响,教师的开发意愿较低已成为了学校黄河非遗融入地方课程面临的现实化困境。可见,教师对课程开发态度认同的高低决定着非物质文化遗产教育能否在学校中有效践行。

结合对教师的访谈可知,这些教师之所以产生这样的想法,主要有以下两方面原因:一是教师职前非物质文化遗产教育的缺失。由于师范教育是中小学师资培养的重要途径,大多数教师都是师范院校毕业的师范生,师范生在学校更注重培育优良的教学专业技能,而教师职后作为延续优秀传统文化教育的主要推进者,知识储备的不足会增加他们的教学压力;二是评价体系的"固化"。《深化新时代教育评价改革总体方案》提出,"扭转

---

[1] Eagly A H,Chaiken S. The Psychology of Attitude[M]. Orlando:Harcourt Brace College Press,1993:89.

[2] Datnow A M. Teachers Responses to Success for All:How Beliefs,Experiences,and Adaptations Shape Implementation[J]. American Education Research Journal,2000,37(3):775-799.

不科学的教育评价导向,坚决克服唯分数、唯升学、唯文凭、唯论文、唯帽子的顽瘴痼疾。"然而目前在基础教育阶段,教师评价体系基本上仍以学生的学业成绩为重要评价指标,像此类课程更多作为选修课或综合实践活动,缺乏科学有效的评价机制,课程开展的成效与老师的晋升无关。

(三)学生的主体地位缺失

黄河非遗融入地方课程的首要目标是提升学生的文化认同感,然而在课程开发和实施的主体中,学生是最容易被忽视的学习和传承的主体。首先,在开发主体上,这几所学校都以校长和教师为主体,忽视了对学生主体性的考量。在课程实施安排上,几乎都是统一编排课程,使用同一种教学模式,即使有设置,也是同样的教材、同样的标准上课,对学生的学习层次和学习能力不做区分。课程缺少选择性,学生没有选择权,也没有选择的机会。可见,这样的课程文化被"他者文化"所充斥,学生作为文化传承中一个小小的链条,他们成为被灌输着别无选择的文化客体,他们距离自身的文化、距离主体性文化、距离自己的生活世界越来越远。其次,在学校非物质文化遗产开发进程中,有相当一部分教师认为学生由于学业压力没有多余时间学习此类课程。作为评价的重要手段,考试在学校课程和教学中无疑占据着重要的地位,"如果你不能考核它,它就不值得知道"[①]。必修课与选修课的设置成为评判课程是否必须考试的标准。在我国新高考改革没有取得完全成功的情况下,"唯分数论"仍然是学校对学生的考核标准。教师将认为有价值的知识纳入考试范围,认为无价值的知识从考试范围中剔除,使课程内容更加贴近考试大纲,然而这样的筛选导致了课程的"营养不良",让学生承受文化的"饥荒"之苦。因此,我们应该通过营造文化环境,使课程文化形成新的生长点,让新一代的课程文化走向丰富性,走向对话性,走向创造性,彰显学生的文化主体性地位。

---

① A.马塞勒.文化与自我——东西方人的透视[M].任鹰,译.杭州:浙江人民出版社,1988:65.

二、课程建设不完善

在泰勒看来,课程内容的来源应基于"学习者""当代社会生活""学科专家"三者的需要。泰勒在课程内容的取向上受到了杜威"从经验中学"思想的影响,强调"课程内容是学习者的经验",即注重学生的主动性和实践性。在组织经验上以连续性、顺序性和整合性为原则,提出教师要通过构建多种情境来为学生提供经验。在课程评价中通过评估学生的行为预期课程开发取得的效果,依据评价结果对课程进行改进。非物质文化遗产校本课程开发既是培养学生对地域文化的认同感的需要,又是传承弘扬优秀传统文化的必要举措,也是当代优秀传统文化进课程的研究热点。开发内容立足于地方非物质文化遗产项目,提升教师的师资素养,使其具备相应的开发和实践能力保证课程实施,在各种场域中引起学生在知识与能力、过程与方法、情感态度与价值观等方面的变化,以多元主体参与、多样化的评价方式对结果进行反馈,提高校本课程的质量。

(一)学科领域窄化

S区编写了区研学游学教材《厚重山阳是我家》,单是将其定位为历史教材的补充就窄化了地方非物质文化遗产课程的范围。目前的中小学阶段非物质文化遗产校本多聚焦于音乐、美术、体育等艺体学科,其次是语文、政治、历史等文科类,其他学科难以看到其踪影,这也是造成不同学科教师对非物质文化遗产校本课程认同差异的主要原因。学校教育在传承非物质文化遗产时,挑选的也多是适合表演和展示的文化外在性的传承项目,虽然这些项目蕴藏着丰富的美育价值,培养了学生的艺术修养和审美意识,但非物质文化遗产校本课程领域的窄化会束缚学生对其他地方非物质文化遗产的关注。Q中学的一位历史老师说:"我带了七年级7个班300多名学生,有一次讲到《三足鼎立》这一节时,我发现竟然没有学生知道汉献帝刘协龙沉之邑就在家乡山阳。"

艺术教育之所以被作为学校黄河非遗融入地方课程的首选,一方面是因为艺术教育和非物质文化遗产的关联性较高,在我国非物质文化遗产的十大门类中,有六类都属于艺术教育的范畴;另一方面是因为在新课改的背景下,艺术教育作为学校美育的主要内容和重要途径,受到了广泛的社会关注。同时,艺术课程作为活动性、实践性最强的课程之一,可以让学生在参加丰富多彩的艺术活动中获得愉悦体验,即在一定程度上做到让学生"从做中学"和"从乐中学"。

(二)教材体系不系统

将优秀传统文化全面融入课程与教材体系已成为新时代课程与教学研究的主要议题[①]。非物质文化遗产不仅铸魂育人,而且洋溢着中华大地的气息,在基于中华优秀传统文化开设必修课程的背景下,非物质文化遗产进校园、进课程相关研究逐渐增多,但关于非物质文化遗产进教材的研究关注度依然不高。在调研的五所学校中,52%的教师表示"没有专门的教材"。J小学依托语文学科开发了相关校本课程,D小学把民俗类非物质文化遗产融入了校本课程体系,其余三所学校依托太极拳社团进行校本课程开发,都没有专门的非物质文化遗产校本教材。非物质文化遗产作为经过选择的文化,其校本教材的编写对提升学生文化素养、彰显学校特色和传承中华优秀传统文化具有重要价值。

非物质文化遗产进教材受关注度不高的原因是多方面的。一是缺乏专业的编写队伍,校本教材的编写需要教师转变身份成为"研究者",这就要求教师首先要具备一定的开发能力,然而大多数教师水平参差不齐,很难担任此项工作。二是学生的升学和就业,学校更注重文化课成绩,体育锻炼得不到保障。低年级上课采用太极拳与其他体育项目混合的方式,为

---

① 张家军.新时代课程与教学研究的主要议题[J].天津师范大学学报(基础教育版),2021,22(2):21-26.

准备中招体育考试有的学校从初二开始才有固定的课时学习太极拳的招式。三是校本教材的编写需要人力、物力和财力的支持,不仅需要学生、家长、课程专家以及非物质文化遗产传承人的多主体参与,还要在试教中经过教学、反馈、修改等过程保证教材质量。

在黄河非遗理论课程开发有困难的情况下,也可尝试开发一些实践类课程。施瓦布在1969年发表的《实践:课程的语言》一书中,提出了实践性课程开发理论,为当代校本课程开发奠定了思想基础。实践性课程开发理论包括四个方面:(1)在价值取向上,课程目标要体现实践兴趣,强调通过实践与环境进行相互作用从而培养学生了解环境的兴趣;(2)在实施主体上,教师和学生同时作为课程的主体共同参与课程开发,通过两者的相互作用实现学生兴趣需要的满足和教师能力素养的提高;(3)在课程决策上,课程开发的基本方法是"自下而上"的"课程审议",通过以学校为基础成立的课程集体审议来解决课程问题,把寻求教师、学生、学科内容和环境四个基本要素之间的动态平衡作为审议的重点;(4)在研究方法上,通过对实践行为的研究展开实践反思研究,提高课程的实施效果①。当然,目前非遗类主题活动课程也并未受到应有的重视。

在与部分幼儿园管理者和幼儿教师进行沟通和交流中发现,幼儿园对黄河非遗德州黑陶融入地方幼儿园很漠然,以下是部分访谈片段:

访谈片段(T20200928):

A:您幼儿园有没有把德州黑陶融入幼儿园活动课程呢?

T1:没有这个。

T2:没有听过这个,我们用的是武汉亿童的课程。

T3—T7也没有听说过。

施瓦布的实践性课程理论为非物质文化遗产校本课程融入或开发提供了直接的理论支持。学生通过对非物质文化遗产课程的学习,将理论知

---

① 王志扬,杨海艳.施瓦布实践性课程开发理论及对我国基础教育课程改革的启示[J].当代教育科学,2009(24):48-49+58.

识和实践知识有效融合,提高了文化认同感。泰勒的课程理论也为非物质文化遗产校本课程开发研究提供了分析框架,通过对课程开发四个基本问题的讨论,特别是"学校应该试图达到什么教育目标""提供什么教育经验最有可能达到这些目标""怎样有效组织这些教育经验"[1]这三个问题,可以对目前黄河非遗融入地方课程的现状进行反思,从而更好地改进黄河非遗融入课程开发的实践。

三、课程实施形式化

(一)师资文化素养薄弱

教师参与黄河非遗融入地方课程与实施的态度、行为等基本素养的缺失,从根本上制约着黄河非遗融入地方课程的效果(如表4-1所示)。态度认同和行为认同与开发效果的各个层面之间存在着显著相关关系($P=0.000<0.001$),态度认同与开发效果之间的相关系数为$0.444>0$,行为认同与开发效果之间的相关系数为$0.537>0$,意味着两者之间存在着显著正相关,即教师参与黄河非遗融入地方课程的态度认同和行为认同度越高,非遗课程开发取得的效果越好,两者之间存在互相影响的关系。

表4-1 教师总体认同与学校取得效果的相关性分析

	态度认同	行为认同	开发效果
态度认同	1		
行为认同	0.653***	1	
开发效果	0.444***	0.537***	1

注:* 表示 $P<0.05$,** 表示 $P<0.01$,*** 表示 $P<0.001$。

在调查中还发现,教师对非物质文化遗产的具体认知水平整体偏低,

---

[1] 拉尔夫·泰勒.课程与教学的基本原理[M].施良方,译.北京:人民教育出版社,1994:17.

制约了教师的参与意识。在参与非物质文化遗产校本课程实施的认同上,不同学校类型、不同性别、学历、任教学科的教师之间都存在着明显差异。在认为学校开发此类课程取得的效果上,不同学历、年龄、教龄的教师之间也都存在着明显差异。就主体认同度最高的音体美等艺术学科教师而言,大多数教师认为自己"在相关领域的专业知识不足"。

幼儿园的教育更是如此了,通过对受访者访谈发现,之所以很多幼儿园教师很少开展黄河非遗融入课程活动是因为大部分幼儿教师无从下手。

从访谈的内容来看,幼儿教师的综合素质不高、开发相关课程意识薄弱也间接使幼儿园非遗主题活动课程迟迟未有完善的课程结构和体系。

(二)非遗课程未形成场域

布迪厄场域理论指出"场域是各种位置之间存在的客观关系的一个网络,或一个构型"①。在新时代,加强学生非物质文化遗产教育势在必行,学生总是在正式的或非正式的非物质文化遗产教育场域中受到情境塑造。倘若将非物质文化遗产教育场域体系视为一个"母场域",我们可以将其分为学校场域和社会场域两个"子场域"。

在学校场域中要盘活学校资源,将学校的办学资源和现有条件优先用于非物质文化遗产的传承教育,如提供相应的课时数、图书资料、文体场地等资源保障,拓展教育空间。据调查,只有36.6%的教师认为学校有专门的教室,63.4%的教师认为学校并没有专门的教室。在对于"是否认为学校有固定的课时"这一问题的回答中,有45.10%的教师认为没有,虽然54.9%的教师认为学校有固定的课时,但结合访谈可知这些固定的课时往往在期末考试周,形同虚设。同时,非物质文化遗产虽然地方性较强,但相关教育传承是一个系统工程,学校教育毫无疑问是非物质文化遗产的主阵地,但也不应该忽视校外力量的参与。在调查中发现学校对丰富的社会资

---

① 皮埃尔·布迪厄,华康德.实践与反思:反思社会学导引[M].李猛,李康,译.北京:中央编译出版社,1998:132.

源利用程度不高,邀请非遗传承人以及和高校合作都停留在"口号"层面,并没有达成长期的合作,更不用说"营造让学生看得见,听得到,摸得着的文化氛围",很大程度上影响了地方性非物质文化遗产的校园传承与传播。

学校课程对地方非遗的忽视有悖于文化位育理论。首先,非物质文化遗产校本课程开发彰显了文化位育的价值诉求。文化位育的应然状态之一是顾及民族与固有自然、人文环境的延续性和连带性,保持相互之间的链接[1]。非物质文化遗产是中华优秀传统文化的重要组成部分,只有扎根于所处"位"的沃土之上才能实现更好的"育"。其次,非物质文化遗产校本课程的开发应与当地的文化环境相适应,体现非物质文化遗产的地方性,可以说,非物质文化遗产校本课程与文化环境的契合是文化位育理论的内在要求。基于此,将非物质文化遗产融入校本课程,选择适宜的课程内容,采取多样化的实施及评价方式,培养学生对当地文化和民族文化的认同感和归属感,使学生能够"安所遂生",就要回归"文化位育",达到人与环境的和谐共生。

四、课程评价体系有待于系统化

泰勒的课程理论围绕课程目标的确定、实现、评价而进行课程融入或开发[2],指出课程融入或开发必须回答四个基本问题:学校应该试图达到哪些教育目标?提供什么样的教育经验最有可能达到这些目标?怎样有效组织这些教育经验?如何确定这些目标正在得以实现?其中,"我们如何确定这些目标正在得以实现"[3]为黄河非遗融入地方课程提供指导,即课程融入或开发需要遵循确定目标——选择经验——组织经验——评价

---

[1] 吴晓蓉,张诗娅.贵州省民族文化进校园的教育人类学考察[J].民族教育研究,2011,22(3):10-14.
[2] 张华.课程与教学论[M].上海:上海教育出版社,2001:95.
[3] 拉尔夫·泰勒.课程与教学的基本原理[M].施良方,译.北京:人民教育出版社,1994:17.

结果这四个阶段。

(一) 多元评价主体有待落实

当前我们都倡导多元评价主体,即校本课程评价的主体包括学生、教师、家长和其他参与课程的相关人员。就目前而言,基本是以教师作为单一的评价主体对学生进行评价为主。如 X 小学针对语文、数学和英语学科的评价主体由学校管理人员、学科教师、家长和学生构成,在非遗课程上却只有任课教师对学生进行评价。D 小学为每学期开展的研学活动设计了研学评价表,以"研学准备、研学纪律、研学礼仪、研学任务、研学成果"四项为标准,先让学生自评,再让教师进行评价,现实往往是教师直接进行评价,家长作为学生研学的陪同者却未参与到评价主体中来。

多元评价主体进行课程评价存在着诸多问题是造成目前评价主体单一的原因。首先,多元评价主体中的成员除了教师外,其余几乎都不熟悉校本课程开发的流程,因此无法做出相对客观的评价。其次,其他多元评价主体在校本课程的评价上更倾向于做出总结性评价,无法对教学过程展开形成性评价,这会导致校本课程中多元评价主体提供的反馈信息不能有效作用于校本课程的改进。最后,多元评价主体中的大部分成员缺少评价者专业素养,虽然教师相较于课程评价专家缺少系统的评价知识和评价技能,但教师比较了解校本课程开发的各个阶段,熟悉评价的客体,能够相对客观地执行计划与评价,因此成为了校本课程评价的单一主体。

(二) 评价方式单一

根据访谈结果,大多是教师单方面对学生进行评价,"家长和孩子都比较喜欢汇报演出这种形式,当作一种乐趣,孩子们在汇报时也很有成就感,家长看着自己孩子多才多艺也很欣慰。""这种艺术课程不太好量化,指望一张卷子测试学生学了多少非遗知识根本就行不通,而比赛能直观地看出来学了多少东西,学生也有兴趣,积极性还高。"对教师的评价仅限于偶尔

"指点"的范围,"举行艺术节的时候,会邀请到专业的非遗人士来当评委,既能丰富学生的日常生活,也能趁此机会对任课老师指点一下。"由于目前学校开展的非物质文化遗产校本课程集中于艺术领域,评价内容影响着评价方式,故大多采用作品展、汇报演出和比赛这几种外在的评价手段来评判学生学习非物质文化遗产的效果,不再局限于考试这种方式。但是,这三种都是属于针对学生学习结果的终结性评价手段,对学生学习过程性的考察有所忽略。

(三)缺乏对课程本身的评价

教育评价是学校教育进行教学活动的一个关键性环节,其自身所具备的鉴定检验和改进完善这两大功能缺一不可[①]。评价的结果固然重要,但忽视对评价结果的反馈,忽视校本课程本身的评价不利于提高和改进校本课程的质量。从课程实施过程来看,注重非物质文化遗产知识和技艺的灌输,小学低学段和高学段使用同样的教材,学习同样的内容,并未体现内容难度和广度的螺旋式上升。艺术类非物质文化遗产有利于培养学生的美育毋庸置疑,但学校的课程应该有着对应不同年级学生的课程目标定位、内容定位,包括难度、深度、广度、效度等层次的不同要求。

黄河非遗融入地方课程的初衷是希望学生通过外在的文化物质表象理解其背后更深的精神内涵,实现非物质文化遗产的活态传承。许多学校基于地方特色非物质文化遗产对校本课程进行了积极的尝试,也取得了一定的效果,打造了自己的特色课程和校园品牌文化。然而在学校取得的效果层面上,黄河非遗融入地方课程存在功利主义取向,多表现为"彰显办学特色、提高知名度、提高学校的教学绩效"等,通过每学期参加区、市乃至全国的各项展演来扩大学校影响力。这种极具功利性的现象,使那些将黄河非遗融入地方课程作为学校办学特色的学校得到了暂时的特别关注,其功

---

① 胡金木,王云.校本课程评价问题研究[J].内蒙古师范大学学报(教育科学版),2005(12):78-81.

利价值远远高于课程价值,这种具有"校本"的形式但没有真正"校本"意义的课程开发,违背了非物质文化遗产传承的初衷。诚如Ｓ区教育局工作人员所说:"我们区内的很多学校都开发了非物质文化遗产课程,大多比较零散未形成系统体系。虽然我们开发了地方研学教材读本,但把国家大力提倡的非物质文化遗产教育真正落到实处的任务依然任重而道远。"

五、地方文化融入幼儿园艺术课程有待于加强

根据调查结果显示(如图 4-1),在幼儿园阶段,只有 11.11% 的幼儿园在按照课程进行非遗艺术教育,其他的幼儿园只是临时性的地方文化教育,并未对传统艺术形式有更加深入的了解和学习,甚至有 22.22% 的幼儿园从未开展过传统文化进课堂的课程内容。目前,我国幼儿园的艺术教育在一定程度上得到了发展和改进,但是,在艺术课程的具体实施过程中,地方文化作为中华传统文化的重要组成部分,对幼儿的成长和传统文化的弘扬具有重要意义①,其蕴含的教育价值却并未得到充分的发掘以融入进幼儿园艺术教育当中。

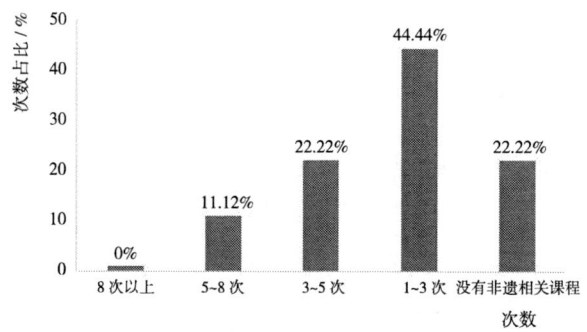

图 4-1 幼儿园一学期开展非遗文化教育次数

---

① 何静.少数民族文化融入幼儿园课程的个案研究[D].长春:东北师范大学,2016.

第二节 黄河非遗融入中小学课程案例问题分析

一、面塑融入小学美术课程问题与成因分析

为更具体且有针对性地发现问题,著者在某小学开展问卷调查和教师访谈,对该校中原面塑融入小学美术课程的教学现状进行深入分析,以便找到问题和产生问题的原因,更好地解决中原面塑融入小学美术课程面临的困境。

(一)问题分析

1. 小学生对于中原面塑的了解较少

面塑艺术作为一种文化并未真正消失,但如果不用心去发现,是难以发现面塑艺术的独特魅力的。当代的小学生大多都会捏制一些彩泥作品,他们经常会将彩泥和面塑混为一谈。面塑作为传统民间艺术,采用的依然是流传上千年的传统可食用配方,从本质上是区别于现在流行的黏土手工的。小学生对于中原面塑艺术的了解不足,所以他们会觉得比较陌生。

面塑在校本课程中的应用存在资源上的优势,中原面塑流行于中国北部,尤以生产小麦为主的地区,这为面塑教学的开展提供了教学资源。目前,面塑融入小学课程成效甚微。

2. 教师对面塑的教学缺乏专业性

小学美术课程存在教学资源和类型单一,教学内容单一化,并且学校内由于教学条件的限制,学校中的美术教师大多采用让学生进行绘画练习的方式,使得学生对美术课程形成刻板印象,认为美术课等于画画课。这

种教育形式,窄化了美术教育的类型,这不利于非物质文化遗产的传承、发展与创新。并且在小学教学中,教师较为关注学生的文化课,而忽视了美术课程的必要性,出现了很多"主要科目"的教师挤占小学美术课堂的现象,这种现象的存在使得美术教育存在边缘化、非正规化的现象。

3．学校对美术资源的开发缺乏重视

受到传统教育模式和传统教育观念的影响,在小学阶段中,学校较为重视学生文化知识的学习,对学校美术课程的开发重视度不够,这也使得学校对美术资源的支持度较低,在小学美术课程的设施、工具、材料等方面供给不足,受到这些主客观条件的影响,中原面塑作为地方美术资源,在融入小学美术课程的过程中无疑就面临着困境。

4．学生在日常生活中接触到面塑的机会较少

现阶段的小学生在美术课程中和日常生活中能够接触到面塑工艺的机会较少,捏制的材料被彩泥代替。彩泥在市场上更为常见,且材料是现成的,色彩丰富,较容易获取。在日常生活中,面塑存在的地方较为分散,一般在一些旅游景区较为常见,作为特产流行于市场,小学生在见到面塑作品之后,多是走马观花式地进行观赏,难以深入了解面塑的发展由来、面塑的制作工艺、面塑的材料和工具等。

(二)成因分析

1．小学生缺乏深入了解面塑资源的环境

小学生正处于学习习惯、学习思维方式的养成阶段,学习环境对学生的认知尤为重要。在新时代,我国尤为强调培养学生的综合素质以及核心素养,若学校片面强调学生的文化知识储备,而忽视学生的全面发展,对于学生的成长是极为不利的。2021年,教育部发布了《中华优秀传统文化进中小学课程教材指南》,强调各地教育工作者要积极开发地方美术课程资源,以适合学校教育的非物质文化遗产为载体,引导学生了解中华优秀文

化的魅力,提高审美素养和人文素养。学校需要响应文件号召,将传统文化引入学校的各个角落,为学生创设一个良好的文化环境,给学生提供深入了解中原面塑资源的环境,潜移默化地影响到每一个学生。

2. 教师面塑艺术素养薄弱

当前,虽然小学已经开设了美术课程,但一些学校的美术课程课时数较少,美术课程被语文、数学、英语课程挤占,学校教师对美术教学重视不足,学校中开设的美术课多为绘画,娱乐性较强,而面塑技艺作为美术中的一部分很难被小学学校挖掘。同时,一些学校美术课师资力量薄弱,面塑课程的讲解也是作为美术教材的其中一章节简单带过,教师缺乏面塑技艺的素养。此外,小学美术教师要做到认真备课,整合课程内容资源,优化课程方法以及改善课程评价的方式方法。

3. 学校和地方非遗传承人缺乏互动

目前大部分学校都采用"闭校办学",学校运用有限的校内资源开展教育教学活动,而学校内教育工作者的知识面是有限的,若使中国非物质文化遗产得到较好的传承,就离不开非遗手艺传承人的发展和创新[1]。学校与地方非遗传承人缺乏联系,浪费了独特优质资源。学校与地方非遗传承人的良性互动有助于开发非遗面塑资源,使学生亲临其境了解面塑的捏制和人文底蕴。学校应积极寻求与校外"非遗"大师合作,利用"引进来"与"走出去"的创新合作方式,既要走出校门向当地面塑艺人学习,又要请面塑艺人到学校任教。互联网时代的飞速发展和多元文化的不断冲击,使得面塑艺术面临失传的危险,由于面塑多是传统工艺,青少年群体中喜爱面塑的人数少之又少,主动学习面塑艺术的人就更少了。并且由于面塑艺术历史悠久,传承的老手艺人大多已经辞世,少数手艺人年事已高,面塑的传承和发展的前景并不乐观。

---

[1] 王宏伟.民间美术在小学美术教学中的应用[J].中国教育学刊,2017(06):75-77.

二、怀梆融入中学主题活动课程面临困境分析

经过对课堂教学的观察，作者发现中原非遗怀梆主题活动课程存在的问题。

（一）教师资源的不足

作为教学活动的主导者，音乐教师的重要性不言而喻。但实际情况却是，音乐教师人数较少，而且相比其他领域的教师，他们的戏剧专业水平并不高。很多音乐教师没有接受过专业的戏曲方面的训练和学习，对戏剧的专业性知识比较匮乏。虽然有些教师会自己花时间在网络上学习怀梆唱腔或者向专业怀梆表演人员请教，但不是专业人员，他们没有经过系统的训练。此外，教授戏剧只是音乐教师的工作之一，还有其他教学任务需要完成，难以一心多用，即使教师自身很努力，教学效果也是不如人意的。因此，需要有更多专业的音乐教师，掌握更多专业技能，才能更好地指导学生走向成功的道路。同时，学校也需要更好地支持教师，提供更好的戏曲培训、更多的资源配备，使得他们能够更好地完成自己的工作。只有这样，学校才能够在艺术教育领域取得更大的进步和成就。

（二）怀梆知识的缺乏

学生从小就对传统艺术的知识知之甚少，而这恰恰是艺术继承中必不可少的一环。中学的戏曲教学内容有限，主要教唱一些简单的唱段。教师在教学过程中并未能做到因材施教，而是采用看视频或听录音的方式来传授知识，很少深入讲解戏曲唱段的背景、唱腔的运用以及相关的专业知识。这种教学方式特别容易造成学生在戏曲知识和技能方面的缺失。因此，学校应该重视对学生民族音乐、戏曲艺术方面的培养，让他们能够接触和了解传统艺术，从而对其有深刻的理解。同时，教师应该根据学生的特点，制

定因材施教的教育计划,采用多种多样的教学手段,让学生在听、看、唱、演的过程中,真正地掌握戏曲唱段的精髓。这样,学校才能更好地传承和发扬中国传统艺术。

(三)教学手段单一

一成不变的课堂教学方式,很可能会让学生在学习的过程中感到疲惫和无聊,特别是怀梆这种具有传统意义的音乐剧,学生们在平日里的生活中并没有太多的机会,所以他们的感觉并不是那么的敏锐。为此,学校应积极探索和创新教学方法,使学生在学习中能感受到"怀梆子"的魅力,从而实现对"怀梆子"的继承。

传统的戏剧,都是以老师教导学生的方式,一对一地教导。如今,由于有了现代化的教育设备,使教室里的气氛更为生动,这是一种发展,但也丧失了它原本的味道。因为教学内容比较单调,所以老师在授课的时候,或者是让学生先去看一些戏剧录像,重复听,再跟着录像习唱;或者是运用多媒体技术,让同学们反复听,学会唱。他们只是用现代化的工具来教导,却没有用语言来教导。如此一来,时间一长,学生便会对戏剧课感到无聊,甚至于对戏剧产生厌恶。因为,在进行怀梆的教学时,一定要用多个视角、多个层面的方式,将学生的感觉、知觉、听觉等多种感官调动起来,再配合高效的教学方式,这样才可以让学生喜欢上戏剧,喜欢上戏剧课程。

(四)环境的干扰

从学校广播经常播放哪些音乐的问题饼状图(图 4-2),可以看出校园广播中经常播放的音乐大部分为流行音乐。从社会环境的角度来看,流行音乐已成为现代音乐文化的主流,深受学生的喜爱。特别是经过网络媒体的宣传,一首歌可以在全国流行,许多人都能哼唱出几句。因为大多数人接触的是流行音乐,对于怀梆这样的地方戏曲接触较少,即使偶尔听到也会由于方言差异或唱腔的难度而感到学唱困难。

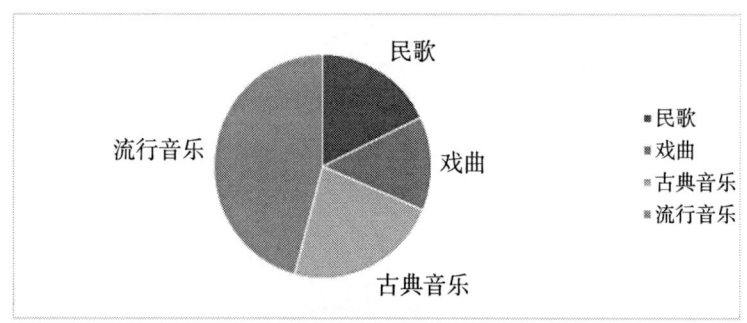

图 4-2　学校广播经常播放音乐饼状图

此外，在家庭环境中，没有艺术氛围的家庭我们很少看到父母会带着孩子一起欣赏戏曲音乐。即使是在有一定艺术氛围的家庭中，孩子也不一定能欣赏像怀梆这样的戏曲音乐。因此，家庭教育对怀梆音乐的传承缺乏支持。

在学校环境中，校园音乐文化是学生音乐爱好和素养形成的主要阵地。每天的广播站会播放不同形式的音乐，但大多数是当下流行的音乐作品。学校没有为学生安排间隙时间或课间操时间来播放戏曲，这导致学生很少了解和接触戏曲文化。因此，在怀梆音乐的课堂上，学生的表现是可以预见的。

第三节　黄河非遗融入幼儿园课程问题分析

一、豫剧融入幼儿园大班教育活动首轮问题分析

第一轮行动研究中《老鼠女儿嫁给谁》《谁是老鼠小新郎》《猫来了，呜呼》三个子活动，前后相互关联，目标设定上也基本符合学前儿童戏剧教育的基本目标，并同时注重幼儿对角色情感的表征与把握。幼儿在《老鼠女儿嫁给谁》中主要采用故事戏剧的方式进行导入，在幼儿对豫剧的了解与

感受中,将选材建立在熟悉的民间故事中。幼儿能够根据熟悉的民间故事选择相对应的豫剧曲目,使幼儿能够基本感知豫剧中的韵律。此外,幼儿能够在豫剧丰富的韵律中,调动多感官的发展,从视、听、说等角度,基本对老鼠爸爸、老鼠女儿的形象建立起角色联系网。幼儿在《谁是老鼠小新郎》的活动中,能够通过聆听《抬花轿》的豫剧片段与喜庆祥和的背景音乐,明确此豫剧片段的情境,利用生活中已有情景,进行联想。一是感知豫剧片段的背景故事,二是感知豫剧的节奏和韵律。幼儿在豫剧传统韵律下,对老鼠女儿出嫁、上轿进行模仿。然而,在取得一定效果的同时,也存在一些问题。

(一)活动剧本选择失当

本轮行动研究选择《老鼠娶亲》,活动开展整体效果一般。研究者后期与所在班级教师进行探讨,发现本轮曲目由教师直接选择,只是考虑幼儿对《老鼠娶亲》这一民间故事有所了解,而未真实与幼儿进行沟通。在一定程度上背离了"生长戏剧范式"下"角色""情节"的生长,过度依赖原有故事情节开展戏剧活动,导致"情节"的单调与乏味。尽管活动开展完成,但是在活动实施的过程中,有一些幼儿抱怨:"这个曲目太无聊了,娶亲嫁女的风俗离我们太远了。"为此,研究者与所在班级教师沟通,希望在接下来活动曲目的选择将由幼儿自主决定。

(二)活动重难点把握不当

通过上述三个活动的开展,最直观的感受就是活动重难点把握失衡。一是活动重点的设置过于重复,三个活动大多都是以幼儿对老爸爸与老鼠女儿的角色的建构与表征为重点的,过于强调幼儿对角色的建构与表征,实则幼儿通过两次对《老鼠娶亲》的豫剧片段和故事情节进行欣赏,即可感知。二是活动难点的设置缺乏层次性,且前后不连贯。"对角色形成网络图"到"理解我国娶亲嫁女的民俗"两者不存在相关关系,前后突兀,难点设置不当。

（三）活动实施时间分配欠妥

以第一次《老鼠女儿嫁给谁》活动为例，教师对于"故事的讲述"占用时间太多，而忽视了幼儿表演天性的发挥。一节活动课25分钟的时间，其中讲述故事就占用了一大半甚至更多的时间。平淡讲述故事对幼儿的发展毫无意义，而且会使幼儿对《老鼠娶亲》这一故事产生疲倦感，接下来的活动无法集中精力去进行。所以，本次活动忽视了幼儿注意与记忆的规律，只是为了完成教学任务而进行。

（四）活动实施缺乏"生长性"

教师对以上三个子活动从设计到实施，完全按照教师的想法去进行，忽略了幼儿的"生长性"，对幼儿的兴趣考虑不当，只是为了"教学"而不断推动活动流程，忽视幼儿在活动中的问题与需要。认知过程是一系列有序发展的过程，包括提取原有经验、感知接受新的信息、改变原有认知等[①]。教师在实际活动实施中忽视了学生的"认知过程"，只考虑幼儿如何初步欣赏感受豫剧；忽略了幼儿在豫剧活动中经验的"生长"，对幼儿真正走进豫剧没有实际作用。

二、"河洛大鼓"融入幼儿园本艺术课程问题分析

在"河洛大鼓"融入幼儿园本艺术课程开发的实践中，我们会遇到一些挑战。这些问题，将在探索的过程中逐渐解决。

问卷调查显示（图4-3），在河洛大鼓融入幼儿园艺术课程中存在着许多现实问题。

---

① 俞春晓.幼儿园集体教学活动设计方法与实例[M].北京：中国轻工业出版社，2012：122.

首先,家长和教师对河洛大鼓的了解不够深入,这导致了对河洛大鼓这一传统艺术的推广和教学方法缺乏足够的认识与支持。其次,幼儿园对传统文化教育的重视程度不足,这使得河洛大鼓的教学内容和教育活动难以得到充分的时间和资源保障,此外,幼儿的接受能力受限,他们可能对河洛大鼓的传统唱腔和表演形式感到陌生,难以快速掌握其精髓,家长对非遗的重视程度不够,这影响了家庭对幼儿学习河洛大鼓的支持和鼓励。

特别是教师对河洛大鼓的认知不够深入,这直接影响了教学质量与效果,教师作为教育的直接实施者,他们对河洛大鼓的理解和掌握程度,决定了他们能否有效地将这一艺术形式传授给幼儿,同时,河洛大鼓本身并不扎根于现实生活,使得幼儿难以在日常生活中接触到这一艺术形式,从而影响了他们对河洛大鼓的兴趣与学习动力。

在"后非遗时代",河洛大鼓面临着严峻的挑战,但也蕴含着巨大的潜力,通过教学实践并在其中反思,找到有效传承和发展河洛大鼓的方法与策略,为其创造良好的社会环境,才能更好地达到教育效果,让河洛大鼓在新时代焕发新的生命力。

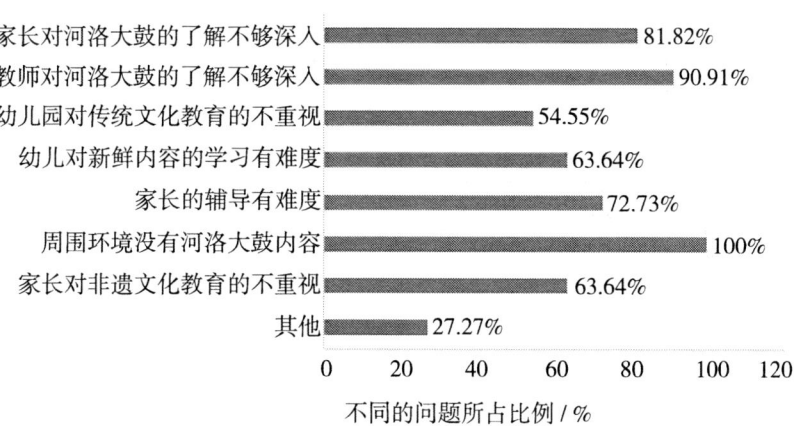

图 4-3　在河洛大鼓艺术课程教学中可能遇到的问题和挑战

第五章
黄河非遗融入地方课程的优化策略

第一节 黄河非遗融入地方课程的优化策略

针对黄河非遗融入中小学地方课程存在主体认同度不高、课程建设不完善、课程实施形式化、课程评价体系有待于系统化等问题,采取激发黄河非遗主体认同的积极性、完善课程建设、规范课程评价等优化策略。

一、激发黄河非遗主体认同的积极性

文化位育理论强调个体与所处文化环境之间的调适,解决"位"的问题才能谈及"育"的问题,即个体要有明确的价值取向,明白自身所处文化环境之下的位置,才能形成文化认同。"文化认同是人类对于文化倾向性共识与认可"[1],非物质文化遗产认同问题在当代社会生活中,直接关系到民族文化自信。就非物质文化遗产校本课程开发而言,其开展情况关键在于学校管理人员、教师和学生等主体对非物质文化遗产的"倾向性共识与认可"状况,因为这三类群体是非物质文化遗产校园传承过程中最重要的载体。

---

[1] 郑晓云.文化认同论[M].北京:中国社会科学出版社,2008:8.

（一）提升管理人员的观念行动

教育必须能够使人"安所遂生"，否则只是"办学"而不是教育①。学校管理人员是国家政策指路人，是非物质文化遗产校本课程开发活动的发起者，落实"立德树人"的教育根本任务，就要将中华优秀传统文化全面融入学校课程建设。

首先学校应制定明确的课程规划方案。学校课程可以回应更广泛的社会、个人、实践及其他需要和目的②。非物质文化遗产课程的开发不能只停留在表面，要建立长期有效的非遗课程工作机制和体系，切实发挥非物质文化遗产课程在校园传承主渠道的作用，保证教学长期有序地开展。学校应提供相应支持，"名家引进来"和"学生走出去"两手抓。定期开展"名家进校园"活动，邀请国家级非遗传承人或省级非遗传承人到校进行教学指导；增加非遗进校园的场次数量；以社团活动为依托，艺术展演为补充，丰富校园文化，组织开展社会实践活动，让学生在体验中得到非遗文化的滋养。最后学校应明晰育人目标，以乡土教育理念为引领，将所在地非物质文化遗产项目引入校园，融入学生的学习成长环境，以乡土艺术之美育儿童心灵。目前非物质文化遗产校本课程普遍存在"重技艺轻理论"现象，非物质文化遗产课程的开发不应该是零散活动或多个活动的浅层体验，而是让学生经历从理解认知到实践体验再到成果分享的过程。

（二）增强教师的课程开发意识

在文化位育理论指导下的课程内容构建中，教师既是进行校本课程开发与建设的主体，也是地方性非物质文化遗产知识的传递者，是学生了解地域文化的重要来源。因此，教师是否具备良好课程意识和是否能够挖掘

---

① 潘乃谷,潘乃和.潘光旦教育文存[M].北京:人民教育出版社,2002:48-49.
② 戴维·卡尔.教育的意义[M].徐悟,译.北京:中国人民大学出版社,2015:116.

文化内涵,是非物质文化遗产校本课程开发活动能否更好开展的关键。

在提升教师课程意识上,首先要增加教师的相关知识储备,"推动非物质文化遗产的学科化进程,将非物质文化遗产相关课程纳入本科师范教育的课程体系"①,在职前职后的教师教育中衔接非物质文化遗产教育的相关培训,避免教师因知识储备不足而降低开发意愿。其次应重视非遗教师的基本需求,小到排课的灵活度,大到教师晋升。建立多维的考核评价体系,从多方面多角度评价非遗教师的教学成果,注重使命感、信念感和价值观的考核②。在挖掘文化内涵上,不能停留在非物质文化遗产表面的技术性知识,应该深入挖掘其所内含的位育智慧,形成鲜活的富有生活意义的课程内容。首先学校要为教师创设更多了解地域文化的机会和渠道,使教师自身对非物质文化遗产融入课程的价值达到一种"笃定性认同","笃定性认同"是教师对中华优秀传统文化认同一种较为理想的状态③。其次要定期开展"主题式"地域文化校本课程培训,各学校可依托"学科名师工作室"助推教师的专业发展,在校本研修中逐步明晰非物质文化遗产教育的价值意义。

(三)彰显学生的文化主体地位

要实现学生"安所遂生",就要以学生为本,立足于所处环境和学生的兴趣需要。因此,非物质文化遗产课程的建构是以"什么知识最有价值和谁的知识最有价值"为标准进行筛选的过程。当前学校把具有地域特色的非物质文化遗产作为有价值的知识进行校本课程开发,但忽视了学生的主体性地位。Q中学的一位体育教师说:"太极拳是我们市中招体育考试的

---

① 宋晓乐,吕立杰,丁奕然.小学教师中华优秀传统文化认同现状研究[J].教育学术月刊,2020(9):64-71.
② 张卓.非物质文化遗产传承的师资队伍建设研究——以职业院校为例[D].天津:天津大学,2018.
③ 李钦曾,罗丹.非物质文化遗产人才培养的困境与解决策略[J].教育与职业,2016(6):118-120.

必考项目,我们学校每年举办太极拳比赛,学生平时掌握得好,考试的时候得分也会高。"这种重招式轻理论的教学导致了学生"知其然而不知其所以然"的现象。学生是地方性非物质文化遗产的接受者,学生吸收知识的过程不能是被动的,其学习态度是否积极会直接影响非物质文化遗产的传承效果。

已有的传统文化类校本课程学生满意度研究表明,学生对传统文化类校本课程感知质量的均值远低于期望的均值①。因此学校应增强对文化主体需求的考量,结合学生的兴趣,立足于学生的知识结构与各年级学生的能力发展指标,设计各年级的主题。此外,在编制课程时,应注重非遗课程的特色化、个性化和灵活性,有选择与针对性地推进非遗课程开发,使之符合中小学生的认知发展特点,从而让学生接受相关知识的熏陶和浸润。

二、完善黄河非遗融入中小学地方课程建设

费孝通认为文化自觉是指生活在一定文化历史圈的人对其文化有"自知之明",对其发展历程有充分的认识和了解,能够真正认识到文化的重要性并自觉地承担义务②,这其实是文化位育的另一种表达。我们不仅要认识到非物质文化遗产的当代教育价值,还要深入挖掘这些丰富的教育内容,加强中华优秀传统文化类课程和教材体系建设,将优秀传统文化融入课程教材体系建设之中,为学生提供丰富的选择,打造具有中国特色的课程与教学文化基础。

(一)拓宽学科领域

课程内容涉及教师的教和学生的学,课程内容的选择能否有助于学生

---

① 吕立杰,丁奕然.指向学生中华优秀传统文化认同感提升的校本课程调查[J].教育研究,2019,40(09):56-64.
② 费孝通.文化与文化自觉[M].北京:群言出版社,2010:195.

"安其所"是非物质文化遗产校本课程开发目标的首要前提。非物质文化遗产具有深厚的文化根基和宽广的文化视野,非物质文化遗产校本课程开发不应仅局限于融入艺术学科,而是需要多学科渗透,开发人文和自然学科相关课程。近几年出现了一些拓宽学科领域的研究,如甘肃省西和县把"乞巧节"作为初中语文校本课程资源开发①;耿毅等学者依据STEM+教育思路开发了"国画颜料传统制作"课程②;北京路光明小学以"我是'一带一路'非遗宣讲员"主题综合课程为依托,对自然、人文和社会各学科领域的知识进行整合,丰富学生对民族文化的理解③;重庆市合川区巴蜀小学在语文、数学、音乐、美术、体育等不同学科课程中融入本土非遗文化资源等④。非遗保护作为一个新的研究领域,多学科共同参与、共同对话是这一新领域的显著特点⑤,因此多学科课程渗透是非物质文化遗产进课程的一种发展趋向。J市S区拥有国家级非遗项目绞胎瓷制作技艺,省级非遗项目陈氏叶雕制作技艺,市级非遗项目山阳公的传说、四大怀药民间手工技艺、马氏民间风筝制作技艺等11个非遗项目,因此非物质文化遗产校本课程开发不应仅局限于艺术学科,更不应只体现在研学游学教材中的1个课时中,而应当重视在学科课程中渗透非物质文化遗产,从整体上设计非物质文化遗产教育内容,立足学校实际系统开发非物质文化遗产校本课程。

---

① 杨向奎,刘蕾.初中语文非遗课程资源西和乞巧节的开发探究[J].教学与管理,2017(18):80-82.
② 耿毅,薛勇军,王伟群.非物质文化遗产传承下的STEM+教育——以"国画颜料传统制作"课程开发为例[J].化学教育(中英文),2021,42(07):27-32.
③ 董宏伟,刘洋.聚焦核心素养的跨学科主题综合课程的研究性实践探索——以"我是'一带一路'非遗宣讲员"主题综合课程为例[J].中国教育学刊,2021(S1):139-140+152.
④ 吴倩,李明静.非遗文化在学校课程中的整体构建——以重庆市合川区巴蜀小学的实践为例[J].基础教育课程,2020(13):29-34.
⑤ 张勃.新文科视域下的非物质文化遗产学科建设——从高校使命担当与非物质文化遗产保护的耦合关系谈起[J].文化遗产,2021(04):8-19.

（二）加强教材体系建设

非物质文化遗产由文化形态转化为教育形态能厚植文化基因，教科书作为承载文化内核的重要载体，是实现其形态转变的必要前提。除地方研学教材在第一单元第五课中整合了当地的非物质文化遗产，在初一、初二开设选修课程之外，J市的中小学普遍缺乏专门的非遗教材。在太极拳的发源地温县，太极拳传承人和学校老师编写了地方教材《太极拳》。上册包括"博大精深的太极拳文化、习练太极拳的礼仪和守则、基本功练习、太极十三式"四个单元；下册包括"太极拳成长史、太极拳入门须知、太极拳基本功、陈式太极拳老架一路"四个单元，以适应不同学段学生的身心发展需要。

教育的实践主要关系到"教什么，怎么教"和"学什么，怎么学"两大领域，课程与教材密不可分，是教师从事教学活动的基本依据①。教材体系的缺失导致目前学校开展的非物质文化遗产教育都存在"点缀式传承"的倾向，非物质文化遗产校本教材的编写不仅要重视将非遗知识进行系统化整合，还应具备理论性与体验性、实践性相结合的特征。著者认为，在加强非物质文化遗产校本教材建设时应从以下几个方面展开：在教材类型上定位于专门的非物质文化遗产类教材；在教材内容上整合地方资源进行融合开发，为学生提供多样化的选择；在教材特色上体现鲜明的地域性，这也是非物质文化遗产自身的基本特点，因此教材也应具备区域性，通过教材的讲授，培养学生的地域文化自信心与自豪感，进而实现核心素养和情感目标的培养。

（三）提升教师的人文素养

将非物质文化遗产融入国民教育体系，使得目前我国非物质文化遗产

---

① 陈婷,李兰.中华优秀传统文化融入小学数学教科书:现实样态与行动路向[J].课程·教材·教法,2021,41(11):92-99.

的传承方式发生改变,由利用"口传心授"的血缘和师徒传承转向利用正规学校教育有序传承。在此转向下,教师是非物质文化遗产在课程"落地"的关键力量,而目前普遍存在教师非物质文化遗产素养不足的困境。文化位育对个体的影响体现在"安其所有,遂其生也",即个体主动地适应文化环境,并追求自我成长①,因此,教师应当先实现"安所遂生",培养教师的人文素养和基本技能素养是紧要举措。

教师的人文素养是指教师在一定文化知识学习和内化的基础上形成的学识和修养②。建议在教师培训中增加非物质文化遗产的内容,不同类型的学校进行校本教研时,应依据课程的特点对教师进行精准化培训。学历不高的教师应积极主动地了解非物质文化遗产教育的相关政策,丰富自身文化知识。由于在非物质文化遗产课程认同层面呈现出艺术类＞文科类＞理科类的趋势,学科类别又能体现出明显的性别趋向,因此建议学校借助跨学科、统整式的非物质文化遗产类主题课程提高教师间的流通性,增加教师的沟通频率。对于不同年龄和教龄的教师,应着力构建"老带新"和"新帮老"的互助校本培训氛围,年长教师可以将自己对非物质文化遗产课程的领悟心得传授给年轻教师并引发共情,提升年轻教师的人文精神;年轻教师也可以将多媒体课堂、非遗文化热点等具有强烈时代性的知识共享给年长教师,以此全面提升师资的人文素养。非物质文化遗产的"活态传承"要求教师的基本技能素养还原"本真性",由于学校大多数非遗任课教师缺乏专业技能,而非遗传承人的技能水平毋庸置疑,建议每周设置固定的课时,由外聘的非遗项目传承人与任课的非遗课程教师"兼专互传",课堂上的"跨界"互动,既提高了孩子们对非遗的兴趣,也深化了任课教师对非遗操作步骤的认识与理解,激发非遗教师深入探讨非遗创意的热情。

---

① 韩雪军.论民族地区教师学习的位育转向——基于呼伦贝尔市陈旗初中教师的混合研究[J].教育学术月刊,2016(08):42-50.
② 黄文武,戴雨婷.专业发展视域下教师人文素养提升的路径[J].教学与管理,2019(18):65-67.

三、规范黄河非遗融入中小学地方课程评价体系

虽然学校都开设了非物质文化遗产校本课程,但学校教育始终以主流学科课程教授为己任,关于非物质文化遗产课程的评价游离于学校课程评价体系之外,有的学校将其纳入"考试"范畴,有的学校则是"考查",更多的学校是不考不查①。课程内容使学生"遂其生"是非物质文化遗产校本课程开发的价值取向,课程内容要有助于学生习得地方文化,发展核心素养,这就要求在评价的过程中要做到评价主体多元化、评价方式多样化、评价关注课程本身。

(一)评价主体多元化

评价不是从教育主管部门指向学校,学校指向教师,教师指向学生的单向活动,而是参与人员双向互动的过程。② 教育活动的利益相关者都应成为教育评价的主体,学生在参与评价的同时根据评价结果反馈改进学习,教师根据评价结果反馈改进教育实践,家长在参与评价的同时获取评价信息等。不同的评价主体由于评价视角的不同,所发挥的作用也不尽相同,因此非物质文化遗产校本课程的评价主体应主要由教师、学生、家长构成,共同反馈课程的学习过程和学习效果。

为更好地发挥评价的导向和激励作用,提升评价者的专业素养,在校本课程开发的过程中应当注重家长和学生的参与。这不仅能促进家校间的双向交流与沟通,还能更好地达成教育共识,形成教育合力。在评价体系中建立专门的测评人员队伍,并定期进行培训,教师测评员结合教材内容和学生实际,制定各年级的多元评价方案,并和家长测评员分别对学生

---

① 倪娟.优秀传统文化进校园的问题检视与机制建构[J].教育科学研究,2020(06):71-76.
② 胡霞.中华优秀传统文化课程开发与实施现状研究——以C市11所城市小学为例[D].长沙:湖南大学,2019.

进行测评，为避免家长测评员的主观倾向，可选取3名家长或5名家长对同一位学生进行测评，以最后的综合测评表现为主，在对学生进行测评后，从中选取一批学生测评员，开展学生对学生的测评。

（二）评价方式多样化

评价这个概念有两个重要的方面，即评价必须评估学生的行为，评价在任何时候都必须包括一种以上的评估①，即评价的形式要丰富多样。在发展学生核心素养的背景下，对学生学习的评价不能局限于终结性评价，要向诊断式、过程式评价方式倾斜，要关注课程开发与实施中出现的问题，并不断完善。非物质文化遗产校本课程的评价内容应包括知识与技能、过程与方法、情感态度与价值观等多个要素，使评价内容更生动、评价方式更灵活、评价渠道更畅通。

由于非物质文化遗产教育的课程目标无法用外显的行为来衡量表现，因此，难以采用量化的指标来衡量评价其目标是否达成，故采用定量评价与定性评价相结合的方式，从多个角度、多个层次考查学生的综合素养。在学期中，根据测评方案培养学生各方面的能力，在学期末通过有针对性的测评注重学生的学习态度与习惯。在开展非遗研学旅行后，可以设置相应的展示课让学生畅谈收获，先以小组结合的方式进行交流，然后派代表发言，或者让学生以制作手抄报的形式记录感受，促进学生内化知识，达到研有所思、学有所获、旅有所感、行有所成的研学目的。此外，也可以依托信息技术制定学生个人发展的多元评价体系，包括学习、德育、体育、美育等方面的评价，采用学校评、家长评、教师评、学生自评相结合的形式，每个家庭都可以登录此系统上传活动照片及内容，在期末时进行综合评价，其中，设立一项课后参与非物质文化遗产相关活动的评价，以科学管理的理念助推学生的全面发展。

---

① 泰勒.课程与教学的基本原理[M].施良方,译.北京:人民教育出版社,1994:85-86.

(三)评价也应关注课程本身

非物质文化遗产校本课程评价的目的是促进学校、教师、学生的发展以及校本课程的有效实施。依据课程评价理论,学校应建构本校非物质文化遗产课程的评价标准,一方面可以指导学校开展非物质文化遗产教育,另一方面在保证非物质文化遗产教育落地和质量的同时能够凸显地方化和校本化特色[1]。

泰勒认为评价是一种测定教育目标在课程与教学的方案中究竟被实现多少的过程,他认为教育目标是课程评价的出发点和依据,是进行课程评价的决定因素[2]。厘清课程的价值,是实现教育目标的出发点,因此要关注对课程本身的评价,主要包括非物质文化遗产校本课程目标与学校教育哲学和办学理念的契合,课程内容的选择是否具有可行性、差异性,课程编排是否符合学生兴趣和身心发展特点等。创设评价的情境有机会让学生进行实践体验,包括校园文化建设、学校非物质文化遗产教育的组织与实施等。此外,教师参与非遗课程的积极性、家长的支持度和社区的参与度都应成为评价课程自身的指标。

第二节 黄河非遗融入中小学案例课程优化策略

一、面塑融入小学美术课程的改进措施

通过对中原面塑融入小学美术课程问题及成因的分析,著者将针对问

---

[1] 张善超,李宝庆.中华优秀传统文化融入中小学课程设计:内涵、路径与特色[J].教育理论与实践,2016,36(11):49-51.
[2] 雷晓云.泰勒的课程评价模式述评[J].课程·教材·教法,1989(04):27-30.

题从学生、教师、学校三个层面提出具体的改进措施。在学生层面,主要从鼓励学生发现自己的兴趣点、主动发掘中原面塑深厚的内涵入手;在教师层面,主要从分阶段设置课程内容、丰富教学方法、开展有效的面塑课程、优化作业设计、多层次完善课程评价方面入手;在学校层面,主要从提供必要的材料工具、邀请民间艺人亲临展示方面入手。分维度提出具体的改进措施,以更好地解决中原面塑融入小学美术课程面临的困境。

(一)激发学生主动选择和探究面塑内涵的积极性

1. 选择自己感兴趣的面塑类型

面塑有多种种类,教师在向学生介绍面塑类别之后,学生应主动选择自己真正感兴趣的中原面塑类型,只有符合学生兴趣点的面塑才能激发学生不断探索的求知欲望。同时,针对不同的年级段,应该选择不同难度的面塑教学,以及不同的教学方式,使之与学生的兴趣和审美相符[①],教师应该针对教学实际,灵活调整教学方案设计,使学生便于操作,获得丰富的体验感。

2. 主动发掘中原面塑深厚的内涵

小学美术课程旨在培养学生的人文素养,开展面塑课程不仅仅是要让学生学习面塑制作技法,更重要的是让学生了解作品背后所蕴含的人文内涵,增强学生的文化认同感。在选择教学资源的时候,教师不能浮于表面,仅仅选择美观的,而是要挖掘面塑作品对于学生的价值,进而加深学生对中国传统民间文化的认知,培养学生在课堂上和日常生活中善于发现事物内涵美的能力。

---

① 季小希.面塑引入小学美术课程的价值[J].青少年日记(教育教学研究),2017(07):139.

（二）课程设置的分阶段性和应注意的问题

1. 分阶段设置课程内容

面塑课程若想达到更好的效果，在教育教学实践的过程中，需要将学生划分为不同的年龄阶段，每个阶段的教学目标和教学侧重点要有不同。下面就针对学生的年龄、性格特征、学习能力等方面，将课程划分为低年级面塑教学、中年级面塑教学和高年级面塑教学三个不同的阶段，并就三个阶段做出不同的教学设计。

2. 开设面塑课程应注意的问题

注重难易度的区分。在开展美术教学时，教师要注重教学规律，可以将中原面塑的制作过程进行步骤分解，在教学过程中从易到难进行教学，例如从单色、单形状的面塑教学逐渐过渡到多种色彩、多种造型的教学①。

注重拓展式教学。在小学美术课堂中融入非遗中原面塑，教师在介绍时应该注重拓展面塑的不同类别，拓宽学生的知识面。与此同时，也能让学生感受到不同地域、不同类别的面塑的不同特点，在对比中加深对中原面塑的认知。拓展式教学具有课内与课外相结合、创造性、贯穿性的特点，教师在进行面塑教学时，要将面塑作品与学生日常生活相结合，同时也要与其他学科融会贯通，提升学生的跨学科综合学习的能力。比如，中原面塑的历史发展与历史课相结合，中原面塑作品中直线、曲线、立体的构造与数学课相结合，等等。

3. 优化作业设计

在进行面塑作业设计时，可以分类，比如 A 类作业：可以参考校本部参考书中的范作，使用相关工具材料制作一件面塑作品，要求颜色要鲜艳，细

---

① 胡剑辉.优秀传统文化的形象美与地方中小学美术课程的重新构建[J].教育科学，2015，31(06):60-63.

致化制作,能彰显出儿童生活的情趣。B类作业:开动大脑,发挥自己丰富的想象,利用相关工具材料制作一件中原面塑作品。

作业的设计可采用项目式合作探究的方式,非遗中原面塑项目式学习首先,要确立中原面塑这一主题,鼓励学生通过项目式学习了解非物质文化遗产,通过面塑造型体验感受传承非物质文化遗产的重要性和紧迫性。其次,在项目立项过程中,需要全面了解面塑和中原面塑的历史、起源、发展过程和现状。在项目设计中,应组建一个项目团队来确定探索方向,让学生探索面塑主题的奥秘,并动手完成自己的面塑产品。

4. 多层次完善课程评价

坚持多元评价原则,在非遗中原面塑融入小学美术课程的教育教学中,教学评价是重要环节。教学评价是课堂教学必不可少的一个部分,它既是教学活动本身,又为教学活动提供反馈[1]。中原面塑融入小学美术课程的教学评价首先应坚持客观性原则,教师在进行教学评价时应该摒弃主观臆断,要尽力做到评价标准和评价态度客观,教师在进行面塑教学之前,针对学生的作品应该制定相应的评价标准[2]。其次在教学评价中应该坚持发展性和指导性原则,教师在中原面塑技艺教学中应做好记录,时刻关注学生的动态性发展,对教学中出现的不足及时进行调整和改进,针对学生的成长进步进行及时、具体的评价,评价中要包含具有指导意义的信息,确保每个学生被关注到,并且都能拥有清晰的发展方向。

制定多元评价标准,评价标准要完整、清晰,具有包容性。如面塑作品的寓意是否乐观、积极,是否具有创新性,是否美观且具有设计感,色彩搭配、造型是否合理,对制作的面塑作品所要传递的感情和信息是否清晰,制作的作品有哪些优点和不足等。教师对学生的评价是多方面、分维度的,可以从学习态度、学习体验、合作学习、学习效果等多角度进行评价[3]。多

---

[1] 高明.美术教学论[M].西安:陕西师范大学出版社,2008:158.
[2] 李红婷.创建充满活力的校本课程[J].基础教育课程,2010(10):43-44.
[3] 史凤山,杨雨.深入挖掘中华优秀传统文化的美育价值[J].人民教育,2019(09):64-68.

元性教学评价对于学生当前和未来的发展都具有深远的影响。

确立多元评价方式,教师评价中应尊重学生的个体差异性。学生先天的美术素养有差异,同时,小学阶段以前的后天培训也存在区别,教师在面塑教学中要做到因材施教,关注学生的动态发展。同时,教师要格外关注学生面塑作品的制作过程,面塑制作过程中离不开工具的使用,如塑刀(又称拨子)、滚子、剪刀、梳子、竹签、毛笔、蜡油、锥子、夹板、乳胶等,教师应提醒学生注意安全,并从学生是否规范使用工具等方面全面评价。同时,在评价过程中教师可采用口头、纸笔等多种评价方式。

学生评价中包括学生自评与学生互评等方式。在项目探究中,学生欣赏了其他同学或者其他小组面塑作品,能够清晰地认识到自己的长处和不足,通过这种方式学生拥有了反思和反省自己的机会,在这之后学生可以口头自评或者填写教师分发的自我评价表①。此外学生互评也尤为重要,鉴赏他人的面塑作品,有助于学生形成多角度分析问题的能力,找到自己与他人的差别,从而做到取长补短。

(三)学校应创设必要条件

学校应提供必要的材料工具。面塑材料主要有糯米粉、麦芽糖、食用色素等,面塑的工具包括大小型号不同的塑刀(又叫拨子)、滚子、花纹刀、亚克力擀面杖、面塑压板、两面齿梳子、小剪刀、U型戳刀、水晶排笔、专用彩绘笔、模具等。作为教学的主阵地,为了确保中原面塑融入小学美术课程的顺利进行,学校要提供充足的材料和工具方面的支持,以增强学生的体验感。学校应做到充分挖掘面塑课程资源,全面了解面塑课程开设所要提供的工具、材料、设备等。同时,邀请民间艺人亲临授课和展示等。

将中原面塑融入小学美术课程有助于培养学生对于民间文化传承的兴趣和责任感,本案例主要就中原面塑如何能融入小学美术课程,以及如

---

① 刘虎,张一舟.面塑的美学探析[J].天津大学学报(社会科学版),2013,15(04):377-380.

何在小学美术课堂上更好地呈现一堂好课来展开[1]。通过文献检索的方法,针对中原面塑与小学美术课程的融合问题,首先该地区应该加强对小学美育的重视,学校、教师、家长以及学生多主体协调配合。其次学校应当因地制宜开发资源,积极开发校本课程。同时,教师要不断地扩充自己的知识面,摒弃浅显式教学、照搬式教学、形式化教学。期望在今后的小学美术教育教学中,能够将面塑文化的传承真正落实下去,让中原面塑真正融入小学美术课程,真正深入小学生的内心深处。

二、非遗怀梆小学主题活动课程开发与实施的改进

(一) 重视建设乡土教材

怀梆具有悠久历史,是非常宝贵的非物质文化遗产。在传统音乐课堂中,学生使用的教材往往存在不稳定、不科学、不全面的问题,而且缺乏本地文化精髓的体现。"挖掘和保护乡土文化资源,建设新乡贤文化,培育和扶持乡村文化骨干,提升乡土文化内涵,形成良性乡村文化生态,让子孙后代记得住乡愁。"[2]为了更好地传承怀梆文化,学校需要专注于将学者研究怀梆戏曲的相关理论成果融入小学音乐教材中,同时进行教材的统一建设,让它更加科学和本土化。

(二) 开设本土音乐主题课

为了更好地传承怀梆传统文化,可以开设本土音乐主题课。例如"每

---

[1] 高珊珊.民间面塑的文化内涵——河南沈丘顾家馍个案分析[J].郑州大学学报(哲学社会科学版),1999(02):29-33.

[2] 中共中央办公厅,国务院办公厅.关于实施中华优秀传统文化传承发展工程的意见[EB/OL].(2017-01-25)[2021-10-11].https://www.gov.cn/zhengce/2017-01-25/content_5163472.htm.

周一部""每周一曲""怀梆音乐节""怀梆音乐活动周"等教学活动,让每个学生都参与其中,形成班级间的竞争氛围。同时,学校也可以设立"怀梆音乐文化"相关课程的评选和奖励,举办"本土艺术展演比赛",或者对精通怀梆戏曲的学生进行奖励,让更多的传统文化信息融入每一个小学生的生活,推动怀梆音乐文化源源不断地传承和发展。

(三)利用"进出相结合"的艺术交流形式丰富学生的学习经历

首先,学校应该将怀梆音乐请进校园课堂,使学生有机会接触到这样一种有着清新、自由纯粹气质的音乐。在现代各种加工过的口水歌和抖音神曲占据主导的音乐市场中,怀梆音乐是一股清流,其重要意义不言而喻。学校可以邀请身怀绝技的民间怀梆艺术家来校园内表演,让学生近距离地感受和了解这种本土特色艺术。这种方式不仅表达了对老民间艺人的尊重,同时也展现了我们对文化传承的自信,体现了与传统音乐文化紧密相连的关系。

其次,学校应该积极举办与当地传统怀梆戏曲有关的民俗和采风活动,提升戏曲文化的价值。人与人、人与自然不断深入接触是人类社会发展的基础,学校也可以通过与戏曲相关的实践活动来提升和发展戏曲文化。除了常规的学校课堂教育,我们应该积极动员学生参与到社会中深入挖掘并感受传统文化魅力,进入广阔的人文环境中体验最纯粹、最朴实的文化精髓。

(四)扩大学校教育资源

从古到今,教育不断发展,越来越多的教育资源不断积累,数量和质量都达到了一定的高度,为我国现有的教育实践提供了丰富和深厚的基础。因此,学校必须有效利用教育资源,特别是音乐教育方面的资源,包括各类音乐教材,传统音乐,学生学习音乐的方法、态度和能力,以及音乐教师的教学观念、个人修养和施教手段等。学校应以音乐教学的实际需要为基础,充分扩展音乐学习的空间,同时在资金允许的情况下添加一些传统乐器和表演服饰等。

三、洛阳唐三彩融入初中综合实践活动课程的改进措施

地方非遗洛阳唐三彩融入综合实践活动课的实践能够涵养学生的文化素养,提升学生的审美情趣,塑造学生的道德品质,增强教师课程开发的主动性和课程实施的自主性,同时对地方非遗洛阳唐三彩的传承和发展意义重大。在具体实施之后,著者对实施效果进行分析和反思,发现洛阳唐三彩融入初中综合实践活动课仍有提升的地方。

(一)注重课程实施中小组合作作用的发挥

综合实践活动的基本组织形式是小组合作学习,充分发挥每位小组成员的作用。教师要根据学生的年龄、兴趣、爱好及特点组建学习小组,充分调动学生的积极性,充分发挥每位学生的优势。同时,为使洛阳唐三彩深度融入综合实践活动课,小组的成员可以不局限于班级内部,教师可以引导学生跨班级、年级,甚至是学校、地区组建小组队伍,开展实践和研究性学习。詹姆斯认为,"知识建构过程包括教师使用什么方法、活动和问题来帮助学生理解,调查并确定学科内的隐含文化假设、参考框架、观点和偏见如何影响知识构建的方式。"[1]在洛阳唐三彩融入综合实践活动课的实施过程中,存在着小组目标不清晰,小组成员分配、分工不明确,成员之间配合度低等问题。因此,在综合实践活动课的实施过程中,教师应充分挖掘每位小组成员的优势,合理进行小组成员分配和组建,优化小组合作指导,增强学生之间的配合度,从而促进课程的实施达到更加理想的效果。

---

[1] Banks J A. Multicultural Education and Curriculum Transformation[J]. Journal of Negro Education, 1995, 64(4): 390-400.

（二）做好教学评一体化设计

在课程的实施过程中,存在着一些教学目标与评价目标不一致的情况。解决该问题需要在课程设计时明确课程目标,在教与学的过程中始终对标课程目标。同时,还要注重过程性评价,评价也要指向课程目标,根据评价的反馈信息不断调整教学目标,完善教与学的过程。教学评价的意义在于一方面在课程实施过程中给学生提供一定的反馈,记录并积累学生各方面发展的信息和资料,同时也要注重学生的自我评估和调节,注重培养学生的元认知能力;另一方面,通过对课程实施效果的多元主体评价,为教师提供课程实施的反馈信息,助力教师调整课程内容和活动方式。因此,优化教学评一体化设计,不仅需要教师的设计和引导,还需要学生的主动参与,从而促进教学评的深度融合,真正达到"以评促教""以评促学"的效果。

（三）注意地方非遗综合实践活动课程的一致性和连续性

在课程的实施过程中尤其要注意教育影响的一致性和连续性。本课程在教学目标的设计、教学内容的选择方面,都依据初中生的年龄特点和身心发展规律,划分了不同阶段和不同层次。但在具体的实施过程中忽视了家庭和社会在洛阳唐三彩融入综合实践活动课中发挥的作用。如,可以通过家长会、电话家访等形式获得家长的支持,可以联合社区、艺术馆、唐三彩博物馆、爱和小镇等开展唐三彩的相关文化活动,以此来充分发挥各个主体在课程实施中的价值。同时,学校、家庭、社会对学生的影响要具有一致性,要相互配合,这就需要教师与家长进行及时的沟通和交流。教师在课程实施过程中要明白"综合实践活动不只是一种改变课程组织的方式,它在本质上是课程价值观的深层改革"[①]。因此,将洛阳唐三彩融入综

---

① 钟启泉.现代课程论(新版)[M].上海:上海教育出版社,2015:480.

合实践活动课,首先要追求科学价值与艺术价值的统一整合;其次要追求文化内涵与生活知识的统一整合。此外,学校各个阶段也要做好衔接工作,课程实施前后要连贯一致,各级综合实践课要具有层次性,既要有长期的宏观目标,又要有明确具体的近期目标,注重课程实施的一致性和连续性。

第三节 黄河非遗融入幼儿园课程案例优化策略

一、河洛大鼓应用于幼儿园艺术教育改进

(一)提高教师的河洛大鼓艺术素养

在幼儿园艺术课程的开发利用中,教师不仅是开发的主体,同时也是重要的课程资源。河洛大鼓融入幼儿园艺术课程,首要环节是提高幼儿园教师中原传统文化课程资源开发利用的能力,此外需要注重内在价值的培养、多元化艺术体系的构建,重视实践探索与创新,以及加强师资队伍建设等,不仅要提高产出的作品质量,更要通过艺术教育让儿童更好地感知、理解、应用、创造艺术,提升儿童的创新素质和综合素质。

综上所述,艺术课程开发需要具备跨学科的教育理论知识,同时还需要良好的艺术素养和丰富的教育教学经验。因此,应该通过聘请专业的艺术教师、打造专业化的团队等方式,不断提升幼儿园艺术教育师资队伍的整体素质和水平,为艺术教育的持续发展提供有力的保障。

(二)构建科学的河洛大鼓艺术活动体系

在活动过程中,我们会发现有些幼儿对河洛大鼓缺乏兴趣和理解。在

分析原因后,我们意识到这可能与幼儿对这种传统文化不熟悉有关。因此在实践中,首先,我们注重通过多种形式向幼儿展示与河洛大鼓相关的文化,如通过讲解、演示、图片等方式,引发幼儿对河洛大鼓的好奇心,从而吸引他们参与到学习中来。其次,考虑到一些幼儿可能语言表达能力不强需要通过其他的方式帮助他们学习和体验,在实践过程中,我们采用了互动式教学,通过让孩子们跟着音乐的节奏,动手敲打鼓面,感受节奏和力度,从而更直观地理解河洛大鼓的艺术魅力。同时,在实践过程中我们还发现,一些幼儿难以把握河洛大鼓乐曲的节奏和旋律,缺乏对声音的感知和理解。为了解决这一问题,我们精心设计了一些教学活动,通过戏曲角色扮演、制作简易乐器等方式,让孩子们逐渐感受到旋律、节奏、音调等音乐元素[①]。最后,一些家长和老师可能对河洛大鼓的教学效果有所担忧。为了解决这个问题,我们及时邀请了专业教师和艺术家参与到课程开发和教学过程中来,以提供专业指导和技术支持,让家长和教师更加放心。

(三)建立河洛大鼓融入幼儿园园本艺术教育的多方支持系统

随着时代的进步和人们艺术素养的提高,幼儿园艺术教育的重要性日益凸显。未来的幼儿园艺术课程开发应当充分考虑到以下几个方向。

首先,注重幼儿园艺术课程的内在价值。幼儿园艺术教育不应该只是单纯的技能训练,而应该注重培养儿童对河洛大鼓的审美意识、情感表达能力和创造力。开发具有内涵和文化底蕴的艺术课程,为孩子们提供学习美感的机会,不仅仅是单纯的能力提升。其次,构建多元化的艺术课程体系。艺术教育不应该仅仅局限于河洛大鼓的音乐形式,应该涵盖更多表达自我的艺术门类,并加强艺术与科技、体育、语言等方面的跨学科融合,提高艺术课程的多元性和开放性[②]。同时,还应该根据幼儿阶段的生理和心

[①] 王任梅.中国学前儿童艺术教育变革研究[M].武汉:华中师范大学出版社,2018:45-50.
[②] 林乐飞.传统表演艺术文化遗产保护和传承中的问题与对策——以河南洛阳河洛大鼓为例[J].渤海大学学报(哲学社会科学版),2012,34(04):155-156.

理发展规律,逐步深化课程难度,为学生提供更具挑战性的学习环境。最后,重视实践探索与创新。幼儿园教育是培养未来人才基础教育的重要阶段,因此,幼儿园艺术课程开发也需要不断尝试新的方式和方法,注重实践探索与创新。同时,还需要积极引入新的教育技术手段,例如人工智能、虚拟现实等,助推艺术教育的创新发展。

总之,在未来的幼儿园艺术课程开发中,"河洛大鼓"作为本土文化的代表之一,将继续贯穿其中。其一,将深入挖掘"河洛大鼓"的文化内涵,更好地融入幼儿教育中,提升幼儿的文化认知和审美情趣;其二,拓展"河洛大鼓"在幼儿教育中的应用领域,包括与其他学科的跨学科教育,与游戏、手工等活动的结合等,为艺术教育的创新发展提供新的思路和理念①。综上所述,"河洛大鼓"在幼儿园艺术课程中的应用,将有望成为推动地区文化发展和营造富有特色的教育环境的重要组成部分。

二、德州黑陶融入幼儿园教育活动的改进建议

在整个研究过程中,从文献资料的收集到活动方案的设计,再到实践的探索和总结,始终怀揣感恩之心、保持热忱态度,不断探索非遗文化课程的开发。但由于研究方法、研究视野、理论基础和实践水平方面的不足,以及各种客观因素的影响,部分研究问题并未得以深入展开,鉴于此对未来的发展提出建议。

(一)引导幼儿积极参与地方非物质文化遗产的学习

在L幼儿园大班开展德州黑陶融入幼儿园教育活动的过程中,研究者愈发认识到幼儿是活动的主体,是非遗文化的对话者,是活动过程的合作者。对于孩子来说,他们对枯燥乏味的知识灌输往往不感兴趣,尤其像非

---

① 葛晓英,连平.闽南民间艺术教育与园本课程建设[J].学前教育研究,2005(10):28-29.

物质文化遗产这类似乎遥不可及的"国宝文化",如何选择、实施,如何让孩子通过亲身体验、实际操作感受到非遗文化的价值一直是老师思考的问题。如在"一只小陶牛"主题活动中,对"陶牛"这一黑陶作品的选择也是考虑到它是相对简单的瓶式陶器,"牛"这一形象本身对儿童就有更强的吸引力,孩子在欣赏过程中自然愿意参与其中。当然在后续对此活动的反思中我们意识到,"陶牛"所蕴含的勤劳踏实的品格,以及人们对其作为农耕社会的主要劳动力的尊重和崇敬是我们需要深入挖掘的一点,从而使活动的"文化性"更加完善,这个时候它就不仅仅是一件泥塑作品,更是信仰和精神的象征。

其实通过德州黑陶反思更多的地方非遗文化,我们会发现孩子对非遗文化的学习,绝不仅仅是通过教师的知识呈现,被动的知识积累,也不是经验的模仿和照搬,而应该是通过教师提供一定的素材资源,支持、引导幼儿积极主动地探索和建构非遗文化知识体系,幼儿在这种探索和建构的过程中能自然而然地对地方文化有更深入的理解,基于这种基础上的理解是潜移默化的、内在的,是随着孩子年龄增长不断升华的。这也时刻提醒我们,在设计地方非遗文化教育活动时,时刻关注地方性,注重情境性,始终把幼儿放在活动的主体地位,考虑孩子的年龄发展特点和规律,设计符合孩子兴趣和需要的活动。

(二)增强教师实施地方非物质文化遗产教育的主体性

教师始终是教育活动顺利有效开展的核心,对地方非物质文化遗产融入幼儿园教育活动来说,教师需要对教育活动资源进行适宜的选择和改编,对活动方案进行合理的设计,对活动过程进行积极的反思和调整,这些都是对教师素养的要求。在调查研究阶段,研究者通过和教师交流,发现L幼儿园大多数教师存在对地方非物质文化遗产挖掘不够、对地方非物质文化遗产的教育价值认识不足、对相关非遗教育活动的组织和实施能力有限,以及对相关课程开发的意识薄弱等问题。本次研究中,研究者始终和教师一起针对非遗教育活动中出现的问题共同探讨、实际体验、思考总结，给予了老师切身实践的机会，也给予了老师对地方非遗文化进行挖掘和有效利用的动力和信心。

在多元文化的今天，文化自觉和文化认同始终受到人们的关注，这不仅是每位幼儿教师自身专业发展的内在需求，也是地方非遗文化融入幼儿园教育活动的内在驱动力。教师作为孩子文化的传播者，提升自身的文化自觉性是义不容辞的责任。除了教师在日常生活中要自觉提升文化素养，幼儿园所也应该给予教师学习的机会和提升的条件，例如开展非遗教育专题培训、组织非遗相关课题研讨、鼓励园所间互动交流，以及聘请非遗传承人进园指导等。教师也要以更加包容和开放的心态对待非遗传统文化，在活动研讨中主动思考、积极探索，整合利用一切能够促进幼儿发展的非遗文化资源。教师只有自身树立起积极主动的非遗文化自觉观和非遗课程资源观，才能积极主动地对地方非遗文化进行开发和利用。

（三）实施对象的拓展和黑陶内涵的进一步挖掘

研究者从明确研究方向起，就对相关文献资料进行收集，对德州黑陶蕴藏的文化和教育价值进行挖掘，旨在搭建起德州黑陶与儿童相通的桥梁。从实现地域文化传承到促进儿童树德、增智、溢美、强体发展来论述德州黑陶融入幼儿园教育活动的社会价值和个体价值。运用问卷法和访谈法从教师对德州黑陶融入幼儿园教育活动的目标、内容、组织实施和评价几方面对德州黑陶教育活动的现状进行分析，设计了德州黑陶融入幼儿园教育活动方案。随后进入幼儿园同合作教师一起组织实施相关教育活动，在实践过程中发现问题、解决问题，并对教育活动进行反思。整个研究过程围绕如何确定活动目标、如何选择适宜的活动内容、如何组织实施，以及如何评价活动等一系列问题来进行。

研究视角上，著者试图从人类学、文化学、教育学多个视角来审视、挖掘德州黑陶的价值，以期达到与教育的融合。此外，在普遍重视中华优秀传统文化的当下,如何以地方非物质文化遗产为基点,开展中华优秀传统文化教育也是老师们一直关心的问题。本研究以德州黑陶这一地方非物质文化遗产作为传统文化的切入点,在教育实践的过程中总结了德州黑陶融入幼儿园教育活动方案和体系,虽然还亟待完善,但可以为教师进行传统文化教育提供一些借鉴。与此同时,研究过程中还存在一些需要提升改进之处。

首先,在实施对象方面,本次研究主要考虑到活动开展的时间在小班上学期,幼儿刚入园,还处在适应阶段,所以一直没有找到合适的合作对象,最终没有在小班开展活动,研究主要获得的是大班幼儿的活动特点,存在着幼儿年龄阶段选择不完整的问题。在后续研究中可以相对扩大实施对象范围,归纳总结出不同年龄阶段幼儿的活动特点。

其次,在研究内容方面,本研究以德州黑陶为切入点,探究地方非物质文化遗产在幼儿园教育活动中的运用。其实,德州地方非物质文化遗产,包含的资源和种类非常丰富,像宁津杂技、戏曲一勾勾、马堤吹腔等,既包括传统技艺,还包含传统戏剧。这就需要后续研究者对此部分进行深入挖掘,找寻适合孩子的非遗文化资源,进行教育资源的开发,在研究内容的广度和深度上下功夫。

三、非遗豫剧幼儿园教育活动的改进建议

(一)关注非遗豫剧的独特价值

《关于戏曲进校园的实施意见》指出:遵循美育特点和幼儿成长规律,以美育人、以文化人,让每个幼儿都享有戏曲教育的机会,成为戏曲进校园的"受益者"[①]。豫剧作为传统戏曲的重要组成部分,与河南儿童有着亲切

---

① 光明网.如何突破戏曲进校园的四大困境[EB/OL].(2022-09-08)[2022-10-11].https://m.gmw.cn/baijia/2022-09/08/36012877.html.

的地缘性,是在幼儿园课程设计与实施中可利用的文化资源。杜威"教育即生长"的教育本质观主张幼儿从生活中获得的一切有益资源经验都可以用作幼儿园课程设计实施的宝贵财富。豫剧作为非物质文化遗产,具有直观具体性、教育性、生活性等特点,与河南娃娃的生活息息相关,不仅反映生活现实状况,也是人们对美好生活追求与向往的一种表达方式。所以,幼儿园在开展非遗豫剧融入幼儿园教育活动时,首先应明确非遗豫剧对幼儿的学习与发展是具有独特价值的,不仅可以提升幼儿的审美表达能力,而且能够增强幼儿对中国传统文化的认知,萌发强烈的民族文化归属感。因此,园所应该定期组织教师对非遗豫剧进行理论学习,设立豫剧活动学习小组,以深入了解豫剧文化,提升利用豫剧资源设计开发幼儿园课程的能力。

(二)营造园所豫剧文化氛围,定期开展教师培训

在幼儿园教育中,环境被称为"第三位老师"。由此可见,环境对幼儿的学习与发展具有重要影响,幼儿园想要开展豫剧融入幼儿园教育活动,首先需要营造豫剧的文化氛围,以此激发幼儿的兴趣与求知欲。主张营造"开放""自由""立体"的戏剧文化环境,豫剧中开放的舞台空间、自由的表达方式、立体的角色人物形象契合幼儿不断"生长"的状态。想要开展好豫剧融入幼儿园教育活动,就需要一个"有准备的环境"。在平时的幼儿园环境创设中,营造浓郁的豫剧文化氛围,使幼儿在日常活动中可以通过视觉、触觉、听觉等多维度的感官体验,潜移默化地融入豫剧文化。在豫剧中,通过情境表演,刺激幼儿的求知欲与创新意识,挖掘幼儿真正喜欢的豫剧资源,并辅之以教育手段开展豫剧教育活动。根据幼儿身心发展需要,提供真正适合幼儿的豫剧文化环境场所。此外,幼儿园为提升教师利用豫剧资源设计开发课程的能力,应定期组织教师培训,或请当地戏曲协会专家进行指导培训。在平时的活动中,教师通过及时与幼儿沟通,明确幼儿近期的兴趣点及所存在的问题,定期查阅相关文献,充分利用网络上各种学习

形式,如录像、论坛等,以深化教师对幼儿戏剧教育的认识,增强对环境剧场的感知,在不断地实践中发现问题、解决问题,积累戏剧经验,从而达到理想的活动效果。

(三)凝聚家园社区三方合力,构建完善的活动组织体系

在幼儿园教育中,家庭是不可或缺的合作伙伴,应充分利用自然环境与社区教育资源,扩展幼儿的生活与学习空间[①]。家园合作是促进幼儿园豫剧教育活动成功开展的必要条件之一。在家庭层面上,家长可以积极参与到幼儿学习豫剧艺术中,提供资源支持、情感支持等帮助;在社区层面上,则可以组织社区文艺演出活动或举办爱好者沙龙等加强宣传推广。通过家园合作,在保障孩子健康成长的同时,也促进了社会文化建设。幼儿园与社区之间存在着密切联系。可以利用这种联系,在社区内组织一些针对性强,有趣味性、互动性,质量较高的豫剧教育活动,并邀请当地豫剧团或艺术家为幼儿进行表演或传授。这样既可以吸引更多幼儿参与到豫剧教育活动中来,也能够提高社区居民对传统文化知识方面的兴趣与参与度。总之,在豫剧融入幼儿园教育活动中,应秉持"教育幼儿是全社会的事"这一理念,充分实现家、园、社三方联动,以完善活动设计组织体系。

(四)具体活动改进案例

以《老鼠女儿嫁给谁》活动为例,在活动目标上将"情感态度"层面的目标修改为"能够较为深入地体会老鼠爸爸复杂的情感"。幼儿已经对《老鼠娶亲》的故事有所了解,所以这次不用过多将时间浪费在故事讲述上。针对问题,对活动实施过程进行局部修改:

T:导入:今天呢老师给大家带来了一个新朋友,大家猜猜是什么吧?

---

① 教育部基础教育司.幼儿园教育指导纲要(试行)解读[M].南京:江苏教育出版社,2002:42.

教师出示剪纸，引导幼儿进行观察。

C：是小老鼠，有很多小老鼠。

T：那小朋友们猜猜今天我们所要向大家介绍的主人公是谁呢？

C：是小老鼠吧？

T：刚才呢，小朋友们已经对故事有了基本了解，现在老师想要小朋友们分享一下，大家从这个故事中获得了什么？

C：知道了故事的主人公是小老鼠，也了解了老鼠爸爸嫁女儿时急切的心情。

T：现在呢，老师要在一旁再次讲述这个故事，小朋友们可以根据自己的兴趣，选择你们想要扮演的角色。6个小朋友为一组，你们可以一直扮演一个角色，也可以中间替换角色的扮演。

幼儿扮演角色，教师在一旁读旁白。

通过缩短教师讲述故事的时间，从而延长幼儿"自主表演"的时间。幼儿通过即兴扮演，将对角色的理解应用到情节的创编中，促进幼儿戏剧经验的"生长"。此外，教师在活动中扮演"旁白者"与"观众"的形象，以便观察记录幼儿的表现，为下一次的活动实施进行铺垫。

以此，将第二轮行动研究的重点放在"实施的生成性"与"重难点的针对性"上。第一轮活动幼儿基本建立起了对豫剧的感受与欣赏能力，初步感受到了豫剧中的唱腔与韵律，所以将第二轮行动研究放在对豫剧的表现上，逐步表现情节的"冲突性"。在活动实施时，留出时间进行讨论，完善行动方案。

第六章
黄河非遗进地方课程优化实施设计

第一节 黄河非遗融入地方课程实施的政策依据

我国拥有丰富的非物质文化遗产,截至 2020 年 12 月,共有 42 项被列入联合国教科文组织非物质文化遗产名录,总数位居世界第一。国务院先后于 2006 年、2008 年、2011 年、2014 年和 2021 年公布了五批国家级非物质文化遗产代表性项目名录,共计 1 557 个国家级项目,3 610 个子项。非物质文化遗产作为一个极具生命力的概念,强调对群体社会历史感与认同感作用的加强。近年来,国家高度重视非物质文化遗产传承发展工程,先后出台了一系列政策,提出将非物质文化遗产融入中小学课程建设,著者就相关文件进行了梳理(如表 6-1 所示),为中小学非物质文化遗产校本课程开发提供政策支持。

表 6-1 "非物质文化遗产进课程"的相关文件梳理

文件名称	相关内容
2005 年国务院《关于加强文化遗产保护》的通知 国发〔2005〕42 号	教育部门要将优秀文化遗产内容和文化遗产保护知识纳入教学计划,编入教材,组织参观学习活动,激发青少年热爱祖国优秀传统文化的热情。
2010 年教育部办公厅《关于在中小学开展创建中华优秀文化艺术传承学校活动》的通知 教体艺厅〔2010〕6 号	按照国家发布的课程计划,开齐开足上好艺术类课程;面向全体学生开展丰富多彩的课外艺术活动,学生的参与面达到 100%;努力建设积极向上的校园文化,形成本校鲜明的艺术活动特色和传统;拥有一支数量足够、结构合理、质量较高的艺术教师队伍;艺术教育资源充足,能满足课堂教学和课外活动的需要。

续表

文件名称	相关内容
2011年《中华人民共和国非物质文化遗产法》 中华人民共和国主席令第四十二号	学校应当按照国务院教育主管部门的规定,开展相关的非物质文化遗产教育。
2014年教育部印发的《完善中华优秀传统文化教育指导纲要》教社科〔2014〕3号	鼓励各地各学校充分挖掘和利用本地中华优秀传统文化教育资源,开设专题的地方课程和校本课程。
2017年中共中央办公厅、国务院办公厅印发的《关于实施中华优秀传统文化传承发展工程的意见》	坚持保护为主、抢救第一、合理利用、加强管理的方针,做好文物保护工作,抢救保护濒危文物,实施馆藏文物修复计划,加强新型城镇化和新农村建设中的文物保护。以幼儿、小学、中学教材为重点,构建中华文化课程和教材体系。
2017年教育部《关于在全国中小学开展中华优秀文化艺术传承学校创建活动》的通知 教体艺函〔2017〕10号	传承学校要以课程教学为基础,将传承项目纳入学校美育课程建设,开设校本课程,加强学科融合,深化教学改革。要以实践活动为载体,加强以传承项目为内容的学生艺术社团和学生工作坊建设,组织学生开展群体性、体验性、互动性的项目实践活动。
2021年中共中央办公厅、国务院办公厅印发的《关于进一步加强非物质文化遗产保护工作的意见》	在中小学开设非物质文化遗产特色课程,鼓励建设国家级非物质文化遗产代表性项目特色中小学传承基地。
2021年教育部印发的《中华优秀传统文化进中小学课程教材指南》教材〔2021〕1号	以经典篇目、人文典故、基本常识、科技成就、艺术与特色技能和其他文化遗产为中华优秀传统文化的主要载体形式反映在中小学课程教材。

非物质文化遗产校本课程开发,是指在寻求地方文化与学校文化的结合点上,将非物质文化遗产作为课程知识融入学校课程体系,把非物质文化遗产教育课程化。首先在价值定位上,展现"以文化人"的课程特质,以提升学生的文化素养为基础;在课程标准上,以中华优秀传统文化教育为目标,结合不同学段学生特点形成由低到高的三级目标,让课程切实"落地";在课程内容上,国家级名录将非物质文化遗产分为民间文学、传统音乐、传统舞蹈、传统戏剧、曲艺、传统体育游艺与杂技、传统美术、传统技艺、传统医药和民俗十大门类,结合学校特点,着力发掘其深邃灿烂、历久弥新的"内核"。在课程实施上,非物质文化遗产课程体系架构应该是立体的综

合性课程构造——主题系列化、内容集约化、体量适度化、方式关联化。这有助于学生经历深刻的文化体验,形成立体化文化概念及价值认知。既能通过学校的教育功能充分促进非物质文化遗产的保护与传承,又可以通过教育教学潜移默化地培养学生的"文化自觉"意识,实现非物质文化遗产的"活态"传承。

第二节 黄河非遗进中小学课程的案例实施设计

一、黄河非遗怀梆小学主题活动课程开发设计

怀梆又被称为"怀庆梆子""老怀梆"等,距今有三百多年的历史,属于梆子腔体系的稀有剧种。随着流行音乐的迅速发展和网络技术的日新月异,戏曲这一类需要面对面进小园子听的传统娱乐方式已经逐渐没落,由于受众量太少,当地政府和民间艺术团就算投入大量的时间精力和金钱也无法挽回这一局面。融入课程进行现代化传承是其发展的应然取向。

(一)课程目标的确立

布鲁姆的教学目标分类包括认知领域、动作技能领域和情感领域,其中认知领域目标包括"知识、领会、应用、分析、综合和评价"六个主要类别[1];动作技能领域则包括学生的身体协调能力和技能[2];情感领域的教学目标则涉及学生的情感态度和价值观。

---

[1] 安德森.布鲁姆教育目标分类学:分类学视野下的学与教及其测评[M].蒋小平,张琴美,罗晶晶,译.北京:外语教学与研究出版社,2018:15.
[2] 魏宏聚.新课程三维目标表述方式商榷——依据布鲁姆目标分类学的概念分析[J].教育科学研究,2010(04):10-12+16.

根据布鲁姆的教学目标分类原则我们将黄河非遗怀梆小学主题活动课程的教学目标设置为知识与技能目标、过程与方法目标、情感与态度目标(如图6-1所示)。

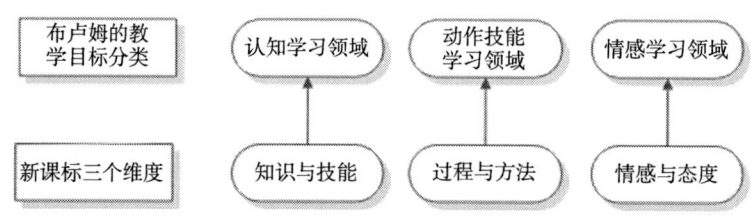

图6-1 布鲁姆教育目标分类与三维目标的对应

知识与技能目标：了解怀梆的历史与基本情况，可以分辨怀梆与其他戏曲的区别，掌握怀梆基本的唱法和语调，会表演基本的武术动作。

过程与方法目标：能够流畅的表演5分钟的怀梆戏剧内容。

情感与态度目标：了解怀梆所蕴含的特殊含义和隐藏在其中的乡情，增强学生的文化自信，传承怀梆优秀传统文化。

(二)课程内容的选择

符合小学生身心发展规律。卢梭的自然教育理论要求教育要从尊重人的天性和归顺自然的理论出发，就要以培养自然人为目标①。所以黄河非遗怀梆小学主题活动课程的教学设计就要遵循儿童的身心发展规律，引起儿童的兴趣，引导儿童自发地学习怀梆戏曲。例如，沁阳人耳熟能详的怀梆剧目《老少换》，在怀梆繁盛时期是演出最多的曲目，且内容简单易懂，更容易被学生了解其意思。

符合教师教学能力。学校课堂中教师的教学风格和教学方法都不太一样，不同的教师要选择不同的教学方法。小学教师都不是专业的戏曲演员，不能用专业的要求去约束他们，教学内容上要尽量选择一些通俗易懂的怀梆教学，既方便老师教又方便学生学。例如，教学风格比较活泼的教

---

① 卢梭.爱弥儿[M].叶红婷，译.北京：台海出版社，2016：5.

师就可以选择《老少换》,教学风格比较温柔的教师就可以选择《桃花庵》。总之,教学内容的选择要贴近实际生活,符合教师的教学能力①。

(三)课程评价内容的明确

新课标明确提出:"评价是检验、提升教学质量的重要方式和手段。要充分发挥评价的诊断、激励和改善功能,促进学生发展和改进教师教学。"深度学习教学评价的主要变化、准确把握教学评价的基本追求、着力建构教学评价的实践路径,有利于调动教师教学改革的积极性,激发学生学习内驱力,不断提高中小学思政课教学质量②。

课程设计阶段评价。在教学设计阶段我们要对学生对黄河非遗怀梆的掌握情况、课程目标的确定、教学内容的确定、课程流程的安排和是否进行正面反思进行一个详细的评价(如表6-2所示)。

表6-2 课程开发过程学生学习的评价表

评价内容	评价标准			评价方式		
	良	一般	不合格	自评	师评	互评
学情	经过多种途径全面掌握学生学习情况	只经过道听途说,浅薄地了解学生学习情况	完全不了解学生情况			
课程目标的确定	课程目标清晰明确且符合教学要求	课程目标符合教学要求但没有抓住重点	课程目标混乱			
教学内容的确定	教学内容符合学生身心健康发展	教学内容大众化,不能激发学生兴趣	教学内容不符合学生身心健康发展			
课程流程的安排	课程流程安排清晰,连贯流畅	课程安排流畅	课程流程不清晰			

---

① 杨静.核心素养背景下教师教学能力发展现状与对策建议——基于G市中小学教师的问卷调查[J].现代教育管理,2021(12):61-69.
② 任长安.初中道德与法治教学评价实践路径探索[J].中学政治教学参考,2022(46):60-62.

课程实施阶段评价。课程实施过程评价是采取一定的方法和策略记录学生的实践活动过程,记录积累学生各方面的信息和资料,为课程实施的有效性提供评价(如表 6-3 所示),方便后续课程工作的开展①。

表 6-3　课程实施过程学生学习的评价表

评价项目	评价内容	评价主体								
		自评			互评			师评		
		优	良	中	优	良	中	优	良	中
态度问题	学习态度认真,主动学习课堂知识									
学生合作	能够与小组成员积极沟通交流									
收集信息	课前多途径收集分析整理有效信息									
创新能力	善于思考,能提出创新的观点和独到的见解									
发言能力	能大胆展示研究成果,并能及时回答教师和学生的提问									
总结能力	经常反思学习上的不足,总结经验									

二、洛阳唐三彩融入初中综合实践活动课程的设计

新时代背景下,综合实践活动课程的开发和实施更加关注学生综合素质的提升,围绕"立德树人"的总目标,充分发挥综合实践活动课程的育人功能。同时,洛阳唐三彩作为地方非物质文化遗产,具有悠久的历史、独特的艺术价值和文化内涵,可以成为初中综合实践活动课的资源开发对象。

(一)课程目标的明确:突出层次性

课程目标引领教学目标、教学活动和教学评价,教师制定洛阳唐三彩融入综合实践活动课程目标时,要注重课程目标的层次性,同时还要注重

---

① 范蔚,叶波,徐宇."师生共进"的有效教学评价标准建构[J].教育理论与实践,2013,33(19):57-60.

课程目标的阶段性、具体性、明确性，这样更有利于目标的转化与实现。本课程的总目标和学段目标如表6-4所示。

表6-4　地方非遗洛阳唐三彩融入初中综合实践活动课程目标设计

总体目标		学生通过参与洛阳唐三彩的综合实践活动，体验唐三彩的文化内涵和艺术魅力，形成对地方非遗洛阳唐三彩的整体认识。在探寻洛阳唐三彩文化内涵和实用价值过程中，能够在小组合作中探寻洛阳唐三彩的历史起源，体验唐三彩的艺术魅力，并通过小组内部及小组间的研讨合作，以手绘、手工设计、涂鸦等形式对洛阳唐三彩进行文艺创作，增强学生对地方非遗洛阳唐三彩的文化认同感。
学段目标（7—9年级）	价值体认	通过参与洛阳唐三彩的历史溯源、场馆体验、非遗之旅等社会实践，加深对洛阳唐三彩文化内涵的价值体验。能够主动与教师、同伴、父母分享自己的体验和感受，交流自身关于实践活动和研究的思想认识，形成强烈的地方非遗文化认同感和自豪感。
	责任担当	观察洛阳唐三彩的形象塑造和艺术特征，鉴赏洛阳唐三彩蕴含的艺术价值和文化内涵，初步形成保护地方非物质文化遗产的负责任态度和社会公德意识。
	问题解决	能关注洛阳唐三彩保护和传承的相关问题，并通过资料收集、小组研讨等方式制定切实可行的方案，教师要引导和鼓励学生将其付诸实践，同时要做好评价反馈与反思工作，最终对相关问题的探讨与实践的结果进行展示和汇报。
	创意物化	在洛阳唐三彩综合实践活动课中，能将一定的想法或创意付诸实践，并结合自己的兴趣爱好和优势，通过手绘、涂鸦、手工作品设计等形式创作洛阳唐三彩相关的创意产品，以此来发展学生的创新意识和动手实践操作的能力。同时，在课程的设计和实施过程中，可以将现代化的信息技术与综合实践活动课程进行深度融合，培养学生数字化文创产品的设计与制作能力。

（二）课程内容的选择：围绕"三依据"

1. 依据学生的兴趣和需要

初中综合实践活动课程要坚持人本位的思想，课程内容的选择要着眼于初中生各阶段道德发展的实际需要，从学生的兴趣出发，以促进学生的全面发展为目标,尤其要弥补学科教育在培养人的能力与情感、态度、价值观等方面的不足与缺失,发挥教育的整体功能。

2. 依据教育的目标和要求

第一,代表性和生活性。在信息化的时代,资源丰富多样,课程组织实施过程中要着重考虑如何在有限的时间内教给学生最有价值的知识,而哪些内容又是最有价值的？首先,在课程组织中我们往往需要联系学生的实际生活选取课程内容,"学生不是空着脑袋进入教室的",事先了解学生已有的生活经验和知识基础,有利于教师更好地进行教学设计,从而帮助学生将新旧知识进行主动的意义建构,增强学生学习的主动性、生成性和体验感。其次,选取有代表性的内容,可以帮助学生了解事物的普遍规律,再辅以变式,通过随机通达等教学方法,使学生在了解基本概念、逻辑的基础上,增强认知的灵活性,促进迁移的发生。最后,选取具有科学性和人文性的内容。任何一门课程内容都要基于客观事实,即教师要保证教学内容的真实性、客观性、有效性。同时,课程内容是为教学服务的,而教学的目标是多维度的,习得基本科学知识的技能只是其中一个维度。除此之外,教学还应关注学生人文素养的提升、品格的塑造、情感态度与价值的树立,使教育回归育人的本质,在落实课程内容科学性和人文性统一的过程中,真正促进学生的全面和谐自由的发展。

3. 依据教师的能力和特点

每一个教师都有不同的教学风格和特点,教师在教学内容的选择方面应结合自身的学识、能力和特点,充分发挥自身优势和才能。例如,教师如果比较擅长绘画,就可以设计以绘画为主题的综合实践活动课程,在教学内容的选择上可以偏重洛阳唐三彩的艺术价值、艺术特征和色彩鉴赏等；教师如果对唐朝历史的发展有很深厚的兴趣和深入的了解,就可以借助自身的学识,引导学生从历史文化的角度来开展洛阳唐三彩的综合实践活动课,通过学生对唐朝历史的探究,了解唐朝社会发展的政治、经济、文化等背景,从而引导学生从历史的角度去探讨洛阳唐三彩的文化内涵和艺术价值。

(三)课程管理的体系:强调校本发展观

洛阳唐三彩融入初中综合实践活动课程实施强调校本发展观,要能够根据学校自身发展的特点及洛阳唐三彩自身的文化内涵和艺术价值,增强课程对学校及教师的适应性。在课程实施的过程中要始终对标国家综合实践活动课程的总目标和阶段目标。同时,还要构建具有地方特色的洛阳唐三彩综合实践活动课程的实施框架,给学校课程的设计和开发留有充足的发展空间。校本综合实践活动课程作为国家课程和地方课程的补充,洛阳唐三彩综合实践活动课程在设计的过程中要贯彻学校的办学宗旨,不仅要融合洛阳唐三彩的文化内涵,更要与学校的文化环境和地方的文化环境相契合。

此外,在地方非遗洛阳唐三彩融入综合实践活动课程的设计过程中,教师应该树立新的课程观,即一种"超越了学科和教学计划的涵义,也不再仅指学习者的经验,它越来越成为一种'符号表征',越来越成为'文本',通过这种文本可以解读和建构出多元的意义:政治意义、种族意义、性别意义、审美意义、神学意义、个性意义等"[①]的观念。

三、 中原面塑融入小学美术课程实施设计

中原面塑是河南本土文化资源的一部分,面塑文化与我们的生活密切相关,小学生深入了解面塑文化,有助于增强其文化自信,拓展文化视野。而如何让中原面塑得以流传,如何使中原面塑艺术运用到小学美术课堂教学中是当前亟待解决的问题。

---

① 派纳.理解课程[M].张华,等译.北京:教育科学出版社,2013:168.

（一）合理选择教学资源

1. 学生喜爱，操作简单

面塑有多种种类，教师在向学生介绍面塑类别之后，要真正关注到学生感兴趣的，只有符合学生兴趣点的面塑才能使学生愿意在非遗面塑中不断探索。同时，针对不同的年级段，应该选择不同难度的面塑教学，选择不同的教学方式，教师应该针对教学实际，灵活调整教学方案设计，使学生便于操作，获得丰富的体验感，与学生的兴趣和审美相符合。

2. 内涵丰富，人文性强

小学美术课程旨在培养学生的人文素养，开展面塑课程不仅仅是要让学生学习面塑制作技法，更重要的是让学生了解作品背后所蕴含的人文内涵，增强学生的文化认同感。在选择教学资源的时候，教师不能浮于表面，仅仅选择美观的，而是要挖掘面塑作品对于学生的价值，进而加深学生对中国传统民间文化的认知。

（二）明确面塑融入小学美术课程的目标

1. 知识与技能目标

通过欣赏、学习、制作面塑作品，学生可以初步了解中原面塑的历史发展、类型，学习中原面塑艺术的基本知识，并由浅入深地学习中原面塑技法，从起初的基本技能逐步过渡到立体组合法、人物塑造法的技法，并且能运用丰富的技法塑造自身想象中的作品。

2. 过程与方法目标

通过学习中原面塑制作的基本方法，激发学生的想象力和创造力，培养学生勤于动手、独立思考的能力。通过合作探究学习，掌握面塑的基本制作方法，能设计制作不同的中原面塑作品。

3. 情感态度与价值观目标

通过学习中原面塑的制作,了解民间手艺人对非物质文化遗产传承的执着和智慧,激发学生热爱、传承民间文化的情感,培养学生热爱、学习、保护、发扬乡土文化的意识。培养学生良好的审美情趣,丰富学生对于美的认知,丰富学生的创造力和想象力。

(三)分年级段编制课程内容及教学目标

面塑课程若想达到更好的效果,在教育教学实践的过程中,需要将学生划分为不同的年龄段,每个阶段的教学目标以及教学的侧重点不同,下面就针对学生的年龄、性格特征、学习能力等多方面,将学生划分为三个不同的层次,并就三个层次做出不同的教学设计。

1. 低年级面塑教学

低年级(一、二年级)学生年龄一般处在6—8岁,此时学生的动手能力、自我约束能力比较差,在该阶段学生的学习多为观察与发现,在发现中大胆尝试。此时不能强行灌输给学生一些面塑技法,而是激发学生的兴趣点,引导学生去了解面塑的大致情况。学习面塑的内容以圆形、椭圆形造型为主。学生在学习完面塑课程之后能够在圆形的基础上以日常生活事物为主,如:苹果、香蕉、梨子、草莓、橙子、香菇、黄瓜、番茄、玉米、汽车、飞机、坦克等的捏制,使学生能够初步掌握面塑的捏制方法和捏制步骤[①]。小学低年级阶段的主要目标是对面塑艺术有一个初步的了解,在面塑作品的制作过程中更多地关注形状、色彩,以及最基础的制作手法,锻炼学生勤于动手的能力,以及让学生捏制面塑作品时要注意掌握的力度。

2. 中年级面塑教学

中年级(三、四年级)学生年龄一般处在8—10岁,此时学生的心理和

---

① 郭晓红.河南北部"面塑"在当地农村小学校本课程中的开发应用[D].四川师范大学,2014:17-26.

生理方面都发生了显著的变化。该年龄阶段的学生已经产生了规范意识,其观察能力、语言组织能力及逻辑思维能力有所发展,并且该阶段的学生有较强的表现自己的欲望,对很多事物充满了探索欲。该阶段学生学习面塑的内容以动物造型为主。主要是十二生肖,要求有色彩变化,在此阶段需要加入色彩变化的知识,使学生能够运用基本色调,调制出自己需要的色彩。在面塑教学中,教师可以适当强调作品造型的美观,注意综合材料的搭配。

3. 高年级面塑教学

高年级(五、六年级)的年龄一般处在 10—12 岁,该阶段的学生处在青春发育初期,学生的逻辑思维能力不断发展,学生的自主意识不断提高,此时的学生更愿意彰显自己的能力,较为排斥他人和外界的管束。该阶段学习面塑的内容以人物造型为主,课程教学时要注意情节性和故事性。五、六年级属于高年级阶段,此阶段教学可以包括激情导入、形象回忆与作品赏析、小组探究、动手操作、自主创作、互相交流、课堂延伸等过程。该阶段的教学目标是学生能够运用各种材料进行主题创造,掌握中原面塑的基本技法,培养学生之间交流协作的能力,在面塑作品的制作过程中感受材料的美,并用自己对美的认知进行创造。

第三节　黄河非遗进幼儿园课程的案例实施设计

民族文化进课程、进教材需要明确实施设计的基本要素,一般包括文化蕴含的课程资源分类、进课程的目标、进课程的内容、进课程的教学环节、进课程的评价内容等。

一、德州黑陶融入幼儿园教育活动设计

（一）德州黑陶进课程教学目标的制订

此次方案设计以主题活动展开，以实现幼儿的全面发展为目标，基于幼儿现有的发展水平和生活经验，根据幼儿感兴趣的主题开展系列教育教学活动。一般以集体性教学活动和区域性游戏活动开展，活动意在整合五大领域，形成综合性、整体性的主题活动网络。整个主题活动目标明确具体、内容充实丰富、组织形式多样、评价方式多元，利于幼儿完整经验的建构和整体的综合发展。活动目标是活动的方向和指南，只有明确了目标，才能确定选择什么样的内容，以及如何对活动进行实施和评价。下面以德州黑陶为例谈谈一般非遗融入课程的目标制订依据、总体目标和具体目标。

1. 目标制订的依据

有研究者认为，"社会的要求和幼儿身心发展的需要是确定幼儿园教育目标的主要依据"[①]。德州黑陶教育活动目标的制订，一方面要基于《3—6岁儿童学习与发展指南》和《幼儿园教育指导纲要（试行）》中领域的目标要求；另一方面还要基于一定的教育实践思考，将调查研究所收集到的资料信息与德州黑陶和儿童本身的特征考虑其中，做到理论和实践的结合，体现目标的科学合理性。因此，对目标的制订将从儿童身心发展需要和社会生活发展两方面进行分析。

儿童身心发展需要。尊重儿童的身心发展规律，了解儿童的认知发展和动作发展水平，了解儿童的审美心理特征等，才能更好地促进儿童的发展。在第一部分关于德州黑陶的儿童教育价值分析中，分别从社会价值和

---

① 李季湄，肖湘宁.幼儿园教育[M].北京：北京师范大学出版社，1997：14.

个体价值两方面论述了德州黑陶融入幼儿园教育活动的意义。从社会价值看,可以增进儿童对地域礼俗的了解,提升自身最初的审美情趣和素养,还可以通过对地区所处的自然环境及生产方式的感知,产生一定的地域归属感;从个体价值上看,可以培养幼儿的动手能力、审美能力及思维创造能力。这些分析为目标的制订提供了一定的依据。当然,之前的问卷和访谈中教师对德州黑陶教育价值的认识和对目标制订的意见建议,都可以为目标制订的科学合理性提供一定的依据。

社会生活发展。儿童的成长离不开社会环境的影响,儿童的发展同社会发展紧密联系,相互融合。社会发展对儿童热爱家乡、热爱民族文化等提出了希望和要求,这类要求也应该在目标制订的考虑范围之内。在德州黑陶教育活动中,有意培养儿童对地域文化的认识、感知和传承。通过和"陶土"这种自然物质的接触培养孩子的自然天性和对自然的热爱,这都可以为目标的制订提供一定的参照。将德州黑陶融入幼儿园教育活动,让幼儿对黑陶文化"以身体之,以情悟之",对地域文化产生一定的亲切感和归属感,在此过程中培养儿童的文化认同和民族情感,对推动德州黑陶的保护、传承和创新起到奠基性作用。

2. 教学总目标

总目标的制订是基于对德州黑陶教育价值的挖掘与实践调查中得出的。在本次教育活动设计过程中,主要立足点为促进儿童的发展、实现地域文化的传承,这是目标制订的第一要素。其中,儿童的发展主要包括:幼儿审美能力的发展、思维创造力的培养及情感性格的陶冶等。除此之外,总目标的制订还要涉及课程资源开发和教师专业发展等。

所以,总目标的制订主要就从儿童发展、教师发展和幼儿园课程发展三方面展开。首先,德州黑陶融入幼儿园教育活动的首要目标是促进儿童发展:引导幼儿认识、了解德州黑陶文化体现了幼儿发展的知识和技能目标;在欣赏、制作黑陶的过程中培养审美能力和想象力体现了幼儿发展的过程方法目标,此类目标关注幼儿的体验,强调让幼儿在获得知识、技能的同时,掌握一定的过程和方法;在与黑陶接触过程中自然而然地培养幼儿热爱家乡、热爱民族文化的情感体现了幼儿发展的情感态度与价值观目标,这一目标是儿童发展的第一要素,强调幼儿情绪情感的发展,达到最终的知情意统一。其次,在教师发展方面,我们认为只有教师参与到活动中,才能使幼儿园教育活动不断地完善和发展。德州黑陶融入幼儿园教育活动不仅要以幼儿发展为目标,也要考虑到教师的专业发展,在此过程中积累相关活动组织经验,从而更好地设计实施此类活动。最后,在幼儿园课程发展方面,将德州黑陶融入幼儿园教育活动中能够丰富幼儿园课程的内容,为课程发展增添新的活力,搭建起幼儿园课程和地域文化的桥梁,增强幼儿园课程文化的适宜性。基于此,设定了地方非遗融入幼儿园的目标基本框架(如表6-5所示)。

表 6-5 地方非遗融入幼儿园教育目标基本框架

儿童发展	教师发展	课程发展
引导幼儿认识、了解德州黑陶文化;培养幼儿感受德州黑陶蕴含的艺术美的能力,促进幼儿的审美能力及观察、创造力的发展;培养幼儿热爱家乡、热爱民族文化的情感,激发幼儿的民族自豪感和信心。	提升教师开发、利用德州黑陶文化教育资源的意识和能力。	丰富幼儿园课程活动内容,促进幼儿园课程发展。

3. 教学具体目标

德州黑陶融入幼儿园教育活动的具体目标统筹着活动的展开和实施,在具体目标制订时应注意以下几方面。

首先,要考虑到目标设定的全面统一。全面性就要求教师在目标设定时考虑到知识与技能、过程与方法、情感态度与价值观这三方面(如表 6-6 所示)。统一指的是目标体系的前后一致,因为具体目标是对总目标的细化和分解,所以具体目标设定的维度要和总目标保持基本的一致,从而使目标得以真正地落实。

其次,每次目标设定都要考虑到不同年龄阶段孩子的发展特点。这在之前对教师的访谈过程中也有涉及"要根据孩子发展规律设计目标,使之由简到难"，幼儿的年龄越小其对事物的认识也就比较分散和表面，年龄越大其独立进行探索的欲望就更强，独立性也就更强。所以参考调查过程中教师的建议及结合自身的思考，对低年龄阶段的孩子应注重对黑陶的欣赏和感知，也可以进行适当的制陶绘画等技能的培养，对于高年龄阶段的孩子我们要给予其独立探索的空间。

表6-6 德州黑陶融入幼儿园教育活动的具体目标框架

知识与技能	过程与方法	情感态度与价值观
1.了解德州黑陶的形成发展历史，并能清楚、大胆地表达自己的想法； 2.理解黑陶纹饰中水波纹、鱼鳞纹等独特含义； 3.感知黑陶装饰图案中所蕴含的人与自然和谐美好的审美情趣，以及人们对美好生活的追求和向往，在感知、欣赏的基础上进行表现创造。	1.掌握"搓""团""捏"等黑陶制作方式步骤，能基本独立完成黑陶作品并对其进行图案装饰； 2.能通过制作黑陶、装饰黑陶来表达自己的情感，发展动手能力和创造想象力； 3.感受黑陶的器物美、色彩美、装饰美，发展基本的审美能力。	1.喜欢参与黑陶制作活动，体验动手和创造的快乐； 2.热爱家乡文化，乐于传承地方优秀传统文化； 3.感受古人的勤劳智慧和创造才能。

对德州黑陶的文化教育价值进行挖掘，根据幼儿的身心发展水平和研究目的，将培养幼儿文化自信和审美情感作为活动目标的立足点。首先从文化层面上来看，德州黑陶作为地方非物质文化遗产的代表，它的诞生离不开地域文化的浸润。而这种在特定的自然和人文环境中成长的地域文化，其本身就是一种整体性的教育资源，对儿童的影响涉及认知、情感、社会性等各个方面。儿童在与德州黑陶接触的过程中自然能吸收先人创造的历史和文化，增进对地域礼俗的了解，产生文化自信，促进文化传承。从审美层面上来看，幼儿审美感知的最大特点就是直观形象性，而德州黑陶从器物造型、颜色图案等都恰好符合幼儿的审美和认知水平。在德州黑陶融入幼儿园教育活动过程中，孩子审美能力的发展主要体现在对黑陶器物造型、纹理装饰等的欣赏方面。此外，德州黑陶的装饰除有图案美、色彩美之外，还蕴含着丰富的象征意义，孩子不仅可以从外部特征表现来获得美感，也可以从图案纹饰的象征意义方面来获得美感，在感受美的同时也可

以去大胆地表现美和创造美。

（二）德州黑陶进幼儿园课程教育活动内容的选择

德州黑陶作为6 000多年前龙山文化的产物，其本身蕴含着丰富的地域特征、民族文化、民风民俗、宗教信仰等，其形式内容繁多、体系庞杂，这既为幼儿园教育活动提供了丰富的素材资源，同时也在内容选择上增加了一定的难度。然而并非所有德州黑陶教育文化资源都适合融入幼儿园教育活动，因此在选择的过程中应遵循一定依据和原则。

1. 内容选择的依据

在研究过程中，对于德州黑陶内容的选择是一个对合作教师和研究者本身都极具挑战性的环节。首先，对德州黑陶的内容进行选择时，要求研究者充分了解德州黑陶，在契合孩子发展水平的前提下尽量凸显黑陶的文化价值。这一文化价值主要体现在黑陶所蕴含的"大传统"的中国文化和"小传统"的地域文化。从宏观历史视角看，黑陶所蕴含的是古人的生活智慧和历史的沧桑变迁，反映了先民的宗教信仰、生活习俗。从微观艺术视角看，黑陶呈现着中国的雕塑文化、诗词文化、绘画文化等。研究者要对这些内容进行挖掘，以达到传承民族文化的宗旨。其次，选择的内容要回归幼儿的实际生活，我们要考虑这一古老文化的产物中有哪些是对幼儿有实际意义的，有哪些是契合幼儿的发展水平的。要根据孩子的兴趣需求、身心特点和已有经验来选择活动内容，因为只有孩子感兴趣的、契合自身发展的，他们才会自然地参与其中，才能调动起自身的主观能动性，所以内容的选择应尽量考虑操作性、游戏性、体验性。除此之外，考虑到内容是否真正地适宜，是否真正体现儿童化的特点，就一定要回归幼儿的实际生活，避免一些对孩子来讲晦涩难懂的概念，比如一些蕴含着封建迷信色彩的图案或者复杂多样的图腾，对幼儿没有多大的审美价值，对这些内容，我们就应该尽量摒弃。选择的内容是否展现文化价值，是否对幼儿具有实际意义，是否适合幼儿都对活动的整体效果有所影响。

基于此，综合德州黑陶文化的特点和幼儿身心发展特点，以及和合作幼儿园所教师的沟通，可从以下方面对德州黑陶教育内容进行筛选。

内容的选择要满足幼儿的发展需要和兴趣需求。目标是幼儿发展的指引，也是内容选择的依据，在教育活动中我们选择的内容要基于一定的目标导向。具体而言就是要契合幼儿的发展水平，要让儿童了解德州黑陶的历史，让幼儿对德州黑陶产生热爱，对家乡的非遗文化感到骄傲。同时，内容的选择要考虑幼儿的兴趣需求，因为只有孩子感兴趣的事情，他们才会自然地参与其中，才能调动起自身的主观能动性，所以我们应尽量选择那些便于孩子动手操作的、乐于体验感兴趣的内容。

内容的选择要考虑整体综合性。对德州黑陶的教育内容进行选择时要尽量考虑儿童认识外部世界整体性的特点，尽量涉及幼儿园教育内容的各个领域，从不同角度促进幼儿情感、态度、知识、技能等方面的发展。当然，虽然内容的选择要尽量体现整体性，但也要考虑其是否真正适宜，是否体现出儿童化的特点，避免一些对孩子来讲晦涩难懂的概念，比如黑陶装饰中有很多蕴含着封建迷信色彩的图案，对于这部分的内容，我们应该尽量摒弃。

内容的选择要考虑代表性和生活性。德州黑陶所蕴含的文化种类和教育价值非常丰富，所以在对德州黑陶的教育内容进行选择时应进行仔细甄别，尽量选择能真正代表德州黑陶文化精华的内容，体现出德州黑陶"民族性"的特点，以及所蕴含的时代价值和文化精神。当然这种"代表性"还体现在所选内容的丰富多彩和通俗易懂，要考虑到孩子的身心发展特点，比如说在让孩子体验黑陶制作步骤时，我们在众多黑陶作品中选取了"陶牛"这一作品，就是在考虑"代表性"的同时，也兼顾到孩子对作品的喜爱和接受程度。此外，内容的选择还要尽量突出生活性，不能和孩子的日常生活建立联系的内容比较难纳入孩子的认知经验中，这就要求我们在筛选内容时关注到孩子的实际生活经验，尽量选择能够和孩子认知经验相联系的内容。

2. 内容改编的原则

以上只是基于成人的选择标准过滤出的内容，要使这些内容真正地符合孩子，还需要进一步地"消化"，即根据实际情况进行内容的改编，使其转化为幼儿便于理解和吸收的、能发挥其积极主动性的内容。对于德州黑陶内容的改编可以从以下两方面进行。

化繁为简，降低难度。在之前对教师的访谈中也有部分老师反映，"德州黑陶的制作包括取材、手工轮制成型、雕刻、烧制、彩绘等环节，程序繁杂，且每一环节都需消耗大量的人力物力，对孩子来讲也很难一步到位"。这部分老师的疑虑的确是我们在实际活动过程中要思考的问题，所以我们商讨决定在制作德州黑陶时简化一部分流程。例如，像"烧制"这一具有一定危险性且在幼儿园较难完成的环节由老师帮助孩子完成。同时，又考虑到黑陶之所以是黑色与利用"烧制"环节产生的浓烟有意熏黑有关，孩子对于这一环节的了解必不可少，所以在此部分让孩子通过视频资料进行适当知识补充，在保证安全性的同时汲取相关知识。此外，将黑陶的制作流程进行适当简化，分环节进行，这样不仅降低了难度，也便于孩子接受。

结合实际，材料代替。德州黑陶之所以能够成为德州地域文化的代表性器物，与其原材料密不可分，德州黑陶的取土非常讲究，采用的是京杭运河两岸的红胶泥。德州市文物局出于对自然土质的保护，禁止进行大规模的挖掘，所以我们对红胶泥的取材非常有限。针对此，我们联系了当地相关公司的负责人，寻找是否有其他可以替代的胶土，最终我们选择了某品牌儿童专用的陶艺泥，完成德州黑陶的制作过程。当然这是对于幼儿的操作而言，针对孩子对黑陶材料的了解和欣赏而言，为了让他们能更好地接触到地域文化的自然产物，我们也尽量提供给他们原生态的黑陶作品，如果条件允许，我们还是尽量选用原始材料。

3. 具体教学内容举例

德州黑陶作为德州地方非物质文化遗产，内容丰富多彩，在之前的讨论中我们对德州黑陶的内容进行了适宜的选择和改编,得到了一些启发,对其在幼儿园教育活动中的具体内容,主要涉及黑陶常识(黑陶历史、文化渊源)、造型纹理(器物造型、雕刻纹理)、黑陶制作(制作步骤)、图案装饰几个方面。同时,为了让活动在幼儿园更好地开展,从德州黑陶内容与幼儿园五大领域出发,对上述几方面内容制订了更加明确、具体的内容(如表6-7所示)。

表6-7 德州黑陶教育活动部分内容展示

黑陶常识	我知道的"德州黑陶"(谈话活动)	
造型纹理	"陶"出新天地(陶艺欣赏活动)	"五虎上将"的故事
黑陶制作	"黑陶"变身记	一只小陶牛(制作活动)
图案装饰	美丽的"黑陶"花纹(区域活动)	有趣的象形文字

黑陶常识。黑陶常识主要是让孩子们通过实地参观黑陶博物馆,实地了解德州黑陶的基本知识,包括德州黑陶的发展历史、文化渊源及所蕴含的地域文化特点,对德州黑陶产生兴趣和探究欲望,掌握关于德州黑陶的基本常识。"我知道的'德州黑陶'"这一主题活动,通过讲故事、绘画、亲子活动等各种方式让孩子们对德州黑陶有进一步的了解。

造型纹理。"'陶'出新天地"是一项陶艺欣赏活动,对于德州黑陶这种集雕塑、绘画、装饰于一体的造型艺术,无论是从造型、图案还是颜色来讲,都比较符合3—6岁幼儿的认知和审美水平。它的器物造型相对比较丰富,有仿照葫芦样式设计的陶瓶、仿照人物样式设计的陶人及仿照建筑样式设计的陶器,造型设计上具有一定的线条美和结构美,利于幼儿审美情趣的发展。此外,德州黑陶所特有的素朴典雅造型和精致巧妙装饰相得益彰,表现出强大的活力和生命力。装饰纹样上多注重韵律感和规律性,像人物传记类装饰主要以佛教人物、历史名人等为主要素材,彰显对人物的纪念意义;利用动植物纹样进行装饰以表现生活吉祥,比如用葫芦寓意"福禄",用莲花、牡丹等寓意"平安富贵"等,表达了人们对美好的憧憬和向往,以及对所蕴含寓意的一种期盼。孩子在老师的引导下,体验和感受德州黑陶所特有的器物美、图纹美和色彩美,感知德州黑陶中所蕴含的人与自然和谐共生的审美体验。在陶艺欣赏的基础上,还可以用绘画的方式表达自己的情感,给孩子提供一个创造的平台。

"五虎上将陶板"是一个经过了上百次烧制实验才完成的黑陶工艺品(如图 6-2 所示),是现代艺术和传统文化的完美融合。"五虎上将"作为一种民间艺术在德州当地广为流传,作为三国的重要人物,他们是"仁义威忠勇"的化身,活动设计的过程中我们将"'五虎上将'的故事"作为语言活动开展,通过"五虎上将陶板",为孩子讲述家喻户晓的三国文化故事,表演感兴趣的三国情节。由于幼儿的思维和判断力尚未成熟,具有较强的可塑性和模仿性,这个时期也是孩子道德行为形成的关键时期,所以五虎上将的故事能够让孩子受到"忠""孝""礼""义"的熏陶,给他们建立初步的价值标准和道德规范,孩子在这种潜意识的影响中自然能够意志坚强、心胸豁达。同时,作为一种民族文化的缩影,通过故事的形式也可以加深幼儿对民族文化的感悟,激发孩子的热爱之情。但值得注意的是,活动中我们并不一定强调孩子对各个人物都有所掌握,而是在讲述的过程中感受其中蕴含的中国传统文化元素,感受英雄身上所具有的侠义、忠勇的气质,增加自身知识底蕴。

五虎上将陶板

一只小陶牛

图 6-2 陶艺作品

黑陶制作。"黑陶变身记"活动是让幼儿通过视频动画和走访当地黑陶制作艺人的方式,了解德州黑陶的制作流程,让孩子在实地体验的过程中真实感受德州黑陶是如何从一块陶泥变成一件栩栩如生的工艺品的,在激发兴趣的同时对黑陶的制作过程有初步的了解和掌握。

"一只小陶牛"活动是让孩子们通过实际操作,体验陶艺制作的乐趣,在制作过程中通过捏、揉、按等发展幼儿的手部灵活性和协调性。由于班级孩子年龄的差异,对陶艺制作的要求会有一定的不同。比如,在小班组织这一活动时,考虑到小班孩子的手部动作发展特点,我们只是让他们对泥土有一个初步的感知,学会基本的搓泥条、泥球,或者是对黑陶制作的工具有一个基本的认识。对大班孩子来说,相对于中班的爱模仿,他们的表现欲和创造欲旺盛,更喜欢自由创造,所以应给予他们足够的自我创造的空间,给予他们足够的自我表达的机会,从而发挥自己独特的想象力和创造力。对于这类实际的手工泥塑教学,我们的首要目标不是对泥塑知识和技能的简单传授,而是培养幼儿学习泥塑的兴趣,让孩子在实际的动手操作中表达自我,让孩子爱上这一传统民间工艺。

图案装饰。在之前的陶艺欣赏活动中,我们对德州黑陶的器物造型、图案装饰等进行了初步的赏析,对黑陶的花纹和图案有了基本的感知,"美丽的黑陶花纹"活动是在让孩子们对自己的黑陶作品进行自身的表现和创造,这一活动完全是孩子自我的表达。"有趣的象形文字"这一活动也是我们在对黑陶装饰图案进行挖掘过程中考虑到孩子对文字的浓厚兴趣所设计的。在德州黑陶的装饰图案中,我们可以看到古代象形文字的身影,对孩子来讲,象形文字就像一幅图画,它本身所具有的艺术美感和趣味性的起源就引起了孩子极大的兴趣。同时,这一 5 000 年文化的结晶不仅能让孩子们更直观地感受到中国古代文字的魅力,也鼓励孩子发现汉字的巧妙,对文字进行大胆设计,体验创造的乐趣。

二、河洛大鼓园本艺术课程设计框架

在问卷中,对河洛大鼓融入幼儿园艺术课程设计方面提出了问题。其中,首先是明确课程目标和选择恰当的教学方法占比最高达 90.91%;其次是选择符合幼儿年龄阶段的曲目、有一定的教学效果和内容要吸引幼儿的兴趣均占 81.82%(如图 6-3 所示)。根据问卷调查的真实情况做出了以下课程设计框架。

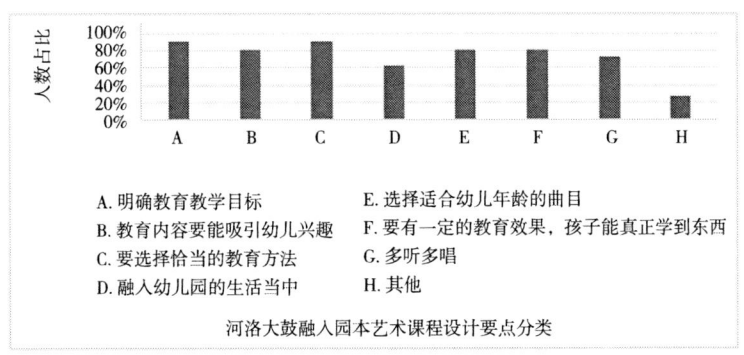

图 6-3　河洛大鼓融入园本艺术课程设计要点

（一）课程目标和设计原则

河洛大鼓课程的开发旨在促进幼儿的音乐素养、文化探究和身体协调能力的发展。针对幼儿园学生的特点,设计出以下的课程目标和设计原则。

1. 课程目标

培养幼儿的音乐素养,使其对河南省传统文化河洛大鼓有基本的了解和欣赏能力;拓宽幼儿的文化视野,了解河洛大鼓的起源、流传方式、演出形式等方面的基本知识;提升幼儿的身体协调能力,通过演唱、舞蹈等形式,帮助幼儿提高身体的灵活性、平衡性和协调性[①]。

2. 设计原则

以幼儿为中心,注重课程的灵活性和趣味性。由于幼儿的兴趣和认知水平有限,教师需全程引导,巧妙设计课程形式,注重音乐活动与实际生活相结合,让幼儿能轻松开心地参与其中。

以情境营造为主线,注重体验式学习。例如,采取"古代皇帝的宴会"为情境,将河洛大鼓与皇帝宴会的场景相结合,让幼儿融入其中,体验其中

[①] 朱思冰.河洛音乐美术文化在当地艺术文化中的传承与发展研究[J].艺术品鉴,2023(06):53-55.

的文化内涵①。

突出文化探究的主题,注重知识的积累。通过讲解河洛大鼓的历史、演出形式、鼓点等基础知识及其文化内涵,引导幼儿探究体验其中的文化魅力。

课程内容和教学方法需要多元化,丰富多彩。选择多种教学方法,如听、说、唱、看、画、舞等形式,以满足幼儿在理解河洛大鼓方面的多元需求。通过运用多样化的教学手段,促进幼儿的个性化发展,提高学习效果。

(二)课程内容和教学方法

在河洛大鼓幼儿园课程设计中,课程内容和教学方法的设计是至关重要的。为了保证幼儿在学习河洛大鼓的过程中能够充分发挥自己的主体性和积极性,我们选用了灵活多样的教学方法。

在教学内容方面,我们注重幼儿的参与感受,不仅介绍了河洛大鼓的历史、流派、流传等知识,还通过一些生动有趣的案例,让幼儿更好地了解河洛大鼓,并能够感悟河洛大鼓中蕴含的精神内涵。同时,在教学过程中,我们也设计了丰富的活动内容,例如师生合唱、舞动大鼓、绘制插图等,以此激发幼儿的学习热情和创造力。在教学方法方面,我们充分考虑了幼儿的身心特征,采用了启发式教学和情境教学相结合的方式。在启发式教学中,我们根据幼儿的学习兴趣和认知特点,设计了各种启发性的问题或场景,辅助幼儿更好地理解河洛大鼓的内容和意义。在情境教学中,我们充分利用幼儿园的环境、游戏、故事等资源,营造一个良好的教学情境,帮助幼儿在情境中学习,并将所学知识应用到实际中②。在评估方面,我们采用了多元化的评估方法,例如观察记录、口头表达、书面作品等,对幼儿的学习效果进行全面、具体的评价,并以此为基础,进一步修改和优化课程内

---

① 陈芳.汉中非遗文化融入幼儿园主题课程的实践研究[J].陕西教育(教学版),2023(03):75-76.
② 黄熙妍.传统文化融入幼儿园课程的价值与路径[J].当代家庭教育,2023(06):71-74.

容和教学方法,确保河洛大鼓课程的有效性和可持续性。

综上所述,河洛大鼓幼儿园课程设计的内容和教学方法是非常关键的,我们必须采用多种策略,根据幼儿的需要和兴趣来完成课程设计,并采用多元化的教学方法和评估方式,不断优化和完善河洛大鼓课程的开发和实践,让幼儿在学习时乐在其中。

(三)课程效果的评估方法

在幼儿园河洛大鼓课程设计中,课程效果的评估方法是必不可少的环节。本研究结合实际情况,总结出以下几种评估方法以供参考。

首先,教学记录与观察法。教师在教学过程中,要做好详细的记录,采用视频、照片等方式记录孩子们在学习中的表现,比如他们的动作规范程度、音乐感受及表达能力等。通过记录,教师可以对幼儿进行全面系统地观察,以促进孩子们个体的成长,发现问题及时加以解决。其次,课程反馈与问卷调查法。在开展河洛大鼓课程期间,可以针对孩子们进行课程效果反馈,收集孩子们的意见和建议,以更好地开展下一步课程。同时,也可以向家长们发放问卷进行调查,以收集他们对课程的满意度和反馈,从而更好地为孩子们提供适宜的课程内容和互动方式。再次,交流分享与亲子活动法。幼儿园可以举办各种河洛大鼓课程相关的活动,如学生表演、教师示范演出等,通过这些方式,让孩子们积极参与活动,感受传统文化的魅力。同时,也可以将课程作品与作品展示结合起来,邀请孩子们的家人,通过展示的形式,让孩子们的家庭更好地了解孩子们在课堂上的表现,加深学生家庭对河洛大鼓课程的认识和了解。最后,成果展示与总结法。幼儿园可以举办相关的河洛大鼓课程展示活动,将孩子们在学习中的作品和表现汇总展示,这既是孩子们在课堂上的结晶,也是家人和教师了解孩子们综合能力和表现的机会[①]。同时,针对展示后的表现情况,教师可以进行

---

① 袁凤琴,胡美玲,李欢.论民族地区多元文化园本课程开发的困境及其对策[J].贵州民族研究,2018,39(10):241-246.

总结,这有利于教师更好地把握孩子们的学习进展情况,及时调整幼儿园校内的河洛大鼓课程设计和实施的相关内容。

针对幼儿园河洛大鼓课程教学效果,我们可以采用多种方法进行全面评估,以更好地推动幼儿园中的河洛大鼓课程实施。

三、非遗豫剧融入幼儿园大班教育活动设计

(一)豫剧教育活动目标的设定

本研究活动主要采用集体教学与区角活动相结合的方式,借鉴张金梅博士提出的幼儿戏剧教育范式,将"戏剧项目活动"与"故事戏剧"引入幼儿园豫剧教育活动。本次豫剧活动的总目标设定为:幼儿通过感受聆听豫剧,了解豫剧故事,熟悉角色与情节,培养幼儿善于用"对话"的形式表达自己对豫剧的感受与理解的能力。活动目标的设定参照了张金梅《表达·创作·表演——幼儿园戏剧教育课程》[①]中对"幼儿园戏剧教育课程"的目标,并进行了修改,最终将本次豫剧活动的目标设置为认知、技能能力、情感态度三个维度。其中,认知层面分为角色、情节、对话、剧场。"角色""情节""对话"是生长戏剧活动中的"理念",生长戏剧活动的目的也在于通过环境剧场的创设,促进幼儿"角色""情节""对话"的生长。技能能力层面分成思考、表达、表演、合作。其中,思考多指对豫剧故事情节的想象与描绘,以此能够进行情节创编。表达则是指利用语言与肢体,能够用音乐或美术等材料进行豫剧表达。表演与合作是指通过环境剧场与同伴进行协商,将豫剧的某个片段进行演绎。情感态度层面分为参与活动、角色情感,二者是指通过主动参与豫剧活动,对豫剧活动产生兴趣,并形成角色意识,体验与表达角色的情感,对情感产生共鸣。

---

① 张金梅. 表达·创作·表演——幼儿园戏剧教育课程(大班)[M].南京:南京师范大学出版社,2014:12-13.

（二）豫剧教育活动曲目的选择

1. 曲目选择的依据

参照上述活动目标，曲目的选择将依据幼儿的兴趣、教师的基本能力、园所的文化条件与家长的帮助参与四个方面。"生长性"的幼儿园戏剧教育活动是幼儿自己选择感兴趣的活动主题，再进行一系列的感受、想象、体验、表达、表演、创编等活动。所以，豫剧活动曲目主题的选择由幼儿自己决定。教师的能力是指教师利用传统戏曲开发幼儿园课程的基本能力。由教师对豫剧的内涵理解、对豫剧的文化体验、对豫剧的角色情节思考等多方面构成。园所文化条件是指利用本园所的资源开发建设豫剧活动课程的能力。本园是一所主打"美育教育"的幼儿园，对幼儿实施"美"的唤醒，将美的种子播种在幼儿心中。所以生长戏剧范式下豫剧活动曲目的选择将充分考虑园所文化氛围，以寻找豫剧中的"美"为指导。此外，本园独特的"荔蕊美育团"是由家长义务组成的，因此可通过家庭教育独特的优势，合理利用家长资源，为豫剧活动的曲目选择提供相关建议。

2. 曲目选择的原则

生长性与观赏性相结合。豫剧作为一种传统艺术形式，其作品往往具有深刻的思想内涵和生动的艺术形象。在选择豫剧曲目时，应当注重曲目的观赏性和生长教育性。优秀的豫剧曲目不仅能够带给观众美的享受，还能够传递人生哲理和社会道德，起到教育作用。因此，在选择豫剧曲目时，应当注重其思想内涵和文化价值，使幼儿在感受豫剧、体验豫剧、表演豫剧过程中有所收获，有所"生长"。如《穆桂英挂帅》，幼儿通过欣赏其中的唱词唱腔，对"穆桂英"的形象有了清楚的认知，领略了其英雄气节，产生了共情，从而促进了戏剧经验"生长"。

兴趣性与可接受性相结合。兴趣是最好的老师，在选择幼儿园阶段实施的豫剧曲目时，应将幼儿的兴趣放在首位。借用"戏剧项目活动"汇总幼儿感兴趣的豫剧曲目，再由教师进行甄别与指导。豫剧是一种地方戏曲，其受众人群主要是当地人。在选择豫剧曲目时,应当考虑幼儿的接受程度。首先,应考虑幼儿的文化背景和接受能力。不同地区的幼儿文化背景不同,对豫剧的接受能力也会有所不同。例如,在大班阶段,可采用情节稍复杂的曲目,如《穆桂英挂帅》;而对小班的幼儿,则可以选择情节简单、人物较少的曲目进行表演。其次,应当考虑幼儿的兴趣爱好和需求。幼儿对豫剧的需求和兴趣也是多种多样的,因此在选择豫剧曲目时,应当尽可能满足幼儿的需求和兴趣。

冲突性。"冲突性"是指豫剧曲目情节的"冲突"。如果一味选择情节乏味、细节平平的豫剧曲目,幼儿将很快对豫剧活动丧失兴趣,从而无法形成对豫剧的文化认同。相反,如果选择"冲突性"较强的曲目,例如《穆桂英挂帅》,其冲突不仅表现在人物与人物间,还表现在人物与环境群体间,这会使幼儿起初就被"冲突"的故事情节所吸引,从而迅速进入活动状态。

(三)豫剧教育活动开展形式的确定

本研究参照幼儿戏剧教育活动中常用的活动范式,将豫剧教育活动形式确立为两种,即戏剧项目活动与故事戏剧。戏剧项目活动是指幼儿决定戏剧的主题,围绕"项目"汇总想法与问题,初步形成角色网络图,从而进行情境表征与探索[①]。其具体流程如图 6-4 所示。

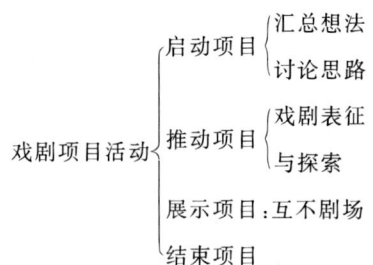

图 6-4 戏剧项目活动的具体流程

[①] 张金梅.我国学前儿童戏剧教育的范式分析[J].西北师范大学报(社会科学版),2017,54(02):92-100.

其中"故事戏剧"最早是由温妮佛·伍尔德提出,是指戏剧项目活动多来源于文学艺术作品,所以教案的组织也多以故事框架为主①。主要流程为引入—发展—分享—反思—再创。

第一,活动引入指在活动开始之前,教师可选择播放豫剧片段或豫剧动画,吸引幼儿的注意力,与幼儿园教育活动导入类似。接着,以"戏剧游戏"的形式进行活动暖身,比如"照镜子""士兵打仗"等游戏,不仅使幼儿关注本次活动,而且在活动中也培养了幼儿的合作意识与精神。然后由教师介绍刚才播放的豫剧片段出自哪里,并向幼儿讲述发生了什么事情。第二,发展是指戏剧故事的发展。即教师组织幼儿进行讨论,刚才片段中出现了哪些人?是在什么时间出现的?他们在哪里?他们干了什么事?他们都有哪些道具?然后,教师根据幼儿上述讨论选择恰当的活动类型。如果本场活动所需道具材料过多,可选在区域活动中进行。第三,进行戏剧的分享。主要包括幼儿角色的分配和位置的更换,幼儿根据需要自动变更位置,继续豫剧活动的呈现。在"生长"的空间中进行豫剧的角色扮演。第四,教师与幼儿一同回顾片段的情节与刚才的表演,并且教师要对幼儿的正面行为给予及时反馈。在此过程中,使幼儿了解豫剧,喜欢豫剧。第五,根据刚才的问题进行二次创演。

(四) 豫剧教育活动评价的确立

评价,是指评定价值,是价值判断的过程②。在非遗传承视域下的豫剧活动的评价应该是针对多方群体、真实表现、整体过程的评定,不仅是针对幼儿的评价,也是针对教师的评价;不仅是对幼儿在活动过程中演绎豫剧作品的评定,更应是权衡幼儿在活动中真实表现的记录与评判;不仅是对某个活动细节的评价,而且是对活动的整体过程做出效果的评判。所以,豫剧教育活动在设计时应注重幼儿戏剧经验"生长性",不能单纯以表

---

① 林玫君.儿童戏剧教育的理论与实务[M].上海:复旦大学出版社,2015:115.
② 鄢超云.学前教育评价[M].北京:高等教育出版社,2010:1.

演某出片段的连续性与完整性做出评判,而是应该基于幼儿的兴趣与发展,对幼儿在整个活动过程中的"收获"进行价值判断。

1. 豫剧教育活动设计与实施的评价原则

目标的适宜性与生长性。目标的适宜性是指本次豫剧活动的目标设置要与幼儿身心特点和生长规律相契合,并且符合幼儿的兴趣,给予幼儿"最近发展区"挑战的空间。此外,目标的可落实性也在评价范围内,如本次豫剧活动目标是否具体、可操作。对于学龄前的幼儿,让他们抽象感受豫剧文化是不切实际的,所以应将目标落实在理解豫剧的角色、感悟豫剧的情节、进行豫剧的创编等上,用切实可操作的目标进行衡量。目标的生长性,是指幼儿在豫剧活动中,戏剧经验的"生长"。幼儿通过与外部的环境相互作用中,解放身体,全身心投入豫剧活动中,在活动中表现人物的性格情感,产生角色的"共情"。

内容的科学性与生活性。在进行豫剧活动设计的评价时,要注重活动内容的"科学性",即教育性。评判本次豫剧活动的设计是否对幼儿具有正向性的作用,是否为幼儿戏剧经验的"生长"提供支柱。"生活性"是指豫剧活动的设计与实施应贴近幼儿的生活实际。虽然豫剧与我们相距很远,但时至今日仍被传承的豫剧片段与豫剧所蕴含着的生长价值,应走进我们的学校教育中。豫剧活动内容的选择应基于幼儿的直接经验,以环境和材料方式给予幼儿最直观的感受与体验。

过程的完整性与真实性。豫剧活动过程中教师应及时记录指导幼儿,对幼儿的表现做到"心中有数"。多用过程性评价,少用结果性评价。多关注幼儿在豫剧活动中的动态行为,幼儿是否对活动感兴趣,是否喜欢参与这类活动,这都是评判活动效果的不二标准。而评价的真实性可指教师对幼儿的评价、幼儿对自己的评价等。幼儿要学会评价自己,评判自己在活动中是否感受到快乐,是否生发了"美"的需要等。教师也要以平等的眼光看待所有幼儿,时刻关注幼儿的表现,对正面行为积极鼓励,对不当行为及时纠正。

2. 豫剧教育活动实施的评价标准

豫剧活动实施的评价主要从五大领域进行。其中,健康领域主要有动作的协调性与灵活度、耐力;语言领域主要有感受与倾听、表达、阅读兴趣、阅读能力;社会领域主要有人际相处与归属感;科学领域主要体现在探究兴趣与探究能力上;艺术领域主要集中在欣赏戏曲作品,表现力与创造力的培养。具体的评价标准如行为评价表所示(如表6-8所示)。

表 6-8 豫剧教育活动评价表

班级: 日期:

活动领域	目标要素	具体行为表现	等级评定		
			一星	两星	三星
健康领域	身体协调性与灵活度	能够完成走步、勾、甩、打等动作,动作协调灵活			
	耐力	保持安全情况下坚持某种动作5—10秒			
语言领域	感受与倾听	喜欢听说与豫剧有关的故事			
	表达	能够清楚地讲故事,比较完整地叙述豫剧故事			
	阅读兴趣	主动翻阅豫剧有关的故事书与绘本,尝试根据故事内容进行创编			
	阅读能力	会看图画,能够根据图上的内容联想到角色的对话			
社会领域	人际交往	能够和同伴合作完成豫剧的表演			
	认同感与归属感	对豫剧产生认同感,对国家产生归属感			
科学领域	探究的兴趣	对豫剧中不同道具产生探究兴趣			
	探究的能力	根据豫剧中角色行当的划分,对角色人物性格进行划分			
艺术领域	欣赏戏曲作品	对欣赏形式多样的豫剧作品充满兴趣			
	表现与创造	理解豫剧作品,用自己的方式进行演绎;对后续情节进行创编			

幼儿参与豫剧教育活动，不仅是对豫剧艺术的展示，更是对传统文化的传承。以上五个领域的评价标准，旨在全面评估幼儿在豫剧教育活动中的综合素质。在健康领域，我们关注幼儿的身体协调性、灵活度及耐力，确保他们的身体健康；在语言领域，主要关注发音、语言表达等方面，确保他们能够有效传达故事及情感；在社会领域，主要考察幼儿的团队合作精神、角色扮演能力和文化认同感，以促进他们的人际交往和对国家的认同感和归属感；在科学领域，以幼儿探究的兴趣、能力，激发他们对文化、知识的好奇心；最后，在艺术领域，通过评价幼儿的审美表现、艺术创造力和情感传达能力，提升他们对艺术的感知与创造力。

通过这样的多维度评价，不仅能促进幼儿在豫剧表演中的技能提升，更能全面支持他们的身心发展和对传统文化的认同。

第七章
黄河非遗进中小学课程的实施探索

第一节　黄河非遗怀梆小学主题活动课程开发与实施

怀梆经国务院批准于 2006 年列入第一批国家级非物质文化遗产名录。为了响应国家号召，也为了传承家乡文化，将非遗怀梆融入小学主题活动课程为其开展创新性传承和发展。

一、黄河非遗怀梆小学主题活动课程开发实施意义分析

怀梆具有极大的文化艺术价值，其唱念做打都与其他戏剧剧种有着很大的区别，但由于种种原因，怀梆这一文化瑰宝正渐渐消失在大众视野之中，而我们要做的就是要把它发扬光大，继续传承这一经典。随着新课改的推进，个性化教学内容成为学校特色化发展的共识。"学习的主题来自学生的生活，具有生活价值。从主题衍生出的问题既源于儿童又要高于儿童，不仅要能够引起学生探究的兴趣，还要对他们当下的思维和能力具有一定的挑战性。"[①]基于怀梆的主题课开发凸显课程的地方性和生活性，引

---

① 杨东亚,严瑾.主题综合学程:小学活动类课程的创新实施[J].中小学管理,2021(09):31-34.

起中小学生的学习兴趣。

（一）通过对怀邦的感知提高学生审美能力

进入新时代,美育的重要性不断凸显。"无论是一般美育还是教育美育,不同形态的美育都既有工具、感性的意义,也有本体和精神的意义。全部教育活动都应该自觉建立审美标准,美育应成为全部教育的最高境界,而美学则应当是过去、现在和未来的教育学。"[1]怀梆本身具有极大艺术文化内涵,无论是情感价值还是艺术特色都可以给学生丰富的审美资源,提高学生的审美能力,达成美育的最高境界。

怀梆的前身是由大众闲暇时围桌即兴演唱和农忙时期求神祈雨的海神戏演变而来,与大多数传统戏曲一样,都向世人展现着当地人民的生活状态,讲述着古往今来的英雄人物和不凡事迹,既是一种历史记载又是一种情感寄托,是历史长河中人民生活的一种展示平台,激励着下一代人的成长。这种祖祖辈辈传承下来的情感是中国人的民族情怀的重要体现。

在唱腔、表演形式上怀梆也具有独具一格的艺术特色。怀梆拥有浓烈的地方特色。怀梆演出时的唱腔和道白使用的是怀庆话的语调与音韵,高亢而富有激情,唱句句尾"讴"字在音调上要比前面的唱词突然提升八度,让观众在听戏时始终能保持兴奋的情绪,专心致志地观看台上的表演并连连叫好。以怀庆府语言音调为基础,分为丝弦曲牌、唢呐曲牌两种曲牌音乐。曲牌音乐主要是在任务表演时随人物语言动作而变化的音乐,时而激烈高亢,时而低沉婉转,娓娓道来,为人物烘托气氛,使台下观众也能身临其境,增强怀梆戏剧的艺术感染力。表演形式上具有浓郁的地方语言特色。唱词规整合辙押韵,基本为二二三格律句式或三三四格律句式。演出伴奏主要以打击乐为主,板式主要有二八、散板、慢板等,二八版的挑后嗓和慢板中的花柳腔是怀梆中独有的唱腔。

---

[1] 檀传宝.物质丰裕时代美育的类型和意义[J].中国教育科学(中英文),2022,5(01):143-150.

这些艺术特色在其他戏曲表演中是无法展现的,是怀梆特有的,在增色主题活动课程的文化底蕴的同时,丰富了学生的眼界,让学生认识到文化的多样性,并提高审美情趣,增强文化自信。

(二) 促进怀梆课程开发

习近平总书记多次强调弘扬中华优秀传统文化和开展民族文化教育的重要性[①],这提醒我们应增强对本民族文化传承的重视。为深入推进文化教育发展,更好地完善中原非遗怀梆的主题活动课开发,展开调查怀梆在本土沁阳民族文化传承与教育的重要程度,并对沁阳市部分小学老师进行随机访谈调查,结果显示学校对中原非遗怀梆重视不够。(D代表调查者,T代表教师)

D:那为什么不讲咱们的传统戏剧怀梆呢?

T:不是不讲啦,是整个戏曲这个艺术形式都很少讲,音乐课本上大多数都是一些民间山歌或者国内外童谣,只有很少的篇幅会提到戏剧,就算提到,大多数同学也不在乎,他们更喜欢流行音乐和网络上的歌。

D:啊,那长此以往下去我们的怀梆岂不是要失传了!

T:是啊,课堂上不教,课下也没有宣传,连平时的校园广播里都没有播放咱们怀梆的,唉!

从这里我们可以看出来在小学课堂上不仅怀梆没有受到重视,整个戏剧界都没有受到重视,从课本到课外都很少有戏曲的身影,课本上大量是外国童谣、著名音乐曲目,还有中国的民间小调、红歌等,戏曲的元素少之又少。课外学校广播这一传播文化最好的途径也没有戏曲的身影。具体到沁阳,这一怀梆的发源地,也没有怀梆的身影。学生们升学压力大,每个学生都在忙于抓紧学习提高成绩,根本没有时间来学习怀梆知识。

通过上面的访谈我们不难看出在课堂上,教师并没有时间去教授怀梆

---

① 丁瑞常,孙尧.新时代民族文化教育的价值负载、素养框架与实施建议[J].中国教育学刊,2022(11):49-53+96.

文化,教学课本上也都是一些民间山歌或者国内外童谣,戏曲内容都很少,怀梆戏曲更是没有。平时学校的校园广播、文艺汇演也很少提及怀梆,就算有怀梆戏曲团来表演也是戏曲团向学校申请的免费义演,也是好几年才有一次的。不难看出,就算在怀梆当地的学校,对怀梆重视也不够。由此可见,提高学校对中原非遗怀梆的重视,推进文化教育发展迫在眉睫,推进文化教育发展可以促进各民族团结,提高国家文化软实力[①],培养学生更好地成为社会主义的接班人。

(三)推动怀邦复兴

随着经济社会水平和科技水平的不断提高,许多传统文化面临流失危险。非遗怀梆在以往有许多传统文化村相互攀比时,赛戏、对戏之风盛行。"对戏"最为红火,规模很宏大,每个村社都会根据某些历史上的神话或民间故事装扮成各种各样的人物形象,手持刀、枪、剑、戟等各式武器,打着旗帜,骑马或不骑马地边走边舞,以此作为社火活动的前导。戏曲也多用于订立村规民约、调节邻里纠纷、恭贺寿宴、新婚接喜、安葬丧事等,对群众起到了鼓舞人心、团结乡里、文化传播等作用。但随着经济社会水平和科技水平的不断提高,人们已经没有足够的精力和时间去固定的小剧场里与演员面对面进行深入交流和互动了。戏剧舞台艺术的固有属性决定了演员必须在台上与观众进行面对面的交流。因此,怀梆也逐渐没落,传统文化复兴迫在眉睫,复兴怀梆不只是在复兴怀梆这一戏曲,而是整个传统文化的复兴[②]。怀梆小学主题活动课的开发有利于学生文化自信的提高,以及我们民族自豪感的提高。

---

① 韦兰明.基于新时代文化自信的民族教育概念再构[J].广西民族研究,2020(02):165-172.
② 陈学金,赵旭东.传统复兴与乡村文化实践——基于华北两个村庄百桌宴的人类学分析[J].学术界,2022(08):96-105.

二、黄河非遗怀梆小学主题活动课程实施

（一）活动课程实施的基本思路

具体的活动计划包括以下项目：活动标题、活动目的、活动对象、活动内容和选择方法、活动现场设计，以及设备准备、活动总结和经验等。怀邦主题活动课程需要根据上述项目逐一完成，活动标题要符合中原非遗怀梆小学主题活动课程的主题要求，可根据《中小学综合活动课程指导纲要》的要求进行恰到好处的设置。活动目的要符合黄河非遗怀梆小学主题活动课程的三维课程目标，从知识、领会、应用、分析、综合和评价等六个方面制定合适的活动目的，活动对象是一到六年级的学生，但是也要根据不同年级学生的不同心理特征进行不同的活动内容安排。例如，一年级的学生心智还未发育成熟，进行过于复杂的怀梆动作武术表演会使低年级儿童因学习内容过于困难而丧失学习兴趣。活动场地在校园中进行，有条件的可以在教师的带领下到专门的怀梆戏曲院学戏，营造学习氛围，得到更专业的指导。活动器材可以选取一些简单的替代品，例如木棒、纸制刑具等，不必一定要采用真刀真枪，危险性太大。活动实施的基本思路要严格按照以上条目进行。

（二）活动课程设计模式和原则

黄河非遗怀梆小学主题活动课程的实施理念主要是"主题活动"，所以如何选择主题才是一个难题。我们通过对以往课外活动的具体计划进行总结和分析，提取出主题深化式、辐射式、立体式三种模式。其中，主题深化式活动围绕着一个相对较大的主题展开，然后分为几个子阶段，逐步推广和深化这个较大的主题。设置大的主题可以起到统领整个活动的作用，彰显活动主题，引领整个活动的开展，随后再根据大主题由浅入深设计几

个对应的小的主题活动,一步步地学习,直到最终达成大的活动主题。这种主题活动模式由浅入深,由易到难,层层递进,更利于学生学习。例如,怀梆主题课程的大主题是怀梆戏剧的学习,那么子阶段就是怀梆剧目的了解、台词的背诵、曲调的熟悉、动作的联系,以及最终曲目的完成。

活动课程设计主要遵循主体性和乡土化原则。开展以学生为主体的主题活动课程,必须在每个阶段和内容组织都围绕学生主体展开,以学生为中心,关心学生,服务学生,不断提高学生的思想水平、政治意识、道德素质和文化素养,促使学生成为德才兼备、全面发展的人才[1]。黄河非遗怀梆小学主题活动课程最主要的教学实施原则就是主体性原则,必须确保学生为课程的主体,课程为学生服务,教学内容、教学方法、教学模式一切都要以学生为主,坚持学生在课堂上的主体地位,充分激发学生学习的主动性,提高学生的学习兴趣,把握主题活动课程的质量。怀梆原本就属于沁阳市地方性非物质文化遗产,怀梆主题活动课程就更要扎根地方,因地制宜,贯彻本土化原则,立足本土发源地优势,把活动课程具体化深入乡土,扎根到学生心中[2]。联合地方优势性资源,发挥本土优势,将地方文化资源整合,集中到一起发挥更大的作用,才能让黄河非遗怀梆走出沁阳,走向全国,走向全世界。

(三)黄河非遗怀梆小学主题活动课程具体实施

1. 课堂中的导入

教师:同学们在音乐课堂上学习了很多的音乐种类,例如:电影音乐、电视剧音乐,歌舞剧音乐、曲艺音乐等。下面老师想给大家唱一段旋律,同学们认真听并思考这属于哪种艺术类型?

教师:演唱《老少换》选段。

---

[1] 中小学综合实践活动课程指导纲要[S].北京:中华人民共和国教育部,2017:4.
[2] 林雯.活动课程的设计[J].课程·教材·教法,1996(05):27-31.

学生:这是怀梆!

教师:对了!同学们真聪明!怀梆也被称为"怀庆梆子",是我们沁阳市特有的戏曲种类。2006年5月20日怀梆经国务院批准列入第一批国家级非物质文化遗产名录,是我们沁阳市当之无愧的文化瑰宝呢。今天,老师就带领大家来领略一下怀梆的美吧!

2. 课堂中的讲授

播放视频《老少换》选段。

教师:同学们,这个片段的戏词你们都能听懂吗?

学生:可以,这就是沁阳话。

教师:对了!咱们的怀梆呀,就是用沁阳话唱的。因为呀,它就起源于我们怀庆府地带。它的行当分为生、旦、净、丑,在妆容、服饰脸谱方面与豫剧有相同之处,也是豫剧的一个重要分支。但整体来讲还是有很大区别的,拥有浓烈的地方特色。怀梆演出时的唱腔和道白使用的是怀庆话的语调与音韵,高亢而富有激情,在唱句句尾经常使用有声无字的装饰性花腔——"讴",这个字在音调上要比前面的唱词突然提升八度。

表演形式上,怀梆的唱腔、道白、伴奏、身段和特技表演等粗犷、奔放、豪迈、激越,具有浓郁的地方言语特色。唱词规整合辙押韵,基本为二二三格律句式或三三四格律句式。演出伴奏主要以打击乐为主,板式主要有二八、散板、慢板等,二八版的挑后嗓和慢板中的花柳腔是怀梆中独有的唱腔。

学生:哇!原来怀梆这么厉害呀!

教师:那是!今天呢,老师就教你们学唱怀梆老剧目《老少换》。这是个轻戏剧,内容诙谐幽默,但也有其深刻内涵。在学习之前老师先给你们简单介绍一下它的大概剧情吧。河南灾荒年间,16岁的少女为救父母把自己卖给一个63岁的姓马的老人为丫鬟,不想一出河南境地,老人便改变主意说要娶女孩为妻。与此同时,在另一处地方,一个20岁的冯姓青年在集市上买妻。不想人贩子捣鬼,把一个56岁的老婆婆卖给他为妻。在赶路途中他们恰好住在同一家店,夜晚时分少女在马棚上吊寻死被老婆婆发现,老婆婆便将计就计,让少女和青年连夜逃跑,自己留下来拖住老人。老人发现后连忙追赶,追赶上后,四人一起到府衙申诉,在府衙和老婆婆的劝说下,老人同意老少换,在少女的卖身契中将马字添了两笔变成冯,成就了两段姻缘,至此两家也成为了亲戚常来常往。老师介绍完了,相信你们对故事有个大概的了解后,对欣赏《老少换》也会更加容易。接下来我们来听一下《老少换》的完整片段。

播放《老少换》的完整片段。

教师:听完之后你们都有什么感悟呀?

学生:这个剧挺搞笑的,但是那个小姐姐好可怜啊,而且为什么被卖掉呢?

教师:同学们真的好棒啊,能发现喜剧之下的悲伤内核。那个小姐姐之所以被卖掉是因为闹饥荒,为了救自己的父母,这就告诉我们要珍惜粮食,做到吃多少拿多少,不浪费粮食。

学生:好!坚决不浪费粮食。

教师:我们了解了它的内涵,那接下来我们来学唱一下它的片段吧,老师先来示范一遍,你们一句一句跟唱。

学生一句一句跟唱……

3. 课堂中的巩固

教师:同学们你们都学会了吗?有谁可以给老师展示一下吗?

学生一个接一个展示中。

教师:同学们唱得真棒,看来你们都掌握了呀。

4. 课堂中的总结

教师:谈谈你们这节课都有什么收获呀?

学生1:我学会了怎么唱怀梆戏,怀梆戏可真有趣呀!

教师:这位同学真棒,又掌握了一项技能呀!

学生2：老师，我觉得怀梆戏中包含许多教人智慧的道理，我要学会这些道理并把它们也教给我的家人们。

教师：这位同学真聪明，相信你的家人们也会喜欢怀梆的。

5. 课堂中作业的布置

教师：同学们，这节课到现在就结束了。今天的课后作业是同学们录一个给家人唱怀梆选段的5分钟视频，等下节课我们来欣赏一下。

第二节　洛阳唐三彩融入初中综合实践活动课程的实践探索

洛阳唐三彩融入初中综合实践课具有综合性的育人功能，能够在潜移默化中涵养学生的文化素养、提升学生的审美情趣、塑造学生的道德品质。在明确课程目标的基础上，依据学生的兴趣和需要、课程的目标和需要、教师的能力和特点，基于"三水平三阶段五课型"框架图开展综合实践活动课，并确立完善的评价体系，不仅有助于综合实践活动的有序开展，而且能够使学生深入了解洛阳唐三彩的文化内涵并感受其艺术魅力，增强对地方非物质文化遗产的价值认同。该课程的实施仍存在着需要完善的地方，如注重小组作用的发挥、做好教学评一体化设计、注意地方非遗综合实践活动课的一致性和连续性等。

一、洛阳唐三彩融入初中综合实践课程的教育价值

（一）涵养学生的文化素养

"非物质文化遗产中含有丰富的历史资源、文化资源、审美资源、科学资源、伦理资源、教育资源、经济资源、创造资源，相应地就具有历史、文化、审美、科学、和谐、教育、经济等功能，而这些多种多样的功能决定了非物质

文化遗产具有多方面的价值。"①国家级非物质文化遗产洛阳唐三彩是唐朝文化的缩影,其本身的制作工艺体现着唐朝文化的包容开放。唐三彩早在唐朝初期就成为中外文化交流的产物,输出国外。此外,"唐三彩艺术风格的形成与唐代陶器制造工艺的成熟、自由开放的社会风气、频繁的中外文化交流、华丽壮美的审美风尚,以及唐代独有的盛世气派密切相关。"②将洛阳唐三彩融入初中综合实践活动课有助于学生在非物质文化遗产的学习中了解中国唐朝的历史,一方面能够增强学生的文化认同感、民族自豪感,在潜移默化中涵养学生的文化素养;另一方面又可以提升综合实践活动课程的文化底蕴,将课程内容追求的文化性与科学性统一在非遗的传承中扎根。

(二)提升学生审美情趣和道德品质

洛阳唐三彩主要包括人物塑像、动物塑像、生活用具、模型等。以黄、绿、青三彩常见,其造型特征和色彩特征极具审美价值和艺术价值。在初中综合实践活动课中通过欣赏、参与制作体验、设计、绘画等培养学生的审美能力,充分发挥洛阳唐三彩的美育价值。同时,"唐三彩是中国非物质文化遗产中一抹绚烂的色彩,是经过历史沉淀的文化瑰宝,它有着巨大的发展空间等着现代人去开发和研究。深入剖析唐三彩手工艺世代相传的精髓,上升为格物致知的精神、精益求精的态度、勇于创新的追求、爱岗敬业的操守等难能可贵的品质,领悟其核心价值,提升民族文化自信与民族自豪感。"③将洛阳唐三彩融入初中综合实践活动课能让学生领悟唐三彩制作过程中所体现的工匠精神,有利于提升学生的道德素养和人文情怀,塑造学生的道德品格。

---

① 王文章.非物质文化遗产概论[M].北京:文化艺术出版社,2006:14.
② 刘德侠.唐三彩艺术风格的形成及其渊源探析[J].黑龙江史志,2014(19):72-73.
③ 胡恬怡,毋瑶瑶.近现代洛阳唐三彩工艺发展中的工匠精神研究[J].大观(论坛),2019(03):10-11.

(三) 给教师带来新的挑战

洛阳唐三彩融入初中综合实践活动课开发和实施会对教师产生重大的影响。首先,"研教并重"的综合实践活动课程开发与实施方式,更能够培养教师研发课程与教学的能力,增强教师课程开发的主动性、课程实施的自主性、课程改革的积极性。其次,洛阳唐三彩作为地方非物质文化遗产具有自身的艺术价值和文化内涵,教师在课程设计和实施过程中,对洛阳唐三彩的历史文化溯源,以及与学生一起进行的研学活动,能够提升教师艺术素养,促进教师的多元化发展,涵养教师自身的文化底蕴。

此外,将非遗洛阳唐三彩融入初中综合实践活动课对地方非物质文化遗产和传统文化的继承和发展具有重要的影响,一方面能够充分发挥学校育人的主渠道功能;另一方面能够利用家校社合作促进地方民间文化的发展,对地方非遗洛阳唐三彩的传承和发展意义重大。

二、洛阳唐三彩融入初中综合实践活动课程的实践

(一) 课程实施的建构:实践"三水平三阶段五课型"

洛阳唐三彩综合实践活动课的实施框架的建构对于该课程的有效设计和实施起着至关重要的作用。基于此,著者尝试构建了"三水平三阶段五课型"的实施框架(如图 7-1 所示)。

1. 课程实施的三水平

"三水平"是洛阳唐三彩融入初中综合实践活动课在实施过程中所要达到的各阶段目标,在课程的构建过程中,我们首先要明确课程的目标任务,将课程划分层次,使课程更加立体丰富多元。基于此,课程才能够更加有效地实施,学生的学与教师的教才会更有意义。

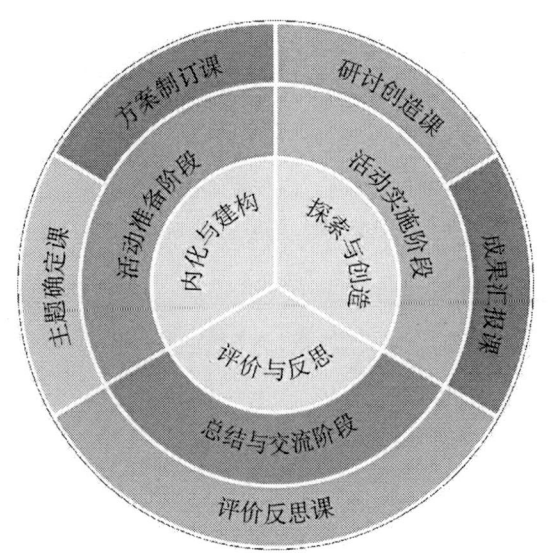

图7-1 "三水平三阶段五课型"框架图

(1) 内化与建构

"建构主义学习理论认为'情境''协作''会话''意义建构'是学习环境中的四大要素或四大属性。"[1]"情境"是指在教学过程中为学习者设计有利于其理解和掌握知识的学习情境;"协作"是行动上的交流,指大家以互助形式共同完成复杂情境中的学习任务;"会话"是语言上的交流,指大家通过语言文字交换各自获得的信息与知识;"意义建构"是学习的最终目标,即学习者在有利的学习情境中,通过自主学习、与团队的合作和沟通等协作性和研究性学习,发现事物的本质、规律及事物之间的联系。[2]

(2) 探索与创造

发展学生的探索能力和创造能力是综合实践活动课的目标之一。在此课程中,通过组建学习小组,引导学生通过协作收集整理资料、发现问题解决问题、研讨创造、展示交流、评价反思等一系列环节和实践来使学生的学习水平由认知层面上升到创新创造能力的培养层面。

---

[1] 杨维东,贾楠.建构主义学习理论述评[J].理论导刊,2011(5):77-80.
[2] 王竹立.新建构主义:网络时代的学习理论[J].远程教育杂志,2011(2):11-18.

(3) 评价与反思

评价与反思是课程实施的第三个层面，通过发挥评价的诊断、激励、调控与导向等功能对课程进行升华和总结，使学生能够达到自我评价、自我反思、自我总结的水平。同时，这一阶段要求超越知识与能力层面的发展，要能够促进学生情感的积极转变，如对洛阳唐三彩艺术价值和文化内涵的鉴赏和热爱，对地方非物质文化遗产保护和传承的积极态度等。

2. 课程实施的阶段

根据初中综合实践活动课开展的顺序，及其本质上是一种创设情境、体验与认识、发现问题解决问题、合作交流、创造与反思的学习过程，著者把洛阳唐三彩融入初中综合实践活动课的实施设计为活动准备、活动实施、总结与交流三个阶段，每个阶段都有相对应的课程目标及课程类型。

活动准备阶段需要做好三件事：一是做好选题。教师要引导学生对问题的价值性及可行性进行分析和探讨。二是组建小组。"综合实践活动以小组合作方式为主，也可以个人单独进行。小组合作范围可以从班级内部，逐步走向跨班级、跨年级、跨学校和跨区域等。要根据实际情况灵活运用各种组织方式。"[1]因此，教师要能够根据学生的年龄、兴趣、爱好及特点组建学习小组，充分调动学生的积极性，充分发挥每位学生的优势。同时，为使洛阳唐三彩深度融入综合实践活动课，小组的成员可以不仅仅局限于班级内部，教师可以引导学生跨班级、年级，甚至是学校、地区组建小组队伍，开展实践和研究性学习。此外，针对部分倾向于独立学习和研究的学生，教师应该尊重学生的意愿，为学生独立开展活动创造条件，并在完成相应活动任务之后，引导并组织学生与其他同学进行交流与分享，促进学生个性化与社会化的协调发展。三是制定活动方案。学习小组组建完成之后，教师要引导各个小组根据活动的主题与活动任务分析和制定相应的实

---

[1] 中华人民共和国教育部.关于印发《中小学综合实践活动课程指导纲要》的通知[EB/OL].（2017-10-30）[2022-11-11]. http://www.gov.cn/xinwen/2017-10/30/content_5235316.htm.

践和研究计划,培养学生分析问题、制订方案的能力。

小组确定好活动主题并制订好活动方案之后,就可以进入活动的实践和研究阶段。基于杜威的反省思维五步法的启发,包括创设情境、提出问题、分析问题制订方案、开展实践验证方案、总结和反思五个阶段。著者结合洛阳唐三彩融入初中综合实践活动课的特征,认为在活动实施阶段,首先,要借助或创造一定的活动情境,如组织学生到洛阳唐三彩陶艺博物馆、洛宁爱和小镇或学校及班级开展唐三彩研学活动,引导学生进入活动情境。其次,让学生在实践和研究中体验洛阳唐三彩的文化内涵和价值,如在洛阳唐三彩博物馆观赏唐三彩艺术品、课堂中制作精美唐三彩相关的作品、唐三彩基地研学等。最后,学生收集分析资料、尝试艺术创作。此外,在整个活动实施的过程中,不仅要有学生的自主研究和实践,还需要教师对学生进行方法的指导。

总结与交流阶段,教师要尤其注意深化学生的活动体验,及时对洛阳唐三彩综合实践和研究的方法进行反馈与交流,并引导学生对小组的成果进行汇报和展示,以此来提升学生对洛阳唐三彩的感悟,在引导学生感受洛阳唐三彩艺术魅力的过程中,升华学生对地方非物质文化遗产的认知和情感。

3. 课程实施的类型

"传统的学科教学一般根据教学任务将课分为新授课、巩固课、技能课、检查课等,初中综合实践活动课的课程类型与学科教学有所不同"[①],有研究者认为"地方非遗综合实践活动序列课可以划分为主题生成课——地方非物质文化遗产的认知和活动主题的生成;方案设计课——地方非物质文化遗产活动课的目标的明确;中期反馈课——地方非物质文化遗产的情感体验和问题反馈;成果展示课——地方非物质文化遗产的价值认同和

---

① 郭元祥,伍远岳.中学综合实践活动[M].北京:高等教育出版社,2016:30-31.

成果展现"四种课型①。在此启发下,在分析和思考的基础上,著者将根据洛阳唐三彩融入初中综合实践活动课不同阶段的任务将课程分为主题确定课、方案制定课、研讨创造课、成果汇报课、评价反思课这五类课型。

开展主题确定课的目的是让学生了解洛阳唐三彩的文化内涵、造型特征、艺术魅力、使用价值等,并能在实践和活动探究中探讨如何保护和传承洛阳唐三彩。从非遗洛阳唐三彩中生成活动主题,首先应该组织学生收集相关资料形成对洛阳唐三彩历史文化、造型特征、色彩艺术、使用价值等方面的初步认知,再根据不同年级及不同学生的特点组建小组,确定不同的活动主题,并开展讨论。引导学生形成对地方非遗洛阳唐三彩的初步认知,不同年级可以确定不同的综合实践活动主题,如表7-1所示。

表7-1 地方非遗洛阳唐三彩综合实践活动主题

项目主题	年级活动主题		
	七年级	八年级	九年级
历史文化溯源	洛阳唐三彩产生和发展的历程及文化背景	洛阳唐三彩的文化内涵及分布特征	洛阳唐三彩的文化价值体验与感悟
造型特征分析	走进洛阳唐三彩陶艺博物馆	洛阳唐三彩造型特征溯源	洛阳唐三彩造型特征的艺术魅力
色彩艺术鉴赏	参加唐三彩艺术图片展	洛阳唐三彩的花纹及色彩特征鉴赏与分析	洛阳唐三彩的色彩艺术特色及规律
实用价值探究	走进洛阳唐三彩文化小镇	探寻洛阳唐三彩的用途和价值	洛阳唐三彩实用价值的总结探讨
传承途径探讨及实践	体验洛阳唐三彩手绘、艺术设计展、文创产品展等	探讨洛阳唐三彩的传承意义和保护措施	小组合作进行写生、手绘、文创产品设计

方案制订课中要引导学生规划洛阳唐三彩综合实践活动课的时间、地

---

① 郑雪松,段同妍.地方非遗综合实践活动序列课的实施[J].中小学教材教学,2021(08):21-25.

点、活动主题、活动前的准备、活动的实施过程、活动成果展示,以及活动的评价与总结、反思等。方案制订课开展的目的和意义在于培养学生主动参与、积极策划的能力,能够正确把握活动方案的基本内容,同时通过方案制订可以使学生的活动目标更加清晰。此外,需要注意的是活动的方案并不是一成不变的,教师要在活动开展过程中指导学生根据实际情况不断调整、修订和完善活动方案。

研讨创造课的目的在于使学生在实践和活动体验中加深对洛阳唐三彩的了解,并能够通过小组间的合作进行一定的艺术创作。如本课程的研讨创造课可以通过洛阳唐三彩研学旅行、洛阳唐三彩陶艺博物馆参观体验、网上图文音频等资料整理与分析、手绘创意设计与涂鸦、文创产品或唐三彩制作体验参观等形式,使学生在视听体验、手工制作过程中感受洛阳唐三彩的艺术魅力,创造或制作出新的唐三彩产品,以此来培养学生鉴赏艺术价值与魅力的能力和实践操作的能力。

综合实践活动课与传统的学科类课程的不同在于,它是以活动的开展为核心,更加强调学生以活动的形式开展研究性的学习,通过一系列的观察、体验、探究、创造、设计、展示、评价与反思培养学生收集信息、处理信息的能力,发现问题、解决问题的能力,以及实践创造和感悟反思的能力。活动成果的展示和汇报是对学生上述能力及活动过程中认识、体验、研讨创造的手段及方法的再现和提高。成果汇报课要注意以下几点:第一,成果汇报课只是此次活动主题的成果展示,以及此次活动的终点,而非学生能力发展的终点。第二,成果汇报课应该具有灵活多样的汇报和展示形式,应以活动主题为出发点,以学生充分展示自己在实践活动中的所思、所想、所获为落脚点。本课程的汇报课可以采取手绘设计展、洛阳唐三彩模型、小制作、讨论会、调查报告等形式。第三,要避免汇报课走入表演课的误区。汇报课不仅仅是学生的展示与汇报,还需要师生之间、生生之间的互动交流,要紧紧围绕活动主题和目标对问题进行深入的探讨和交流,使学生在此综合实践活动课中能够真正的学有所思、学有所获。

活动的结束并不是课程的终点,相反我们可以对活动进行反思,从活动中汲取经验,在活动中发现新的问题,以此作为我们新的活动主题,从而形成新的认识的起点。评价反思课的意义就在于在活动结束之后,一方面通过教师的言语反馈和评价,学生小组之间的总结和交流,可以增强学生的自信,激励学生大胆实践和创造;另一方面,通过对活动的反思,与同伴共同探讨改进策略,助力洛阳唐三彩综合实践活动的深入开展,并从活动中总结成功经验,反思并改进不足之处。总结反思课要注意以下几点:第一,教师要引导学生多角度总结与反思,如从活动主题、活动方案、活动过程等方面。第二,教师要指导学生及时总结和反思,趁热打铁,加深学生的印象。第三,教师对学生的反馈和评价要尽量明确具体、正面积极,使学生获得积极的情感体验,从而调动学生参与综合实践活动课的积极性和自主性。

(二)评价体系的确立:落实"三阶段"评价

"综合实践活动的评价没有固定的实施模式,也不可能有一个十全十美的方案来概括各学校内丰富多彩、富有特色的实践活动,下面是从综合实践活动组织实施的几个步骤出发,提出的分阶段评价的建议。"[①]本课程即以"实施前评价,确立指标——实施过程评价;监控调查,交流研讨——实施总结评价;汇报展示,交流分享"三个阶段的评价形式进行[②]。

1. 课程实施前评价

在课程实施之前我们需要对学生的学情进行分析,在学生现有的知识和能力水平的基础上开展课程的设计,同时课程实施前要做好充足的准备,包括课题的概述、活动目标的确定、学生小组的组建、活动任务的分配及活动方案的制订等。课程实施前的评价指标就是针对课程实施前的准

[①] 郭元祥,伍远岳.中学综合实践活动[M].北京:高等教育出版社,2016:261.
[②] 林学斌,单少华.新课程教学设计:综合实践活动[M].大连:辽宁师范大学出版社,2002:74-75.

备进行评价,如表 7-2 所示。

表 7-2 课程实施前的评价表

评价内容	评价标准			评价方式		
	优	良	中	自评	互评	师评
课题的概述	清楚地说明课题的背景、来源、重要性	能够说明课题的基本内容及选题的目的	课题的描述不清晰			
活动目标的确定	与学习课题相关;符合学段特征;目标阐述清楚、具体、可评价	与学习课题相关;与学段学习目标基本一致;目标阐述比较清楚、具体	活动目标不切实可行,脱离学习主题			
学习小组的组建	能够根据全体学生的认知能力、情感态度、学习基础、兴趣、需要及个体特征组建学习小组	能根据部分学生的能力特征、兴趣和需要较为合理地组建学习小组	忽视学生之间的差异性和学生个体的个性特征、能力和优势,随意组建学习小组			
活动任务的分配	活动任务与目标统一;任务内容丰富多样、形式灵活,能体现自主、合作、探究的学习方式;活动任务情境真实有趣,具有挑战性,且能够为学生提供发展的空间;任务要求明确具体,具有可操作性;活动的任务要具有层次性、阶段性,对不同学段的不同学生设置不同任务	活动任务与目标基本统一;任务内容和形式丰富;任务具有一定挑战性,能够激发学生的探究兴趣;任务要求明确具体、可操作	活动任务与目标多处不一致;活动内容和形式单一;任务要求不清楚,缺乏层次性和差异性;任务侧重知识与技能目标,而忽视其他方面的发展			
活动方案的制订	活动方案由小组合作商讨制订,且经过教师的指导进行了修改和完善	活动方案由小组合作制订,教师进行了一定指导	活动方案不明确,步骤不清晰			

2. 课程实施过程评价

课程实施过程评价主要是采取一定的方法和策略记录学生的实践活动过程,并提供一定的反馈,记录、积累学生各方面发展的信息和资料。同时,也较为注重学生的自我评估和调节,注重培养学生的元认知能力。具体评价项目和内容如表 7-3 所示。

表 7-3 课程实施过程学生学习的评价表

评价项目	评价内容	评价主体							
		自评			互评			师评		
		优	良	中	优	良	中	优	良	中
学习态度	对洛阳唐三彩的主体实践活动始终具有探索兴趣,且能高度重视,认真对待									
组织合作能力	与小组成员沟通交流,配合默契,能共享信息,共同解决问题									
收集和处理信息能力	能够多渠道收集信息,信息内容全面,包括文字、声音、图片,并能把信息按主题进行归类整理									
创新创造能力	善于观察、分析、思考,能提出创新的观点和独到的见解									
成果展示能力	能充分展示小组的研究成果,汇报丰富生动,并能及时回答教师和学生的提问									
总结反思能力	能在小组合作的过程中经常反思工作的不足,总结经验,不断监控调节原有的活动计划,元认知能力强									

3. 课程实施总结评价

课程实施的总结性评价主要是针对学生在洛阳唐三彩相关主题实践活动中的体验、成果等进行总结,在先前评价的基础上对学生的整体表现进行量化评价和质性评价的总结。可以采用报告会、演示、学生交流互评会等形式对学生的综合实践活动的成果进行综合评价,包括学生课程参与度、课程实施过程的表现、方案制订的合理性、成果展示的有效性、合作交流的反思精神、实践能力和创新精神的发展等。具体内容如表7-4所示。

表7-4 课程实施学生学习的总结性评价量表

评价项目	评价标准	所得分数（满分10分）
实践活动参与度	能全程认真参与活动并很好完成相关的任务2分,根据完成任务的质量酌情扣分,不参与者0分	
实践过程的表现	根据学生实践活动过程的表现评分,满分为2分	
活动方案制订的合理性	能够制订合理可行的方案为2分,方案较为合理的1分,方案不具体明确、无可行性的0分	
成果展示的效果	根据活动成果及展示和汇报的效果进行评分,满分2分	
合作交流与反思能力	在活动和成果汇报过程中此项能力突出者适当加分,不得超过1分	
实践能力和创新精神	在实践活动中能提出创新的观点和独到的见解,并尝试实施的可加分,此项加分不得超过1分	

（三）课程改革方案的落实:强调"两个为本""四个为了"

将洛阳唐三彩融入综合实践活动课,首先,要能够激发学生自主学习的兴趣和积极性。综合实践活动课能够给学生提供较大的自主学习的空间,并且能够促进学生学习兴趣的迁移,即将综合实践活动课实施中产生的兴趣迁移到学科学习中去。其次,要能够培养学生的合作交流能力。小组合作学习是本课程在实施过程中主要的开展形式,通过对学生的学情分析组建学习小组,学习小组成员针对活动主题制订活动计划,分配活动任务,并在共商共创中实现自身能力的发展。再次,增强学生的自信心,提升学生的自我效能感。在本课程的设计中,非常注重对学生的积极评价和正面的反馈,同时注重评价主体的多元性、评价方式的多样性、评价内容的丰富性,多维度的评价能够使每位学生的优势都得到展现和发挥,由此增强学生的自信心。最后,促进学生综合素质的提高。"学生在与自然、社会的深度接触中,在职业规划和实践体验中,促进自身思想观念、性格特征、行为方式等人格要素的健全,综合实践活动课的实施成为培养学生健全人格的重要途径。"[①]

因此,本课程在实施过程中,始终对标新课程改革的核心内容,一切"以人为本""以学生的发展为本",体现了为了学生的终身发展,为了每位学生的发展,为了学生的全面发展和个性发展。

第三节　黄河非遗面塑融入小学美术课程研究

对黄河非遗中原面塑如何更好地融入小学美术课进行研究,以便更好地传承和发展中原非物质文化遗产。"注重引导学生理解'中华优秀传统文化需要创造性转化,创造性发展',增强文化自信,涵养家国情怀"是"继承与发展文化遗产"的重要教学重点之一[②]。面塑作为中国民间传统艺术之一,经过上千年的传承,早已成为中国文化的一部分。最早的文字资料能够追溯到宋代,宋代作家吴自牧所著的《梦粱录》中,曾明确记载当时民间已有把面塑用于节庆、祝寿等喜庆日子的传统习俗。到了清朝,面塑开始在中原地区流行起来,不少民间艺人将其作为重要的谋生手段。相比较于其他的传统手艺,面塑更像一种街头文化,捏面人不需要走门串巷,更无

---

① 高志文,罗晓章,文传福.综合实践活动课程序列开发与常态实施——以成都双流中学实验学校为例[J].课程·教材·教法,2018,38(04):79-86.
② 中华人民共和国教育部.义务教育艺术课程标准(2022版)[M].北京:北京师范大学出版社,2022:72.

须吆喝,只要一把椅子,一个装材料的箱子,坐到哪里,哪里就成为他们的临时工作室。

一、面塑具有融入小学美术教育的价值

中原面塑是民间传统艺术的瑰宝,对其进行保护和传承有助于开展历史、考古、民俗、雕塑、美学等方面的相关研究。中原面塑是中原地区河南北部非物质文化遗产的重要内容,是河南省郑州市中原区区级非遗项目,作为十分珍贵的非物质文化遗产受到了党和政府的重视,并走入了艺术殿堂。中原面塑体积较小,色彩多样,成品经久不霉、不裂,不易变形,不易褪色,受到很多人的喜爱。外国旅游者在观看面塑作品制作时,都对那娴熟的技艺及千姿百态、栩栩如生的人物形象赞叹不已。

(一)增强学生的民族自豪感和文化认同感

中原面塑作为传统民间艺术,传承与发展面塑技艺有助于更好地发扬民间文化。随着时间的流逝,许多传统手艺等非物质文化已经慢慢淡出大众的视野。中原面塑根据所需随手取材,在手中经过细小步骤,用很短的时间就可以将没有生命的小小面团塑造为栩栩如生的艺术形象。中原面塑文化,既是一种"活态"的文化遗产,又是一种民间的文化符号,是传承民间文化的鲜活载体。中原面塑艺术作为黄河非遗优秀传统文化的一部分,在学校开设面塑课有助于拓展学生的知识面,帮助学生深入了解民族文化,挖掘文化吸引力,了解面塑是人类美术宝库中的瑰宝。"文化既是民族的,也是世界的",保护非物质文化遗产面塑艺术,就是在保护我国优秀的传统文化。它能增强学生的民族自豪感,坚定文化自信,提高民族文化认同感。

（二）激发学生的兴趣和审美意识

美育可以启迪智慧、激发探究，陶冶情操、净化心灵，是学校教育的主要内容，也是小学教育中尤为重要的一环。中原面塑融入小学美术教育有助于传承中华美育精神，守住中华优秀传统文化精髓，厚植自然、艺术、人文底蕴，中原面塑的传承与发展体现了中国审美与艺术传统的精神特质，对于小学生的美育教育意义重大[①]。

中原面塑课的开设有助于培养学生良好的审美情趣，激发学生形成正确的理解美、感受美和评价美的见解与观点，领会中原面塑作品的造型美和色彩美。面塑作品材料具有柔软、可塑性强的特点，塑造出来的作品立体感强、造型生动多样、色彩鲜艳、美丽直观。小学生无论是欣赏别人捏造的面塑作品，还是自己捏造的面塑作品，都可以提高学生的审美水平，进一步培养其向真、向善、向美、向上的情怀，提高其在活动中的综合实践能力。

（三）激发学生的创造力和成就感

面塑作品的制作属于手部活动的训练，而手部动作有助于开发大脑智力。小学阶段的学生好奇心重、爱动好玩、想象力丰富，他们已经不能满足于用一两种技能来塑造简单的物体，而是希望用更多不同颜色的面团制造出他们喜欢的且较为复杂的物体[②]。面塑作品制作的过程是一个手眼脑并用的过程，在制作中需要小学生用眼睛去观察，用嘴巴去描述，用手去制作，动脑筋去思考。面塑课不仅仅能锻炼学生的手指灵活度，让学生的手眼脑协调一致，同时还能提高学生的专注力、想象力、观察力和创造力，可以使学生在玩中做，做中学，学中思，思中获。

小学生可以在美术课上通过对面塑制作的学习来表现自己的情趣，展

---

① 季小希.面塑引入小学美术课程的价值[J].青少年日记(教育教学研究),2017(07):139.
② 李鹏.吸纳精髓,融合课程——北方民间面塑引入中小学美术课程的可行性研究[D].南京师范大学,2011:9-10.

现自己的个性,在面塑学习制作过程中获得自我满足、自我实现感。中原面塑课融入小学美术课,可以使学生的身心在面塑制作过程中完全融入无限欢乐和活跃的境界中,无拘无束,给予不同发展水平的学生极力表现自己的可能性。面塑的可塑性让小学生能够感受到成功的乐趣,每件面塑作品的制作都是程度不等的成功,都有其存在的价值。因而,在小学美术课堂中融入面塑制作,使学生在制作过程中增强自信心。

(四)有利于学校形成富有特色的课程

学校是进行文化传承和创新的基地,课程有助于成功实现立德树人的目标,非遗中原面塑要想成功地在校园内生根结果,就必须做到与课程的深度融合。小学将面塑与美术课有机融合,从而开发出多样的面塑校本课程,彰显学校办学特色,容纳优质办学资源。面塑是直观、鲜活生动的教学素材,立足本土资源,容易获取,方便学生深入了解面塑艺术深厚的文化内涵,符合新课标提出的凸显视觉性、具有人文性、强调愉悦性等方面的要求。

二、面塑融入小学美术课程的教学实践路径

(一)引领学生感受和欣赏中原面塑作品

1. 引领学生感知面塑作品

教师在美术课堂中要引导学生了解面塑这一民间艺术的形式、类型、意蕴、历史、特点等,激发学生欣赏面塑作品、互相鉴赏面塑作品的兴趣。在美术课中的欣赏不能仅流于表面,而应该了解每一个作品的蕴涵[①]。面

---

① 颜婉玉,李民.济南面塑艺术引入本市小学美术课堂的路径研究[J].现代交际,2017(15):21-22.

塑一般分为食用类、民俗类、观赏收藏类。其中,民俗类面塑是与人民生活息息相关或是信仰的产物,如祭祀、婚丧大事、祝寿等;观赏收藏类的尤为美观,带给学生直观的视觉盛宴。从各个角度欣赏面塑作品,会给学生带来与众不同的收获,在小学美术课堂上就可以让学生畅所欲言,在一种轻松融洽的课堂氛围中说出自己内心真实的想法。

2. 展示优秀范作引发志趣

在面塑融入小学美术课堂的教育教学中,教师可以通过将一些具有代表性的、有深厚文化内涵的作品展示给学生,从而激发学生对民间文化传承,以及自己能创作出优秀作品的志趣。如李文华作为河南省民间文艺家协会的会员,他的作品《逐梦——2022》采用了新颖的传统和现代、文化和科技的对比碰撞的表现形式。其中,冰墩墩舞狮子不仅包含了时事元素,同时也结合了中国的传统文化;宇航员王亚平遨游太空,是用来纪念我国航天事业所取得的重大成就;戏曲人物穆桂英身穿戏服表现了河南豫剧的文化元素。他的这一作品借助穆桂英和王亚平女性人物的塑造,歌颂古往今来为国家建功立业的巾帼英雄。教师在课堂中展现此作品,有助于扭转学生对于面塑作品类型单一的片面认知。

3. 邀请民间艺人亲临展示

非遗传承中更多的是热爱,面塑融入小学美术课,仅仅依靠美术教师是不够的,在条件允许的情况下学校可以定期邀请一些具有代表性的民间艺人到校,让学生体验和学习民间艺人制作面塑的全过程。民间艺人展示和传授的不仅仅是指尖的手艺,更是民间艺人对于面塑的深厚情感,这将会带给小学生不一样的情绪感受。同时,民间艺人对于面塑作品手艺的传承有自己独特的故事,在讲解故事的时候更能够打动学生,引发情感共鸣,让学生深入感知什么是执着和担当,形成精雕细琢和一丝不苟的做事习惯。如河南面塑传承人赵修旭往常除了免费给本地小学生开展课程培训,还运用网络新媒体平台这一媒介,录制一些教学视频,传播分享面塑艺术的精髓。他认为对于非物质文化遗产的传承要有足够的热爱与情怀,坚决不可走商业化道路。他的事迹传递给学生一种社会责任感,进而能够引导学生形成正确的价值观。

(二)引领学生表现和创作面塑作品

1. 创设情境激发学生创作兴趣

在课堂教学过程中,创设故事情境可以引发学生的学习兴趣,使学生真正融入故事情境之中,触发真情实感。教师在进行中原面塑艺术教学时,可以利用多媒体播放一些相关图片让学生对中原面塑有一个大致的了解,紧接着可以播放一些介绍作品由来和代表性的作品,触发学生自主学习的热情。在播放视频的过程中,对于学生尤为感兴趣的部分以及不理解的部分,教师要进行讲解。比如,中原面塑作品《猪八戒》,教师就可以借此发问:"这是什么角色""大家是在哪部影视作品里了解到的",激发学生的迁移意识,拓展学生的知识面[①]。然后可以询问学生:"如果让你制作面塑作品,你准备制作什么角色呢?"

2. 鼓励学生创作实践

在小学美术课堂中,仅仅欣赏和了解是远达不到真正的教学目标的,需要让学生落到实处,动手制作花样面塑作品。鼓励学生发挥自己独特的想象力,将脑中构思的形状、色彩等通过小面团制作出来,培养学生打造立体造型物体的能力,激发学生的创新意识[②]。在制作教学中,教师要耐心讲解如何将面粉、糯米粉、丙三醇等制作所需材料进行调配,如何给面塑作品均匀上色,如何处理面塑小细节,等等。对于学生制作的面塑作品要勤于夸赞,并且提倡小学生积极展示自己的面塑作品,让学生能从中原面塑的造型设计、创意、色彩搭配、造型捏制手段等多方面进行评述。

---

① 张娅琦. 聊城民间美术资源在小学美术课程中的开发与利用[D]. 聊城大学,2016:16-18.
② 陈艳. 面塑艺术与小学美术核心素养融合[J]. 美术教育研究,2018(22):178.

3. 适时地创新应用

教育和文化传承都应与时俱进，发挥中原面塑载体的文化传播和传承功能，适时创作新的作品，活态传承面塑文化。郑州市中原文化馆于2021年8月24日在郑州市中原区举办了非遗作品传递战"疫"力量的一系列具有代表性的文化创意活动，为抗击疫情的郑州人民呐喊助威，号召人们团结一致，与疾病作斗争。自8月上旬以来，郑州市中原区文化馆的义工们在基层防疫检查的同时，也在动员着非物质文化遗产的传承人，用烙画、面塑、香包等多种形式的文化创意活动，助力战胜疾病，团结郑州人民共同抗疫。在核酸检测、社区防控等工作中，非物质文化遗产的继承者们用他们的专业技能，用他们特有的角度，来赞美那些在抗疫第一线的医护人员、社区志愿者和互相帮助的人们。非遗文化传承人以民间的传统艺术形式，传达党和国家对人民的关怀，记录最感人的画面，为前线的抗疫工作者加油助威，把健康、幸福生活的美好希望展现给人们。当代的小学美育老师，更要时时关注社会，用最快乐的方式表达与民众有关的问题，让学生能够从艺术中感受到温暖，从而成为一个对社会、对民族有益的人。

（三）拓展教学内容和创新教学方法

1. 适当拓展教学内容

在小学美术课堂中融入非遗中原面塑，教师在介绍时应该注重拓展面塑的不同类别，拓展学生的知识面。与此同时，也能让学生感受到不同地域、不同类别的面塑的不同特点，在对比中加深对中原面塑的认知。拓展式教学具有课内与课外相结合、创造性、贯穿性的特点，教师在进行面塑教学时，要将面塑作品与学生日常生活相结合，同时也要与其他学科融会贯通，拓展学生的跨学科综合学习能力。比如，中原面塑的历史发展，中原面塑作品中直线、曲线、立体的构造与数学相结合等。

2. 创新教学方法

在开展美术教学时,教师要注重教学规律,将面塑的制作过程进行步骤分解,从而在教学过程中从易到难进行教学,可以从刚开始的单色、单形状的面塑教学逐渐过渡到多种色彩、多种造型的教学[①]。除了传统的讲授,还应适当创新教学方法。如可开展项目式合作探究教学活动,非遗中原面塑项目式学习首先要确立"中原面塑"这一主题,让学生在项目学习中学习非遗文化,感受面塑非遗传承的重要性和迫切性;其次要在项目确立中全面了解面塑和中原面塑的历史、起源、发展过程及现状,在项目设计中组建项目小组,确定探究方向,让学生在项目探究中探索面塑里的学科奥秘,动手完成自己的面塑作品。作业布置是教育教学的重要环节,课堂教学成效如何与作业有着直接的关系。创新教学方法的同时创新作业设计,比如分类设计面塑作业,A类作业可以参考校本部参考书中的范例,使用相关工具材料制作一件面塑作品,要求颜色鲜艳,制作比较细致,饱含儿童生活的情趣;B类作业开动脑筋,发挥自己的想象,用相关工具材料制作一件面塑作品,要求构思新颖。

三、面塑融入小学美术课程的多元性教学评价

(一)坚持多元评价原则

在非遗中原面塑融入小学美术课的教育教学中,教学评价是重要环节。中原面塑小学美术课的教学评价,首先应坚持客观性原则,教师在进行教学评价时应该摒弃主观臆断,尽力做到评价标准客观,以及评价时的态度客观,教师在进行面塑教学之前,针对学生的作品应该制定相应的评价标准;其次在教学评价中应该坚持发展性和指导性原则,教师在对中原

---

① 苗晟. 山东民间面塑艺术的传承与发展[D]. 山东大学,2010:12-13.

面塑技艺教学中应做好记录,时刻关注学生的动态性发展,对教学中出现的不足及时进行调整和改进,针对学生的成长进步进行及时并且具体的评价,评价中要包含具有指导意义的信息,确保每个学生被关注到,并且每个学生都能拥有清晰的发展方向。

(二)制订多元评价标准

教师制订的评价标准要多元、完整、清晰,以及具有包容性。如面塑作品的寓意是否乐观、积极,是否具有创新性,是否美观且具有设计感,色彩搭配、造型是否合理,对于制作的面塑作品所要传递的感情和信息是否清晰,制作的作品有哪些优点和不足等。多元性教学评价对于学生当前及未来的发展都具有深远的影响。

(三)确立多元评价方式

教师评价中应该尊重学生的个体差异性,学生先天的美术素养有差异,同时小学阶段以前的后天培训也存在区别,教师在面塑教学中要做到因材施教,关注学生的动态发展。同时,教师要格外关注学生的面塑作品制作过程,面塑的制作过程中离不开对工具的使用,如塑刀(又称拨子)、滚子、剪刀、梳子、竹签、毛笔、蜡油、锥子、夹板、乳胶等,教师应提醒学生注意安全,并可以从学生是否规范使用工具等方面全面地评价学生。教师评价可采用口头、纸笔等多种评价方式。

学生评价中包括学生自评和学生互评。在项目探究中,学生欣赏了其他同学或者其他小组的面塑作品,会清晰地认识到自己的优点和不足。通过这种方式学生拥有了反思和反省自己的机会,在这之后学生可以口头自评或者填写教师分发的自我评价表。此外,学生互评也尤为重要,鉴赏他人的面塑作品,有助于学生形成多角度分析问题的能力,找到自己与他人的区别,从而做到取长补短。

教育对于民间文化的传承具有重要作用,将中原面塑融入小学美术课,有助于激发学生对于民间文化传承的兴趣及责任感。本研究主要就中原面塑如何能融入小学美术课,以及如何在小学美术课堂上更好地呈现一堂好课来展开[①]。通过文献检索的方法,针对中原面塑与小学美术课程的融合,总结以下几点:首先,该地区应该加强对小学美育的重视,学校、教师、家长及学生多主体协调配合;其次,学校应当因地制宜开发资源,积极开发校本课程。同时,教师要不断地扩充自己的知识面,摒弃浅显式教学、照搬式教学、形式化教学。希望在今后的小学美术教育教学中,能够将面塑文化的传承真正落实下去,让中原面塑真正融入小学美术课,真正深入小学生的内心深处。

---

① 原怡萱. 民间面塑在小学高年级美术课程中的运用研究[D]. 沈阳师范大学,2018:20-21.

第八章
黄河非遗进幼儿园课程的实践探索

第一节 德州黑陶融入幼儿园教育活动的实践

德州位于黄河下游冲积平原,有德州黑陶、德州扒鸡制作技艺、德州窑红绿彩等丰富的非遗资源。为了在实践中发现存在的问题,为德州黑陶融入幼儿园教育活动提供实践方面的启示,我们通过与幼儿园一线教师合作,共同探索德州黑陶在幼儿园教育活动中的融入。

在活动设计阶段,研究者和合作教师共同制订了"德州黑陶融入幼儿园教育活动"主题计划,意在从五大领域充分挖掘德州黑陶的教育价值,最终制订"德州黑陶融入幼儿园教育活动"主题计划表。但考虑到德州黑陶包含的文化内涵和教育内容比较丰富,且研究时间有限,所以通过和合作教师沟通,选择确定了主题活动中三个涉及不同领域且具有代表意义的内容(如表8-1所示),进行两轮实践,并根据活动反馈进行一定的调整。同时,用文字记录、图片、影像资料等方式对整个行动过程进行详细记录。此次研究考虑到孩子的年龄接受程度主要在大班进行。

表 8-1　"德州黑陶融入幼儿园教育活动"主题计划

活动名称	主要涉及领域	组织形式
"美丽的黑陶花纹"	艺术、科学	集体活动
"'花鸟鱼虫'的秘密"	健康、社会	集体活动
"一只小陶牛"	艺术、社会	集体活动

幼儿园合作教师分组进行活动。研究者负责进行环境布置,提供活动所需的教具和材料,以及对活动过程进行全程记录,在活动结束后对教师进行访谈,了解她们在组织活动过程中的感受及后续的修改建议。

一、"美丽的'黑陶'花纹"在幼儿园艺术、科学领域的实践

在带领幼儿了解和鉴赏德州黑陶图案纹饰的过程中,不难发现像"水波纹""鱼鳞纹""螺旋纹"这种简单质朴的、细致工整的几何纹饰,极易引起幼儿欣赏和创作的乐趣,也有助于孩子审美感的培养和表达。在对德州黑陶的图案纹样进行资源挖掘的过程中,为了符合孩子的审美情趣,发展孩子的审美观念,在选择纹饰图案时首先考虑到选择的图形应尽量对称连续或均衡重复,也就是说具有明显的装饰规则。在实际活动过程中,考虑到此部分的内容比较庞杂,既要让孩子了解这些经典的图形和装饰花纹,又要在孩子欣赏花鸟鱼虫图案的过程中进行自然教育。

(一)活动初步构思

设计意图:

通过欣赏"黑陶"花纹中几何图形的有序搭配,引导幼儿识别一些常见图形,以及一些经典的对称和反复规则,还有一些经典的"水波纹""放射纹"等纹样,培养孩子识别简单几何图形的能力及空间想象力,感受图案中的对称美,充分激发孩子的创作兴趣。在欣赏的基础上了解黑陶的装饰规律及纹样的经典意义,并运用这类图形自由装饰,进行几何图形的创作。

活动目标:

1. 了解德州黑陶的经典纹样。

2. 感知德州黑陶的图案美并对装饰规则进行运用和创作。

活动过程:

1. 实际感知,激发兴趣。

教师出示由经典几何图形和纹饰装饰的德州黑陶作品,边带领幼儿欣赏,边启发幼儿寻找黑陶上所拥有的图形和纹饰(如图 8-1 所示)。

师:小朋友们仔细看,这是我们德州黑陶,在这些黑陶作品上你都看到了什么图形,什么花纹?

师(总结):大家看到了圆形、正方形、扇形;还有的小朋友说看到了水波纹、螺旋纹。

图 8-1　教师带领幼儿了解和欣赏德州黑陶图纹

2. 体验图形对称,感悟图形规律。

师:那我们再来仔细瞧一瞧,这些几何图形有什么规律呢? 它们长得是不是一样的呢?

幼 1:是一模一样的。

幼 2:我想起来了,之前老师说过这叫对称。

师:没错,像这种一模一样的,对折起来能够重叠到一起的图形就叫对称。我们在黑陶上画上这种对称的图案就会让整个画面看起来很漂亮,所以小朋友们在装饰图案的时候也可以画上一些对称的图形。

3. 感受图案纹饰,丰富纹饰内涵。

教师向幼儿介绍德州黑陶的经典纹饰,如水波纹、鱼鳞纹、如意纹等,并传授给孩子关于这些传统花纹的内涵意义。

师:孩子们,这种弯曲的、像水流一样形态的纹饰就叫水波纹,又叫波浪纹,它通常代表着光明和永恒;这种片状的、像鱼鳞似的花纹就是鱼鳞纹,它通常意味着护身、除魔。

幼1:我会画水波纹,但我之前都不知道它还代表光明呢,这次我知道了。

师:孩子们,黑陶上的每种花纹都蕴含着丰富的内涵,不仅是为了美观,也代表着人们的不同祝福和祈盼,大家在装饰黑陶的过程中也可以把它们运用进来,表达自己的心愿和祝福。

4. 装饰黑陶作品,巩固知识经验。

这一环节教师引导孩子用刚刚学到的几何图形的对称及经典的纹饰装饰自己的黑陶作品,在这个过程中,巩固自己的经验获得。

师:孩子们,我们可以用刚刚学过的几何图形和纹饰来装饰自己的黑陶作品,让它变得更美观,同时也来表达我们的祝愿。

活动延伸:

在美工区向孩子们展示具有中国传统文化特色的纹饰,例如祥云纹、牡丹纹、莲花纹等,让孩子们了解这些传统纹饰的象征意义,并能够在之后的创造活动中合理地运用,从而促进孩子的审美发展。

(二)活动效果反馈

根据第一轮活动的分析反馈发现,在中班进行德州黑陶美术欣赏活动主要还是存在目标制订不清晰、不明确,以及对于孩子的认知规律掌握不准确而导致部分活动内容并不完全符合孩子发展的情况。具体反馈如下:

W老师：首先制订的活动目标就太抽象，不具体。了解德州黑陶的经典纹样，到底是什么纹样？对装饰规则进行运用和创作，什么样的装饰规则？这一方面都应详细说明。

C老师：另外，在讲解中国传统纹饰的内涵意义的过程中，让孩子了解这些符号背后的文化意蕴其实还是比较困难的，其实孩子们对于永恒啊、吉祥啊这类抽象词汇很难理解，或者说只是朦胧的理解。一定要让孩子记住是没有任何意义的，可以将其作为一种文化的外延让孩子有一个基本的领悟就好。

Z老师：活动中老师似乎一直让孩子们在黑陶装饰图案中去找寻几何图形，认识几何图形，其实孩子们对这部分已经有自己的知识积累了，对于对称也是简单介绍，像图形的连续啊、反复啊这类图形的装饰规则都没有涉及。但其实这一部分是非常契合孩子的审美需要的。

L老师：在活动过程中我们也可以发现有些孩子对图形的掌握还是非常好的，除了认识一些简单图形，还可以根据自己的已有经验对之前没有接触过的图形进行新的命名，比如丹丹小朋友就把"扇形"称为"三角圆"，这时老师应该抓住这一契机让孩子们去认识扇形。可是在实际活动中，老师就只是一笔带过，孩子们之后见到可能仍不能准确叫出它的名字，所以教育契机的把握非常重要。

（三）活动改进提升

从孩子们的活动表现中不难发现，孩子们对这些黑陶装饰图案还是非常感兴趣的，但是有些装饰规则并没有完全呈现给孩子，所以可能会出现孩子们想要创作但是不知道如何表现的问题。结合反馈进行二轮活动调整如下。

1. 活动目标调整

认知目标：了解如意纹、水波纹、鱼鳞纹的形状特点及所蕴含的文化内涵。

能力目标:能够运用对称、反复、连续的装饰规则及各类纹饰进行创作。

情感目标:感知美、欣赏美并用艺术大胆表现美。

2. 活动过程调整

片段一

教师带领幼儿观察德州黑陶纹饰。

师:请大家说一说我们都在黑陶的装饰图案中看到了哪些你之前熟悉的图形?

幼1:圆形。

幼2:正方形。

幼3:三角形。

幼4:这个图形我之前没见过(孩子指"扇形"),但它有半个圈,一个三角。

师:孩子们,来看这个图形像不像我们夏天用的扇子?这个就是"扇形",下次见到它可要记得哦。

师:那我们再来看一看,这些图形是怎样排列的?

幼1:一个挨着一个的。

幼2:上下左右都是一样的。

师:没错,刚刚有小朋友说上下左右的图形都是一样的,那像这种一模一样的,对折起来能够重叠到一起的图形就叫作对称图形。像这种紧紧挨在一起的,一直重复的图形就是反复。

师:孩子们,你们知道这些图案是怎么创作出来的吗?

幼1:我知道,之前剪纸的时候把纸对折起来剪,就能出现两边对称的图形。

幼2:可这不是纸,没办法对折,是怎么做到的呢?

师:孩子们,这就源于手工艺人的高超技术了。我们通过一段小视频一起来看一下吧。

片段一中,教师让孩子们观察对称、反复图案的均衡和谐美感,产生一定的审美愉悦。但是教师并没有停留在简单的欣赏层面,而是带领孩子进一步思考这类图案是如何形成的,激发孩子进一步的探索,从而调动孩子的思维。

片段二

教师带领孩子们通过德州黑陶的花纹认识传统工艺中经常出现的一些装饰纹理,如回纹、如意纹、鱼鳞纹等。

师:孩子们,除我们刚刚看到的几何图形之外,黑陶器上还有很多漂亮的花纹,我们来看看都有什么呢?

幼1:老师,我知道,那个像水流一样的是水波纹。

幼2:还有鱼鳞纹,之前洋洋老师也跟我们讲过,就像鱼身上的鳞片一样。

幼3:老师,那个像云一样的花纹是什么啊?好漂亮啊。

师:孩子们,这种花纹叫如意纹,就像佑佑小朋友说的,像是两朵云堆在一起。

教师带领孩子认识几种简单的纹饰后,再通过一些图片复习巩固对这几种纹饰的认识。之后,教师用孩子能听懂的语言向孩子介绍每种纹饰所蕴含的文化含义,像如意纹就代表着吉祥,代表着人们希望自己的愿望能够实现;水波纹,通常代表着光明,也是人们的一种期望。

片段二中,教师带领孩子们认识了一些简单的花纹及其所蕴含的文化意蕴,其实像德州黑陶的装饰纹理,比如如意、回纹等都是有一定象征意义的,是一种约定俗成的文化符号。但是对孩子来说,这些意蕴还是比较抽象的,理解起来还是有一定的困难。就像虞永平教授认为"幼儿身心发展水平决定了幼儿的美感经验是具有表面性的,关注形式,还难以把握内容"[①]。

---

① 虞永平.学前课程价值论[M].南京:江苏教育出版社,2002:291.

（四）活动分析总结

"黑陶"花纹的欣赏活动，整体来说是孩子审美观念的形成和审美创造表现的过程，从和孩子的对话中我们也可以看到孩子的想象力是非常丰富的，就像孩子在观察对称图案的时候，就能和生活中的双胞胎联系到一起。在孩子们自由创作的过程中，也用到了在欣赏阶段学到的图形和纹饰技巧，每幅画都表达着孩子自己的语言，我们也要充分保护孩子的想象和创造。同时，在活动中教师也鼓励幼儿要善于观察和发现生活中美丽的图案，这对幼儿发现美、创造美都有潜移默化的影响。

此外，活动中涉及的关于纹饰背后的文化内涵，对孩子来说，能感兴趣并感受到它们的美就可以了。在孩子成长的过程中，因为有了这一从小培养起来的对传统文化的兴趣，就会深刻地领悟到它背后的文化意蕴。而对幼儿园的孩子来说，更重要的是培养他们对于文化的兴趣，积累一定的经验。

二、"'花鸟鱼虫'的秘密"在幼儿园健康、社会领域的实践

德州黑陶装饰图案中像"牡丹""莲花""小鸟"这类承载着大众对自然的敬畏和崇拜的装饰图案，与人们的生态文明观念紧密相连，不仅可以培养孩子的审美观念，还可以在潜移默化中培养孩子爱护自然、爱护生态的意识。此活动主要就是通过花草、树木、虫鱼这类自然图案对孩子进行自然教育。

（一）活动初步构思

设计意图：

在德州黑陶的装饰图案中，经常能看到花鸟鱼虫或树木、小草这类自

然事物的痕迹,这是人们自然生态观的体现。同时,从孩子的审美倾向来讲,这些图案是他们非常容易接受的。当我们有效运用花鸟鱼虫等自然图案装饰的时候,孩子们会感受到人们对自然的崇拜及人与自然和谐相处的观念,这对于培养孩子爱护自然的意识有很大的帮助。

活动目标:

1. 感知德州黑陶的自然图案之美。

2. 能感受到图案背后蕴含的人们对自然界事物的崇拜和热爱。

3. 形成关心和爱护花草树木的意识。

活动过程:

1. 引导幼儿欣赏黑陶图案(如图 8-2 所示)中的花、鸟、鱼、草等自然事物。

图 8-2　黑陶莲花瓶

师:小朋友们看,老师今天给大家带来的黑陶,大家仔细观察上面的图案,说一说你都看到了什么?

幼 1:有小鸟、花。

幼 2:红色的花。

幼 3:看起来是牡丹花,我之前见过。

幼 4:还有小鱼。

师:小朋友们观察得非常仔细,这些黑陶作品有用花朵装饰的,而且花朵的图案非常的丰富,还有用小鸟、小鱼装饰的。

2. 鼓励幼儿思考人们爱这些花鸟鱼虫的原因,启发幼儿的环保意识。

师:大家知道为什么人们会用这些来装饰我们的黑陶作品吗?

幼:因为黑陶是黑色的,这些图案非常鲜艳,可以让黑陶变得更好看。

幼2:因为人们非常喜欢花、小鸟,所以就用它们装饰,就像我也很喜欢花。

教师抓住契机,继续抛出问题让幼儿思考。

师:那你们知道人们为什么喜欢花草,还有这些小动物吗?

幼1:因为它们很漂亮。

幼2:可能是因为它们比较可爱吧。

师:孩子们,人们用花鸟鱼虫来装饰黑陶作品,除了让黑陶看起来颜色更丰富、更漂亮,还出于人们对自然的热爱。

幼:原来是这样,那我们也要爱护大自然。

3. 交流讨论爱护环境、爱护自然的方式方法,激发孩子们对自然的尊重和热爱。

师:孩子们,在以前,人们用装饰黑陶器物的方法来传递自然精神,表达对自然的热爱,那想一想,如今我们在现实生活中可以怎样爱护自然呢?

幼1:不乱踩草坪。

幼2:不乱采小花。

幼3:爱护小动物。

幼4:不乱扔垃圾,保护环境。

(二)活动效果反馈

Z老师:其实像花鸟鱼虫这类生活化的素材孩子是比较容易理解并产生兴趣的,所以可以在孩子们欣赏德州黑陶的这类自然图案装饰的基础上,从审美角度启发孩子感受人们对自然的热爱,明确人们的自然生态观,产生对自然的热爱,这一点做得非常好。而且活动中教师对幼儿的启发是循序渐进的,我们也可以看到教师对教育契机的把握。

W老师：我认为在活动中教师可以更多地联系幼儿的实际生活，通过一些视频、图片让孩子们更直观地感受自然界带给我们的美好生活，而不仅仅以口头讲述的方式让大家感悟。虽然有时候孩子知道要保护自然，但这种保护意识往往只是老师教导的结果，而非他们真正从内心深处感受到自然界的美好，从而自发地产生爱护自然的情感。如果让孩子直接从黑陶装饰上的花鸟鱼虫过渡到爱护自然还是比较仓促的，也有一定难度。

（三）活动改进提升

根据第一轮活动的分析反馈，主要在活动流程的过渡环节做了一些调整，增加了一些和孩子生活密切相关的内容，让孩子更容易理解这一自然生态观。

结合反馈进行二轮活动调整如下。

增加补充：结合视频资料，了解自然界的花草树木给我们生活带来的好处。

师：孩子们，人们用花鸟鱼虫来装饰黑陶作品，除了让黑陶看起来颜色更丰富、更漂亮，还有一个原因就是自然界的花草树木都是我们的好朋友，会净化我们的空气，美化我们的环境。我们一起通过一段视频来了解一下吧！

师：孩子们，大家看，马路旁的树会吸收汽车的尾气，花坛里的花可以肥沃土壤，沙漠里的小草可以防治沙尘，原来这些并不起眼的自然界植物每时每刻都在保护着我们的环境，那孩子们，现在大家知道为什么人们会用它来装饰我们的黑陶了吧！

幼1：我知道了，因为它们是我们的好朋友。

幼2：因为可以让我们的生活变得更好。

师：没错，孩子们。人们把这些花鸟鱼虫装饰在黑陶上，就是出于人们对自然的尊重和热爱，我们也要从小爱护这些花草树木，爱护大自然，爱护我们共同的家园。

（四）活动分析总结

在这一活动中，第一轮活动设计环节，由于没有真正调动起孩子的生活经验，相对来讲没有贴近孩子的生活，所以在组织活动的时候发现孩子的参与度不是很高，也并没有真正理解为什么人们会用花鸟鱼虫这类自然事物来装饰德州黑陶。在第二轮活动环节进行调整后，会发现更加贴近孩子的生活，也激发了孩子参与活动的兴趣。

总之，教师在挖掘和挑选德州黑陶装饰图案进行艺术欣赏活动的时候，首先，要充分考虑到孩子的审美体验和认知特点。比如黑陶纹饰中的对称、连续和反复就对孩子积累装饰规则有一定的影响；还有一些螺旋纹、回纹、如意纹等也符合孩子的审美经验；另外，像花鸟鱼虫这类自然图案也是接近孩子现实生活，孩子接受起来比较容易的。但是像很多远离孩子生活的，比如农耕时代的或者含有宗教信仰色彩的作品，是很难让孩子去理解接受的。其次，教师也要尽量带领孩子通过这些纹饰图案的外部特性，感悟其丰富的文化内涵，了解图案背后蕴藏的文化底蕴和精神观念。

三、"一只小陶牛"在幼儿园艺术、社会领域的实践

"陶牛"是德州黑陶中比较有代表性的作品，它的整体形象生动活泼，刻画细腻，而且栩栩如生的动物形象极易让孩子产生探究兴趣。"一只小陶牛"活动是让孩子们通过实际操作，体验陶艺制作的乐趣，在制作过程中通过捏、揉、按等，发展幼儿的手部灵活性和协调性。

（一）活动初步构思

活动目标：
1. 熟悉制作陶器的基本步骤。

2. 能够用"捏、搓、团"等方式制作自己想要的小陶牛。

3. 感受做陶带来的快乐。

活动过程：

1. 实物导入，吸引兴趣。

师：小朋友们大家瞧，今天老师给大家带来了一个新朋友，我们一起来看看吧！这是什么呀（教师向孩子展示小陶牛）？

师：老师听到很多小朋友们说是一只牛，一只黑牛。那我们想一想，这只"小黑牛"和我们平时用橡皮泥做出来的牛有什么不同呢？

激发孩子思考，请幼儿自由讨论发言，并引导幼儿从颜色、制作方法、制作步骤等方面说出黑陶造型与传统泥塑造型的不同。

教师根据孩子发言内容进行总结。

2. 活动展开。

（1）讲述小陶牛故事，激发孩子创作兴趣。

师：孩子们你们知道这只"小陶牛"来自哪儿吗？

教师向孩子简要介绍陶牛的来源及典型特征，它是作为德州当地非物质文化遗产的代表，它的典型颜色是黑色及这种黑色的来源是什么。

师：那大家想不想也动手做自己的小陶牛呢？

教师向孩子们展示真实的"牛"的图片，引导孩子认识牛的特征，包括牛角、大小，以及颜色的不同，鼓励孩子发挥自己的想象力，创作自己喜欢的"小陶牛"的形象。

（2）教师展示德州黑陶制作过程，激发孩子已有经验和兴趣。

教师结合图片视频向幼儿展示黑陶制作的整个过程：取泥、手工成型、雕刻、烧制、上釉、彩绘。孩子们在之前的学习活动中对陶艺制作有过基本的了解，但基本只限手工制作环节，对于烧制、上釉等了解得不多，所以这也是在幼儿已有经验的基础上增加了新的知识经验。

此环节孩子可以选择自己喜欢的牛的造型，进行手工制作，也鼓励孩子们发挥想象力，把自己想象中的牛制作出来。

教师在此环节主要是一个观察者的角色,对于有困难的孩子可以进行个别指导,鼓励幼儿大胆创作,制作各种各样的陶牛造型。

3. 交流讨论。

师:老师看到小朋友们基本都做好了自己的小陶牛,谁愿意向大家介绍一下自己的作品呢?

教师鼓励孩子们展示自己的作品并进行介绍,同时让大家评选出最好的小陶牛作品,并说明原因。

活动延伸:

师:今天小朋友们制作了自己的小陶牛作品,我们将它放在活动区,去给我们的小陶牛涂上好看的颜色吧!

(二)活动效果反馈

就"一只小陶牛"第一轮活动而言,通过在大班对制陶方式、制陶步骤等的学习,发现存在目标设置不清晰及活动流程不完善的问题。具体来讲反馈如下。

幼1:我们制作出来的陶牛为什么不是黑的呢?

幼2:上釉是什么意思?是让它变亮吗?

Z老师:活动目标中的第二点是要让孩子们用"捏、搓、团"的方式制作自己想要的小陶牛,但是在活动实施的过程中,在这一方面并没有具体地展现。其实,孩子们在之前的陶艺活动中对这类技能已经有了基本的了解,在这一活动中没必要将其作为技能目标让孩子掌握,孩子们在制作的过程中感受到乐趣就好了。

W老师:我同意Z老师的观点。其实,我们开展这一活动的首要目标不是简单传授黑陶制作的知识和技能,而是培养幼儿学习黑陶的兴趣,让孩子在实际的动手操作中表达自我,让孩子爱上德州黑陶这一传统民间工艺。此外,在活动目标中提到让孩子了解陶艺制作的基本步骤,但其实在活动中只是让孩子们进行了手工制作,对于后面的烧制、上釉等都没有进行,这让人感觉整个活动是不完整的。

L老师:活动中的确没有让孩子参与到整个陶艺环节,但即使这样,活动的内容也已经非常丰富了。孩子们要制陶、烧陶还要涂色,这太繁琐了,不可能在一节课中完成,除非我们将它放在区域活动中去开展。

(三)活动改进提升

考虑到让孩子体验完整的黑陶制作流程过于庞杂,且"烧制"环节很难在幼儿园实地展开,对此我们将此活动分为上、下两个环节来进行。同时,在烧制环节请专门的工匠师傅进行烧制后再拿给孩子,将对陶牛的装饰作为区域游戏放在美工区进行。结合反馈进行二轮活动调整如下:

1. 活动目标调整

认知目标:熟悉制作德州黑陶的基本步骤。

能力目标:能根据自己的兴趣和想象创造自己的小陶牛。

情感目标:热爱家乡文化并感受做陶带来的快乐。

2. 活动过程调整

"一只小陶牛"活动(上)

在活动的上半节,我们会在幼儿认识小陶牛,并激发起一定的创作兴趣后,带孩子回顾关于陶艺制作的基本手法,像"捏、搓、团"等,并给孩子陶泥让孩子亲身感受,回顾已有的知识和经验。之后,给孩子介绍德州黑陶制作的基本流程,让孩子根据自己的兴趣和想象进行陶牛的制作(如图8-3所示)。

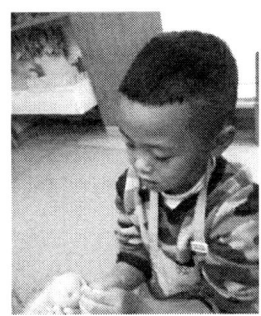

图8-3 幼儿参与黑陶制作过程

"一只小陶牛"活动(下)

在活动的下半节,我们会请专门的陶艺师傅对收集到的孩子的陶牛作品进行烧制,并让孩子观察烧制后的陶牛和烧制前的有何不同。首先,是颜色的变化。烧制后的陶牛由于独特的封窑渗碳技术使得表面呈现黑色,这也是德州黑陶特有的烧制工艺,是黑陶之所以"黑"的秘密。其次,是软硬程度的变化。陶泥经过火的淬炼,蒸发了水分,变得异常的坚硬。同时,上釉后的黑陶闪烁着迷人的黑色光彩。

此外将陶牛的彩绘装饰环节放在手工活动区域,我们会在手工区为孩子投放水彩、颜料、画笔等不同的装饰材料,供孩子自由创作,并请孩子们相互欣赏和评价。

(四)活动分析总结

"一只小陶牛"活动主要以了解、欣赏德州黑陶和自由创作黑陶作品为主。在活动中,教师尽可能为孩子展示黑陶实物,加深孩子的感官体验;在陶牛制作过程中,鼓励幼儿大胆想象、自由创作,尊重孩子的想法,彰显幼儿的主体性。在第一轮活动中,由于目标设计方面的不清晰及流程的不完善问题导致孩子们的参与程度不高,重讲授而轻体验。在第二轮活动中,研究者和合作教师及时反思,改进活动方案,将活动目标进一步优化调整,扩充为上、下两个活动环节,并对活动流程进行细化,提升了幼儿的审美体验。此外,在孩子自由设计、亲手制作陶牛作品之后,将此活动在手工区进一步延伸,鼓励孩子们对自己制作的陶牛作品进行装饰,也是促进孩子们色彩感发展的过程,让孩子在活动中"以身体会、以情感悟",加深孩子们对德州黑陶的认识。从精神层面来讲,无论孩子们最终呈现的小陶牛作品如何,对于他们都是一种自由的创作和无拘无束、轻松欢快的情感体验。在这一过程中,孩子们的动手能力得到提高,手指灵活程度得到了发展,手部的大小肌肉得到了锻炼。同时,在活动中表现出极强的创造性,思维能力得到了发展。更重要的是,对地域文化有了进一步的认识,更加爱我们的家乡,爱民族的传统文化。

经过两轮调整后,整场活动仍然有需要改进的地方。首先,教师遇到的最大的难题就是孩子的情绪情感体验和技能技巧训练的平衡问题,因为整场活动是在艺术领域开展的,作为一节泥塑活动课,似乎应该更注重孩子技能技巧的习得,然而德州黑陶本身又蕴藏着丰富的地域文化精神,我们也应该注重孩子情绪情感的发展和民族文化的传承,这是教师和研究者在活动过程中一直思考的问题。其次,在和教师的访谈及活动的设计过程中也可以看到,活动中对于人文精神关注得还是比较少,对于以"小陶牛"为代表的德州黑陶的历史文化内涵及所蕴藏的精神文化没有详细生动地介绍。如果能够把陶牛所蕴含的勤劳踏实的品格,以及人们对其作为农耕社会的主要劳动力的尊重和崇敬联系起来,让孩子进一步理解陶牛作品,这样孩子们的艺术情感可能就会发生变化,它就不仅仅是一件泥塑作品,而是信仰和崇敬的象征。其中深藏的文化内涵就需要教师细细挖掘,在之后的活动中以潜移默化的方式传授给孩子。虽然此次活动的"文化性"并不完善,但作为一次大胆的尝试,也为当地幼儿园的地方文化课程开发做出了一定贡献。

四、教学活动的组织实施

教学活动组织实施仍以德州黑陶融入幼儿园教育活动为例。《幼儿园教育指导纲要(试行)》指出:"教育活动的组织与实施过程是教师创造性地开展工作的过程。教师要根据本《纲要》,从本地、本园的条件出发,结合本班幼儿的实际情况,制定切实可行的工作计划并灵活地执行。"[1]由此可见,幼儿园教育活动的组织与实施是一个相对灵活的过程。在之前对于教师的问卷和访谈中,有71.5%的教师认为主题活动是组织德州黑陶教育活

---

[1] 教育部基础教育司.《幼儿园教育指导纲要(试行)》解读[M].南京:江苏教育出版社,2002:10.

动最有效的方式;对于活动的实施,多数教师认为应注重与幼儿园各项活动的有机结合,不仅可以在教学活动中展开,也可以融入幼儿的游戏和生活活动,引导幼儿在日常游戏和一日生活中感知德州黑陶文化。

(一)教育活动中的组织——以主题活动为中心

以主题活动为中心组织教育活动能够打破各个学科之间的界限,使各种学习活动可以围绕一个中心连接起来①。以主题活动为中心组织相关活动,一方面可以有效地促进孩子的全面发展,因为以活动主题为中心进行的活动延伸涉及幼儿发展的方方面面。同时,活动的主题有一部分是活动过程中自然创生出来的,是因为孩子的兴趣产生的,因此这类活动更关注知识的过程性及幼儿的积极性和主动性。另一方面,主题活动能够给教师和孩子本身提供更充实的自我表达、自我发挥的空间和机会。当主题确定后,围绕主题衍生出的活动内容之间紧密联系、环环相扣,形成一个主题活动网。这样的方式既有利于领域间教学内容的整合,又相对来讲较为灵活,可以随时关注到幼儿的兴趣需要,从而进行内容的调整。

在组织德州黑陶主题活动时,首要的问题就是确定活动的主题。活动的主题是活动展开的关键。活动主题的确定可以从以下几方面进行考虑:从幼儿的角度来看,可以根据其已有经验、年龄特征、兴趣爱好等选择活动主题;或者根据幼儿园和教师的实际情况选择活动主题。接下来对照德州黑陶的目标框架挖掘所选内容中蕴含的各个领域的教育要素,通过主题资料的收集、整理和规划来构建主题活动,形成活动方案。研究者同幼儿园合作教师一起,初步构建出"德州黑陶"主题活动方案表格(如表8-2所示),进行活动方案的初步预设。

---

① 冯晓霞.幼儿园课程[M].北京:北京师范大学出版社,2001:206.

表 8-2 "德州黑陶"主题活动方案表

主题	子主题	活动内容	涉及领域
德州黑陶知多少	了解黑陶	活动一:走进黑陶博物馆	社会
		活动二:我知道的"德州黑陶"	语言
	"陶"艺故事会	活动:"五虎上将"的故事	语言、社会
陶乐无穷与泥分享	黑陶制作	活动:黑陶变身记	语言
	黑陶取材	活动:泥土的神奇秘密	科学、社会
	手工成型	活动一:我是卫生小卫士	健康
		活动二:陶器造型	艺术
		活动三:一只小陶牛	艺术、社会
	黑陶雕刻	活动一:美丽的"黑陶"花纹	艺术、科学
		活动二:"陶"出新天地	艺术
		活动三:"花鸟鱼虫"的秘密	健康、社会
	黑陶烧制	活动:"黑"的秘密	科学、社会
	黑陶彩绘	活动一:有趣的象形文字	社会、语言
		活动二:美丽的"黑陶"花纹	艺术、科学
我的陶	快乐陶艺村	活动:我是小小收藏家	社会、艺术
	装饰美丽幼儿园	活动:幼儿园变美啦	艺术

在主题活动设计中,研究者主要选取了大班孩子为活动对象,因为 5—6 岁的儿童相对于小中班孩子来讲,身心有了一定发展。他们的动作相对来讲更为协调,手指灵活度更强,像在"一只小陶牛"这种黑陶制作活动中,他们能够更好地使用工具。此外,大班幼儿以具体形象思维为主,抽象逻辑思维已经开始萌芽,社会性也有了很大发展。他们的这些特点能更好地完成本研究中的各种类型活动。

(二)教育活动过程中的实施

德州黑陶在幼儿园教育活动中的实施主要通过教学活动、游戏活动、生活活动三种途径实现。教学活动就是在一定的时间和地点专门组织的教育活动,也是本次研究中主要探讨的一种方式。除此之外,还可以利用一些恰当的时机进行教育,比如教师可以在区域活动中设计与德州黑陶有关的游戏,在无形中渗透黑陶教育的内容。

1. 德州黑陶融入幼儿园教学活动

幼儿园教学活动是教与学相结合的活动,有一定的目的性和计划性,最终目的是促进幼儿的身心健康发展。对孩子来说,教学活动是幼儿园一日生活中重要的一部分,能够有效实现幼儿对知识的了解掌握。为了实现地域文化的熏陶,著者在与合作教师设计集体教学活动时,主要呈现了以主题活动为主线、五大领域为支线的活动组织形式。通过与研究小组的讨论沟通,以"德州黑陶"为中心,设计了三个主题活动,涉及幼儿的五大领域。而且著者在同幼儿园教师合作交流过程中感受到,更多教师将德州黑陶融入幼儿园教育活动归属于艺术领域,归属于泥塑或手工活动课程,但这样一来,势必导致人们对非物质文化遗产本身所具有价值的狭义理解,更偏重对幼儿艺术技能或者审美能力的培养,反而忽视了非物质文化遗产的其他教育价值。德州黑陶作为地方非遗文化的代表是民族文化的符号象征,其本身就具有重要的文化内涵和教育价值,有利于幼儿文化认同感与文化归属感的形成。从儿童自身发展角度来讲,德州黑陶的教育价值可以从情感发展、动手能力、审美能力、思维能力等多角度促进儿童的全面发展。我们只有充分认识到德州黑陶所具有的文化和教育价值,才能达成德州黑陶融入幼儿园教育活动的意义。所以,仅仅将德州黑陶融入幼儿园艺术领域教育活动,只是单纯地增加对传统技艺内容的理解是狭隘片面的,还要与五大领域进行整合。这种整合没有拼接的色彩,不是拼盘式的重复,而是一种自然渗透。

2. 德州黑陶融入幼儿园游戏活动

《3-6岁儿童学习与发展指南》中的要求始终在提醒我们,游戏是促进幼儿发展的重要途径,是幼儿园一日活动中的重要组成部分。将德州黑陶融入幼儿园区域游戏活动中,重点在于让幼儿对德州黑陶有更好的了解和体验。为了让幼儿更多地了解本地区文化,培养幼儿的归属感和自豪感,在有关"德州黑陶"主题教学活动基础上,可以以其为中心设计区域活动,例如"'陶'出新天地"就是在美工区以游戏形式开展的,在这一活动中,孩子可以对德州黑陶的外部装饰进行自由创作。游戏活动最大的特点就是没有明确的要求,孩子有相对充分的活动自由,可以利用自由游戏的时间对德州黑陶进行更好地欣赏和创作。

3. 德州黑陶融入幼儿园生活活动

家庭在幼儿教育中扮演着不可或缺的重要角色,"德州黑陶"融入幼儿园教育活动同样需要幼儿园、家庭的协调配合。著者在与研究小组沟通、讨论后,一致认为充分调动家长资源,一方面可以有效减轻教师的工作量,另一方面也可以更好地促进家园合作。像"我是小小收藏家"活动就是充分调动家庭成员的力量,让家长和孩子一起搜集德州黑陶的作品或图片,通过多种途径了解收集黑陶作品,并将自己收集到的黑陶作品或图片带到班级分享。有条件的家长还可以带领孩子进行一些泥塑的创意体验,像"陶艺坊"等,对泥土的捏制技巧有一个初步的掌握,这样在之后的活动中就会更容易激发起孩子的兴趣。

此外,德州黑陶融入幼儿园生活活动还体现在幼儿园的日常环境创设中。《幼儿园教育指导纲要(试行)》指出:"环境是重要的教育资源,应通过环境的创设和利用,有效地促进幼儿的发展。"[1]环境创设的目的主要是想让孩子在环境的无形影响下,对"德州黑陶"有更深入的认识,将班级环境和公共环境创设都融入进来。像"装饰美丽幼儿园"这一活动就是让孩子用自己的黑陶作品装饰园所,由于是孩子自己的劳动创作,所以孩子会非常自豪,也会在之后的创作过程中提升自信心,在美化环境的同时,也加强了对孩子的教育和熏陶。

---

[1] 教育部基础教育司.《幼儿园教育指导纲要(试行)》解读[M].南京:江苏教育出版社,2002:13.

五、教育教学活动评价

评价是一种与价值标准、价值判断相关的活动。只有通过评价才能发现活动过程中的问题,才能对活动方案进行修正和调整,才能使活动开展得更加适宜有效,才能充分发挥德州黑陶的教育价值,才能更加科学有效地促进幼儿的发展。对德州黑陶融入幼儿园教育活动的评价是研究价值的一种体现,评价应该明确这样几个问题,即评价什么——评价的对象;由谁评价——评价的主体;怎样进行评价——评价的方法,如此才能实现评价的完整性和多元性。

1. 评价对象多样化

对评价对象的选择也就是确定我们要去评价的是什么。首先,是对活动方案的评价。这就包括活动目标的制定是否合理,活动内容的选择是否考虑到孩子的身心发展特点及已有经验,活动的组织和实施是否有可操作性等。其次,是对活动效果的评价。对活动效果的评价往往是评价的难点,因为我们的目标对象是孩子,孩子的成长中有些效果是显性的,这通过观察孩子的表现就能轻松获得,比如黑陶制作过程中技巧的习得或者黑陶作品的呈现等;但有些隐形经验是很难直接观察到的,比如孩子审美能力和审美情趣的发展。这就需要教师不要只以最终的作品作为评价孩子的标准,而应将注意力放在活动过程中孩子的想象力、创造力及审美感受等的培养上。此外,对教师的评价主要包括教师的教学态度、对教学活动的组织方式、对孩子的引导,以及和家长的沟通等各个方面。

2. 评价主体多元化

在对教育活动进行评价时,我们应注重评价主体的多元化,尽量避免只以专家或者领导的建议作为单一的评价主体。像幼儿园教师、幼儿本身和家长都可以成为评价的主体,因为他们才是活动的真正实践者和参与者,与活动的联系是最为紧密的。首先,幼儿应该是最直接的评价者,活动进行得好不好,活动组织得是否有趣,孩子有最直接的体验,教师可以通过观察孩子在活动中的行为和情绪表现来判断活动的设计是否适宜。其次,幼儿教师参与评价,目的就是发现活动中存在的优点和不足,对活动的实施给予一定的反馈和调整,从而对活动方案进行进一步的优化完善,更好地促进孩子的发展。最后,家长的评价也是不可或缺的,"家长作为评价者主要是通过对孩子学习状况的了解,以及对教育及实施的内容和状况的了解作出一定的判断"①。幼儿家长参与到评价活动中,能在一定程度上推动家园合作,形成更好的教育合力,所以,也应鼓励家长积极参与到评价过程中来。

3．评价方法系统化

本研究主要采取形成性评价和总结性评价相结合的评价方法。所谓形成性评价是指"在活动过程中进行的一种动态性评价,是对学习或活动过程中的行为表现、情感、态度等的发展做出一种发展性评价"②。在本研究中,形成性评价主要体现在幼儿园开展德州黑陶教育活动的过程中,在于了解黑陶教育活动方案的实施状况,以及幼儿通过活动收获了哪些知识、发展了哪些能力,从而对方案进行完善和细化。总结性评价顾名思义就是在活动结束后,为了了解活动的最终效果而进行的评价,主要是为了检验目标达成的程度。本研究中,总结性评价是在黑陶教育活动结束后,对活动促进幼儿发展总体效果的一种评价。

在评价方式上,教师比较重视过程性评价,关注幼儿在活动过程中能力的提升及经验的积累,并没有将幼儿的最终作品作为评价其活动好坏的标准。此外,活动目标是否达成依然是教师衡量活动效果的重要指标,活动目标是否达成是教师比较关注的,而且教师更看重情感态度方面的目标

---

① 虞永平,张辉娟,钱雨,等.幼儿园课程评价[M].南京:江苏教育出版社,2009:45.
② 王汉澜.教育评价学[M].开封:河南大学出版社,2004:23.

的实现。

总之,对德州黑陶融入幼儿园教育活动进行评价,应贯通活动的各个环节,建立起相对完整的评价体系。教师、幼儿、家长、社会都可以是活动的评价者,也都可以成为评价的对象。在评价问题上,教师比较注重的是幼儿是否有参与活动的热情和兴趣,这是评价的一个首要标准。当然活动目标的达成及幼儿在活动中的能力提高也是一个重要的评价参照。但是相对来讲,教师并不太注重其自身的表现,以及幼儿作品的完美程度,他们的关注点还是在幼儿身上。德州黑陶融入幼儿园教育活动评价表如表 8-3 所示。

表 8-3　德州黑陶融入幼儿园教育活动评价表

评价对象	评价内容	评价方法
幼儿	对活动的喜爱及参与程度	观察法 作品赏析 档案袋评价
幼儿	知识与技能的习得	观察法 作品赏析 档案袋评价
幼儿	情感态度与价值观的形成	观察法 作品赏析 档案袋评价
教师	对德州黑陶等相关资料的收集、分析和整理	观察法 访谈法 档案袋评价
教师	对活动的组织、实施和方案的制订	观察法 访谈法 档案袋评价
教师	对活动的进一步发展和生成	观察法 访谈法 档案袋评价
教师	活动中的师幼互动	观察法 访谈法 档案袋评价
其他人员	对德州黑陶融入幼儿园教育活动的了解	观察法 访谈法
其他人员	对德州黑陶融入幼儿园教育活动的参与程度	观察法 访谈法
其他人员	对德州黑陶融入幼儿园教育活动的满意度	观察法 访谈法
活动本身	目标是否全面有效	现场观摩 集体研讨 活动反思
活动本身	内容是否合理有价值	现场观摩 集体研讨 活动反思
活动本身	组织实施是否得当	现场观摩 集体研讨 活动反思
活动本身	评价是否全面合理	现场观摩 集体研讨 活动反思

在此,值得注意的是,对于孩子的评价,我们应尊重他们独有的创作与感受,而不是以成人的眼光去制订标准,作出评价判断。在之前对教师的调查研究中,这也得到了大多数教师的认同。我们不应以儿童的作品是否美观、儿童的技法是否娴熟作为评价标准,我们应该关注的是孩子在活动

中的表现,孩子的积极参与程度,孩子在活动中是否获得了快乐。我们不仅要看到孩子制作的成品,更要关注孩子制作的过程。我们不仅要看到孩子技能技法的运用,更要看到孩子在创作过程中闪现的思想火花。

第二节 河南豫剧融入幼儿园教育活动的实践

《3-6岁儿童学习与发展指南》中指出,学前幼儿的艺术教育总是遵循着从感受与欣赏,再到表现与创造的规律。学前儿童审美与艺术的发展也同样遵循着感受理解到表现创造。研究场域为郑州市Z幼儿园,共分为感受与欣赏豫剧、表现豫剧、创作豫剧三个阶段。用"T"代表教师,用"C"代表幼儿。下面主要展示一下表现豫剧和创造豫剧阶段。

一、幼儿表现豫剧

通过与幼儿进行沟通,由幼儿决定选择《穆桂英挂帅》,根据其故事的讲述,浸入丰富的环境剧场中,将角色个性不断丰富,并聚焦某一"冲突",以此解决问题。活动后期即语言对话的丰富阶段,本阶段主要任务为深化环境剧场空间与细节,包括场景装置的设定、扮演材料的选择、绘制表演地图等。幼儿需要进行即兴戏剧的表演,完善场景的设置。

(一)活动设计

第二轮的活动主要是在第一轮幼儿对豫剧有一定了解的基础上,为了加深对豫剧的理解和戏剧情节的认识而开展的。所以,教师针对第一轮中豫剧选材出现的问题,提前与班级幼儿进行沟通,并进行第二轮活动的设计。

戏剧表现是儿童戏剧活动的基本内容,儿童则是通过身体的视觉、听觉、触觉、嗅觉、味觉等多种感官来表现自己的情感和思想。生长戏剧的独特之处在于参与者在现实情境和虚拟情境中不断变换,加强了戏剧情节,角色与参与者的情感交流,完成角色、情节和人物对话的逐步构建,实现剧本的生长①。吸取上一轮行动研究的经验,第二轮行动研究由教师与幼儿进行沟通,由幼儿自由选择剧本。最近园内正巧开展"民间故事中的英雄人物",班内的幼儿对"英雄人物"产生兴趣,所以幼儿一致决定将本次剧目的选择设定为英雄人物的剧本。但《花木兰》大多幼儿表示已经熟悉,可表现生成空间不大。《穆桂英挂帅》中"接印"和"挂帅"两段剧情十分符合幼儿园大班孩子对英雄的崇拜心理,孩子对强者有着天然的好感,而穆桂英的故事,充满了英雄主义色彩,故事中的穆桂英、杨文广等人物充满了正义感和满腔热血,满足了5—6岁幼儿园孩子的美好幻想,充分激发了孩子的想象力。此外,穆桂英女性的形象也让大班的女孩子十分感兴趣,这与她们日常生活中接触到的女性形象有非常大的反差,让她们产生了极大的好奇心,不由得想要探索穆桂英更深层次的故事。本轮行动研究选择开展"我是小小穆桂英"活动,让幼儿沉浸式表现"穆桂英"与"宋王爷""王伦"与"杨文广"的冲突性情节,凸显角色、情节的塑造,重构生长环境剧场,感受亲切的"豫剧文化"。

(二)活动实施

活动名称:我是小小穆桂英

1. 活动目标。

(1)了解穆桂英小时候的故事,对穆桂英人物形象形成整体的了解与认识。

(2)尝试用肢体动作、语言、神情等模仿,表现穆桂英小时候的顽皮勇敢,以及学武的造型。

(3)在肢体表达中感受快乐。

---

① 刘宏宇.幼儿园大班生长戏剧活动设计与实施的行动研究[D].长春:长春师范大学,2022:26.

2. 活动准备。

（1）物质准备：代表穆桂英小时候生活的图片或视频，穆桂英在劳作、学习、习武过程中的背景音乐。

（2）经验准备：对穆桂英小时候的故事有一定的了解。

3. 活动过程。

（1）直接导入。

教师直接导入活动，说明本次活动的主题是围绕穆桂英小时候的生活故事而展开。教师可以告诉幼儿："小朋友们，你们想不想知道女英雄穆桂英小时候的故事呀？今天老师就带大家一起来了解一下。我们假装穿越到古代，成了古代的小朋友。"

环节分析：采用直接导入的方式开启活动，阐明活动的主要目的与要求。这种简明的活动导入方式，明确了本次戏剧活动的主要任务是了解穆桂英小时候的生活，并能够用肢体进行表达，简单介绍人物角色、材料，吸引幼儿的注意力。

（2）在欣赏中进行肢体表演。

这一过程主要分为两个小阶段：其一是教师引导幼儿观察欣赏穆桂英小时候的照片或视频，观察穆桂英小时候的衣着服饰及兴趣爱好；其二是幼儿模仿穆桂英做各种事情（劳动、学习、习武等），其他人猜。

T：小朋友们，请仔细观察图片或视频，看一看我们的女英雄穆桂英小的时候有什么样的特点。

C：穆桂英小的时候特别漂亮。她出生的时候家里特别香，那个时候桂花开了。穆桂英的小名叫"穆金花"。穿一身红色衣服，头上还有红色的绒花。

C：穆桂英小的时候特别聪明，跟着父亲，还拜了师傅，学习武艺，还会耍刀呢，武艺天下第一。

T：（教师总结）是的，穆桂英小的时候出生在穆柯寨，父亲是寨主，她从小长得十分秀气，聪明伶俐。很小的时候跟随师父学习武艺与兵法，一点就通,稍微长大后,协助父亲共同管理穆柯寨,当真是一位能文能武的小英雄。

T:小朋友们,你们喜欢她吗?

C:喜欢。

T:那我们现在所有的小朋友都假装自己是小时候的穆桂英,根据老师刚才提供的图片和视频,我们一起来模仿一下小时候的穆桂英吧。

C:穆桂英小的时候拜师学武时,右手拿剑,左手握成拳头,不停地向前刺,向前进攻(边说边模仿)。

C:穆桂英还会骑马,她左脚踩着马的脚蹬子,右脚一抬,跳到马背上,在马背上舞剑(边描述边模仿)。

T:小朋友们,我们现在玩一个"猜猜我在干什么"的小游戏,你们根据刚才的图片与视频,自由选择你想要模仿的情节,然后老师和其他小朋友一起猜。

幼儿模仿,老师和其他小朋友猜。

环节分析:通过欣赏穆桂英小时候的图片与相关视频,幼儿能够尽可能深入了解穆桂英这一角色,与先前豫剧和动画中成年的穆桂英形成对比,对穆桂英这一形象形成整体的认识。在欣赏中模仿穆桂英学武的肢体动作,不仅锻炼了幼儿的身体运动能力,而且以自己的方式,去呈现儿童眼中的"穆桂英",这样的环节设置具有趣味性。

(3)在"照镜子"中摆造型。

采用"照镜子"的策略,即在教师的口头描述下尝试表现出穆桂英的不同造型与形态。

T:现在呢,老师要扮演穆桂英,扮演她小时候读书、习武的各种动作与造型。小朋友们,你们快来"照镜子",和我一样吧。

C:幼儿模仿教师的动作。

T:现在我要增加难度了,小朋友们仔细听哦。

T:现在我要播放背景音乐,请小朋友们动一动小脑筋,仔细听这是什么声音,听到这个声音,假如你是穆桂英,你该干什么呢?

C:这是习武打仗的声音,还有口令。假如我是穆桂英,听到这个声音我需要去找师傅,然后进行训练,需要练刀舞剑。

C:这是轻柔的音乐,这个时候穆桂英需要去学习针织女红。

T:(教师总结)听到什么样的声音,匹配相应的造型。

环节分析:抓住幼儿喜欢游戏这一特点,利用"照镜子"的游戏模式,吸引幼儿的兴趣,使幼儿保持注意力集中。教师引导幼儿在观察中挖掘穆桂英的不同形态,培养幼儿善于发现与思考的能力,同样,在欣赏中也养成了安静学习的好习惯。

(4)活动延伸。

模仿游戏"我是小小穆桂英"。

环节分析:以轻松愉快的游戏结束此次活动,幼儿不仅体验到了戏剧活动的乐趣,而且更加深刻地体验到了穆桂英童年的趣事。与长大后的穆桂英进行比较,使幼儿对穆桂英的角色定位有了更清楚的认知。

(三)活动反思

1. 活动取得的成效

(1)促进幼儿在戏剧活动中的"生长"。

本轮行动研究中通过"我是小小穆桂英"教育活动,幼儿从初步感知—浸入表现,在豫剧活动中实现了艺术精神的生长与发展,与"生长戏剧范式"中幼儿未成熟的状态相契合。幼儿处于未成熟的状态时,其生长不依靠外力,更多的是幼儿内部的"生长",在活动中表现美,以此深化了幼儿对美的表现,促进幼儿在"美"中不断生长。

(2)基本理解并掌握了生长戏剧范式。

本轮行动研究中,研究者与幼儿教师进行沟通,从剧目的选择到活动的实施,也与幼儿进行沟通。幼儿对于"英雄人物"充满兴趣,那研究者与教师在选择剧目时,充分由幼儿做主,幼儿自己决定想要表现的剧目。这与"生长戏剧范式"中幼儿"生长"相契合,幼儿选择剧目的过程,也是幼儿在真实与虚幻的空间中构建自我戏剧经验的过程。

2. 活动存在的问题

"生长戏剧范式"下的活动方式主要有"环境剧场"与"戏剧项目活动"等,而本轮在活动实施中仍采用集体教学活动,在一定程度上与"生长戏剧范式"中幼儿自由的灵魂相违背。所以在下一轮的活动实施中应逐渐将其进行引入。在本轮行动研究中,虽由幼儿自主选择了剧目,但是在活动整体实施中仍有教师进行"操控"的嫌疑。过分强调对豫剧的感受与表现,忽视了幼儿富有创造性的表现,幼儿只是根据豫剧片段中的形象与情节进行模仿,而缺少了自身独特的价值与创新性。

3. 活动可改进之处

"我是小小穆桂英",原定一节活动完成的戏剧表现任务,结果在一节活动的时间里仅完成了不足三分之一,这说明主题活动的计划不合理。研究者、合作教师共同展开了一次十分严肃的研讨,结合实施情况针对戏剧表达活动设计与实施的问题进行反思。通过讨论,研究者和合作老师们都发现了以往方案设计中存在的一些问题:设计太过笼统,没有区分、细化角色和情节。所以在执行的时候,收到的反馈是没有时间和效果。研究者不由反省,自己热切期待着孩子们能早点把戏剧排练出来,那种迫不及待的感觉,与自己对幼儿园的豫剧教学所产生的某种"急功近利"的行为如出一辙。幼儿园的这些活动到底是为了"成果",还是为了孩子们的成长而服务呢?答案很明显,孩子的成长是最基本的,"成果"不过是孩子们成长过程中产生的一个副产品。如果只是"副产品"的话,那就太浪费时间了。

于是,研究者与班内教师协商,对"我是小小穆桂英"这一活动进行了调整与反思。虽然我们对穆桂英的活动已经进行了很多次的思考和调整,但每一次,我们的目的都在不断地提升,从最初的故事,对穆桂英的故事的了解,再到后面的表演,孩子们已经完全掌握了故事的精髓,甚至可以把它叙述出来。在服装设计中,儿童在扮演角色时,更能加深对人物的感情和了解。行为研究是对行为的不断反思和修正。在提高儿童成长的同时,对我们的课程也要进行改进。我们举办了很多次活动,小朋友们的表演热情与日俱增,甚至有几位平日里不想演出的小朋友,在老师的鼓励下也加入到了节目中。而且,每一次的活动,孩子们都会变得更快乐,更愿意承担责任。《穆桂英挂帅》第三次演出时,一些老师对此表示了担忧,孩子们不可能写出这样的作品,因为难度太大了,我们的孩子根本就做不到。我们以前从来没有这么做过,你的这个项目我们也是头一次,我担心他们无法完成。研究者也想到了老师的担心。不过,让他们把故事的内容和人物都画下来,对他们来说并不是什么难事。

二、幼儿创作豫剧

"生长戏剧"指出,对于对话的"生长"并不是简单依靠戏剧创作活动就可以实现的。上一轮以"表现豫剧"为活动内容,本轮以"创作"作为活动的基点。"创作"是指幼儿应具有初步的艺术表现与创造能力①。幼儿在豫剧中的创作亦可理解为"创造"。"生长戏剧范式"主张在活动方式上采用"环境剧场"与"戏剧项目活动",因此可以通过在戏剧项目活动中逐步搭建生长环境剧场。幼儿搭建生长环境剧场的过程,也是幼儿不断进行艺术创造的过程。

(一)活动设计

通过前一轮行动研究对《穆桂英挂帅》进行表现,幼儿基本建立起对"穆桂英"这一人物形象的了解,并清楚每个角色之间的联系。此外,抓住情节的"冲突"与"焦点",在即兴扮演中获得情节的"生长"。但是上轮活动中,未能深入挖掘情节—对话之间的"联系"。面对"冲突"时,依靠简单的

---

① 蔡迎旗.学前教育原理[M].武汉:华中师范大学出版社,2017:221.

语言讨论与表演对话,实则是无法实现"对话"的生长。因此,本轮活动的剧目仍选择《穆桂英挂帅》,以便幼儿创作豫剧,重构角色情节,并在身体与外部环境相互作用下,不再"死记硬背"台词。通过幼儿不断对场景进行熟悉,做到每一场景互联互通,形成"故事地图",以此促进幼儿更好地进行"创作",更真切地体悟豫剧文化。因此,本轮行动研究选择开展"苦学兵器"活动,引入"戏剧项目活动"与"环境剧场",使幼儿在"真实""立体""自由"的剧场中创作自由的灵魂与作品。此外,幼儿在环境剧场中不用再被以往台词复杂、剧本超纲等问题所困扰,幼儿可以在立体无限的空间中,重绘"故事地图",找到每一活动空间的联系,促使剧场建构更加完整,幼儿的对话则更加灵动。

(二)活动实施

活动名称:苦学兵器

1. 活动目标。

(1)能够用表情、语言和肢体动作创作出穆桂英的英勇善战。

(2)能够想象并创设穆桂英在军营中学武艺的动作与场景。

(3)对穆桂英的英雄气概产生情感共鸣。

2. 活动准备。

(1)物质准备:盾牌、雁翎刀、火棍、剑、斧头等半成品制作材料或成品;戏曲《穆桂英挂帅》辕门外三声炮的背景音乐。

(2)经验准备:幼儿对穆桂英使用的兵器有了一定的经验准备,对于制作各种兵器有了一定的技术准备。

3. 活动过程。

(1)导入:导入游戏"谁的兵器碰兵器"。

出示盾牌、雁翎刀、火棍、剑、斧头等兵器,并将幼儿分成不同的若干个兵器小组(5个幼儿为一组,盾牌组、雁翎刀组、火棍组等)。在游戏开始之前需要建立安全规则,武器不能碰到其他幼儿的身体。当教师从背后任意指向雁翎刀组时,这组的小朋友就需要告诉老师和其他的幼儿,"我们是雁翎刀组,我的雁翎刀碰其他某一兵器",那么被指向的幼儿就需要按照一样的步骤指向其他的组别。

环节分析:以游戏"谁的兵器碰××兵器"作为活动的开场导入,诙谐有趣,能够迅速抓住幼儿的注意力,使幼儿的精力快速回归课堂活动。而且在活动中幼儿需要记住:"我们是××组,谁的兵器碰兵器,我的××兵器碰××兵器。"注意活动中不断进行重复,培养语言表达能力的同时,为活动的快速推进奠定了基础。

(2)一起来欣赏:教师引导幼儿观看古代战场中所需要的各种兵器视频。

T:小朋友们,大家仔细观察,在这段戏曲节选片段中,发生了什么?她们都在做什么?她们的手里拿着什么?视频结束播放后,请小朋友们回答。

C:刚才播放的是《穆桂英挂帅》的片段,穆桂英手里拿着雁翎刀决定接受朝廷的指示,决定挂帅东征。

C:杨六郎手里拿着火棍……

T:你最喜欢哪种兵器,请上台的小朋友一边说出喜欢的兵器名称,一边做出使用这种兵器时的动作。

环节分析:教师引导幼儿观看古代战场中的兵器的各种片段,使幼儿尽可能真实了解"穆桂英""杨六郎""杨金花"所佩戴的兵器,深化了对角色情节的认识,丰富了幼儿的视觉体验,对幼儿能够较好把握故事情节有着重要作用。

(3)古代兵器对对碰。

教师出示古代兵器的图片或视频,了解古代兵器可以分成哪些种类,以及每项兵器的用法。

教师引导幼儿观察兵器图片。

T:你们都知道古代人作战打仗时,都需要用到哪些兵器吗?

T:(幼儿讨论)这些兵器有什么用,怎么使用?

C:(幼儿描述所看到的兵器)

T:(教师总结)古代兵器有非常多的种类,甚至有"十八般武艺"的说法,主要可以分为刀、枪、剑、斧、戟、矛等。兵器不仅可以用来手持战斗,也可以佩戴在身上。

环节分析:"古代兵器对对碰"这一活动环节的设置,使幼儿对兵器的种类与练习方法有所了解,在交流讨论的过程中不仅对于幼儿语言表达能力的发展有所提升,而且对于幼儿的人际交往有所帮助,由于时代的差异,幼儿对于古代兵器未能有一个系统性的了解,通过这一环节,幼儿对兵器的认识有所加深,亲身接触总能印象深刻。

(4)古代兵器练习场。

根据兵器的不同种类进行动作的创编与练习。

在"练兵场"前,幼儿合作完成兵器的制作。

①每名幼儿单独使用一种兵器,做出相应的造型(比如手持佩剑、盾牌等)。

②分组或集体练习每种兵器的使用方法(幼儿提前换上服饰道具)。

③分角色进行演绎练习,主要有武生、花旦等角色。

环节分析:以"练兵场"的形式开展兵器练习,不仅从环节氛围上丰富了幼儿的活动体验,而且使幼儿在亲身操作中加强了对各类兵器的认知。幼儿通过亲身体验获得了"练兵"的真实感受,同时对于大小肌肉的发展也具有重要作用。

(5)活动延伸:舒缓游戏"我是小小武功家"。

播放《穆桂英挂帅》辕门外三声炮的背景音乐,幼儿自由展示自己的武功。

环节分析:以轻松愉快的活动延伸结束本次活动,活动节奏轻快不拖沓,是幼儿喜欢且常用的活动结束方式,教师播放"辕门外三声炮"的背景音乐不仅紧扣活动主题,而且对于幼儿来说,也容易与穆桂英的英雄气概产生情感的共鸣。

（三）活动反思

1. 活动取得的效果

通过上述一轮的行动研究，幼儿教师逐渐挖掘到"生长戏剧"与幼儿发展的契合性。教师引导、组织幼儿自由搭建生长环境剧场的过程，也是培养幼儿在戏剧活动中不断生长的过程。幼儿搭建生长环境剧场的过程，也是幼儿来回切换真实与虚构的场景的过程，在不借助于外力的情况下，通过与环境相互作用，不断生成"对话"。本轮行动研究中，教师通过逐渐引入"戏剧项目活动"与"生长环境剧场"，不断完成从角色—情节—对话的螺旋式上升，幼儿在戏剧项目活动中拥有足够的表达自由，从开启项目，到汇总想法，都是幼儿对话不断"生长"的过程。此外，在环境剧场中，幼儿自由且开放地进行剧场的搭建，这也与"生长戏剧范式"相衔接。

2. 活动存在的问题

本次行动研究主要围绕幼儿与"环境剧场"，从环境剧场的构建到幼儿在环境剧场中完成创演，虽然较圆满地完成了活动实施，但是由于本次行动研究从研究对象到研究场地的选择，带有一定的"典型性"，所以，在活动实施中不可避免存在着问题。

3. 活动可改进的地方

以"我是小小穆桂英"为例，在活动实施中，研究者与班内教师针对幼儿搭建环境剧场的过程进行了探讨。通过探讨了解到幼儿搭建环境剧场是完全契合"生长戏剧范式"，幼儿通过环境剧场的搭建，生发新的戏剧体验，以此促进戏剧经验的"再生长"。

行动研究就是以问题解决为导向，以教师实际工作中的问题作为选材，重视研究过程中教师观念与行为的改进，并不断修正的过程①。本次行动研究预期目的为开展传统戏曲的教育活动，使幼儿了解传统戏曲，了解传统文化，关注幼儿的审美感知与社会性发展。在第三阶段的角色探索、扩充角色与情节、绘制故事地图等活动中，虽然在语言表达上幼儿还存在一定的困难，但他们常常能将角色的动作表现出来，然后进行身体与外部环境的相互作用。由本次行动研究的开展，可发现要推动非遗豫剧的传承，应该从幼儿抓起，在幼儿园教育教学中继续进行以豫剧为主题的生长戏剧活动，帮助幼儿更多地体验到当地的地方文化，有助于豫剧文化的传承和创新，同时也有利于促进幼儿身心和谐发展。

第三节　河洛大鼓融入幼儿园艺术课程的实践探索

幼儿园艺术课程是促进幼儿全面发展的重要组成部分，通过将地方文化融入幼儿园艺术课程实践探索，不仅可以提高幼儿对地方文化的认知水平，还可以促进幼儿全面发展，增强幼儿的文化自信心和自尊心。正如有研究者认为，"将优秀的民间传统文化开发为幼儿园园本课程，既是为了拓展幼儿的经验范畴，也是为了培养幼儿对本土文化的情感，可以更为有效地促进幼儿的全面健康发展。"②虽然河洛大鼓课程开发研究已经取得了一定的进展，但是园本课程的开发还存在一些问题和挑战，例如如何让幼儿更好地理解和体验地方文化，如何更好地将地方文化与幼儿园本课程有机结合等问题。为了解决这些问题，本研究希望通过河洛大鼓融入幼儿园园本艺术课程开发的实践探索，探讨河洛大鼓在幼儿园园本艺术课程中的应用效果及对幼儿成长的影响，为如何将地方特色文化有机地融入幼儿园

---

① 汪利兵,等.教育行动研究：意义、制度与方法[M].杭州：浙江大学出版社,2003:9.
② 符丽.幼儿园引入民间艺术的价值及其课程实践——以豫南彩绘泥塑"泥叫吹"为例[J].学前教育研究,2022(09):87-90.

课程,提高幼儿对地方文化的认知水平及对中华优秀传统文化传承奠定基础。

一、 河洛大鼓融入园本艺术课程的必要性

河洛大鼓最初的名字叫琴书,已有一百多年的发展历史,后由说唱艺人胡南方和段炎在洛阳书会上"亮活儿",吸引融合了"南阳鼓书"的艺术形式,创造了"大鼓书"的艺术形式。新中国成立初期,一段《赵云截江》被周总理听了之后大加赞扬,后就把发源于洛阳,兴盛在河洛的这种曲艺形式命名为"河洛大鼓"。① 河洛大鼓的艺术内容丰富多彩,它将锤子敲击鼓面、高歌演唱、快板相和、调皮滑稽、翻跟斗、打镲等元素相结合,是一种高度综合性的艺术形式。

(一) 地方文化融入幼儿园艺术课程的教育教学活动比较少

在幼儿园阶段,艺术教育是一门必修课程,它对幼儿的发展有着重要作用,艺术教育涉及美学、文化知识和审美体验等多个方面,能够激发幼儿的兴趣和好奇心,培养其综合素质,塑造其个性和品格,并可以为其未来的学习和生活奠定基础。目前,我国幼儿园的艺术教育在一定程度上得到了发展和改进,但是,在艺术课程的具体实施过程中,地方文化作为中华传统文化的重要组成部分,对幼儿的成长和传统文化的弘扬具有重要意义②,其蕴含的教育价值却并未得到充分的发掘。

长久以来,在幼儿园教育的过程中,由于幼儿园教育资源的差异性,幼儿教育研究领域对于传统文化和地方文化教育资源应用价值认识相对消

---

① 曹世忠.唤醒"非遗"中的"河洛记忆"——读中篇小说《腊月里的一场河洛大鼓》[J].牡丹,2019(31):93-95+97.
② 何静.少数民族文化融入幼儿园课程的个案研究[D].长春:东北师范大学,2016.

极,导致绝大多数教育学者认为过早开展传统文化教育无法起到实际效果①。许多幼儿园只能提供有限的艺术教育资源,如简单的国画、手工等,这使得幼儿无法获得全面的艺术体验和培养。目前我国大部分幼儿园的艺术教育过于注重技能的传授,而忽视了本土地方文化的艺术思想、情感和审美的内涵,导致浪费了许多的教育资源。除此之外,幼儿园艺术课程的评价机制也亟待优化,目前许多幼儿园只是注重幼儿作品的展示,而忽视了幼儿的学习过程,艺术课程应鼓励幼儿进行创意思考和自由表现,评价也应更多地关注幼儿的综合素质和学习过程。

综上所述,需要对幼儿园艺术课程进行改进和创新,让本土文化能够在艺术教育中得到全面的挖掘,使地方文化得到发扬的同时,也能够让幼儿有更加深刻的艺术体验,从而培养幼儿审美情趣和创造性思维,促进幼儿综合素质的全面发展。

(二)河洛大鼓的艺术特点

作为河南戏曲的代表之一,河洛大鼓在表演形式上有着鲜明的特色。首先是唱腔属"板腔体",板式丰富,如"大鼓三十六路、哪一路不惊人""高声如霹雳,低调似私语"等口技和声乐的技巧;还有跑旋、盘旋、倒打花、云步等身段功夫,使观众目不暇接②。其次是河洛大鼓的表演内容寓意深刻,富有思想性和文化内涵,反映了民族历史和文化传统的精髓。比如剧目《杜甫》,借用了古代诗词,将文学艺术与音乐、舞蹈、杂技、武功等多种元素相融合;又比如《李逵夺鱼》《武松打虎》等剧目③,描述了民间英雄豪杰的形象,振奋人心。

---

① 张蓉蓉.文化美育视野下幼儿园综合艺术课程活动融入传统文化经典资源的教育构想[J].教书育人,2022(16):24-26.
② 任泽雨.河洛大鼓艺术特色与保护研究[J].商丘职业技术学院学报,2020,19(01):12-15.
③ 韩培琦.感受河洛大鼓的魅力——《河洛大鼓优秀传统曲目汇编》读后感[J].短篇小说(原创版),2016(17):123-124.

总的来说,河洛大鼓以其厚重的历史文化底蕴和深刻的人文情感,融入幼儿园园本艺术课程开发,具有非常广阔的应用前景和教育价值。

(三)河洛大鼓在当代艺术中的地位

"河洛大鼓"作为中国民间传统艺术形式之一,自古以来一直是中原地区广为流传的一种曲艺形式。作为一种具有深厚历史和文化背景的传统艺术形式,它在当代艺术中仍然有着重要的地位与作用(如图8-4所示)。

图 8-4　洛阳市国家级非遗项目河洛大鼓保护传承工作座谈会

在视觉艺术方面,河洛大鼓让人们直观感受到一种强烈的艺术氛围和深厚的文化积淀。它的唱腔、身段、低回的鼓声与各式各样的表演手段相结合,形成了一种独特的视听效果,使人们在欣赏时仿佛身临其境,在旋律中品味历史,在表演中体验文化。在现代文化传承方面,河洛大鼓正持续地注入现代文化的元素,让传统的艺术形态得以复兴①,并在当代社会中不断发扬光大。在当今的文艺创作中,许多河洛大鼓的唱段和曲牌得到了广泛的运用,有的甚至成了"网红"文化中的代表元素,展现出了巨大的生命力和魅力。在幼儿园教育中,河洛大鼓也有着巨大的应用价值。通过了

---

① 申晓辉.地方高校弘扬地方传统文化研究[D].武汉:华中师范大学,2013.

解河洛大鼓的历史起源、风格特点及表演形式等方面的知识,能够让幼儿在欣赏、学习过程中汲取文化养分,在渗透式教学中潜移默化地培养学生的艺术修养和他们对文化传承的认识,让他们从小就接触到中国传统文化中的精华,培养他们对其独特魅力的认知和感知。

河洛大鼓在当代艺术的地位丝毫未减,甚至依靠其古老而魅力的传统,成为一种跨越时代的文化和艺术形式[1]。我们应当在教育和艺术实践中通过推广和应用河洛大鼓,让其发挥更大的作用和价值,同时推动其在文化传承与创新中发扬光大。

(四)河洛大鼓在幼儿园艺术教育中的应用价值

在幼儿园教育中,河洛大鼓的应用价值是不可忽视的。首先,河洛大鼓具有浓郁的地方特色和文化底蕴,可以帮助幼儿更好地了解家乡文化,培养对文化遗产的认知和情感。通过零距离的接触,幼儿能够深刻体验到传统文化的独特魅力和表现形式。其次,河洛大鼓是一种融合音乐、戏剧和舞蹈等多种艺术元素于一身的传统艺术形式,可以帮助幼儿全面发展各方面的能力[2]。在学习和表演河洛大鼓的过程中,幼儿既可以锻炼身体协调性、语言表达能力,又可以提升音乐素养和戏剧表演技巧,从而实现多元化的艺术教育目标。此外,河洛大鼓的表演形式活泼、生动,容易吸引幼儿的注意力和兴趣,激发他们对学习和表演的热情。对于那些较为内向或者是学习不活跃的孩子而言,河洛大鼓的学习和表演方式更能激发他们的学习热情和参与度,增强他们融入集体的自信心和交际能力。

总之,河洛大鼓的应用可以丰富幼儿课堂教学内容,深化幼儿对传统文化的理解和领悟,提升幼儿的艺术修养和综合素养,帮助幼儿全面发展

---

[1] 马春莲.谈河洛大鼓的艺术风格与其文化生态的变迁[J].开封教育学院学报,2011,31(03):44-46.

[2] 朱思冰.河洛音乐美术文化在当地艺术文化中的传承与发展研究[J].艺术品鉴,2023(06):53-55.

各方面的能力。

二、河洛大鼓融入幼儿园艺术课程实践

(一) 感受河洛大鼓的艺术魅力

以大班幼儿为对象设计河洛大鼓教学活动,在课程实施的具体步骤中,需要我们为幼儿营造一个轻松愉悦的学习氛围。在课堂前期,可以采用一些游戏化的活动,如抢鼓、传鼓、打节奏等,使幼儿对河洛大鼓产生浓厚兴趣,为后面的学习打下基础。

在对幼儿进行新鲜事物教学时,首先就要引起幼儿的兴趣,在课前播放经典儿童河洛大鼓剧目《牡丹颂》,激发幼儿的学习兴趣,这是让幼儿投入对新鲜事物学习力度的基础。对于幼儿来讲,能够吸引其注意力的音乐普遍具有节奏较强,律动感明显等特点,而河洛大鼓是一种以"说"和"唱"为演唱形式再配合"打板打鼓"进行表演的艺术演奏形式,符合幼儿的年龄特点,能够吸引其注意力,激发学习兴趣。该活动过程预计5分钟。

(二) 体验河洛大鼓的艺术特色

1. 课前科学地发声练习

河洛大鼓的表演要求演员音域较为宽广和厚重,而幼儿园的小朋友年龄小,声音条件都比较稚嫩和窄细,有着幼儿独特的发声方法和特点。例如:幼儿正处于各个方面的发育成长期,肺活量小,声带弹性小比较柔软,音域较窄。为他们制订更为科学的发声练习方法,可以避免对幼儿稚嫩的声带产生伤害,也能够使其建立科学正确的发声方法。该活动过程预计5分钟。

2. 基础识谱能力教学

由于幼儿是首次接触这种类型的艺术形式(如图8-9所示),会有对新

鲜事物的好奇性和畏惧感，因此我们需要选择较为简单易懂的教学方法和符合幼儿认知特点的教材和教具。幼儿园阶段的幼儿具有好奇心强、爱模仿、理解能力较弱和注意力不集中等特点，在抓住幼儿注意力的同时，也要合理规划教学用具，如鼓、扇子、布条等，避免幼儿的注意力被新鲜事物吸引而导致识谱教学质量下降。该活动过程预计 10 分钟。

2/4　X　XX　X　Ⅰ　X　XX　X　Ⅱ

叮叮　当　当　叮　叮　当　当

打板 2/4　X　0　Ⅰ　X　X　Ⅰ　X　0　Ⅰ　X　0　Ⅱ

书鼓 2/4　X X Ⅰ　X X　X Ⅰ　XXXX　Ⅰ　X X　X　Ⅱ

图 8-9　河洛大鼓钢板与书鼓节奏图

（三）学习河洛大鼓的艺术表演形式

“一张桌子一面鼓，一把三弦一副板，说书人一手击鼓一手打板……”钢板和书鼓是河洛大鼓演奏过程中重要的伴奏乐器，也是最能代表河洛大鼓艺术特征的演奏乐器。为充分调动幼儿积极参与河洛大鼓系列活动，使幼儿乐于参与活动内容，我们制订了体验计划：教学和体验。教学《牡丹颂》中一段：锦绣洛阳看今朝，美丽古都分外好，改革浪潮春不老，牡丹花香冲云霄。

河洛大鼓在表演过程中的演唱大部分都是在弱拍上起音的，伴随着较多的拖腔，而《牡丹颂》中这一段，全部都是在弱音上起拍演唱的，教师用河南话的节奏来教学，注意把重音等放在“洛阳、古都、浪潮、花香”这四个词眼上，遇到重音字眼要配合书鼓的敲打，如“ X 0 Ⅰ X 0 Ⅱ ”；把“看今朝、冲云霄”的句末演唱尾字拖腔节奏表达准确，在拖腔词眼演唱时要配合好钢板的节奏，如“XX XX”。教师做好演示教学，把注意重点向幼儿表达准确，尽量使全体幼儿都清楚明白，以达到教学效果。

个人与集体。将班级幼儿分为 4—6 人一组进行小组教学体验，经过教师的讲解和教学，由教师带领小组幼儿进行分段练习，每个小组进行3—5分钟的教学时间，确保顾及每一位幼儿的体验感。在各个小组教学体验完成后，由教师带领整个班集体进行演奏，不要求足够整齐流畅，能够使幼儿真实学习体验到演奏完整即可。

　　游戏与比赛。游戏化教学是幼儿园进行教学的主要活动形式，将教学内容与游戏结合起来，更能增强幼儿的体验感，也能够更为积极主动地在该过程中掌握知识内容。因此，在幼儿教学活动结束后，让小组内每个成员进行接力演奏计时，最后小组成员整体时间加起来用时较少且错误次数少的队伍获胜。接力演奏过程由教师计时，由幼儿来指出每一位演奏者的错误次数，让每一位幼儿有游戏体验感的同时，也能更为准确地把握河洛大鼓的演奏形式和内容。该活动过程预计20分钟。活动最后，我们需要及时评估课程效果，整节课下来由幼儿对河洛大鼓的体验感进行评价，再由教师对整体活动过程进行小结，对幼儿在学习河洛大鼓方面的掌握情况进行评估，及时调整教学方法和内容，为幼儿打下良好的基础。为以后的学习奠定坚实的基础。该活动过程预计5分钟。课堂整体活动内容如表8-4所示。

表8-4　课堂整体活动内容

时长	开始部分	基础练习一	基础练习二	活动过程	小结
1—5分钟	播放视频，吸引幼儿兴趣				
5—10分钟		发声练习			
10—20分钟			识谱练习		
20—40分钟				练习体验，分组比赛	
40—45分钟					评价总结

（四）创新河洛大鼓艺术课程学习方式

　　在"河洛大鼓"融入艺术课程中，我们要注重采用多种教育手段和创新学习方式，如音乐、舞蹈、绘画、手工等，让幼儿能够体验到传统文化的多元性和艺术魅力。同时，为了保证教学的质量和有效性，我们设计了一些具体的教学方案,如引入"听、说、唱、做"的教学法,激发幼儿的兴趣和参与度,巩固知识①。我们鼓励幼儿在实践中自由探索和创新,鼓励他们表达自己的想法和感受。绘画课上,我们让幼儿通过传统鼓舞获得创作灵感,并鼓励他们画出自己的作品,并分享给其他同学。这样可以激发幼儿的艺术天赋,增强他们的自信心和表达能力。最后,在实践中我们坚持反思与改进,总结出了教学经验和每次课程的问题。通过团队讨论和交流,不断完善和改善艺术课程,以达到更好的教育效果。为了创新学生的学习方式,专门进行了调研,调研结果统计如图8-10所示。

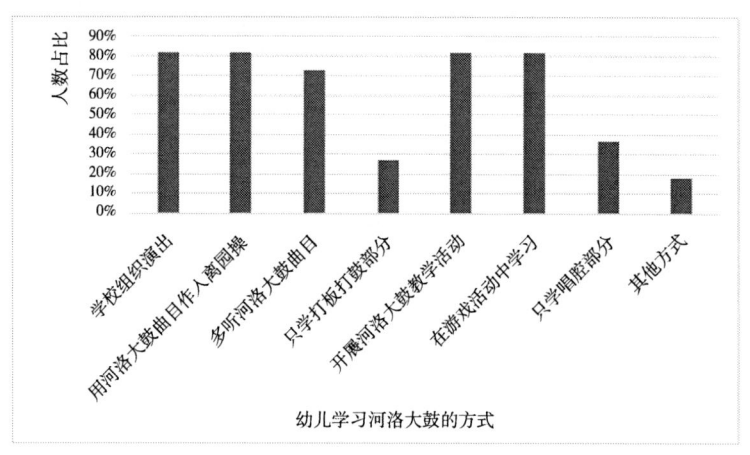

图 8-10　幼儿园河洛大鼓艺术课的学习方式

由调研结果(图 8-10)可知,本研究主要采用了开展河洛大鼓教学活动和在游戏活动中学习等方式。在启发式教学中,我们根据幼儿的学习兴趣和认知特点,设计了各种启发性的问题或场景,辅助幼儿更好地理解河洛大鼓的内容和意义。在情境教学中,我们充分利用幼儿园的环境、游戏、故事等资源,营造一个良好的教学情境,帮助幼儿在情境中学习,并将所学知识应用到实际生活中。

在幼儿园课程中引入"河洛大鼓",是一个富有挑战性和创意的实践探

---

① 王悦潇,连忠忠,朱静雯."后非遗时代"的河洛大鼓调查与教学实践研究[J].黄河之声,2019(03):23-24.

索,能够让幼儿更好地了解和欣赏传统文化,也能够提高幼儿的审美能力和文化素养。我们在课程设计、实施和反思改进中积累了不少经验和教训。这些探索的成果,将成为实施艺术教育改革的有益借鉴。

第九章
黄河非遗进课程的实践反思

第一节 黄河非遗融入一般地方课程的实践反思

近年来,国家高度重视中华优秀传统文化的教育传承,"培养什么人,怎样培养人,为谁培养人"问题的提出也强调了教育应完成"文化传承"的使命。地方非物质文化遗产作为首先浸润到人们生活中的优秀传统文化,将其作为课程资源纳入校本课程,不仅增强了课程的适切性,更体现了教育的民族性、文化性和特色性。通过对非物质文化遗产校本课程开发的现状与策略展开研究,旨在为非物质文化遗产校本课程的开发寻找一条优化路径,为我省更好地开展非物质文化遗产进校园提供借鉴,在此基础上推动全面深化新课程改革,加强中华优秀传统文化教育和发展学生核心素养。

通过对已有文献的梳理分析可知,目前对非物质文化遗产校本课程开发的研究多集中于个案分析,主要围绕其开发的价值、开发的现状和开发的策略等方面。以高校为研究主体,以音乐、体育类非物质文化遗产等艺术学科为研究领域,以少数民族非物质文化遗产为研究内容成为目前研究的热点,对河南省非物质文化遗产校本课程开发的研究还略有不足。河南文化底蕴丰厚,非物质文化遗产资源丰富,项目众多,因此以河南省非物质文化遗产校本课程开发现状与策略为切入点,丰富有关理论研究。本研究

第九章　黄河非遗进课程的实践反思

基于文化位育理论、泰勒的课程理论和施瓦布的实践性课程理论等理论基础，借助文献研究法、问卷调查法和访谈调查法对黄河流域非物质文化遗产校本课程开发的现状进行调查研究。主要反思如下。

第一，对非物质文化遗产校本课程开发的内涵及意义进行解读。非物质文化遗产校本课程开发，是指在寻求地方文化与学校文化的结合点基础上，将非物质文化遗产作为课程知识纳入学校课程体系，把非物质文化遗产教育课程化。课程是文化育人的路径，而校本是文化脉络的结点，因此将非物质文化遗产融入中小学校本课程是必然路径。非物质文化遗产校本课程开发既是活化中小学课程内容的应然诉求，更是培育本土化课程文化的实践逻辑，也是新时代建设中华民族现代文明的文化和教育使命。"中华文化是中华民族在世世代代生产生活中形成和传承的世界观、人生观、价值观、审美观等，其中核心内容已经成为中华民族最基本的文化基因。漫长文明演进中积累的思想文化，是中华民族最独特的精神标识，是中华民族凝聚力与创造力的源泉，也是国家发展、民族自强的重要支撑，使中华民族真正成为一个有机统一的文化生命体。"[①]

第二，选取几所中小学和幼儿园为研究对象，以问卷法和访谈法的形式对教师进行调查，从调查中发现目前非物质文化遗产校本课程开发的现状存在主体认同度不高、内容选择不完善、课程实施形式化、评价体系缺失等问题，并对这些问题进行原因分析。

第三，通过对非物质文化遗产校本课程开发中存在的问题进行分析，提出了相应的优化策略：在重视主体认同、凸显课程价值方面，包括提升管理人员的观念行动、提升教师的课程开发意识、彰显学生的文化主体性；在融合生活情境、丰富课程内容方面，包括拓宽学科领域、加强教材体系建设；在厚植传承环境、提升课程质量方面，包括提升师资素养、构建非遗生态圈；在构建评价体系、实现以评促学方面，包括评价主体多元化、评价方

---

① 道中华.生生不息、源远流长：中华文明为何会一脉相承？（下）[EB/OL].（2023-08-15）[2023-9-24]. https://www.neac.gov.cn/seac/c103391/202308/1166923.shtml.

式多样化、评价关注课程本身。

第二节 黄河非遗融入地方课程的案例实践反思

本案例从理论架构与实践探索两方面对德州黑陶融入幼儿园教育活动进行探讨。理论方面主要结合调查研究所得到的相关经验启示，结合合作园所的办园文化和理念，从德州黑陶融入幼儿园教育活动的目标制定、内容选择、组织实施与评价入手，系统探讨如何将德州黑陶融入幼儿园教育活动，为研究顺利进行奠定一定的理论基础。实践方面是通过与幼儿园一线教师合作，选择"德州黑陶融入幼儿园教育活动"主题计划表中三种涉及不同领域且具有代表意义的内容，设计出三种不同类型的活动，在大班进行两轮实践。在具体实践过程中，会涉及活动目标应如何根据孩子的具体情况进行调整、活动过程应如何根据实际情况进行细化，以及教师应如何对孩子的表现做出回应等一系列问题。研究者通过对 L 幼儿园开展德州黑陶教育活动的观察，结合活动实施过程中各方的行为表现记录，以及相关资料的梳理汇总，从幼儿的成长、教师的发展和园本研究化的成熟三方面对本次研究取得的成效进行总结。

一、促进学生成长

从文化角度讲，以德州黑陶为代表的地方非物质文化遗产承载了该地区的文化命脉，这一具有鲜明特色的地方文化具有重要的文化传承价值。通过德州黑陶融入幼儿园教育活动的设计与实施，研究带给作者最大的感受，就是孩子从一开始叫不出完整的"德州黑陶"的名字到在一次次的活动中对德州黑陶表现出越来越高的积极主动性，直到现在能主动向其他班级的小朋友介绍德州黑陶；从一开始对德州黑陶这一地方文化的忽视，到亲身探索去感知和体验黑陶文化,再到从心底生发出对地方文化的适应与传承,这都是值得我们欣喜的。

(一)初探——对德州黑陶的忽视

L幼儿园以"中国传统文化艺术"为园本研究化特色,自搬入新园以来开展了一系列传统文化教育活动,对于当地的非物质文化遗产自然也有所涉及。著者最初来到幼儿园调研时,给孩子们出示德州黑陶的实物图片,大部分孩子对它的称呼限于"陶罐""花瓶",当然也有部分孩子说道"这是黑陶"。在后来和老师们的沟通交流中也发现,对于"德州黑陶",L园并没有开展过专门的教育活动,只是有时会在非物质文化遗产教育活动月有所渗透。Z老师表示:就是给孩子们看看德州黑陶的照片,让他们知道这是德州当地的非物质文化遗产,孩子们还太小,这对孩子们来说就足够了。Q老师指出:其实我们离德州黑陶博物馆不算远,只不过考虑到孩子的安全,同时也需要大量的人力,所以我们一直没有带孩子去参观过。在这交流中,我们不难发现,对于德州黑陶,教师对其文化教育价值的挖掘还远远不够,这就导致孩子对其也只是潜在的了解,如果任由这一现状延续下去,孩子对于"德州黑陶"也只能止步于期待了。

(二)熟识——对德州黑陶的探索

在德州黑陶融入幼儿园教育活动的过程中,主要以主题活动的形式开展,还包括游戏和生活活动的渗透。在具体方案设计中,研究者和合作教师选择制定了三种不同类型的活动在中大班进行实施,目的也是让孩子在欣赏黑陶纹饰、实际感受做陶的过程中发展审美能力、锻炼动手能力、增进对德州黑陶的理解力和感受力。从孩子们的表现和反应来看,活动内容的选择对孩子是适宜的,孩子们在活动过程中能依据自己的已有经验对德州黑陶进行探索。

幼1:原来黑陶的制作要这么复杂,真佩服以前的人。

幼 2：老师，我知道黑陶为什么变黑了，是烧制时候的浓烟让它变色的。

幼 3：花草树木都是我们的好朋友，所以我们要爱护它们。

幼 4：我知道如意代表着吉祥，代表着人们希望自己的愿望能够实现。

孩子们对传统手工艺的欣赏、对传统纹饰象征意义的理解，以及环保意识的初步形成都是其成长过程中不可或缺的财富。幼儿通过多种活动组织形式同家乡的非遗文化进行互动，增强了孩子的民族自豪感和文化自信心。

（三）传承——对德州黑陶的发扬

从德州黑陶融入幼儿园教育活动的目标来看，我们最大的期待就是希望孩子可以通过园所组织的一系列活动对地方文化有进一步的了解，在心中播种下文化传承的种子。在一次次的活动中，我们也惊喜地发现，孩子从一开始"了解黑陶"主题活动中对黑陶的懵懂，到"黑陶制作"主题活动中对黑陶的熟识，再到"我是小小收藏家"活动中对黑陶产生的自豪感。原来孩子们之前对一些地方文化不了解，是因为我们没有提供给他们这样的环境和机会，只要我们能给孩子们提供接触这些传统文化的机会，孩子们自然能够做到"自美其美"。"现在孩子们看到黑陶总是会拉着我给我介绍，说德州黑陶是只有我们这里才有的，其实能看到孩子们心中的那份小小的自豪，尤其是让他们自己动手做出一件黑陶作品出来后，他们心中的那份喜悦更真实了"，L 园长这样说道。其实对孩子来说，文化的传承和发扬不一定是通过某种具体的课程灌输，孩子心中文化种子的发芽往往是在成人为其提供的文化土壤里，慢慢汲取养分，一天天地成长起来的。所以在活动中，研究者和教师始终秉承的是以一种潜移默化的，通过感性经验的积累或者兴趣培养的方式，把地方文化内化在儿童"人格的生命"里。这种"人格生命"的特质并非仅以显性方式展现给儿童去理解，它同样深刻地烙印着文化传承的印记。

对于德州黑陶，除了欣赏和熟识，在活动中更重要的是增进对地域礼俗的了解，埋下文化传承的种子。孩子在了解德州黑陶、制作德州黑陶的过程中,对家乡文化有了更深的认识,萌发热爱家乡、热爱传统文化的情感。同时,让孩子在实际活动中感受到地域文化的价值,也是奠定孩子文化传承的感情基础,是孩子产生初步的文化归属、形成文化认同的重要途径。

二、助推教师发展和素养提升

幼儿园的教育活动大部分需要教师去完成和推进,包括活动目标的制订、活动内容的筛选、教学方案的制订、活动的组织和实施、活动的反思及调整,以及活动的评价及反馈等。研究者在之前的访谈过程中也了解到园内大部分老师对德州黑陶了解并不多,部分有所了解的也都比较浅显通俗,并没有系统深入地认识,同时也相对缺乏对地方文化资源进行开发、选择和有效利用的能力。所以在合作过程中,研究者始终和老师们一起进行资料的共享、资源的挖掘和深入的讨论。这期间,研究者本人和教师都积累了相对丰富的德州黑陶知识及其他地方非遗文化知识。

在这之中我们也不难发现,教师在组织和实施活动的过程中,增强了对地方非遗文化教育资源的开发意识,提高了对地方非遗文化资源挖掘、选择和利用的能力;在和家长沟通交流及共同活动的过程中,增强了家长的家园合作意识,增长了相关知识和经验,对地方非遗文化产生了浓厚兴趣,提高了教育素养和能力。例如,每次德州黑陶主题活动的开展都会经过活动方案的制订、活动组织实施、活动反思、活动方案调整及再实施的过程,在实践过程中教师对德州黑陶产生了极大的兴趣和探索欲,以及更加深刻全面的认识。研究者在最初与大(2)班老师合作时,她们对于活动的开展并没有信心和把握,总觉得之前对德州黑陶并不了解,也不知道应如何进行资源的有效开发,到后来她们能够独立掌握活动资源的理论框架,也逐步意识到地方非物质文化遗产的丰富和价值。

关于德州地方非物质文化遗产融入幼儿园教育活动,L 幼儿园在建园初就有所涉及,但是活动形式比较单一,对于资源的挖掘也还不够深入,所以一开始只是留存于表面。L幼儿园园长最近在同作者沟通过程中谈到："园所最近正在尝试一勾勾（德州地方非物质文化遗产）在幼儿园主题活动中的融入，我们除了将其渗透到课堂教学中，也开始尝试在户外活动、早操音乐中的渗透。我们还对教师组织了这方面的培训，现在他们已经基本能够自由去选择课题进行资源挖掘了。"P老师也表示："以前就只是跟着教学大纲走，其实对自己的科研能力并没有什么自信，也觉得在幼儿园搞科研只是一种形式。现在发现自己好像更爱思考了，在活动实施时也变得更有信心了。"

三、丰富园本化研究

德州黑陶作为德州地方非物质文化遗产的代表，具有鲜明的地域特征。在研究过程中，合作教师和本人也充分认识到，地方非物质文化遗产有非常多珍贵的资源可以挖掘，这对丰富幼儿园的园本研究化具有极其重要的作用。将德州黑陶融入幼儿园教育活动，本身就体现了地方文化与园本研究化的整合与补充，符合L幼儿园"中国传统文化艺术"的园本研究化特色。幼儿园要想真正打造自己的文化特色，就必须立足园所的实际条件，对园所所处的环境、经济条件及办园理念进行剖析。总的来说，德州黑陶教育活动方案在L幼儿园实施的过程中，经过研究者和教师们的共同努力，在社区、家长等各界力量的支持下，形成了相对完善的教育活动方案，园长带领教师对此进行总结梳理后，出版了《德州黑陶融入中班主题教育活动设计》一书。随着活动在幼儿园的深入开展及教师的进一步反思总结，园所最近正准备出版《让地方非物质文化遗产在幼儿园特色文化中大放异彩》一书，该书内容将包含更典型的案例分析、活动方案，以及园所的活动历程。这不仅丰富了幼儿园教育活动内容，更构建起具有德州地方特色的幼儿园所文化，既具有活动的综合性特征，又具有典型的地方文化特色。

附　录

附录1：黄河非遗融入地方课程现状调查

A. 黄河非遗融入地方课程现状调查问卷

尊敬的老师：

　　您好！为了解黄河非遗融入地方课程现状，特设计了此份问卷，您的认真回答对整体研究至关重要。本问卷是匿名回答，答案没有对错之分，请您根据自己的实际想法和实际情况如实回答。所涉及的任何信息，仅用于数据分析和整体研究，我们将予以保密。

　　感谢您在百忙之中填写这份问卷！

信阳师范学院

2021年6月

一、您的基本信息。

1. 您的性别是：①男　②女
2. 您所在学校的类型：①小学　②初中
3. 您的任教学科是：①语数外　②政史地　③理化生　④音体美
4. 您的年龄是：①30岁及以下　②31－35岁　③36－40岁　④40岁

以上

5.您的学历是:①高中及以下　②大专　③本科　④硕士及以上

6.您的教龄是:①5年及以下　②6－10年　③11－15年　④15年以上

7.您的职称是:①无　②三级　③二级　④一级　⑤高级

二、请根据您学校的真实情况,在相符答案的选项处打"√"。

1.您是否参与过非遗校本课程开发

①是　②否

2.您学校是否会定期组织教师进行相关的培训研修

①是　②否

3.您学校在进行非遗校本课程开发之前,是否编制了课程规划方案

①是　②否

4.您学校非遗校本课程开发的具体方式是

①课程选择　②课程改编　③课程整合　④课程补充　⑤课程拓展　⑥课程新编

5.您学校非遗校本课程的开发主体是

①老师　②课程专家　③学生　④非遗传承人　⑤家长

6.您学校开发的非遗产校本课程是否包括以下内容

所有的年级　　　　①是　②否

固定的课时　　　　①是　②否

专门的教材　　　　①是　②否

专门的教师　　　　①是　②否

专门的教室　　　　①是　②否

专门的评价方式　　①是　②否

7.您学校开发的非遗校本课程每周课时数为

①0　②1　③2　④3　⑤4

三、以下题项在多大程度上符合您的真实想法,请根据您的真实想法,选择合适的选项并在对应处打"√"。

	非常不符合	不符合	不确定	比较符合	非常符合
1.开发非物质文化遗产校本课程可以对学生进行中华优秀传统文化教育	1	2	3	4	5
2.学校没有必要开发非物质文化遗产校本课程	1	2	3	4	5
3.开发非物质文化遗产校本课程加重了我的教学负担	1	2	3	4	5
4.非物质文化遗产校本课程可以培养学生的文化自信	1	2	3	4	5
5.我在日常的教学中渗透非物质文化遗产教育	1	2	3	4	5
6.我组织学生去当地的博物馆或展览馆	1	2	3	4	5
7.我从未讲授过非物质文化遗产	1	2	3	4	5
8.我利用多媒体教学向学生展示非物质文化遗产的内容	1	2	3	4	5
9.我积极带领学生参加学校有关非物质文化遗产的活动	1	2	3	4	5
10.我主动阅读相关资料来增加自己的知识储备	1	2	3	4	5

四、关于学校非物质文化遗产校本课程开发的一些情况,请您根据学校的实际情况如实作答,选择合适的选项并在对应处打"√"。

	非常不符合	不符合	不确定	比较符合	非常符合
1.地方性非遗知识被采纳到了校本课程中	1	2	3	4	5
2.非遗校本课程内容与学生的实际生活没有关联	1	2	3	4	5
3.学生对学校开发的非遗校本课程内容不感兴趣	1	2	3	4	5
4.学校定期举办"高雅艺术进校园"一系列宣传活动	1	2	3	4	5
5.学校有可以合作利用的高校资源	1	2	3	4	5
6.学校会经常邀请非遗传承人来学校	1	2	3	4	5
7.学校有专门的经费来用于非遗校本课程开发	1	2	3	4	5
8.我从未参与非遗校本课程开发	1	2	3	4	5
9.教师教学负担重,没有额外的精力来参与课程开发	1	2	3	4	5
10.教师相应的知识储备不够	1	2	3	4	5
11.学生的学习压力大,没有时间学习此类课程	1	2	3	4	5
12.学校领导不太重视	1	2	3	4	5
13.只是形式上开发了此类课程,仍以升学考试为主	1	2	3	4	5

五、您觉得您学校非物质文化遗产校本课程开发取得了哪些效果？请根据您的真实想法，选择合适的选项并在对应处打"√"。

	非常不符合	不符合	不确定	比较符合	非常符合
1.学校因为开发非遗校本课程有了自己的办学特色	1	2	3	4	5
2.学校开不开设这门课程和之前没有区别	1	2	3	4	5
3.与之前相比,学校知名度提高,获得了更多外界的认可	1	2	3	4	5
4.提高了学校的教学绩效	1	2	3	4	5
5.丰富了学校文化,创设了优良的学风	1	2	3	4	5
6.和教师的晋升没有任何关系	1	2	3	4	5
7.教师的工作积极性提高,更愿意参加校本课程开发	1	2	3	4	5
8.课程开发无形之中增加了教师的工作负担	1	2	3	4	5
9.课堂氛围和师生关系较之前变得和谐	1	2	3	4	5
10.有利于教师的专业发展	1	2	3	4	5
11.学生更了解当地的文化	1	2	3	4	5
12.学生更加健康,变得有精神	1	2	3	4	5
13.满足了学生的发展需求,学生变得更快乐	1	2	3	4	5
14.总体来说,学生学习成绩较之前有所下降	1	2	3	4	5
15.学生德智体美劳得到了全面发展	1	2	3	4	5

到此本问卷已填写完毕,再次感谢您在百忙之中填写这份问卷！

B.非物质文化遗产校本课程开发现状调查访谈提纲

尊敬的老师：

您好！非常感谢您百忙之中抽出时间接受这次访谈。本次访谈内容我们会严格保密,并只用于学术研究。请认真回答并根据实际情况表达真实的想法。您的意见非常宝贵,感谢您的配合！

1. 您学校的非物质文化遗产校本课程是如何进行开发的？

2. 您学校开发的此类课程一般涉及哪些非物质文化遗产？

3. 您认为学生了解当地的非物质文化遗产吗？对这些非物质文化遗产感兴趣吗？

4. 您拥有所担任学科中涉及的非物质文化遗产专业知识吗？

5. 您认为有必要对您学校的非物质文化遗产校本课程进行评价吗?

6. 您学校对语、数、外等科目是怎么进行评价的?

7. 您学校对此类课程有相应的评价方式吗? 如果有,是怎样评价的?

8. 您学校为什么会选择这样的评价方式呢?

9. 您学校进行非物质文化遗产校本课程评价时,都有哪些评价主体参与?

10. 临近期末考试,您学校的非遗课程会被其他科目替代吗?

11. 您认为有哪些资源支持了学校非物质文化遗产校本课程的开发?

12. 您认为学校开发的非物质文化遗产校本课程取得了哪些效果?

13. 您认为学校在开发非物质文化遗产校本课程中面临哪些困境?

14. 您认为学校开发的非物质文化遗产校本课程质量如何?

15. 对于非物质文化遗产校本课程的优化,您有什么建议吗?

附录2：黄河非遗融入中小学案例课程现状调查

A. 洛阳市 H 中学洛阳唐三彩综合实践活动课实施现状及需求调查

A1. 洛阳市 H 中学洛阳唐三彩综合实践活动课实施现状调查(学生卷)

亲爱的同学:

您好! 为了了解您对洛阳唐三彩综合实践活动课的认识和态度,我们特进行此次问卷调查。您的认真作答对本研究具有很重要的作用。请您根据实际情况和真实感受回答问题。您的答案没有正确和错误之分,请不要有任何顾虑。回答的客观性和真实性是最重要的,它将直接影响到研究的质量和价值。本问卷不记个人姓名,为您的资料保密是我们最为关切的事,请放心填写。

真诚感谢您对本研究的大力支持!

一、基本信息

1.年级：　　　　　2.性别：①男　②女　　　　　3.年龄：

二、对洛阳唐三彩的认知及课程需求（在最符合的选项下画✓）

4. 您对洛阳唐三彩了解吗

A.非常不了解　B.不了解　C.不确定　D.了解　E.非常了解

5. 您对洛阳唐三彩感兴趣吗

A.非常感兴趣　B.不感兴趣　C.不确定　D.感兴趣　E.非常感兴趣

6. 您对综合实践活动课感兴趣吗

A.非常感兴趣　B.不感兴趣　C.不确定　D.感兴趣　E.非常感兴趣

7. 您以前接触或体验过洛阳唐三彩吗

A.接触过　B.没有接触过　C.不确定

8. 您希望通过综合实践活动课了解和体验洛阳唐三彩吗

A.非常不希望　B.不希望　C.不确定　D.希望　E.非常希望

9. 您希望洛阳唐三彩综合实践活动课以什么样的形式展开

A.研学课　B.手工课　C.绘画课　D.其他

10. 您希望通过小组合作了解和研究洛阳唐三彩吗

A.非常不希望　B.不希望　C.不确定　D.希望　E.非常希望

11. 您会积极汇报和展示综合实践活动课中创作的洛阳唐三彩作品吗

A.会　B.不会　C.不确定

A2.面向洛阳唐三彩融入综合实践活动课教师的访谈提纲

1. 您是否接触或体验过洛阳唐三彩？

2. 您是否对洛阳唐三彩的造型特征、艺术价值及文化内涵了解？

3. 您是否支持洛阳唐三彩融入初中综合实践活动课？

4.洛阳非遗融入初中综合实践活动课有哪些教育价值呢?

5.您认为洛阳唐三彩融入初中综合实践活动的序列课在实施过程中会遇到什么困难呢?

6.您对洛阳唐三彩融入初中综合实践活动课有什么建议?

A3.课程实施过程和结果学生学习的评价表

表 A3-1　课程实施过程学生学习的评价表

评价内容	评价主体								
	学生自评			小组互评			教师评价		
	优秀	良好	加油	优秀	良好	加油	优秀	良好	加油
对洛阳唐三彩的主题实践活动始终具有探求兴趣,且能高度重视,认真对待									
与小组成员沟通交流,配合默契,能共享信息,共同解决问题									
能够多渠道收集信息,信息内容全面,包括文字、声音、图片,并能把信息按主题进行归类整理									
善于观察、分析、思考,能提出创新的观点和独到的见解									
能充分展示小组的研究成果,汇报丰富生动,并能及时回答教师和学生的提问									
能在小组合作过程中经常反思工作的不足,总结经验,不断监控调节原有的活动计划,元认知能力强									

表 A3-2　课程实施学生学习的总结性评价量表

评价项目	评价标准	得分(满分10分)
实践活动参与度	能全程认真参与活动并能够很好完成相关的任务2分,根据完成任务的质量酌情扣分,不参与者0分	
实践过程的表现	根据学生实践活动过程的表现评分,满分为2分	
活动方案制定的合理性	能够制定合理可行的方案2分,方案较为合理的1分,方案不具体明确无可行性的0分	
成果展示的效果	根据活动成果及展示和汇报的效果进行评分,满分2分	
合作交流与反思能力	在活动和成果汇报过程中此项能力突出者适当加分,不得超过1分	
实践能力和创新精神	在实践活动中能提出创新的观点和独到的见解,并能尝试实施的可加分,此项加分不得超过1分	

B.关于小学生对中原面塑了解情况调查

B1.关于小学生对中原面塑融入小学美术课了解情况的调查问卷

1. 您的性别是

A.男　B.女

2. 您所在的年级是

A.一到二年级　B.三到四年级　C.五到六年级

3. 您对美术课感兴趣吗

A.喜欢　B.一般　C.不喜欢

4. 您的美术老师讲课方式是怎样的

A.完全按照课本知识内容讲　B.联系生活实际进行教学　C.与其他学科知识点联系　D.完全脱离课本,自编课程　E.其他

5. 除了课堂,每周您能够有几次参加美术活动

A.没有　B.一、两次　C.每天都有　D.很多次

6. 平时的美术作业,您觉得老师的评分怎样

A.偏低　B.偏高　C.差不多　D.不喜欢

7.您希望通过美术课了解与家乡有关的民间美术知识吗

A.非常希望　　B.一般　　C.不希望

8.您以前接触过面塑吗

A.听说过　　B.见过　　C.没有

9.您平时是否经常动手制作美术作品

A.是　B.否　C.其他

10.您对面塑感兴趣吗

A.是　B.否　C.其他

11.您认为面塑艺术与我们平时的生活联系紧密吗

A.紧密　B.一般　C.不紧密

12.以下哪种类型的面塑作品更吸引您

A.真人肖像类　B.花鸟瓜果类　C.卡通漫画类　D.家乡风俗类　E.其他

13.您希望与同学们展示自己的面塑作品吗

A.希望　B.不希望　C.其他

14.您希望中原面塑以什么样的教学方式出现在美术课堂上

A.手工课　B.欣赏课　C.都可以　D.其他

15.您认为面塑作品难度（技术）重要还是表达内容重要？

A.作品难度重要　B.表达内容重要　C.两者都很重要　D.两者都不太重要

16.您认为以下哪种形式能够提高您的面塑作品制作能力

A.欣赏优秀作品　B.游戏活动　C.老师引导启发　D.参加比赛

B2.基于中原面塑融入小学美术课面向教师群体进行的访谈提纲

1.您对中原面塑了解多少？

2.您给学生上过面塑课吗？对面塑课的授课环节您是怎样安排的？

3. 您一般用哪种教学方式讲课？

4. 学生在面塑创作过程中遇到过什么困难？您又是如何解决的？

5. 您觉得上完面塑课后学生最大的收获是什么？

6. 您对中原面塑课的开展，有什么建议？

C. 中原非遗怀梆小学主题活动课开发与实施调查

C1. 中原非遗怀梆小学主题活动课开发与实施问卷调查表

亲爱的同学/老师：

您好！我正在进行小学中原非遗怀梆主题活动课开发与实施研究，为了了解中原非遗怀梆在当地的情况，我们需要进行一项调查。本调查不用填写班级姓名，填写用时3分钟左右。以下选项没有正误之分。请根据您的实际情况作答，感谢您的配合。

信阳师范学院

2023年2月16日

1. 您是学生还是教师［单选题］*

  ○学生　　　　○教师

2. 您是哪个年级的［填空题］*_____

3. 音乐课堂上是否有相关戏曲的内容［单选题］*

  ○是　　　○否

4. 音乐课堂上是否有关于怀梆的内容［单选题］*

  ○是　　　○否

5. 您听过怀梆戏吗［单选题］*

  ○听过（转到第6题）　　　○没听过（转到第7题）

6. 您听过哪些怀梆剧目［多选题］*

  ○《桃花庵》　○《老少换》　○《反徐州》　○《古槐案》　○其他

7. 学校广播是否播放过关于怀梆的内容［单选题］

○是　　　　○否

8. 学校是否举办过怀梆相关活动［单选题］*

○是　　　　○否

9. 您觉得怀梆有必要融入小学音乐课堂吗［单选题］*

○有　　　　○没有

10. 学校广播经常播放哪些音乐呢［多选题］*

○流行音乐　　○古典音乐　　○戏曲　　○民歌

非常感谢您的认真参与！祝您生活愉快！

C2. 关于怀梆在校园中的现状访谈提纲

1. 您好，我是信阳师范学院教育学专业的学生，为弘扬咱们家乡的优秀传统非遗——怀梆，现在对您做一个访谈，您看可以吗？

2. 请问您听说过怀梆吗？

3. 您现在还记得当时您都听过哪些剧目吗？

4. 您可以清唱一小句让我听一下吗？

5. 请问您在课堂上给学生唱过这些吗？

6. 您会在课堂上讲授传统戏剧怀梆吗？

7. 平时有关于怀梆文化的校园活动吗？

8. 经过这次访谈，您有打算在课堂上给学生讲解怀梆戏曲吗？

感谢您今天接受我的访谈。

附录3：黄河非遗融入幼儿园案例课程现状调查

A. 德州黑陶融入幼儿园教育活动研究调查

A1. 德州黑陶融入幼儿园教育活动研究调查问卷

亲爱的老师：

您好！非常感谢您在百忙之中抽出时间完成这份问卷。本问卷旨在了解地方非物质文化遗产德州黑陶融入幼儿园教育活动的一般情况。所获信息仅供研究之用，无对错之分，不涉及个人隐私。您回答的真实性对本研究的科学性具有重要意义，请您根据自己的情况及想法如实回答。

再次感谢您对本研究的支持！

一、基本信息

1. 您的年龄　○20岁及以下　○21—30岁　○31—40岁　○41—50岁　○50岁以上

2. 您的教龄　○2年及以下　○3—5年　○6—10年　○11—15年　○16—20年　○20年以上

3. 您的学历　○初中及以下　○高中　○中专　○大专　○本科　○研究生及以上

4. 您所在幼儿园级别　○一级园　○二级园　○三级园　○未定级

5. 您所在幼儿园性质　○公立　○私立

6. 您所在班级　○小班　○中班　○大班　○学前班　○其他（行政、科研）

二、具体题项

1. 您所在的幼儿园组织过非物质文化遗产教育活动吗（单选）

A. 经常组织　B. 组织过一些　C. 偶尔组织　D. 没有组织过

2. 您是否组织过有关非物质文化遗产的教育活动（单选）

A. 是   B. 否

如果否,请跳至第 3 题;如果是,请回答

(1) 您的活动的来源是什么

(2) 活动的内容有哪些

(3) 活动是以什么形式开展的

3. 您了解的德州当地国家级非物质文化遗产有哪些(可多选)

A. 德州扒鸡   B. 德州黑陶   C. 宁津杂技   D. 一勾勾

4. 您主要通过什么方式或渠道来了解德州当地非物质文化遗产(可多选)

A. 相关书籍   B. 电子媒体   C. 实地参观   D. 口头传述   E. 其他(请说明)

5. 您认为有必要将德州黑陶融入幼儿园教育活动吗

A. 非常有必要   B. 有必要   C. 一般   D. 没有必要,但不反对   E. 强烈反对

6. 您认为将德州黑陶融入幼儿园教育活动可行吗

A. 可行   B. 改编后可行   C. 不可行   D. 不确定

如果您认为可行,原因是:＿＿＿＿＿＿＿＿＿＿＿＿＿＿＿＿＿＿

如果您认为不可行,原因是:＿＿＿＿＿＿＿＿＿＿＿＿＿＿＿＿＿

7. 您认为德州黑陶教育活动目标的确定应考虑哪些因素(可多选)

A. 幼儿兴趣需要   B. 非遗传承与发展需求   C. 地方教育条件   D. 相关专家意见   E. 其他(请说明)

8. 您认为设计德州黑陶教育活动目标时应注重发展幼儿哪些方面的能力(可多选)

A. 科学态度的培养   B. 文化品格的奠基   C. 审美情趣的表达   D. 智慧潜能的开发   E. 其他(请说明)

9. 您认为德州黑陶融入幼儿园教育活动给幼儿带来的价值是什么(可多选)

A. 了解地方传统文化　　B. 培养幼儿动手能力　　C. 发展幼儿创造力　　D. 增进幼儿艺术素养　　E. 其他(请说明)

10. 您认为是否所有的德州黑陶文化资源都可以融入幼儿园教育活动(单选)

A. 是　　B. 不是

如果不是,您认为应排除哪些因素：

11. 如果要选择一些德州黑陶文化资源融入幼儿园教育活动,您会考虑哪些因素(可多选)

A. 园所条件支持　　B. 幼儿实际水平　　C. 教师能力素养　　D. 其他(请说明)

12. 您认为选择德州黑陶教育活动内容时标准应该来自于(可多选)

A. 园本课程　　B. 教师自主设计　　C. 幼儿兴趣需求　　D. 教研组研讨　　E. 其他(请说明)

13. 您认为德州黑陶教育活动内容的价值是什么,请您按重要程度由高到低排序：

A. 精神价值　　B. 功用价值　　C. 情感价值　　D. 认知价值　　E. 行为价值　　F. 其他

14. 您认为将德州黑陶融入幼儿园教育活动面临的挑战会是什么(可多选)

A. 幼儿缺乏相关经验　　B. 教师缺乏相应素质　　C. 园所缺乏相应条件　　D. 资源难以挖掘　　E. 其他(请说明)

15. 您认为德州黑陶教育活动与哪些领域最相关,请您按相关程度由高到低排序：

A. 健康　　B. 语言　　C. 社会　　D. 科学　　E. 艺术

16. 您认为采用什么活动方式组织德州黑陶教育活动最合适(单选)

A. 主题活动　　B. 集体教学　　C. 区域活动　　D. 其他(请说明)

17. 您认为采用什么活动方式实施德州黑陶教育活动最合适(单选)

A. 集体活动　B. 小组活动　C. 自由活动　D. 其他(请说明)

18. 您认为有效组织实施德州黑陶教育活动有赖于哪些条件(可多选)

A. 园所条件支持　B. 教师与幼儿的有效互动　C. 文化传承人的参与配合　D. 家长及其他社会成员的支持　E. 其他(请说明)

19. 您认为衡量德州黑陶教育活动的效果主要看什么(可多选)

A. 幼儿是否有参与热情　B. 幼儿作品是否美观　C. 是否达到预期目标　D. 其他(请说明)

20. 您认为对于德州黑陶教育活动完整的教育评价应由哪些人完成(可多选)

A. 地方教育部门行政人员　B. 幼儿教师　C. 幼儿　D. 家长及其他社会成员　E. 其他(请说明)

21. 您认为应主要从哪些方面对德州黑陶教育活动进行评价(可多选)

A. 教育目标是否达成　B. 幼儿参与程度　C. 幼儿情感体验　D. 教育过程是否合适　E. 教育效果是否明显　F. 其他(请说明)

再次感谢您的支持与合作,如果您对本研究(或本问卷)有什么意见、建议和期望的话,欢迎写在下面,也可直接与我联系!

A2. 德州黑陶融入幼儿园教育活动研究访谈提纲

尊敬的老师:

您好!非常感谢您接受我的访谈,本次访谈主要想向您了解一些有关"德州黑陶融入幼儿园教育活动"的情况,我的访谈共有7个问题,将花费您30分钟左右的时间。对于我提出的任何问题,您都可以选择回答或者不回答,访谈内容仅作调查研究之用,绝不对外泄露,请您根据实际情况如实回答。采用录音设备是为了便于资料整理,如果您同意并且准备好了的话,访谈开始!再次感谢您的支持和帮助!

1. 您认为德州黑陶对幼儿发展有没有价值?有什么价值?如果将德州黑陶融入幼儿园教育活动,您觉得有必要吗?对此有什么看法?

2. 您个人对德州黑陶的哪些方面比较了解呢(黑陶历史、文化渊源、器物造型、雕刻纹理、黑陶制作步骤、图案装饰)？您认为这些内容哪些是幼儿可以接受、我们可以采用的？

3. 您是否组织过有关德州黑陶的教育活动？您具体是怎么做的呢(目标制订、内容选择、组织实施、评价等)？活动效果如何呢？

4. 您认为德州黑陶融入幼儿园教育活动应该注意些什么问题(从幼儿角度、从幼儿园教育活动角度、从德州黑陶资源挖掘角度)？

5. 如果将德州黑陶融入当前教育活动中,会不会打破您原有的教学计划或者加重您的教学负担？您认为应如何处理它们之间的关系？

6. 如果将德州黑陶融入幼儿园教育活动,您认为可能会在哪些方面遇到困难(园所条件、家长支持、个人能力)？您会如何解决？

7. 您之前有没有参加过关于教育活动资源开发或课程资源开发方面的培训？您觉得这些培训对您本身的专业发展有帮助吗？或者说您希望得到哪些支持和帮助吗？

非常感谢您的配合！如果您对此问题还有疑问或建议,请随时与我联系,共同探讨。再次感谢您接受我的访谈！

B. 非遗"河洛大鼓"融入幼儿园艺术课程现状的调查问卷

1. 您的性别 [单选题]

(1)男　(2)女

2. 您的年龄 [单选题]

(1)18 岁以下　(2)18—39 岁　(3)40—69 岁　(4)69 岁以上

3. 您是否为少数民族 [单选题]

(1)是　(2)否

4. 您关注我国的非物质文化遗产吗 [单选题]

(1)非常关注　(2)一般关注　(3)不关注

5. 您关注我国非物质文化遗产的途径 [单选题]

(1)主动查找关注　(2)看热点新闻关注　(3)自媒体平台关注

(4)不怎么关注

6. 您在看到非遗相关内容的态度[单选题]

(1)仔细了解 (2)大致浏览 (3)立刻划走

7. 您的户籍地[单选题]

(1)中原地区 (2)非中原地区

8. 您从事的是哪方面的工作[单选题]

(1)党政府部门、企事业单位 (2)教育行业 (3)学生 (4)退休人员 (5)其他

9. 您是哪个教育阶段的学生[单选题]

(1)学前教育阶段(代为填写) (2)初等教育阶段 (3)中等教育阶段 (4)高等教育阶段

10. 您是哪个教育阶段的教师[单选题]

(1)学前教育阶段 (2)初等教育阶段 (3)中等教育阶段 (4)高等教育阶段 (5)其他

11. 您了解家乡的非遗文化吗[单选题]

(1)非常了解 (2)一般了解 (3)不了解

12. 您了解中原地区有哪些非物质文化遗产吗[单选题]

(1)非常了解 (2)一般了解 (3)不了解

13. 您从事的职业有了解河洛大鼓吗[单选题]

(1)非常了解 (2)一般了解 (3)不了解

14. 您知道中原非遗"河洛大鼓"吗[单选题]

(1)知道,听过河洛大鼓 (2)只听说过名字,没听过曲目 (3)不知道

15. 您了解中原非遗"河洛大鼓"吗[单选题]

(1)非常了解,很喜欢听 (2)一般了解,听过片段 (3)只听说过名字 (4)不了解,没听过

16. 家中是否有学龄前儿童[单选题]

(1)有 (2)没有

17. 您听过"河洛大鼓"的相关曲目吗 [单选题]

(1)听过 (2)没听过 (3)不清楚

18. 家庭中其他成员有会唱河洛大鼓曲目的吗 [单选题]

(1)会演唱 (2)只会简单几句 (3)不会唱

19. 家庭中谁了解河洛大鼓较多 [单选题]

(1)爷爷奶奶 (2)父母 (3)孩子 (4)其他

20. 您听河洛大鼓的途径 [单选题]

(1)自己感兴趣 (2)家中其他成员喜欢 (3)社区播放 (4)偶尔听过

21. 您认为幼儿园阶段有必要增加非遗文化的学习吗 [单选题]

(1)有必要,培养广泛兴趣 (2)一般,有必要要求再学习 (3)没必要学习

22. 您本人喜欢听河洛大鼓吗 [单选题]

(1)非常喜欢 (2)一般喜欢 (3)不喜欢

23. 家中孩子是否听过河洛大鼓曲目 [单选题]

(1)听过 (2)没听过

24. 您是否带孩子体验过其他种类的戏曲文化 [单选题]

(1)有 (2)没有

25. 孩子喜欢听河洛大鼓吗 [单选题]

(1)非常喜欢,很感兴趣 (2)一般喜欢,节奏感律动感较为明显 (3)不喜欢,听不懂

26. 您愿意让您的孩子学习河洛大鼓吗 [单选题]

(1)非常愿意 (2)一般愿意 (3)不愿意

27. 如果有机会您愿意让您的孩子去学习河洛大鼓吗 [单选题]

(1)愿意 (2)一般 (3)不愿意

28. 您的孩子愿意学习河洛大鼓吗 [单选题]

(1)非常愿意,边听边模仿 (2)一般愿意,只听节奏 (3)不愿意,难

度大

29. 您孩子的幼儿园里开展过多少次其他非遗文化的学习课程［单选题］

(1)8次以上 (2)6—8次 (3)4—5次 (4)1—3次 (5)没有非遗相关课程

30. 您认为河洛大鼓艺术文化有必要传承下去吗［单选题］

(1)有必要,传承非遗文化 (2)一般,随波逐流 (3)没必要,不喜欢听

31. 您认为河洛大鼓可以融入幼儿园艺术课程吗［单选题］

(1)可以,艺术性强 (2)一般,学不学都一样 (3)不可以,难度大

32．您认为幼儿学习河洛大鼓困难吗［单选题］

(1)不困难,容易学习 (2)不太困难,但需要经常练习 (3)困难,不容易学习

33．你认为河洛大鼓的哪些元素比较吸引人［多选题］

(1)唱腔不同 (2)形式新颖,打鼓打板加唱腔 (3)身段特殊 (4)整体演奏风格 (5)艺术形式 (6)其他

34. 您认为河洛大鼓融入幼儿园艺术课程有什么困难［多选题］

(1)与流行音乐有所不同,幼儿难以接受

(2)幼儿没接触过河洛大鼓,教学困难

(3)教师群体不了解河洛大鼓,教学活动进行困难

(4)家长不了解河洛大鼓,不重视

(5)家长没接触过河洛大鼓,无法帮助幼儿在家练习

(6)其他

35．您认为河洛大鼓融入幼儿园艺术课程有什么好处［多选题］

(1)传承非遗文化 (2)响应国家号召 (3)拓展幼儿的艺术兴趣 (4)丰富幼儿园艺术教育内容 (5)丰富幼儿的艺术内涵 (6)其他

36．您认为孩子应该通过什么方式学习河洛大鼓［多选题］

(1)学校组织演出 (2)开展河洛大鼓教学活动 (3)用河洛大鼓曲目做入离园操 (4)在游戏活动中学习 (5)多听河洛大鼓曲目 (6)只学唱腔部分 (7)只学打板打鼓部分

37.您认为孩子学习河洛大鼓对自身有什么影响［多选题］

(1)学习家乡特色文化 (2)体验多种音乐类型 (3)学习传承戏曲艺术 (4)锻炼身体协调性、语言表达能力 (5)丰富艺术课程内容 (6)没什么用 (7)其他

38.您认为幼儿学习河洛大鼓要以什么为主［多选题］

(1)感受体验为主 (2)文化传承为主 (3)拓展艺术领域为主 (4)唱腔为主 (5)嘴和手的配合为主 (6)整体演奏为主 (7)其他

39.您认为河洛大鼓怎样能更好地融入幼儿园艺术课程［多选题］

(1)明确教育教学目标 (2)选择适合幼儿年龄的曲目 (3)教育内容要能吸引幼儿兴趣 (4)要有一定的教育效果,孩子能真正学到东西 (5)要选择恰当的教育方法 (6)多听多唱 (7)融入幼儿园的生活当中 (8)其他

40.您认为幼儿学习河洛大鼓有什么挑战［多选题］

(1)家长对河洛大鼓的了解不够深入 (2)教师对河洛大鼓的了解不够深入 (3)幼儿园对传统文化教育的不重视 (4)幼儿对新鲜内容的学习有难度 (5)家长的辅导有难度 (6)周围环境没有河洛大鼓内容 (7)家长对非遗文化教育的不重视 (8)其他

附录4：国家相关政策文件

中共中央办公厅 国务院办公厅印发
《关于实施中华优秀传统文化传承发展工程的意见》[①]

新华社北京1月25日电 近日，中共中央办公厅、国务院办公厅印发了《关于实施中华优秀传统文化传承发展工程的意见》，并发出通知，要求各地区各部门结合实际认真贯彻落实。

《关于实施中华优秀传统文化传承发展工程的意见》全文如下。

文化是民族的血脉，是人民的精神家园。文化自信是更基本、更深层、更持久的力量。中华文化独一无二的理念、智慧、气度、神韵，增添了中国人民和中华民族内心深处的自信和自豪。为建设社会主义文化强国，增强国家文化软实力，实现中华民族伟大复兴的中国梦，现就实施中华优秀传统文化传承发展工程提出如下意见。

一、重要意义和总体要求

1. 重要意义。中华文化源远流长、灿烂辉煌。在5 000多年文明发展中孕育的中华优秀传统文化，积淀着中华民族最深沉的精神追求，代表着中华民族独特的精神标识，是中华民族生生不息、发展壮大的丰厚滋养，是中国特色社会主义植根的文化沃土，是当代中国发展的突出优势，对延续和发展中华文明、促进人类文明进步，发挥着重要作用。

中国共产党在领导人民进行革命、建设、改革伟大实践中，自觉肩负起传承发展中华优秀传统文化的历史责任，是中华优秀传统文化的忠实继承

[①] 中共中央办公厅,国务院办公厅.关于实施中华优秀传统文化传承发展工程的意见[EB/OL].（2017-01-25）[2023-7-24]. http://www.gov.cn/zhengce/2017-01-25/content_5163472.htm.

者、弘扬者和建设者。党的十八大以来,在以习近平同志为核心的党中央领导下,各级党委和政府更加自觉、更加主动推动中华优秀传统文化的传承与发展,开展了一系列富有创新、富有成效的工作,有力增强了中华优秀传统文化的凝聚力、影响力、创造力。同时要看到,随着我国经济社会深刻变革、对外开放日益扩大、互联网技术和新媒体快速发展,各种思想文化交流交融交锋更加频繁,迫切需要深化对中华优秀传统文化重要性的认识,进一步增强文化自觉和文化自信;迫切需要深入挖掘中华优秀传统文化价值内涵,进一步激发中华优秀传统文化的生机与活力;迫切需要加强政策支持,着力构建中华优秀传统文化传承发展体系。实施中华优秀传统文化传承发展工程,是建设社会主义文化强国的重大战略任务,对于传承中华文脉、全面提升人民群众文化素养、维护国家文化安全、增强国家文化软实力、推进国家治理体系和治理能力现代化,具有重要意义。

2. 指导思想。高举中国特色社会主义伟大旗帜,全面贯彻党的十八大和十八届三中、四中、五中、六中全会精神,坚持以马克思列宁主义、毛泽东思想、邓小平理论、"三个代表"重要思想、科学发展观为指导,深入贯彻习近平总书记系列重要讲话精神和治国理政新理念新思想新战略,紧紧围绕实现中华民族伟大复兴的中国梦,深入贯彻新发展理念,坚持以人民为中心的工作导向,坚持以社会主义核心价值观为引领,坚持创造性转化、创新性发展,坚守中华文化立场,传承中华文化基因,不忘本来、吸收外来、面向未来,汲取中国智慧、弘扬中国精神、传播中国价值,不断增强中华优秀传统文化的生命力和影响力,创造中华文化新辉煌。

3. 基本原则

——牢牢把握社会主义先进文化前进方向。坚持中国特色社会主义文化发展道路,立足于巩固马克思主义在意识形态领域的指导地位、巩固全党全国人民团结奋斗的共同思想基础,弘扬社会主义核心价值观,培育民族精神和时代精神,解决现实问题、助推社会发展。

——坚持以人民为中心的工作导向。坚持为了人民、依靠人民、共建共享,注重文化熏陶和实践养成,把跨越时空的思想理念、价值标准、审美风范转化为人们的精神追求和行为习惯,不断增强人民群众的文化参与感、获得感和认同感,形成向上向善的社会风尚。

——坚持创造性转化和创新性发展。坚持辩证唯物主义和历史唯物主义,秉持客观、科学、礼敬的态度,取其精华、去其糟粕,扬弃继承、转化创新,不复古泥古,不简单否定,不断赋予新的时代内涵和现代表达形式,不断补充、拓展、完善,使中华民族最基本的文化基因与当代文化相适应、与现代社会相协调。

——坚持交流互鉴、开放包容。以我为主、为我所用,取长补短、择善而从,既不简单拿来,也不盲目排外,吸收借鉴国外优秀文明成果,积极参与世界文化的对话交流,不断丰富和发展中华文化。

——坚持统筹协调、形成合力。加强党的领导,充分发挥政府主导作用和市场积极作用,鼓励和引导社会力量广泛参与,推动形成有利于传承发展中华优秀传统文化的体制机制和社会环境。

4. 总体目标。到2025年,中华优秀传统文化传承发展体系基本形成,研究阐发、教育普及、保护传承、创新发展、传播交流等方面协同推进并取得重要成果,具有中国特色、中国风格、中国气派的文化产品更加丰富,文化自觉和文化自信显著增强,国家文化软实力的根基更为坚实,中华文化的国际影响力明显提升。

二、主要内容

5. 核心思想理念。中华民族和中国人民在修齐治平、尊时守位、知常达变、开物成务、建功立业过程中培育和形成的基本思想理念,如革故鼎新、与时俱进的思想,脚踏实地、实事求是的思想,惠民利民、安民富民的思想,道法自然、天人合一的思想等,可以为人们认识和改造世界提供有益启迪,可以为治国理政提供有益借鉴。传承发展中华优秀传统文化,就要大力弘扬讲仁爱、重民本、守诚信、崇正义、尚和合、求大同等核心思想理念。

6. 中华传统美德。中华优秀传统文化蕴含着丰富的道德理念和规范,如天下兴亡、匹夫有责的担当意识,精忠报国、振兴中华的爱国情怀,崇德向善、见贤思齐的社会风尚,孝悌忠信、礼义廉耻的荣辱观念,体现着评判是非曲直的价值标准,潜移默化地影响着中国人的行为方式。传承发展中华优秀传统文化,就要大力弘扬自强不息、敬业乐群、扶危济困、见义勇为、孝老爱亲等中华传统美德。

7. 中华人文精神。中华优秀传统文化积淀着多样、珍贵的精神财富,如求同存异、和而不同的处世方法,文以载道、以文化人的教化思想,形神兼备、情景交融的美学追求,俭约自守、中和泰和的生活理念等,是中国人民思想观念、风俗习惯、生活方式、情感样式的集中表达,滋养了独特丰富的文学艺术、科学技术、人文学术,至今仍然具有深刻影响。传承发展中华优秀传统文化,就要大力弘扬有利于促进社会和谐、鼓励人们向上向善的思想文化内容。

三、重点任务

8. 深入阐发文化精髓。加强中华文化研究阐释工作,深入研究阐释中华文化的历史渊源、发展脉络、基本走向,深刻阐明中华优秀传统文化是发展当代中国马克思主义的丰厚滋养,深刻阐明传承发展中华优秀传统文化是建设中国特色社会主义事业的实践之需,深刻阐明丰富多彩的多民族文化是中华文化的基本构成,深刻阐明中华文明是在与其他文明不断交流互鉴中丰富发展的,着力构建有中国底蕴、中国特色的思想体系、学术体系和话语体系。加强党史国史及相关档案编修,做好地方史志编纂工作,巩固中华文明探源成果,正确反映中华民族文明史,推出一批研究成果。实施中华文化资源普查工程,构建准确权威、开放共享的中华文化资源公共数据平台。建立国家文物登录制度。建设国家文献战略储备库、革命文物资源目录和大数据库。实施国家古籍保护工程,完善国家珍贵古籍名录和全国古籍重点保护单位评定制度,加强中华文化典籍整理编纂出版工作。完善非物质文化遗产、馆藏革命文物普查建档制度。

9. 贯穿国民教育始终。围绕立德树人根本任务,遵循学生认知规律和教育教学规律,按照一体化、分学段、有序推进的原则,把中华优秀传统文化全方位融入思想道德教育、文化知识教育、艺术体育教育、社会实践教育各环节,贯穿于启蒙教育、基础教育、职业教育、高等教育、继续教育各领域。以幼儿、小学、中学教材为重点,构建中华文化课程和教材体系。编写中华文化幼儿读物,开展"少年传承中华传统美德"系列教育活动,创作系列绘本、童谣、儿歌、动画等。修订中小学道德与法治、语文、历史等课程教材。推动高校开设中华优秀传统文化必修课,在哲学社会科学及相关学科专业和课程中增加中华优秀传统文化的内容。加强中华优秀传统文化相关学科建设,重视保护和发展具有重要文化价值和传承意义的"绝学"、冷门学科。推进职业院校民族文化传承与创新示范专业点建设。丰富拓展校园文化,推进戏曲、书法、高雅艺术、传统体育等进校园,实施中华经典诵读工程,开设中华文化公开课,抓好传统文化教育成果展示活动。研究制定国民语言教育大纲,开展好国民语言教育。加强面向全体教师的中华文化教育培训,全面提升师资队伍水平。

10. 保护传承文化遗产。坚持保护为主、抢救第一、合理利用、加强管理的方针,做好文物保护工作,抢救保护濒危文物,实施馆藏文物修复计划,加强新型城镇化和新农村建设中的文物保护。加强历史文化名城名镇名村、历史文化街区、名人故居保护和城市特色风貌管理,实施中国传统村落保护工程,做好传统民居、历史建筑、革命文化纪念地、农业遗产、工业遗产保护工作。规划建设一批国家文化公园,成为中华文化重要标识。推进地名文化遗产保护。实施非物质文化遗产传承发展工程,进一步完善非物质文化遗产保护制度。实施传统工艺振兴计划。大力推广和规范使用国家通用语言文字,保护传承方言文化。开展少数民族特色文化保护工作,加强少数民族语言文字和经典文献的保护和传播,做好少数民族经典文献和汉族经典文献互译出版工作。实施中华民族音乐传承出版工程、中国民间文学大系出版工程。推动民族传统体育项目的整理研究和保护传承。

11. 滋养文艺创作。善于从中华文化资源宝库中提炼题材、获取灵感、汲取养分,把中华优秀传统文化的有益思想、艺术价值与时代特点和要求相结合,运用丰富多样的艺术形式进行当代表达,推出一大批底蕴深厚、涵育人心的优秀文艺作品。科学编制重大革命和历史题材、现实题材、爱国主义题材、青少年题材等专项创作规划,提高创作生产组织化程度,彰显中华文化的精神内涵和审美风范。加强对中华诗词、音乐舞蹈、书法绘画、曲艺杂技和历史文化纪录片、动画片、出版物等的扶持。实施戏曲振兴工程,做好戏曲"像音像"工作,挖掘整理优秀传统剧目,推进数字化保存和传播。实施网络文艺创作传播计划,推动网络文学、网络音乐、网络剧、微电影等传承发展中华优秀传统文化。实施中国经典民间故事动漫创作工程、中华文化电视传播工程,组织创作生产一批传承中华文化基因、具有大众亲和力的动画片、纪录片和节目栏目。大力加强文艺评论,改革完善文艺评奖,建立有中国特色的文艺研究评论体系,倡导中华美学精神,推动美学、美德、美文相结合。

12. 融入生产生活。注重实践与养成、需求与供给、形式与内容相结合,把中华优秀传统文化内涵更好更多地融入生产生活各方面。深入挖掘城市历史文化价值,提炼精选一批凸显文化特色的经典性元素和标志性符号,纳入城镇化建设、城市规划设计,合理应用于城市雕塑、广场园林等公共空间,避免千篇一律、千城一面。挖掘整理传统建筑文化,鼓励建筑设计继承创新,推进城市修补、生态修复工作,延续城市文脉。加强"美丽乡村"文化建设,发掘和保护一批处处有历史、步步有文化的小镇和村庄。用中华优秀传统文化的精髓涵养企业精神,培育现代企业文化。实施中华老字号保护发展工程,支持一批文化特色浓、品牌信誉高、有市场竞争力的中华老字号做精做强。深入开展"我们的节日"主题活动,实施中国传统节日振兴工程,丰富春节、元宵、清明、端午、七夕、中秋、重阳等传统节日文化内涵,形成新的节日习俗。加强对传统历法、节气、生肖和饮食、医药等的研究阐释、活态利用,使其有益的文化价值深度嵌入百姓生活。实施中华节庆礼仪服装服饰计划,设计制作展现中华民族独特文化魅力的系列服装服饰。大力发展文化旅游,充分利用历史文化资源优势,规划设计推出一批专题研学旅游线路,引导游客在文化旅游中感知中华文化。推动休闲生活与传统文化融合发展,培育符合现代人需求的传统休闲文化。发展传统体育,抢救濒危传统体育项目,把传统体育项目纳入全民健身工程。

13. 加大宣传教育力度。综合运用报纸、书刊、电台、电视台、互联网站等各类载体,融通多媒体资源,统筹宣传、文化、文物等各方力量,创新表达方式,大力彰显中华文化魅力。实施中华文化新媒体传播工程。充分发挥图书馆、文化馆、博物馆、群艺馆、美术馆等公共文化机构在传承发展中华优秀传统文化中的作用。编纂出版系列文化经典。加强革命文物工作,实施革命文物保护利用工程,做好革命遗址、遗迹、烈士纪念设施的保护和利用。推动红色旅游持续健康发展。深入开展"爱我中华"主题教育活动,充分利用重大历史事件和中华历史名人纪念活动、国家公祭仪式、烈士纪念日,充分利用各类爱国主义教育基地、历史遗迹等,展示爱国主义深刻内涵,培育爱国主义精神。加强国民礼仪教育。加大对国家重要礼仪的普及教育与宣传力度,在国家重大节庆活动中体现仪式感、庄重感、荣誉感,彰显中华传统礼仪文化的时代价值,树立文明古国、礼仪之邦的良好形象。研究提出承接传统习俗、符合现代文明要求的社会礼仪、服装服饰、文明用语规范,建立健全各类公共场所和网络公共空间的礼仪、礼节、礼貌规范,推动形成良好的言行举止和礼让宽容的社会风尚。把优秀传统文化思想理念体现在社会规范中,与制定市民公约、乡规民约、学生守则、行业规章、团体章程相结合。弘扬孝敬文化、慈善文化、诚信文化等,开展节俭养德全民行动和学雷锋志愿服务。广泛开展文明家庭创建活动,挖掘和整理家训、家书文化,用优良的家风家教培育青少年。挖掘和保护乡土文化资源,建设新乡贤文化,培育和扶持乡村文化骨干,提升乡土文化内涵,形成良性乡村文化生态,让子孙后代记得住乡愁。加强港澳台中华文化普及和交流,积极举办以中华文化为主题的青少年夏令营、冬令营以及诵读和书写中华经典等交流活动,鼓励港澳台艺术家参与国家在海外举办的感知中国、中国文化年（节）、欢乐春节等品牌活动，增强国家认同、民族认同、文化认同。

14．推动中外文化交流互鉴。加强对外文化交流合作，创新人文交流方式，丰富文化交流内容，不断提高文化交流水平。充分运用海外中国文化中心、孔子学院，文化节展、文物展览、博览会、书展、电影节、体育活动、旅游推介和各类品牌活动，助推中华优秀传统文化的国际传播。支持中华医药、中华烹饪、中华武术、中华典籍、中国文物、中国园林、中国节日等中华传统文化代表性项目走出去。积极宣传推介戏曲、民乐、书法、国画等我国优秀传统文化艺术，让国外民众在审美过程中获得愉悦、感受魅力。加强"一带一路"沿线国家文化交流合作。鼓励发展对外文化贸易，让更多体现中华文化特色、具有较强竞争力的文化产品走向国际市场。探索中华文化国际传播与交流新模式，综合运用大众传播、群体传播、人际传播等方式，构建全方位、多层次、宽领域的中华文化传播格局。推进国际汉学交流和中外智库合作，加强中国出版物国际推广与传播，扶持汉学家和海外出版机构翻译出版中国图书，通过华侨华人、文化体育名人、各方面出境人员，依托我国驻外机构、中资企业、与我友好合作机构和世界各地的中餐馆等，讲好中国故事、传播好中国声音、阐释好中国特色、展示好中国形象。

四、组织实施和保障措施

15．加强组织领导。各级党委和政府要从坚定文化自信、坚持和发展中国特色社会主义、实现中华民族伟大复兴的高度，切实把中华优秀传统文化传承发展工作摆上重要日程，加强宏观指导，提高组织化程度，纳入经济社会发展总体规划，纳入考核评价体系，纳入各级党校、行政学院教学的重要内容。各级党委宣传部门要发挥综合协调作用，整合各类资源，调动各方力量，推动形成党委统一领导、党政群协同推进、有关部门各负其责、全社会共同参与的中华优秀传统文化传承发展工作新格局。各有关部门和群团组织要按照责任分工，制定实施方案，完善工作机制，把各项任务落到实处。

16. 加强政策保障。加强中华优秀传统文化传承发展相关扶持政策的制定与实施,注重政策措施的系统性协同性操作性。加大中央和地方各级财政支持力度,同时统筹整合现有相关资金,支持中华优秀传统文化传承发展重点项目。制定和完善惠及中华优秀传统文化传承发展工程项目的金融支持政策。加大对国家重要文化和自然遗产、国家级非物质文化遗产等珍贵遗产资源保护利用设施建设的支持力度。建立中华优秀传统文化传承发展相关领域和部门合作共建机制。制定文物保护和非物质文化遗产保护专项规划。制定和完善历史文化名城名镇名村和历史文化街区保护的相关政策。完善相关奖励、补贴政策,落实税收优惠政策,引导和鼓励企业、社会组织及个人捐赠或共建相关文化项目。建立健全中华优秀传统文化传承发展重大项目首席专家制度,培养造就一批人民喜爱、有国际影响的中华文化代表人物。完善中华优秀传统文化传承发展的激励表彰制度,对为中华优秀传统文化传承发展和传播交流作出贡献、建立功勋、享有声誉的杰出海内外人士按规定授予功勋荣誉或进行表彰奖励。有关部门要研究出台入学、住房保障等方面的倾斜政策和措施,用以倡导和鼓励自强不息、敬业乐群、扶正扬善、扶危济困、见义勇为、孝老爱亲等传统美德。

17. 加强文化法治环境建设。修订文物保护法。制定文化产业促进法、公共图书馆法等相关法律,对中华优秀传统文化传承发展有关工作作出制度性安排。在教育、科技、卫生、体育、城乡建设、互联网、交通、旅游、语言文字等领域相关法律法规的制定修订中,增加中华优秀传统文化传承发展内容。加大涉及保护传承弘扬中华优秀传统文化法律法规施行力度,加强对法律法规实施情况的监督检查。充分发挥各行政主管部门在传承发展中华优秀传统文化中的重要作用,建立完善联动机制,严厉打击违法经营行为。加强法治宣传教育,增强全社会依法传承发展中华优秀传统文化的自觉意识,形成礼敬守护和传承发展中华优秀传统文化的良好法治环境。各地要根据本地传统文化传承保护的现状,制定完善地方性法规和政府规章。

18.充分调动全社会积极性创造性。传承发展中华优秀传统文化是全体中华儿女的共同责任。坚持全党动手、全社会参与,把中华优秀传统文化传承发展的各项任务落实到农村、企业、社区、机关、学校等城乡基层。各类文化单位机构、各级文化阵地平台,都要担负起守护、传播和弘扬中华优秀传统文化的职责。各类企业和社会组织要积极参与文化资源的开发、保护与利用,生产丰富多样、社会价值和市场价值相统一、人民喜闻乐见的优质文化产品,扩大中高端文化产品和服务的供给。充分尊重工人、农民、知识分子的主体地位,发挥领导干部的带头作用,发挥公众人物的示范作用,发挥青少年的生力军作用,发挥先进模范的表率作用,发挥非公有制经济组织和社会组织从业人员的积极作用,发挥文化志愿者、文化辅导员、文艺骨干、文化经营者的重要作用,形成人人传承发展中华优秀传统文化的生动局面。

教育部关于在全国中小学开展中华优秀文化艺术传承学校创建活动的通知[①]

教体艺函〔2017〕10号

各省、自治区、直辖市教育厅(教委),新疆生产建设兵团教育局:

为贯彻落实《中共中央关于繁荣发展社会主义文艺的意见》《中共中央办公厅 国务院办公厅印发〈关于实施中华优秀传统文化传承发展工程的意见〉的通知》和《国务院办公厅关于全面加强和改进学校美育工作的意见》要求,切实将中华优秀传统文化全方位融入学校美育全过程,引领青少年学生传承中华优秀传统文化艺术,汲取中国智慧、弘扬中国精神、传播中国价值,决定在全国中小学校和中等职业学校开展中华优秀文化艺术传承学校(以下简称传承学校)的创建工作,现将有关事项和要求通知如下。

[①] 中华人民共和国教育部.教育部关于在全国中小学开展中华优秀文化艺术传承学校创建活动的通知[EB/OL].(2017-10-17)[2023-7-25] http://www.moe.gov.cn/srcsite/A17/moe_794/moe_628/201710/t20171017_316628.html

一、指导思想

传承学校创建活动要以社会主义核心价值观为引领,根植中华优秀传统文化深厚土壤,坚守中华文化立场、传承中华文化基因。以立德树人为根本任务,让青少年学生在学习中华优秀传统文化艺术、参与丰富多彩的美育活动的过程中,培育深厚的民族情感,增强文化自觉和文化自信。以优化育人环境为目标,进一步深化学校美育教学改革,全面提升学校美育质量,努力建设向真、向善、向美、向上的校园文化环境,以优异的成绩迎接党的十九大胜利召开。

二、基本原则

(一)坚持先进文化、严把导向。弘扬和践行社会主义核心价值观,引领学生树立正确的审美观念,陶冶高尚的道德情操,用中华优秀传统文化浸润学生心灵。

(二)坚持育人为本、面向全体。遵循美育特点和学生成长规律,落实立德树人根本任务,以美育人、以文化人,让每个学生都能够接受中华优秀传统文化教育。

(三)坚持统筹兼顾、协调发展。统筹区域和城乡发展,兼顾城市和农村不同地区、不同类型、不同发展水平的学校,鼓励多种形式和特色,促进城乡中小学校协调发展。

(四)坚持因地制宜、整合资源。立足各地实际,充分挖掘和利用当地人文环境和历史文化传统等教育资源,整合多种资源,以点带面,形成"一校一品""一校多品"局面。

三、目标任务

2017年在全国中小学校和中等职业学校创建1 000所中华优秀文化艺术传承学校,以后每两年创建一批。传承项目主要包括:戏曲、书法(篆刻)、民族民间美术、传统手工技艺、民族民间音乐、民族民间舞蹈等。

传承学校要以课程教学为基础,将传承项目纳入学校美育课程建设,开设校本课程,加强学科融合,深化教学改革。要以实践活动为载体,加强以传承项目为内容的学生艺术社团和学生工作坊建设,组织学生开展群体性、体验性、互动性的项目实践活动。要以师资队伍建设为支撑,建设一支相对稳定的传承项目专兼职教师队伍,提升项目教育教学水平。要以辐射带动为拓展,带动辐射当地中小学和社区,不断扩大传承项目的覆盖面和参与面。要以成果展示为助推,结合传统节日,因地制宜组织学生开展传承项目成果展示活动,增强学生传承中华优秀传统文化的责任感和使命感。

四、组织实施

(一)自主申报。符合《中华优秀文化艺术传承学校基本要求》(以下简称《基本要求》)的全日制中小学校和中等职业学校均可申报。申报学校要认真填写《中华优秀文化艺术传承学校申报书》(以下简称《申报书》,需加盖学校公章),经主管教育行政部门同意后,统一汇总至省级教育行政部门。2011年教育部公布的449所中华优秀文化艺术传承学校不需参与申报。

(二)省级推荐。各省级教育行政部门按要求统筹本地区传承学校的推荐报送工作,依照本通知提出的传承学校《基本要求》,结合实际制定审核办法,组织专家通过材料审阅、现场抽查等方式进行审核,在面向社会公示的基础上,按照规定的数量向教育部报送《中华优秀文化艺术传承学校推荐表》(以下简称《推荐表》)和《申报书》。每省(区、市)和新疆生产建设兵团可向教育部推荐30所学校(在校生人数达700万以上的河北、江苏、安徽、江西、山东、河南、湖南、广东、广西、四川等10省区可推荐40所)。

(三)遴选认定。教育部在各地推荐的基础上,依照传承学校《基本要求》,组织专家进行复核,经公示后,认定并公布传承学校名单。

(四)推动创建。各地教育行政部门要指导传承学校积极开展创建活动。创建传承学校不搞"终身制",采取动态管理的方式。为保证工作健康开展,地市级教育行政部门要适时对传承学校创建活动进行复核检查,省级教育行政部门要对传承学校创建活动进行动态监测。教育部将组织专家不定期进行抽样检查和成果验收,对不合格的学校,取消其传承学校称号。

五、工作要求

(一)加强管理。各地教育行政部门要切实加强对传承学校创建活动的组织领导,将此项工作纳入本地学校美育发展规划和年度工作计划,建立工作机制,认真做实做好。要及时解决传承学校创建活动中出现的困难和问题,指导传承学校落实工作方案,确保创建活动有序深入开展。各传承学校要创造性地开展工作,精心组织实施,形成本地本校的美育特色和品牌。

(二)政策支持。教育部将持续支持传承学校的创建工作,对经遴选认定的学校命名为"中华优秀文化艺术传承学校",对开展工作确有成效的传承学校,将通过各种途径介绍和推广典型经验,并给予一定经费支持,支持重点向中西部地区和农村学校倾斜。

(三)示范引领。各地教育行政部门要充分发挥传承学校的示范引领作用,将典型引领与整体推进相结合,组织开展专题培训研讨、现场推进会、成果交流展示等活动,建立传承学校辐射带动其他学校的美育推进机制。要充分利用报刊、电视和新媒体,对传承学校的典型经验进行宣传报道。

国务院关于加强文化遗产保护的通知[①]
国发〔2005〕42号

各省、自治区、直辖市人民政府,国务院各部委、各直属机构:

我国是历史悠久的文明古国。在漫长的岁月中,中华民族创造了丰富多彩、弥足珍贵的文化遗产。党中央、国务院历来高度重视文化遗产保护工作,在全社会的共同努力下,我国文化遗产保护取得了明显成效。与此

---

① 国务院.国务院关于加强文化遗产保护的通知[EB/OL].(2008-03-28)[2023-5-29]. https://www.gov.cn/xxgk/pub/govpublic/mrlm/200803/t20080328_32711.html.

同时,也应清醒地看到,当前我国文化遗产保护面临着许多问题,形势严峻,不容乐观。为了进一步加强我国文化遗产保护,继承和弘扬中华民族优秀传统文化,推动社会主义先进文化建设,国务院决定从2006年起,每年六月的第二个星期六为我国的"文化遗产日"。现就加强文化遗产保护有关问题通知如下:

一、充分认识保护文化遗产的重要性和紧迫性

文化遗产包括物质文化遗产和非物质文化遗产。物质文化遗产是具有历史、艺术和科学价值的文物,包括古遗址、古墓葬、古建筑、石窟寺、石刻、壁画、近代现代重要史迹及代表性建筑等不可移动文物,历史上各时代的重要实物、艺术品、文献、手稿、图书资料等可移动文物;以及在建筑式样、分布均匀或与环境景色结合方面具有突出普遍价值的历史文化名城(街区、村镇)。非物质文化遗产是指各种以非物质形态存在的与群众生活密切相关、世代相承的传统文化表现形式,包括口头传统、传统表演艺术、民俗活动和礼仪与节庆、有关自然界和宇宙的民间传统知识和实践、传统手工艺技能等以及与上述传统文化表现形式相关的文化空间。

我国文化遗产蕴含着中华民族特有的精神价值、思维方式、想象力,体现着中华民族的生命力和创造力,是各民族智慧的结晶,也是全人类文明的瑰宝。保护文化遗产,保持民族文化的传承,是连结民族情感纽带、增进民族团结和维护国家统一及社会稳定的重要文化基础,也是维护世界文化多样性和创造性,促进人类共同发展的前提。加强文化遗产保护,是建设社会主义先进文化,贯彻落实科学发展观和构建社会主义和谐社会的必然要求。

文化遗产是不可再生的珍贵资源。随着经济全球化趋势和现代化进程的加快,我国的文化生态正在发生巨大变化,文化遗产及其生存环境受到严重威胁。不少历史文化名城(街区、村镇)、古建筑、古遗址及风景名胜区整体风貌遭到破坏。文物非法交易、盗窃和盗掘古遗址古墓葬以及走私文物的违法犯罪活动在一些地区还没有得到有效遏制,大量珍贵文物流失境外。由于过度开发和不合理利用,许多重要文化遗产消亡或失传。在文化遗存相对丰富的少数民族聚居地区,由于人们生活环境和条件的变迁,民族或区域文化特色消失加快。因此,加强文化遗产保护刻不容缓。地方各级人民政府和有关部门要从对国家和历史负责的高度,从维护国家文化安全的高度,充分认识保护文化遗产的重要性,进一步增强责任感和紧迫感,切实做好文化遗产保护工作。

二、加强文化遗产保护的指导思想、基本方针和总体目标

(一)指导思想:坚持以邓小平理论和"三个代表"重要思想为指导,全面贯彻和落实科学发展观,加大文化遗产保护力度,构建科学有效的文化遗产保护体系,提高全社会文化遗产保护意识,充分发挥文化遗产在传承中华文化,提高人民群众思想道德素质和科学文化素质,增强民族凝聚力,促进社会主义先进文化建设和构建社会主义和谐社会中的重要作用。

(二)基本方针:物质文化遗产保护要贯彻"保护为主、抢救第一、合理利用、加强管理"的方针。非物质文化遗产保护要贯彻"保护为主、抢救第一、合理利用、传承发展"的方针。坚持保护文化遗产的真实性和完整性,坚持依法和科学保护,正确处理经济社会发展与文化遗产保护的关系,统筹规划、分类指导、突出重点、分步实施。

(三)总体目标:通过采取有效措施,文化遗产保护得到全面加强。到2010年,初步建立比较完备的文化遗产保护制度,文化遗产保护状况得到明显改善。到2015年,基本形成较为完善的文化遗产保护体系,具有历史、文化和科学价值的文化遗产得到全面有效保护;保护文化遗产深入人心,成为全社会的自觉行动。

三、着力解决物质文化遗产保护面临的突出问题

(一)切实做好文物调查研究和不可移动文物保护规划的制定实施工作。加强文物资源调查研究,并依法登记、建档。在认真摸清底数的基础上,分类制定文物保护规划,认真组织实施。国务院文物行政部门要统筹安排世界文化遗产、全国重点文物保护单位保护规划的编制工作,省级人民政府具体组织编制，报国务院文物行政部门审查批准后公布实施。国务院文物行政部门要对规划实施情况进行跟踪监测，检查落实。要及时依法划定文物保护单位的保护范围和建设控制地带，设立必要的保护管理机构，明确保护责任主体，建立健全保护管理制度。其他不可移动文物也要依据文物保护法的规定制定保护规划，落实保护措施。坚决避免和纠正过度开发利用文化遗产，特别是将文物作为或变相作为企业资产经营的违法行为。

（二）改进和完善重大建设工程中的文物保护工作。严格执行重大建设工程项目审批、核准和备案制度。凡涉及文物保护事项的基本建设项目，必须依法在项目批准前征求文物行政部门的意见，在进行必要的考古勘探、发掘并落实文物保护措施以后方可实施。基本建设项目中的考古发掘要充分考虑文物保护工作的实际需要，加强统一管理，落实审批和监督责任。

（三）切实抓好重点文物维修工程。统筹规划、集中资金，实施一批文物保护重点工程，排除重大文物险情，加强对重要濒危文物的保护。实施保护工程必须确保文物的真实性，坚决禁止借保护文物之名行造假古董之实。要对文物"复建"进行严格限制，把有限的人力、物力切实用到对重要文物、特别是重大濒危文物的保护项目上。严格工程管理，落实文物保护工程队伍资质制度，完善从业人员管理制度，建立健全各类文物保护技术规范，确保工程质量。

（四）加强历史文化名城（街区、村镇）保护。进一步完善历史文化名城（街区、村镇）的申报、评审工作。已确定为历史文化名城（街区、村镇）的，地方人民政府要认真制定保护规划，并严格执行。在城镇化过程中，要切实保护好历史文化环境，把保护优秀的乡土建筑等文化遗产作为城镇化发展战略的重要内容，把历史名城（街区、村镇）保护规划纳入城乡规划。相关重大建设项目，必须建立公示制度，广泛征求社会各界意见。国务院有关部门要对历史文化名城（街区、村镇）的保护状况和规划实施情况进行跟踪监测,及时解决有关问题;历史文化名城(街区、村镇)的布局、环境、历史风貌等遭到严重破坏的,应当依法取消其称号,并追究有关人员的责任。

(五)提高馆藏文物保护和展示水平。高度重视博物馆建设,加强对藏品的登记、建档和安全管理,落实藏品丢失、损毁追究责任制。实施馆藏文物信息化和保存环境达标建设,加大馆藏文物科技保护力度。提高陈列展览质量和水平,充分发挥馆藏文物的教育作用。加强博物馆专业人员培养,提高博物馆队伍素质。坚持向未成年人等特殊社会群体减、免费开放,不断提高服务质量和水平。

(六)清理整顿文物流通市场。加强对文物市场的调控和监督管理,依法严格把握文物流通市场准入条件,规范文物经营和民间文物收藏行为,确保文物市场健康发展。依法加强文物商店销售文物、文物拍卖企业拍卖文物的审核备案工作。坚决取缔非法文物市场,严厉打击盗窃、盗掘、走私、倒卖文物等违法犯罪活动。严格执行文物出入境审核、监管制度,加强鉴定机构队伍建设,严防珍贵文物流失。加强国际合作,对非法流失境外的文物要坚决依法追索。

四、积极推进非物质文化遗产保护

(一)开展非物质文化遗产普查工作。各地区要进一步做好非物质文化遗产的普查、认定和登记工作,全面了解和掌握非物质文化遗产资源的种类、数量、分布状况、生存环境、保护现状及存在的问题,及时向社会公布普查结果。3年内全国基本完成普查工作。

(二)制定非物质文化遗产保护规划。在科学论证的基础上,抓紧制定国家和地区非物质文化遗产保护规划,明确保护范围,提出长远目标和近期工作任务。

(三)抢救珍贵非物质文化遗产。采取有效措施,抓紧征集具有历史、文化和科学价值的非物质文化遗产实物和资料,完善征集和保管制度。有条件的地方可以建立非物质文化遗产资料库、博物馆或展示中心。

(四)建立非物质文化遗产名录体系。进一步完善评审标准,严格评审工作,逐步建立国家和省、市、县非物质文化遗产名录体系。对列入非物质文化遗产名录的项目,要制定科学的保护计划,明确有关保护的责任主体,进行有效保护。对列入非物质文化遗产名录的代表性传人,要有计划地提供资助,鼓励和支持其开展传习活动,确保优秀非物质文化遗产的传承。

(五)加强少数民族文化遗产和文化生态区的保护。重点扶持少数民族地区的非物质文化遗产保护工作。对文化遗产丰富且传统文化生态保持较完整的区域,要有计划地进行动态的整体性保护。对确属濒危的少数民族文化遗产和文化生态区,要尽快列入保护名录,落实保护措施,抓紧进行抢救和保护。

五、明确责任,切实加强对文化遗产保护工作的领导

(一)加强领导,落实责任。地方各级人民政府和有关部门要将文化遗产保护列入重要议事日程,并纳入经济和社会发展计划以及城乡规划。要建立健全文化遗产保护责任制度和责任追究制度。成立国家文化遗产保护领导小组,定期研究文化遗产保护工作的重大问题,统一协调文化遗产保护工作。地方各级人民政府也要建立相应的文化遗产保护协调机构。要建立文化遗产保护定期通报制度、专家咨询制度以及公众和舆论监督机制,推进文化遗产保护工作的科学化、民主化。要充分发挥有关学术机构、大专院校、企事业单位、社会团体等各方面的作用,共同开展文化遗产保护工作。

(二)加快文化遗产保护法制建设,加大执法力度。加强文化遗产保护法律法规建设,推进文化遗产保护的法制化、制度化和规范化。积极推动《非物质文化遗产保护法》《历史文化名城和历史文化街区、村镇保护条例》等法律、行政法规的立法进程,争取早日出台。抓紧制定和起草与文物保护法相配套的部门规章和地方性法规。抓紧研究制定保护文化遗产知识产权的有关规定。要严格依照保护文化遗产的法律、行政法规办事,任何单位或者个人都不得作出与法律、行政法规相抵触的决定;各级文物行政部门等行政执法机关有权依法抵制和制止违反有关法律、行政法规的决定和行为。严厉打击破坏文化遗产的各类违法犯罪行为,重点追究因决策失误、玩忽职守,造成文化遗产破坏、被盗或流失的责任人的法律责任。充实文化遗产保护执法力量,加大执法力度,做到执法必严,违法必究。因执法不力造成文化遗产受到破坏的,要追究有关执法机关和有关责任人的责任。

（三）安排专项资金,加强专业人才队伍建设。各级人民政府要将文化遗产保护经费纳入本级财政预算,保障重点文化遗产经费投入。抓紧制定和完善有关社会捐赠和赞助的政策措施,调动社会团体、企业和个人参与文化遗产保护的积极性。加强文化遗产保护管理机构和专业队伍建设,大力培养文化遗产保护和管理所需的各类专门人才。加强文化遗产保护科技的研究、运用和推广工作,努力提高文化遗产保护工作水平。

（四）加大宣传力度,营造保护文化遗产的良好氛围。认真举办"文化遗产日"系列活动,提高人民群众对文化遗产保护重要性的认识,增强全社会的文化遗产保护意识。各级各类文化遗产保护机构要经常举办展示、论坛、讲座等活动,使公众更多地了解文化遗产的丰富内涵。教育部门要将优秀文化遗产内容和文化遗产保护知识纳入教学计划,编入教材,组织参观学习活动,激发青少年热爱祖国优秀传统文化的热情。各类新闻媒体要通过开设专题、专栏等方式,介绍文化遗产和保护知识,大力宣传保护文化遗产的先进典型,及时曝光破坏文化遗产的违法行为及事件,发挥舆论监督作用,在全社会形成保护文化遗产的良好氛围。

与此同时,国务院有关部门也要切实研究解决自然遗产保护中存在的问题,加强自然遗产保护工作。

国务院
二〇〇五年十二月二十二日

主要参考文献

一、著作

[1] 顾明远.中国教育的文化基础[M].太原:山西教育出版社,2018.

[2] 王军,董燕.民族文化传承与教育[M].北京:中央民族大学出版社,2007.

[3] 施良方.课程理论——课程的基础、原理与问题[M].北京:教育科学出版社,1996.

[4] 张华.课程与教学论[M].上海:上海教育出版社,2000.

[5] 王文章.非物质文化遗产概论[M].北京:教育科学出版社,2013.

[6] 崔允漷.校本课程开发:理论与实践[M].北京:教育科学出版社,2000.

[7] 钟启泉.现代课程论(新版)[M].上海:上海教育出版社,2006.

[8] 徐玉珍.校本课程开发的理论与案例[M].北京:人民教育出版社,2003.

[9] 吴刚平.校本课程开发[M].成都:四川教育出版社,2002.

[10] 王斌华.校本课程论[M].上海:上海教育出版社,2000.

[11] 郝德永.课程与文化:一个后现代的检视[M].北京:教育科学出版社,2002.

[12] 石中英.知识转型与教育改革[M].北京:教育科学出版社,2001.

[13] 苑利,顾军.非物质文化遗产学[M].北京:高等教育出版社,2017.

[14] 乌丙安.非物质文化遗产保护理论与方法[M].北京:文化艺术出版社,2016.

[15] 郑晓云.文化认同论[M].北京:中国社会科学出版社,1992.

[16] 卡尔.教育的意义[M].徐悟,译.北京:中国人民大学出版社,2015.

[17] 费孝通.文化与文化自觉[M].北京:群言出版社,2010.

[18] 费孝通.论人类学与文化自觉[M].北京:华夏出版社,2004.

[19] 金元浦.文化复兴——传统文化的现代价值[M].北京:中国人民大学出版社,2014.

[20] 黄瑾.幼儿园教育活动设计与指导[M].上海:华东师范大学出版社,2007.

[21] 刘伟国,朱长忠.德州黑陶文化[M].北京:线装书局,2010.

[22] 孙秀英.幼儿园非遗课程设计与实施:传承非遗文化塑造中国灵魂[M].北京:知识产权出版社,2021.

[23] 宋冰.非遗文化与儿童美术融合教育课程——以深圳鱼灯舞为例[M].重庆:西南师范大学出版社,2020.

[24] 张莹莹.当美术课程遇到"非遗":非物质文化遗产进入美术课程资源系统的研究[M].重庆:西南师范大学出版社,2018.

[25] 冯晓霞.幼儿园课程[M].北京:北京师范大学出版社,2001.

[26] 虞永平.学前课程价值论[M].南京:江苏教育出版社,2002.

[27] 韩志孝,梁兴.黄河流域非遗文创研究[M].郑州:郑州大学出版社,2022.

[28] 陈启文.大河上下——黄河的命运[M].合肥:安徽文艺出版社,2019.

[29] 孙冬宁.三山湟水间花儿与少年——青海西宁非物质文化遗产展示卷[M].济南:济南出版社,2022.

[30] 葛剑雄.黄河与中华文明[M].北京:中华书局,2020.

[31] 牛建强.黄河文化概说[M].郑州:黄河水利出版社,2021.

[32] 金志远.民族文化传承与民族基础教育课程改革[M].北京:民族出版社,2008.

[33] 宗志武.文学课程教学与文化传承[M].沈阳:辽海出版社,2020.

[34] 张金梅.表达·创作·表演——幼儿园戏剧教育课程(中班)[M].南京:南京师范大学出版社,2014.

[35] 余芬兰,王长印.豫剧[M].长春:吉林出版集团有限责任公司,2013.

[36] 泰勒.课程与教学的基本原理[M].施良方,译.北京:人民教育出版社,1994:85-86.

[37] 格尔茨.地方知识——阐释人类学论文集[M].杨德睿,译.北京:商务印书馆,2017.

[38] 麦克尼尔.课程导论[M].施良方,唐晓杰,罗明东,等译.沈阳:辽宁教育出版社,1990.

[39] Eggleston J. School-Based Curriculum Development in Britain: A Collection of Case Studies[M]. London: Routledge & Kegan Paul Ltd,1980.

[40] Skilbeck M. School-Based Curriculum Development [M]. Berlin: Springer Science+Business Media Dordrecht,1998.

[41] Eagly A H, Chaiken S. The Psychology of Attitude[M]. Orlando:Harcourt Brace Jovanovich College Press,1993.

二、期刊论文

[1] 李臣之,王虹.校本课程开发的本土味:逻辑、空间与限制[J].课程·教材·教法,2016,36(01):28-34+44.

[2] 胡洪伟,刘朋.美国校本课程开发模式评析[J].课程·教材·教法,2001(06):73-75.

[3] 杨小微.从实施到开发:国家课程校本化的新走向[J].课程·教材·教法,2019,39(05):44-49.

[4] 王淑芬.校本课程建设的困境和路径[J].课程·教材·教法,2018,38(06):105-110.

[5] 郑志生,邬志辉.校本课程开发的复杂性审视及策略[J].课程·教材·教法,2018,38(08):50-55.

[6] 李洪修,刘博囡.校本课程开发中传统文化融入的问题透视与实现路径[J].课程·教材·教法,2021,41(01):10-15.

[7] 郑雪松.中小学非物质文化遗产校本课程开发[J].课程·教材·教法,2017,37(01):95-100.

[8] 陈婷,李兰.中华优秀传统文化融入小学数学教科书:现实样态与行动路向[J].课程·教材·教法,2021,41(11):92-99.

[9] 吕立杰,丁奕然.指向学生中华优秀传统文化认同感提升的校本课程调查[J].教育研究,2019,40(09):56-64.

[10] 吴刚平.校本课程开发的思想基础——施瓦布与斯腾豪斯"实践课程模式"思想探析[J].外国教育研究,2000(06):7-11.

[11] 黄春梅,司晓宏.从校本课程到课程校本化——我国学校课程开发自主权探寻[J].中国教育学刊,2013(03):28-30.

[12] 张卓,纪德奎.非物质文化遗产传承的师资素养探究[J].中国教育学刊,2020(08):97-101.

[13] 董宏伟,刘洋.聚焦核心素养的跨学科主题综合课程的研究性实践探索——以"我是'一带一路'非遗宣讲员"主题综合课程为例[J].中国教育学刊,2021(S1):139-140+152.

[14] 于海礁.谈我国学生发展核心素养中的"人文底蕴"——基于非物质文化遗产的视角[J].中国教育学刊,2017(05):82-85.

[15] 李介.国外校本课程开发模式带给我们的启示[J].教育理论与实践,2010,30(26):18-20.

[16] 张善超,李宝庆.中华优秀传统文化融入中小学课程设计:内涵、路径与特色[J].教育理论与实践,2016,36(11):49-51.

[17] 董云川,林苗羽.非物质文化遗产的教育传承责任探究——以"坡芽歌书"为例[J].教育科学,2020,36(01):9-14.

[18] 倪娟.优秀传统文化进校园的问题检视与机制建构[J].教育科学研究,2020(06):71-76.

[19] 普丽春.学校教育中的少数民族非物质文化遗产传承与发展研究——基于对云南省的调查[J].民族教育研究,2010,21(02):35-42.

[20] 李香贵,杨惠英,朱昌渝.非物质文化遗产传承应从娃娃抓起——成都市成华区幼儿民族文化教育的探索与实践[J].中华文化论坛,2010(03):152-155.

[21] 张勃.新文科视域下的非物质文化遗产学科建设——从高校使命担当与非物质文化遗产保护的耦合关系谈起[J].文化遗产,2021(04):8-19.

[22] 徐玉珍.校本课程开发释义[J].中小学管理,2001(04):2-4.

[23] 刘丽群,周先利.校本课程深层开发:何以可能[J].湖南师范大学教育科学学报,2020,19(06):92-98.

[24] 靖桥,盖海红,王靖敏.河北非物质文化遗产与高校课程相融合的可行性研究[J].河北师范大学学报(教育科学版),2010,12(03):126-128.

[25] 范雨涛,刘汉文.论学校教育与非物质文化遗产的传承与传播——以羌族传统音乐学校教育为例[J].西南民族大学学报(人文社科版),2018,39(08):220-225.

[26] 孙飞宇.作为"位育"的通识教育:潘光旦的本土化视角[J].北京大学教育评论,2021,19(01):71-86+191.

[27] 赵世林.论民族文化传承的本质[J].北京大学学报(哲学社会科学版),2002(03):10-16.

[28] 宋晓乐,吕立杰,丁奕然.小学教师中华优秀传统文化认同现状研

究[J].教育学术月刊,2020(09):64-71.

[29] 左雪,王婧.在幼儿园开展非物质文化遗产教育的价值分析——以内蒙古师范大学实验幼儿园为例[J].内蒙古师范大学学报(教育科学版),2012,25(10):29-32.

[30] 李嫣红.幼儿园非物质文化遗产教育活动探索[J].教育评论,2021(09):159-163.

[31] 郑雪松,李丹,姜萌.幼儿教师地方非物质文化遗产认同状况个案研究——基于豫南X地区幼儿教师的调查[J].陕西学前师范学院学报,2021,37(07):81-86.

[32] 吴倩,李明静.非遗文化在学校课程中的整体构建——以重庆市合川区巴蜀小学的实践为例[J].基础教育课程,2020(13):29-34.

[33] 韩松蓉,陈静.课程整合路径下非物质文化遗产在幼儿园中的应用[J].基础教育研究,2021(09):98-100.

[34] 兰志娟.在幼儿园中推动非物质文化遗产传承的思考[J].基础教育研究,2019(19):27-29.

[35] 杨向奎,剡蕾.初中语文非遗课程资源西和乞巧节的开发探究[J].教学与管理,2017(18):80-82.

[36] 阮海云."非遗"校本课程的美育价值及其实现[J].教学与管理,2020(33):95-97.

[37] 陶金玲,崔瑜.幼儿园传统戏曲活动组织策略——以大班传统戏曲活动"抬花轿"为例[J].早期教育,2021(52):8-10.

[38] 丁爱华.幼儿戏曲教育启蒙探赜——以豫剧为例[J].当代戏剧,2020(05):41-43.

[39] Ansorena A A, Lopez-Flamarique M. The ICH as a didactic material for the development of the new literacies: an experience in the teacher degrees[J]. LENGUAJE Y TEXTOS,2018(47):1-11.

[40] Beňušková Z, Pavlicová M. Nemateriální kulturní dědictví jako

předmět etnologického výzkumu[J]. Slovenský národopis,2021,69(1):5-13.

[41] Ceran D,Yildiz D. Elements of Intangible Cultural Heritage in Turkish Language Course Books of Grade 6 and Grade 8[J]. Selcuk Universitesi Turkiyat Arastirmalari Dergisi-Selcuk University Journal of Studies in Turcology,2021(51):321-337.

[42] Datnow A,Castellano M. Teachers' Responses to Success for All:How Beliefs,Experiences,and Adaptations Shape Implementation[J]. American Educational Research Journal,2000,37(3):775-799.

[43] De Santis S A. The Role of Education in the Governance of the Intangible Cultural Heritage as a Common Good[J]. H-ermes:Journal of Communication,2018(11):93-110.

[44] Goulart R S. Intangible Heritage and Education:Limits and Possibilities of Educational Actions in the State of Sao Paulo[J]. Patrimonioe E Memoria,2020,16(1):566-583.

[45] Gürçayir Teke S. Customary Modes,Modern Ways:Formal,Non-Formal Education and Intangible Cultural Heritage[J]. Millî Folklor,2013(100):31-39.

[46] Kasapoğlu Akyol P. Applying the Intangible Cultural Heritage Into the Formal Education:A WebQuest Example[J]. Millî Folklor,2016(111):149-170.

[47] Keiny S,Weiss T. A Case Study of a School-Based Curriculum Development as a Model for INSET[J]. Journal of Education for Teaching,1986,12(2):155-162.

[48] Stepputat K,Kienreich W,Dick C S. Digital Methods in Intangible Cultural Heritage Research[J]. Journal on Computing and Cultural Heritage,2019,12(2):1-22.

[49] Lovtsova I V, Burovkina L A, Sheshko A S. Preservation of the Intangible Cultural Heritage Through the Implementation of Additional General Education Programs in the Field of Fine Arts[J]. Revista Tempos e Espaços em Educação,2021,14(33):e15929.

[50] Merillas O F, Rodríguez M M. An Analysis of Educational Designs in Intangible Cultural Heritage Programmes: The Case of Spain [J]. International Journal of Intangilble Heritage,2018,13:190-202.

[51] Mihaly K, McCaffrey D, Sass T R, et al. Where You Come From or Where You Go? Distinguishing Between School Quality and the Effectiveness of Teacher Preparation Program Graduates[J]. Education Finance and Policy,2013,8(4):459-493.

[52] Tzima S, Styliaras G, Bassounas A, et al. Harnessing the Potential of Storytelling and Mobile Technology in Intangible Cultural Heritage: A Case Study in Early Childhood Education in Sustainability [J]. Sustainability,2020,12(22):9416.

[53] Wang C-Y. Building a Network for Preserving Intangible Cultural Heritage through Education: A Study of Indonesian Batik[J]. International Journal of Art & Design Education,2019,38:398-415.

[54] Tan S-K, Lim H-H, Tan S-H, et al. A Cultural Creativity Framework for the Sustainability of Intangible Cultural Heritage[J]. Journal of Hospitality & Tourism Research,2020,44(3):439-471.

[55] Yalçinkaya E. Pre-service Teachers' Views on Intangible Cultural Heritage and its Protection[J]. The Anthropologist, 2015,22(1):64-72.

三、学位论文

[1] 王勇.非遗新会鱼灯在初中美术校本课程中的开发与应用[D].广州:广东技术师范大学,2019.

[2] 飞丽花.小学"非遗"校本课程开发研究——以重庆市Y小学为例[D].重庆:西南大学,2018.

[3] 李婷婷.非物质文化遗产校本课程开发研究——以成都市S小学为例[D].成都:四川师范大学,2020.

[4] 明鑫.四川清音进入成都市小学校本课程的策略研究——以成都市新都区香城小学为例[D].重庆:西南大学,2020.

[5] 张超.民族高校艺术类"非遗"课程开发的策略研究——以内蒙古A学院为例[D].重庆:西南大学,2020.

[6] 胡霞.中华优秀传统文化课程开发与实施现状研究——以C市11所城市小学为例[D].长沙:湖南大学,2019.

[7] 夏雨琦.长沙花鼓戏资源在幼儿园艺术活动中的应用研究——以长沙市F幼儿园大二班为例[D].长沙:湖南师范大学,2016.

[8] 姬瑞丽.幼儿园大班京剧课程的构建[D].济南:山东师范大学,2017.

[9] 张甜甜.戏剧综合范式在幼儿园大班地方戏曲教育中的应用——以评剧为例[D].武汉:华中师范大学,2019.

[10] 郭一丁.幼儿园泥塑类主题活动课程的开发与实施——以河南省非物质文化遗产淮滨泥叫吹为例[D].信阳:信阳师范学院,2021.

[11] 闫迎新.山东德州黑陶的造型艺术研究[D].昆明:昆明理工大学,2016.

[12] 李秀成.德州黑陶的装饰艺术思想研究[D].景德镇:景德镇陶瓷大学,2016.

四、其他

[1] 中华人民共和国教育部.关于《完善中华优秀传统文化教育指导纲

要》的通知[EB/OL].(2014-4-1)[2021-9-24].http://www.gov.cn/xinwen/2014-04/01/content_2651154.htm.

[2] 中共中央办公厅 国务院办公厅.关于实施中华优秀传统文化传承发展工程的意见[EB/OL].(2017-1-25)[2021-9-24].http://www.gov.cn/zhengce/2017-01/25/content_5163472.htm.

[3] 中华人民共和国教育部.关于《革命传统进中小学课程教材指南》《中华优秀传统文化进中小学课程教材指南》的通知[EB/OL].(2021-1-8)[2021-9-24].http://www.moe.gov.cn/srcsite/A26/s8001/202102/t20210203_512359.html.

[4] 河南省教育厅.关于加强中小学中华优秀传统文化教育工作的通知[EB/OL].(2017-9-8)[2021-9-24].http://jyt.henan.gov.cn/2017/09-08/1603981.html.

[5] 河南省教育厅.关于公布河南省中小学综合实践活动课程和校本课程建设优秀成果评选结果的通知[EB/OL].(2018-11-9)[2021-9-24].http://jyt.henan.gov.cn/2018/11-09/1658118.html.

[6] 国务院办公厅.关于加强我国非物质文化遗产保护工作的意见[EB/OL].(2008-3-28)[2021-10-11].http://www.gov.cn/zhengce/content/2008-03/28/content_5937.htm.

[7] 中华人民共和国中央人民政府.中华人民共和国非物质文化遗产法[EB/OL].(2011-2-25)[2021-10-11].http://www.gov.cn/jrzg/2011-02/26/content_1811128.htm.

[8] 中共中央办公厅 国务院办公厅.关于进一步加强非物质文化遗产保护工作的意见[EB/OL].(2021-8-12)[2021-10-11].http://www.gov.cn/zhengce/2021-08/12/content_5630974.htm.

[9] OECD. School-Based Curriculum Development [R]. Paris: Organization for Economic Co-operation and Development,1979:4.

结　语

　　本著作作为2023年度河南省高等学校哲学社会科学应用研究重大项目"河南教育推进黄河文化遗产保护和传承研究"(2023-YYZD-19)的最终研究成果,尽管多次修改完善,仍存在很多不足和遗憾。尽管如此,从同类书出版情况来看,目前关于黄河非遗与地方课程开发的相关成果非常少见。黄河是中华民族的母亲河,守护着中华民族的根,承载着中华民族的魂,在几千年发展历程中,黄河孕育出许多宝贵的文化遗产,特别是富有强大精神内核的黄河非物质文化遗产,为中华民族现代文明建设提供了丰富资源。作为中华优秀传统文化重要组成部分的黄河非物质文化遗产既有中华文明的连续性、创新性、统一性、包容性、和平性特征,也具有较强的地方性和民族性特征。在"扎根中国大地办教育"和中华优秀传统文化教育备受重视的背景下,黄河非物质文化遗产教育的重要性更加凸显。所以,该著作对黄河文明的现代化传承和中华民族现代文明的构建,以及中国式教育现代化的推进具有一定的现实意义。

　　党的二十大报告强调坚持和发展马克思主义,必须同中华优秀传统文化相结合,促进中华优秀传统文化的创造性转化和创新性发展;2022年出台的义务教育课程方案和课程标准目标导向是将社会主义先进文化、革命文化、中华优秀传统文化、国家安全、生命安全与健康等重大主题教育有机融入课程,增强课程思想性。这为黄河非物质文化遗产进课程带来了难得的机遇。课程作为优秀传统文化教育的核心载体,许多学校纷纷基于地方优秀传统文化构建非物质文化遗产校本课程。但以高校为研究主体,以音乐、美术、舞蹈等非物质文化遗产艺术学科和体育为研究领域，以少数民族非物质文化遗产为研究内容是目前研究的热点。所以，该研究力求引起广大教育工作者和相关部门重视基础教育阶段非遗课程的开发，在突破基础教育以应试为中心上有所作为，使基础教育由重视应试能力培养到注重学生综合素质，特别是文化素养的培育，实现立德树人。

书中引述皆已注明，在此一并表示感谢。同时感谢教育科学学院领导和同事的关怀与帮助，感谢学校党委统战部的大力支持！感谢我的学生贾亚文、段同研、代毅等在问卷设计和统计、案例收集整理等方面所做的大量工作，吴汶缙在书稿校对方面付出的心血。书中仍有各种欠缺和不足，还望各位读者多多包涵和指正。

郑雪松
2023 年 8 月于信阳谭山